A globalização da natureza e a natureza da globalização

Carlos Walter Porto-Gonçalves

A globalização da natureza e a natureza da globalização

10ª edição

Rio de Janeiro
2025

CAPA
Evelyn Grumach

PROJETO GRÁFICO
Evelyn Grumach e João de Souza Leite

CIP-BRASIL. CATALOGAÇÃO NA FONTE
SINDICATO NACIONAL DOS EDITORES DE LIVROS, RJ.

Porto-Gonçalves, Carlos Walter, 1949-
P625g A globalização da natureza e a natureza da globalização/Carlos Walter
10ª ed. Porto-Gonçalves. – 10ª ed. – Rio de Janeiro: Civilização Brasileira, 2025.

Inclui bibliografia
ISBN 978-85-200-0683-2

1. Globalização - Aspectos econômicos. 2. Globalização - Aspectos sociais. I. Título.

04-3113 CDD – 303.482
CDU – 316.421

Texto revisado segundo o Acordo Ortográfico da Língua Portuguesa de 1990.

Direitos desta edição adquiridos pela
CIVILIZAÇÃO BRASILEIRA
Um selo da
EDITORA JOSÉ OLYMPIO LTDA.
Rua Argentina, 171, 3º andar – 20921-380 – Rio de Janeiro, RJ – Tel.: (21) 2585-2000.

Impresso no Brasil
2025

Sumário

PARTE I Globalizando: a construção do sistema-mundo moderno-colonial

A força da (imagem) da globalização

Estávamos em fins dos anos 1950 e o cosmonauta russo Yuri Gagárin, pela primeira vez, viu a Terra do espaço. "A Terra é azul", disse. Os Estados Unidos, sentindo-se parcialmente vencidos na corrida espacial (e tecnológica), desencadearam, então, um ousado projeto espacial que culminaria com a nave Apolo — afinal, tratava-se de se mostrar mais bonito —, que desceria anos mais tarde (1969) suavemente na Lua. A Terra era azul, redonda e pequena, olhada daquele ponto de vista!

Essa imagem se tornaria um duro golpe na visão antropocêntrica. Nós que nos considerávamos Senhores do Mundo, pelo menos na versão do Renascimento europeu, nos víamos passageiros de um pequeno planeta — a Nave Terra. A Terra era um planeta finito solto num espaço infinito, ideias que começam a deixar de ser conceitos filosóficos e científicos para se tornarem IMAGEM. E, a partir dessa época, a IMAGEM tornar-se-ia cada vez mais poderosa.

A ideia de que estamos imersos num globo já não é mais fruto somente da capacidade de abstração construída pelo pensamento, o qual dava origem a globos terrestres de plástico, de ferro, de papelão ou de madeira, manipulados nas escolas. Não, agora estamos imersos num globo solto no espaço, mas um globo que lá está, objetivamente, e que nos foi colocado por uma objetiva que a fotografou. A Terra é um globo!

Além de ser azul, redonda e finita, a Terra não tem fronteiras, a não ser as da natureza, como a das nuvens que são móveis, evanescentes; ou a dos oceanos e dos continentes, assim mesmo diluídas, vagas. A ideia de globalização, que parecia uma superação de todas as barreiras, se mostra banal. A globalização naturaliza-se.

Afinal, a Terra está lá, solta no espaço, nua, natureza pura. As diferenças entre os povos não aparecem. Poderosa imagem essa que sobrevaloriza o planeta e esconde os povos, as culturas. A ideia de que estamos diante de um constructo cultural, cuidemo-nos, não nos deve escapar, até porque, nas diversas imagens que se projetam da Terra no espaço, lá está a haste de um satélite de onde ela foi fotografada. A técnica paira por sobre a imagem. Por trás da objetiva há, sempre, alguém olhando, observando. No caso, um poderoso sistema técnico como suporte de quem olha e comunica — o satélite com suas objetivas.

Todos os dias recebemos, via satélite, pelos meios de comunicação, o mundo editado aos pedaços, o que contribui para que construamos uma visão do mundo que nos faz sentir, cada vez mais, que nosso destino está ligado ao que acontece no mundo, no planeta. Globalização, mundialização, planetarização são palavras que, cada vez mais, começam a construir uma nova comunidade de destino, em que a vida de cada um já não se acharia mais ligada ao lugar ou ao país onde se nasceu ou, pelo menos, não se acharia mais ligada do mesmo modo como se achava antes.

A Terra será mais globalizada do que nunca. A natureza da globalização não poderia ter ido mais longe nos corações e mentes.

Não nos deve escapar que essa recusa da escala local e a idealização da escala global diz muito de quem são os protagonistas que fazem essa valorização/desvalorização. Não são os camponeses, por exemplo, que desvalorizam a escala local, nem tampouco os indígenas, os afrodescendentes, ou os povos da África, da Oceania e da Ásia, muitos dos quais têm suas culturas construídas numa relação mais próxima com a natureza e com fortes singularidades locais. A sobrevalorização da escala global atinge seu auge por meio da afirmação daqueles que se valem dessa escala global: as grandes corporações *transnacionais*, as organizações multilaterais — o Banco *Mundial*, o Fundo Monetário *Internacional*, a Organização *Mundial* de Comércio, as organizações (que) não (querem) governos nacionais (ONGs?). Desnaturalizemos, portanto, os termos tão emblemáticos: Transnacionais — Internacional — Mundial — Não governo (só na escala) nacional. Assim, globalização não é um termo neutro.

A imagem da Terra como um globo não cai num vazio quando começa a ser mais amplamente usada. Afinal, a ideia de um mundo integrado que superasse as limitações locais sempre acompanhou o humanismo europeu, sobretudo após o Renascimento e a instauração do sistema-mundo moderno-colonial.

Também no Manifesto Comunista de 1848 pode-se ler a exaltação das possibilidades que se abriam para a humanidade com o capitalismo superando as limitações locais e mesmo nacionais, pois com o desenvolvimento das forças produtivas "tudo que é sólido se desmancha no ar", conclamando-se: "Proletários *de todo o mundo*, uni-vos!" Fundaram-se a I, a II, a III e a IV *Internacionais* e acreditava-se, de maneira muito menos crítica que hoje, no caráter emancipatório que a Ciência e a Técnica proporcionariam à humanidade. Falava-se mesmo, sem nenhuma preocupação maior, no caráter civilizatório da ciência tal e qual praticada na Europa Ocidental.

A expansão do capitalismo revestia-se de uma aura de missão civilizatória e, dessa forma, absolvia-se o etnocídio e o genocídio que se cometiam contra os povos da África, da Ásia e da América Latina, considerados primitivos e atrasados e, portanto, assimilados à natureza — selvagens (da selva) e bárbaros (para os romanos, os que falam como se fossem aves) —, estava justificada a sua dominação. A burguesia estaria cumprindo uma missão civilizatória ao destruir povos atrasados.[1]

Ainda nos anos 1960 podia-se ouvir, nas *barricadas do desejo* do Maio de 1968, o brado *Abaixo as Fronteiras*. Nos anos 1970, o Sr. Jacques Maisonrouge, executivo da multinacional IBM, diria: "fazemos nosso o brado de 68, abaixo as fronteiras", afirmando que o fazia, inclusive, por

[1]Ainda hoje os mexicanos pagam um preço alto na sua luta contra o Nafta e o Plano Puebla-Panamá, pela apropriação oportunista que a burguesia mexicana, associada ao capital internacional, faz das análises de Karl Marx acerca da expansão dos capitais estadunidenses se apropriando de territórios mexicanos e *civilizando-os*.

motivos ecológicos, na medida em que a natureza não respeita as fronteiras entre os Estados.

Como se vê, a partir de pontos de vista tão diferentes — iluminista, burguês, marxista, anarquista, ecologista e, até mesmo, de um grande executivo de uma multinacional, é grande o fascínio da ideia de globalização como superação das fronteiras e das barreiras locais e nacionais.

Não deve nos surpreender, portanto, o fascínio que a ideia de globalização vem adquirindo, sobretudo, nos últimos 30/40 anos, quando uma nova revolução nas relações de poder por meio da tecnologia, particularmente no campo das comunicações, tornou possível as condições materiais de imposição de um mesmo discurso em escala planetária com o estabelecimento de um verdadeiro oligopólio mundial das fontes emissoras de comunicação, tal como a revolução energética com a máquina a vapor proporcionara as condições para um novo estágio de globalização da natureza a partir do século XVIII.

Não era a primeira vez que o homem saltara da Terra estabelecendo um olhar de sobrevoo (Hanna Arendt). Essa imagem talvez seja a mais radical ideia do pensamento moderno-colonial que os europeus impuseram a si próprios e ao mundo. Agora, vista do alto, ela aparece sem fronteiras, e aquele mundo que o Maio de 1968 também quisera sem fronteiras verá surgir, em julho de 1969, a sua própria contraimagem, com a afirmação de mais um mundo a ser colonizado, conquistado, a começar com a Lua, que, assim, começa a perder seu romantismo. Na Lua finca-se uma bandeira e não é a bandeira do mundo — é a bandeira dos EUA!

Assim, à politização e à contracultura de maio de 1968 contrapõe-se a técnica de julho de 1969! A tensão permanece. A razão comunicativa e a razão instrumental (J. Habermas), a razão e a emoção, terão que ajustar suas contas, seja se negando, seja dialogando. A razão objetiva e a razão intersubjetiva não serão mais as mesmas desde então. Há que se buscar outras racionalidades! Enrique Leff propõe uma racionalidade ambiental, onde essas razões específicas possam se encontrar por meio da cultura e da autonomia dos povos.

Ao mesmo tempo, o desafio ambiental será apropriado de um modo muito específico pelos protagonistas que vêm comandando o atual período neoliberal de uma perspectiva essencialmente econômico-financeiro quando afirmam que o *Abaixo as Fronteiras* corresponde à dinâmica da natureza, na medida em que esta não respeitaria as fronteiras entre os países e, assim, legitimaria políticas de caráter liberal, como aquelas propostas pela Organização Mundial do Comércio (OMC). A globalização neoliberal seria, então, natural. A globalização da natureza e a natureza da globalização se encontram.

Como se vê, estamos muito longe das respostas *à la carte* que nos são oferecidas por um ecologismo ingênuo, embora muitas vezes bem-intencionado, que a mídia manipula sabiamente nos convidando a cuidar do lixo nosso de cada dia ou daquela espécie que está ameaçada. Faça a sua parte, convidam-nos, como se a parte de cada na injustiça ambiental que impera no mundo fosse de responsabilidade igual de cada um, como se o todo fosse a soma das partes, cada qual igual a outra.

Com a questão ambiental estamos diante de questões de claro sentido ético, filosófico e político. Que destinos dar à natureza, à nossa própria natureza de humanos? Qual é o sentido da vida? Quais os limites da relação da humanidade com o planeta? O que fazer com o nosso antropocentrismo quando olhamos do espaço o nosso planeta e vemos o quão pequeno ele é e quando passamos a saber que, enquanto espécie humana, somos apenas uma entre tantas espécies vivas de que nossas vidas dependem?

Dizer que a problemática ambiental é, sobretudo, uma questão de ordem ética, filosófica e política é se desviar de um caminho fácil que nos tem sido oferecido: o de que devemos nos debruçar sobre soluções práticas, técnicas, para resolver os graves problemas de poluição, desmatamento, de erosão. Esse caminho nos torna prisioneiros de um pensamento herdado que é, ele mesmo, parte do problema a ser analisado. Há uma crença acrítica de que existe, sempre, uma solução técnica para tudo. Com isso ignora-se que o sistema técnico inventado por qualquer sociedade traz embutido nele mesmo a sociedade que o criou, com as suas contradições próprias traduzidas nesse campo específico. Essa crença ingênua no papel redentor da técnica é uma invenção muito recente na história da humanidade, da Revolução Industrial para cá, e faz parte do ideário filosófico do Iluminismo. Esses últimos 200 anos culminam, hoje, com a necessidade de se repensar a relação da humanidade com o planeta.[2] Vivemos a sociedade de risco (Giddens e Beck).

Eis o caminho, mais difícil sem dúvida, que haveremos de percorrer se quisermos sair das armadilhas de noções fáceis que nos são oferecidas pelos meios de comunicação de massa, com noções como "qualidade de vida" ou "desenvolvimento sustentável" que, pela sua superficialidade, preparam hoje, com toda a certeza, a frustração de amanhã. Aliás, o debate ambientalista cada vez mais se torna um debate com fortes conotações esquizofrênicas, onde a gravidade dos riscos com que o planeta se defronta, aliás gravíssimos como frequentemente se anuncia, contrasta com as pífias e tímidas propostas do gênero "plante uma árvore", promova a "coleta seletiva de lixo" ou desenvolva o ecoturismo. Assim, aquele estilo de consumo e modo de produção que nos anos de 1960 criticamente se chamou de "lixo ocidental" tem se reduzido cada vez mais, hoje, em projetos de coleta seletiva de lixo do "lixo ocidental" agora mantido sem crítica. Estaríamos, assim, abandonando a crítica do projeto civilizatório europeu (burguês, branco, machista) como, nos anos 1960, se fez com a crítica à ideia de desenvolvimento, ideia-chave do constructo moderno, e tivéssemos caminhado, nos anos 1980, para a ideia de "desenvolvimento sustentável" e, nos anos 1990, para a ISO 14000, "selo verde", projetos de coleta seletiva de lixo ou de ecoturismo. Entretanto, veremos, se essa é a globalização que vem sendo construída por cima, pelos de cima, para os "de cima", para usarmos a topologia de que gostava Florestan Fernandes, há uma outra globalização que vem aproximando sindicalistas, ecologistas, mulheres, indígenas, afrodescendentes, camponeses, *rappers*, sem-terra,

[2]Registre-se, para evitar mal-entendidos, que não existe sociedade sem técnica, todavia nem toda sociedade mantém com a técnica a mesma relação que a sociedade moderno-colonial mantém. Aqui questiona-se a dissociação entre a reflexão e a ação como a que se vê entre ciência e seu uso, como se fosse eticamente possível ao cientista se manter indiferente às implicações sociais e políticas do conhecimento que produz, pelo menos depois de Hiroshima e Nagasaki. Evitemos, pois, essa dualidade entre o fazer e o refletir como nos ensina o filósofo brasileiro Gerd Bornheim quando nos diz que "toda teoria sem ação é vazia e que toda ação sem teoria é cega".

sem-teto, *okupas*, palestinos, judeus, árabes, mapuches, quíchuas, aimarás, galegos, catalães, bascos, operários, moradores da periferia, mulheres em situação de prostituição, desde Seattle, Gênova, Porto Alegre, Cancún, Índia. Tudo indica que estamos imersos num momento de bifurcação histórica, como diria Illya Prigogine, onde múltiplas possibilidades se apresentam. Este livro propõe mostrar o potencial emancipatório que está inscrito no contraditório campo ambiental. Tudo indica que qualquer que seja o projeto (ou projetos) que se afirme a partir do *mundo-que-aí-está* terá que incorporar a dimensão ambiental, até pelos riscos que o capitalismo, sobretudo neste período neoliberal de 30 anos para cá, colocou para a humanidade e para o planeta. Esperamos nos encontrar nas últimas páginas com uma outra imagem e mais fortalecidos para enfrentar o desafio ambiental contemporâneo.

As lutas sociais e a problemática ambiental

O período atual da globalização não surge no vazio, mas emerge no terreno concreto das lutas sociais e é dele e delas que se nutre. "O número de greves multiplicou em todos os países da Europa Ocidental no fim da década de 1960 ("*outono quente*", "greves de maio em Paris"), e o aumento de salários duplicava em relação ao período anterior. O crescimento salarial real na França era de 2,9% ao ano, entre 1975-1976, [e fora] de 5,4% ao ano em 1968-1969. Na Itália, 4,3% em 1966-1968, 7,3% em 1969-1970. Na Alemanha, onde as greves "selvagens" eram mais "amenas" do que em outros países europeus, o aumento real entre 1966-1968 foi de 3,3% (consequência da primeira recessão de 1966-1967), mas [fora] de 9,2% em 1969-1970 (consequência da "greve de setembro" e das eleições de 1969). (Altvater, E., 1995: 205-206.)

As revoltas estudantis de Paris, Berkeley, Milão, México e Rio de Janeiro-São Paulo são indicativas do mal-estar que grassava naqueles anos em que se falava de Revolução Cultural na China, de Socialismo com Rosto Humano na Primavera de Praga, de Che Guevara[1] na América Latina e em uma miríade de movimentos de libertação nacional em todo o mundo.

A globalização neoliberal se inscreve como parte dessas lutas sociais. Na verdade, procura assimilar, *negando*, grande parte das demandas pos-

[1]Observe-se, nesses três casos, que os regimes políticos implantados sob a égide dos Partidos Comunistas tradicionais são criticados.

tas pelos diferentes movimentos sociais e suas lutas naqueles anos. Assim, independentemente do que se entenda por globalização, todo esse processo de transformações por que vem passando o mundo desde os anos de 1970 parece ganhar mais clareza quando se o vê à luz dos conflitos sociais que se desencadearam entre 1956 e 1968-69.

A crítica às rígidas hierarquias na família, na escola, nas fábricas, no Estado, nas relações internacionais; ao colonialismo; à desigualdade social; ao racismo; ao machismo; ao eurocentrismo e seu racismo, sua razão técnica, sua ciência reducionista, seu materialismo economicista; ao militarismo; ao consumismo; ao produtivismo foram críticas que se teceram a partir de múltiplos movimentos de libertação nacional, de jovens, dos operários,[2] das mulheres, dos negros, dos camponeses, dos indígenas, dos ambientalistas que, por todos os lados, bradavam *Viva a Diferença* e *Abaixo as Fronteiras*, por novas sensibilidades, pelo direito ao ócio, pelo trabalho livre, e libertariamente diziam "*é proibido proibir*".

Como resposta política, veremos uma profunda revolução tecnológica como parte de uma contraestratégia visando à reprodução das assimétricas relações sociais e de poder que recuperará um *slogan* conservador — *mudar para que fique tudo como está* — que nos oferecerá: um mundo sem fronteiras, sim, mas no sentido neoliberal, que facilita a livre circulação de bens e mercadorias e não dos homens, sobretudo de pobres; menor hierarquia e centralização, sim, mas com um Estado Mínimo para a maioria, uma flexibilização generalizada que vai dos valores às relações trabalhistas; novas sensibilidades, sim, mas estimulando um individualismo narcísico com uma mídia que opera uma eficaz fabricação capitalística da

[2]Considere-se que o movimento operário à época, seja por meio das greves selvagens e outras formas de manifestação, lutou por democracia nos lugares de trabalho, tanto na Europa Ocidental e nos Estados Unidos, como nos países do Leste Europeu, ainda sob o comunismo. Talvez tenhamos que recuperar o sentido da importância dessas lutas, sobretudo no Leste Europeu, posto que indica que nem toda crítica ao comunismo advinha da pressão do mundo capitalista. Talvez aqui se esconda uma secreta aliança prática de não se divulgar essas lutas no mundo ocidental, até porque implicaria admitir que a democracia deveria chegar às fábricas ensejando um sentido mais radical à democracia, que, veremos mais tarde, é um dos maiores empecilhos à justiça social e a uma sociedade ecologicamente equilibrada.

subjetividade (F. Guatari) que instrumentaliza o desejo, infantiliza cada um, contribui para a apatia, onde vemos o uso generalizado (e a criminalização) das drogas e, até mesmo, a criminalização dos que recusam a apatia e lutam; que responde aos pacifistas com uma revolução tecnológica no modo de fazer a guerra, com uma guerra sem heróis, até mesmo covarde, porque sequer comparece ao campo de batalha — trabalha com sensores remotos com tele (ampla) visão — a que nos habituamos com os *videogames*; no lugar do direito ao ócio estimulou exatamente sua negação, o negócio e, no lugar do trabalho livre, procurou se livrar do trabalho, gerando um desemprego generalizado que, associado a um Estado mais atento ao capital que à questão social, levará ao aumento das migrações e à sobrecarga de responsabilidades da mulher nos cuidados com os filhos, com os idosos, com os doentes — à falta da Previdência Social resta a mulher previdente — *feminizando* a pobreza (ver Tavares, 2003) no exato momento em que as mulheres se afirmam no espaço público; aos ambientalistas, que se associavam a toda essa revolução política e cultural, se responderá com a paulatina institucionalização da questão ambiental (conferências mundiais, colóquios, seminários...) que, assim, vai pouco a pouco se tornando uma questão paradoxalmente específica e, como tal, perdendo seu poder transformador.

A superação do desafio ambiental inscrito no cerne da globalização neoliberal requer a compreensão das questões colocadas pelo movimento de contracultura daqueles anos de 1960 na medida em que o período de globalização neoliberal que a partir dali se desenvolve se faz exatamente contra aquele movimento.

Ver o processo de globalização dessa óptica é importante para entender o complexo e contraditório processo histórico em que se inscreve o desafio ambiental e, assim, encontrar alternativas a ele.

Afinal, estamos diante, nesses últimos 30-40 anos de globalização neoliberal, de uma devastação do planeta sem precedentes em toda a história da humanidade, período em que, paradoxalmente, mais se falou de natureza e em que o próprio desafio ambiental se colocou como tal. Daí ser fundamental entendermos a natureza do processo de globalização e de que modo esse processo implica ou não a globalização da natureza.

A construção do sistema-mundo moderno-colonial de uma perspectiva ambiental

Embora existam diferentes entendimentos sobre quando teria se iniciado o processo de globalização, há um relativo consenso de que dos anos de 1970 para cá passamos a viver um novo período histórico ao qual tem se associado esse nome. O geógrafo Milton Santos chamou-o "período técnico-científico-informacional" (Santos, 1996).

Outros vão acentuar que o novo período se caracteriza pela importância, cada vez maior, do capital financeiro, que teria se iniciado com a quebra unilateral do contrato conhecido como sistema de Bretton Woods por parte da maior economia do mundo, os Estados Unidos. A partir de 1971 as moedas que estavam, de alguma forma, lastreadas no padrão-ouro, passaram a ficar atreladas ao dólar, moeda emitida pelo Banco Central de um só país, mas que se impõe como verdadeira moeda internacional (Porto-Gonçalves, 2003). Os EUA são o único país do mundo com dívida externa na sua própria moeda[1] e, assim, podemos falar "de lucros de

[1]Deste modo, o Banco Central de cada país, responsável, entre outras coisas, pela emissão de sua própria moeda, um dos principais símbolos de poder nacional soberano, começa a ficar atrelado a uma política cambial associada ao dólar, como se fosse um mero gerente de uma política financeira global ditada por organismos financeiros internacionais, o FMI, em particular. A paridade cambial levou alguns países à mais completa perda de soberania e mesmo à bancarrota financeira, como a Argentina, e outros muito perto disso, como o Equador e o Brasil. Um novo lance desse jogo começa ser movido, hoje, com a ideia de um Banco Central independente. A expressão indica que o Banco Central está *precisando* se independer de alguém que o controla e, assim, estamos no cerne do que caracteriza as relações de poder, isto é, relações de mando e obediência. É preciso levar em conta que falar de um Banco Central *movido por razões técnicas* é parte das técnicas da política, no melhor sentido maquiaveliano. Afinal, a razão técnica parece ser uma razão de ninguém e, com isso, olvida-se que toda técnica está, sempre, impregnada de intencionalidade (Santos, 1996). É isso que distingue um objeto técnico de um objeto natural. O discurso técnico bem vale uma missa!

seignorage" com base na prática dos príncipes feudais de imprimir dinheiro ou diminuir o peso metálico das moedas que impunham em seus feudos (Altvater, E., 1995: 207). Talvez tenhamos que concordar com o insuspeito economista estadunidense John Kenneth Galbraith quando diz, em entrevista ao jornal *Folha de S. Paulo*, que "globalização é um termo que os americanos inventaram porque americanização ficava feio".

Desde então, organismos multilaterais como o FMI e o Banco Mundial, entre outros, vão se constituindo em peças-chave da afirmação da hegemonia dos Estados Unidos no mundo, contribuindo para diminuir o poder soberano dos outros Estados e para sua maior subordinação ao capital financeiro internacional. Essa hierarquia de Estados poderosos tem como centro os Estados Unidos e, num anel que o circunda, o Grupo dos 7+1 — Estados Unidos, Japão, Alemanha, Inglaterra, França, Canadá e Itália (os 7), mais a Rússia (+ 1), esta admitida após a conversão da burocracia comunista ao liberalismo[2] e por seu enorme acervo de morte em ogivas nucleares. Aliás, o domínio da tecnologia nuclear parece ser o último bastião de soberania nacional na ordem mundial que se configura. Somente isso pode nos fazer entender o respeito à Índia, ao Paquistão, à Coreia do Norte, e é uma das razões fortes do respeito que se tem pela China no cenário internacional.

Assim, uma das afirmações mais comuns quando se fala de globalização — de que estamos num mundo cada vez mais interdependente — deve ser mais cuidadosamente analisada, até porque interdependência não quer dizer, necessariamente, que todos são igualmente dependentes nessa ordem mundial de interdependência generalizada. O exemplo acima, de que uma moeda nacional se impõe como verdadeira moeda internacional, não poderia ter sido feito por qualquer país do mundo. Assim, a interdependência contém, embutida dentro de si, relações hierárquicas

[2]Não esqueçamos que Vladmir Putin e Bóris Yeltsin, próceres das reformas liberais no Leste Europeu, eram altos dirigentes do Partido Comunista da antiga URSS. A facilidade com que comunistas e social-democratas se converteram em liberais deveria merecer uma maior atenção dos cientistas políticos.

de poder que, se não consideradas, fazem com que deixemos de fora um componente decisivo, constitutivo mesmo, da ordem mundial que se vem desenhando.

Há um relativo consenso que reconhece que, desde os fins dos anos de 1960, entramos num novo período histórico. Não há tanto consenso, todavia, se a esse período específico devemos chamar globalização.

Existem boas razões para que qualifiquemos melhor esse período, mesmo admitindo que ele se inscreve num processo mais amplo a que podemos dar o nome de globalização. Sugerimos quatro etapas ou períodos do processo de globalização, tomando como referência, em cada uma delas, como se dá a globalização da natureza.[3] São elas:

1. O Colonialismo e a Implantação da Moderno-colonialidade (do século XV-XVI ao século XVIII... até hoje);[4]
2. O Capitalismo Fossilista e o Imperialismo (do século XVIII ao início do século XX... até hoje);[5]
3. O Capitalismo de Estado Fossilista Fordista (de 1930 aos anos de 1960-70... até hoje);
4. A Globalização Neoliberal ou Período Técnico-científico-informacional (dos anos 1960 até hoje).

1ª FASE — O COLONIALISMO E A IMPLANTAÇÃO DA MODERNO-COLONIALIDADE (DO SÉCULO XV-XVI AO SÉCULO XVIII... ATÉ HOJE)

Imannuel Wallerstein e Anibal Quijano chamaram de *sistema-mundo* ao padrão de poder que passou a governar o mundo após 1492, com a des-

[3]Esclareça-se que essas etapas não se sucedem simplesmente, mas se imbricam, se sobrepõem e têm, aqui, um sentido que objetiva periodizar para apreender novas configurações que estão dentro de um mesmo processo geral.

[4]A França, por exemplo, ainda mantém, até hoje, colônias na América do Sul, como é o caso da Guiana Francesa.

[5]É bem o caso das ações do governo Bush para a Ásia Central, para o Iraque e para a Venezuela.

coberta da América. Poderíamos localizar nessa data o início do processo de globalização. A partir dali, sem dúvida, passamos a ter uma história e uma geografia verdadeiramente mundiais, cada vez mais se impondo às histórias regionais ou, pelo menos, as condicionando.

A partir de então teríamos o que muitos autores vão chamar de mundo moderno, e na expressão *mundo moderno* a palavra forte acaba sendo *moderno* e não a ideia de um sistema-mundo que lhe está associada. É fundamental recuperar esse sentido mais amplo da expressão, até porque ele nos traz importantes esclarecimentos para o que vivemos hoje, particularmente sobre a natureza do processo de globalização.

Afinal, reter somente o lado *moderno* da expressão *mundo moderno* é atribuir à Europa um papel protagônico exclusivo nesse processo, olvidando-se que o mundo como um todo dele participou, mesmo que não participando dos seus melhores proveitos. É que, com frequência, esquece-se que junto com o processo de modernização se deu o de colonização. Não fosse a colonização da América, a Europa não teria reunido forças para se impor ao mundo como seu verdadeiro centro hegemônico. Sabemos que, até o fim do século XV, o centro dinâmico do comércio estava no Oriente, ocupando a Europa, rigorosamente, um papel marginal. A tomada de Constantinopla pelos turcos em 1453 alterou toda a rota do comércio a longa distância de então.

A descoberta da América foi decisiva para a consolidação da hegemonia europeia no mundo e isso ao preço da servidão, etnocídio e, até mesmo, genocídio de povos indígenas e da escravização para fins de produção mercantil de negros trazidos da África,[6] com a consequente desorganiza-

[6]É importante registrar que a escravidão já era praticada na África antes mesmo do período moderno-colonial sob hegemonia ibérica. É importante, todavia, acrescentar que não se tratava de uma escravidão para fins de produção mercantil, como se estabeleceu moderno-colonialmente desde os Açores e Ilha da Madeira e, depois, nas *plantations* na América Moderno-colonial. Há um componente ainda mais cruel na escravidão com fins de produção mercantil em comparação com a escravidão patriarcal, na medida em que o que se visa com a produção com fim mercantil é algo abstrato, algo que não tem limites — o dinheiro. Deste modo, a exploração de escravos e sob regime de escravidão para fins mercantis tende a não ter limites, o que nos ajuda a entender as altíssimas taxas de mortalidade destas populações no interior desse sistema moderno-colonial.

ção das sociedades originárias[7] e a exploração de seus recursos naturais por todo lado (ecocídio).

Estamos, sim, diante de um *sistema-mundo moderno-colonial*, que é um mundo cada vez mais interdependente — *sistema-mundo*, mas cuja interdependência está organizada com base num sistema de relações hierárquicas de poder — *moderno-colonial*.

Foram o ouro e a prata levados da América Central e Andina, aproveitando-se, diga-se de passagem, do sofisticado conhecimento científico expresso na metalurgia da cultura dos maias, incas e astecas e, ainda, por causa das diversas *plantations* que depois se desenvolveram (de cana, de café, de cacau, de algodão, de banana, entre tantas), quase sempre com base no trabalho escravo, sobretudo dos negros, e no trabalho servil, quase sempre indígena, que grande parte das florestas da América foi dizimada, seus melhores solos praticamente esgotados e as principais minas de ouro e prata exauridas.

Vê-se, portanto, que o processo de globalização traz em si mesmo a globalização da exploração da natureza com proveitos e rejeitos distribuídos desigualmente. Vê-se, também, que junto com o processo de globalização há, ao mesmo tempo, a dominação da natureza e a dominação de alguns homens sobre outros homens, da cultura europeia sobre outras culturas e povos, e dos homens sobre as mulheres por todo o lado. Não faltaram argumentos de que essa dominação se dava por *razões naturais*, na medida em que certas *raças* seriam *naturalmente inferiores*. A modernidade europeia inventou a colonialidade e a racialidade (base da escravidão moderna) e, assim, essa tríade — modernidade-colonialidade-racialidade — continua atravessando, até hoje, as práticas sociais e de poder.

A apropriação pela burguesia mercantil e monarquias centralizadas ibéricas do conhecimento vindo do Oriente — cartografia, bússola e pól-

[7]Não confundir sociedades originárias com sociedades tradicionais. A expressão tradicional conclama ao seu par moderno e, assim, se inscreve numa hierarquização conduzida pelo eurocentrismo do tradicional ao moderno. Já a expressão originária recusa esse par e requer que seja vista por si e pelos seus próprios valores.

vora — e o desenvolvimento das técnicas de navegação a vela em Sagres permitirão um enorme desenvolvimento dos negócios e dos negociantes, assim como uma ampliação da exploração dos recursos naturais pelos quatro cantos do mundo. "Tudo isso levou a um crescimento relâmpago do comércio transatlântico, cujo volume aumentou oito vezes entre 1510 e 1550, e três vezes, novamente, entre 1550 e 1610" (Kennedy, P., 1989: 35). A superioridade da artilharia naval ibérica pelas novas aplicações dadas à pólvora — o fogo como arma de dominação — esteve na base da conquista a "ferro e fogo" do mundo, conforme a feliz expressão de Warren Dean. Registre-se que, para isso, houve a apropriação por parte dos europeus de conhecimentos de várias culturas. Assim, embora as maiores manufaturas conhecidas no mundo, nos séculos XVI e XVII, estivessem na América Latina e Caribe, e não na Europa — basta observar que o produto manufaturado de maior circulação à época era o açúcar, de que as Antilhas (Cuba e Haiti) e o Brasil eram os maiores produtores —, não foi aqui que se deu a Revolução Industrial. Não há como deixar de registrar que o estatuto colonial da modernidade distribui desigualmente os proveitos e os rejeitos do seu progresso.

2ª FASE — O CAPITALISMO FOSSILISTA E O IMPERIALISMO (DO SÉCULO XVIII AO INÍCIO DO SÉCULO XX... ATÉ HOJE)

A natureza de conquista territorial e a acumulação de capital característica do processo de globalização entrará numa nova fase com uma nova revolução no uso do fogo: a descoberta da máquina a vapor. Uma nova revolução nas relações do homem com a natureza terá início, com enormes consequências para o devir da humanidade e do planeta. A geografia mundial sofrerá importantes mudanças, mantendo, entretanto, a estrutura moderno-colonial.

Até a descoberta da máquina a vapor, a energia necessária para o processo de trabalho era, em sua maior parte, diretamente proveniente da biomassa, seja para alimentar os homens, seja para alimentar os animais de tração — bois e cavalos —, assim como a lenha que alimentava o fogo servia para cozinhar e para a fusão dos metais — metalurgia de guerra (armas, escudos, lanças e canhões), de utilitários (enxadas e pás) e artesanato.

Num contexto de uso de energia de biomassa, há uma clara limitação de espaço para qualquer atividade, na medida em que a energia, tanto a de consumo final como a usada na tração, exige grandes áreas para a sua produção. A atividade agrícola estava espacialmente associada à pecuária, para o trabalho de tração e para lhes fornecer o adubo (esterco), e espacialmente próxima às florestas e bosques para a extração da lenha que, assim, se tornavam essenciais para a vida dos aglomerados rurais, vilas e povoados.

As cidades, nesse contexto, estavam, de certo modo, condenadas a serem pequenas. O custo energético das cidades é extremamente alto, a começar pela própria alimentação das pessoas (energia sob a forma de proteínas e calorias) que, antes da Revolução Industrial, dependia da tração animal e, portanto, de grandes extensões de terra para pastos. Fosse grande a cidade a ser abastecida, enormes seriam as áreas que deveriam ser destinadas não só à produção dos alimentos, mas a produção de toda energia para alimentar os animais que deveriam fazer o trabalho de tração, produção e transporte desses próprios alimentos.

Nesse contexto energético da relação sociedade-natureza, o mercado mundial estava restrito a artigos de luxo ou de *alto valor por unidade de peso*. Sublinhe-se menos o *alto valor* e mais a *unidade de peso* para que melhor se vejam as implicações ecológico-políticas, a materialidade da produção, enfim, a sua logística. A economia enquanto ciência[8] está mais interessada no alto valor enquanto expressão monetária (na verdade, preço) do que na materialidade dos processos implicados. Superar essa visão é um dos principais desafios para enfrentar a questão ambiental.

A descoberta da máquina a vapor, com o uso do carvão, proporcionou a apropriação da energia solar fotossintetizada e mineralizada há

[8]Exceção feita aos fisiocratas, conforme veremos no capítulo sobre os limites da economia.

milhões de anos e, com isso, uma caldeira pôde substituir vários cavalos. Daí medir-se a energia em equivalentes de cavalos — *cavalos-vapor*. O que se tem, com isso, é uma grande quantidade de energia armazenada numa pequena unidade de matéria — uma molécula de carbono. A capacidade de realizar trabalho — conceito físico de energia — é, assim, revolucionada e, com isso, aumenta enormemente a capacidade de transformar matéria.[9]

A indústria, com a máquina a vapor, não tem mais que estar junto ao local onde é produzida a matéria-prima, sobretudo quando a máquina a vapor é adaptada aos transportes (ferrovias e navegação oceânica). Inicia-se uma profunda e radical transformação na geografia social e de poder mundial, com enormes efeitos ecológicos, na medida em que se dissocia o lugar onde se extrai a matéria do lugar onde ela é transformada e consumida. A revolução técnica, vê-se, é uma transformação nas relações de poder manipular a matéria e, com ela, conformar a sociedade e o ambiente ao mesmo tempo.

Com as distâncias sendo superadas a partir do uso da máquina a vapor também nos meios de transportes, a agricultura pôde especializar-se ainda mais (monoculturas) e pôde, pouco a pouco, abandonar sua relação com a pecuária e com o extrativismo dos bosques, visto que os insumos (adubos e energia) necessários à reposição da fertilidade podiam vir de longe (adubos químicos como o salitre, fosfatos). Guerras se farão no mundo, como a que retirou da Bolívia os territórios hoje chilenos sob o patrocínio de grandes industriais do ramo do salitre.

Observe-se que a monocultura que será uma das bases de sustentação da agricultura capitalista moderna se desenvolveu, inicialmente, sobretudo nas regiões e países coloniais enquanto agricultura de exportação. A monocultura revela, desde o início, que é uma prática que não visa a satisfazer as necessidades das regiões e dos povos que produzem. A monocultura é uma técnica que em si mesma traz uma dimensão política, na medida em que só tem sentido se é uma produção que não é feita para

[9]Atente-se como a questão do espaço se coloca e, com ela, a do território.

satisfazer quem produz. Só um raciocínio logicamente absurdo de um ponto de vista ambiental, mas que se tornou natural, admite fazer a cultura de uma só coisa. A história só faz comprovar por meio da geografia o absurdo da ideia de se fazer monoculturas, seja por meio das crises econômicas e sociais derivadas de se estar monoespecializado e, assim vulnerável às oscilações de mercado, seja pela fragilidade dos agroecossistemas, exatamente por serem geneticamente simplificados. Vê-se que métodos racionais podem sustentar objetivos loucos.

De início, a generalização das monoculturas esteve limitada pela questão da matéria na sua relação espaço-tempo, isto é, pela questão energética. A primeira fase de constituição do sistema-mundo moderno-colonial esteve associada à exploração de produtos de alto valor por unidade de peso[10] por meio da energia humana submetida a regimes de exploração brutais. A presença física do dominador e o sistema colonial, com toda a sua brutalidade, compunham o sistema na sua materialidade energética ao garantir por esses meios a separação entre o lugar de produção e os lugares de comercialização, distribuição e consumo. A *força bruta* da chibata e do látego é, rigorosamente, energia, nos dois sentidos que o termo aqui comporta.

Enfim, com o uso da máquina a vapor nos transportes, a agricultura passa a usar mais os adubos industrializados e menos o esterco orgânico e, no lugar do animal para a tração, usa máquinas, ou seja, no lugar de cavalos, as máquinas com seus cavalos-vapor (HP — *horse power*). Começamos a assistir à substituição da agricultura orgânica pela agricultura mecânica e química. Com isso, a agricultura se torna, cada vez mais, um subsistema dependente da indústria e dos financiamentos dos bancos. A dívida do agricultor passa a ser muitas vezes pior do que antes era uma má colheita (Karl Kautsky).

As distâncias começavam a ser superadas e, assim, a globalização da exploração da natureza ganha maior profundidade, tornando-se essen-

[10]Especiarias orientais, ouro e prata e mesmo a cana-de-açúcar que, na Europa, era tão valorizada que servia até como dote para casamento.

cial à nova fase do processo de globalização que se seguirá — o imperialismo.

É claro que não se pode deduzir o imperialismo diretamente da revolução energética consubstanciada na máquina a vapor. Entretanto, a enorme capacidade de transformação de matéria a partir dessa revolução energética proporciona as condições técnicas para que se vá buscar, onde estiver, o que se demanda. O capitalismo deve muito do seu desenvolvimento aos combustíveis fósseis — carvão e, depois, petróleo e gás.

A busca incessante do lucro, objetivo considerado legítimo na sociedade capitalista, implica uma capacidade cada vez maior de transformação da matéria (energia[11]), para cujo desenvolvimento a substituição da energia de biomassa por energia de fonte mineral (carvão, petróleo e gás[12]) foi (e é) fundamental. A natureza, ao concentrar uma determinada (qualidade de) matéria num mesmo lugar — uma jazida mineral[13] — torna possível aos homens e mulheres, na verdade, energia, na medida em que o trabalho[14] necessário para transformar com um fim determinado a matéria é menor quando feito num mesmo lugar. Quando a natureza concentra geograficamente uma determinada matéria a que uma determinada sociedade atribui significação (valor), menor é o dispêndio de energia necessário para torná-la socialmente útil. Melhor ainda se a matéria concentrada é, ela mesma, energia. Nesse caso, matéria das matérias, pois por meio dela todas as outras matérias podem ser transformadas. O controle desses espaços (território) na sua materialidade torna-se central e, em especial, para o capitalismo (e os capitalistas), o controle da energia.[15]

[11]Rigorosamente, energia é a capacidade de transformação da matéria, nos ensinam os físicos.

[12]Embora, originariamente, de origem na biomassa e, portanto, energia solar biologicamente transformada (fotossíntese).

[13]Elmar Altvater chama *ilhas de sintropia*.

[14]Esforço físico, diz-se em linguagem do senso comum, nesse caso, precisa.

[15]O capitalismo não conseguiu, até hoje, resolver essa complexa contradição implicada na questão do território. Por mais que o capitalismo se faça presente em todo o planeta com sua economia, não conseguiu criar um território planetário sob uma mesma regulação política. Quem sabe essa regulação que parece se impor esteja a exigir que se a pense para além do capitalismo. A questão ambiental tem sido, nesse aspecto, um laboratório interessante, e as dificuldades de regulação climática do Protocolo de Kyoto, até por envolver a questão energética, talvez seja um bom teste. Um ambientalismo para além da lógica do mercado ou...

Afinal, uma molécula de carbono proporciona que se transforme muito mais matéria, e, com ela, o trabalho humano pode ser ampliado em proporções jamais vistas. Controlar energia é estratégico pois, com isso, controla-se trabalho em potencial. A economia não paira no ar; ela está inscrita na materialidade. O capitalismo é, pela natureza da sua própria história, fossilista.

À medida que grandes grupos empresariais começam a se formar na Europa, e depois nos Estados Unidos e no Japão, e a oligopolizar os mercados,[16] estão dadas as condições político-econômicas — de *poder econômico*[17] — para empreender a fase imperialista da globalização.

Desde então, não é mais a produção de artigos de alto valor econômico por unidade de peso que está em jogo. São grandes volumes de matéria nas suas diferentes qualidades de ferro, de cobre, de zinco, de manganês, de café, de cacau, de banana, de amendoim, de algodão, enfim... tudo passa a ser removido e movido por todo o mundo, submetido pela lógica de produção de mercadorias, sob o comando dos grandes monopólios industriais financiados pelos grandes bancos, dividindo territorialmente o mundo em áreas de influência entre os diversos imperialismos nacionais (inglês, alemão, francês, holandês, belga, italiano, estadunidense).

O fim do século XIX e o início do século XX verão o comércio internacional crescer e a natureza ser submetida a uma lógica mercantil e a uma noção de tempo uniforme e abstrata, tal como o relógio. A busca incessante do lucro por meio do aumento da produtividade, característica da lógica de mercado (competitividade), se crê independente e acima do fluxo de matéria e energia do planeta, de cada biorregião, de cada contexto geocultural e social específico.

Na verdade, com o imperialismo, instala-se uma verdadeira pilhagem de recursos naturais da África, da Ásia e da América Latina e Caribe (Pierre Jalée) e, mais do que isso, deixa-se um séquito de devastação e desordem

[16]Diga-se de passagem que a oligopolização é uma consequência natural da concorrência, embora seja a sua negação.

[17]A expressão *poder econômico* está a exigir uma análise mais cuidadosa. Afinal, é um poder sobre o qual as regras democráticas muito pouco se fazem sentir.

ecológica e social, incluindo duas guerras que envolveram a própria Europa na desordem generalizada que a dinâmica expansionista inerente ao capitalismo fossilista acabara impondo a todos.

É difícil imaginar o funcionamento desse modelo de desenvolvimento sem guerras, até porque a lógica da economia capitalista (e não de qualquer economia, diga-se de passagem) implica uma lógica de guerra permanente por conquista de mercado e, depois que o capital comercial foi associado ao capital industrial e ao capital bancário (o capital financeiro no dizer de Lenin), não só se disputam mercados para a venda de produtos mas, sobretudo, para se obter as fontes de matéria-prima ou controlar os lugares e regiões estratégicos — Canal de Suez, Canal do Panamá, por exemplo. Enfim, a questão territorial e a geopolítica se tornam decisivas! Na verdade, ninguém mais terá paz enquanto essa lógica perdurar, instrumentalizando, inclusive, conflitos de outras ordens.

3ª FASE — O CAPITALISMO DE ESTADO FOSSILISTA FORDISTA (DE 1930 AOS ANOS DE 1960-70... ATÉ HOJE)

Com as crescentes lutas dos trabalhadores contra o capital na Europa Ocidental e EUA, com o impacto da Revolução Bolchevique de 1917, com a crise social que se seguiu à Primeira Guerra Mundial, com o significado histórico da greve de 1926 dos mineiros do carvão na Inglaterra, que durou mais de um ano, e com a crise do liberalismo em 1929 começa, pouco a pouco, a se desenhar um novo modelo de partilha da riqueza entre o capital e o trabalho, pelo menos nos países industrializados. Era o fordismo com sua ideia de um capitalismo popular. Nas palavras do próprio Henry Ford, "quem participa trabalhando em um negócio também tem direito a uma parcela dos ganhos, seja na forma de salário ou de vencimento apropriado, seja na forma de uma retribuição extra. [...] Até certo ponto nossas próprias vendas dependem dos salários que nós pagamos. Se estamos em condições de oferecer salários elevados, mais dinheiro será gasto, contribuindo para tornar mais prósperos os comerciantes, os intermediários, os fabricantes e os trabalhadores de outros setores industriais, e à propriedade destes também influenciará nossas vendas. Salários elevados por toda parte equivalem à prosperidade em geral" (Ford, 1923: 140 e 145).

O princípio de que partia Henry Ford era que, com as novas linhas de montagem e produção em série, a produção do Ford T seria tão barata que o próprio trabalhador poderia comprá-lo. Em nenhum momento a natureza foi considerada nos seus limites, tanto de suprimento de matérias-primas como de absorção de rejeitos. E não era por falta de conhecimento científico, posto que, afinal, já eram conhecidos o primeiro e o segundo princípios da termodinâmica.

Assinalemos, mesmo sem espaço para aprofundar, a inconsistência dessa visão idílica de complementaridade entre o capital e o trabalho que não corresponde ao seu caráter contraditório. A crise do liberalismo de 1929 viria demonstrar que sem a mediação política do Estado, como apontariam J. M. Keynes e K. Kaleki, a questão redistributivista no capitalismo só se agrava. Entrávamos, pois, no Capitalismo de Estado Fossilista Fordista, em suas duas versões, uma em que os monopólios detêm a hegemonia (Capitalismo Monopolista de Estado) e outra em que o Estado detém a hegemonia (Capitalismo de Estado Monopolista),[18] conhecida como socialismo.[19]

Afinal, 1945 assinalara os graves riscos a que o próprio capitalismo havia se lançado com as lutas entre as potências imperialistas por mercados e fontes de energia e matérias-primas — Alemanha, Itália, Japão, Inglaterra, França, Bélgica, Holanda e Estados Unidos — que, como resistência, ensejou um enorme crescimento das lutas de libertação nacional (a descolonização) e a expansão de vários tipos de socialismo. O nacionalismo e o socialismo ganharam múltiplos matizes no mundo árabe, na Ásia, na África e na América Latina (M. Gandhi, Mao, Nehru, Nasser, Sukarno,

[18]Prefiro a caracterização de João Bernardo que distingue o *Capitalismo Monopolista de Estado*, sob hegemonia americana, e *Capitalismo de Estado Monopolista*, sob hegemonia da União Soviética, até 1989 e, hoje, sobretudo na China.

[19]Alguns falam de socialismo realmente existente como se existisse outro que, tal como Platão, seria perfeito.

Vargas, Perón, Arbenz, N. Nkuma, J. Nierere, Ben Bella, P. Lumumba, Fidel Castro, Che Guevara, L. Senghor, entre tantos líderes importantes quanto diferentes entre si que o outro lado da modernidade forjara).

O Plano Marshall, embora uma iniciativa relativamente modesta em termos de montante monetário envolvido, viria ensejar um modelo de intervenção supranacional, pois no lugar de as potências imperialistas disputarem entre si os mercados, o que levara às guerras, buscava-se (1) a reconstrução e o desenvolvimento da arrasada Europa, (2) conter a expansão soviética que avançara sobre o Leste Europeu, (3) além de se apresentar como uma alternativa política à ascensão de grupos e partidos de esquerda que haviam adquirido grande poder de influência a partir das lutas de resistência ao nazifacismo.[20] Após 1945, teremos os chamados anos dourados do Capitalismo de Estado Fossilista Fordista, período que consagrou a chamada sociedade de consumo de massas, expressão forçada quando conhecemos os níveis de consumo na África, na Ásia e na América Latina e Caribe. O fordismo não conseguiu atravessar a linha do equador.

Os anos pós, 1945 assinalam, portanto, para além do fordismo, a importância do Estado no planejamento do desenvolvimento. A ideia de planejamento e, mais, de planejamento do desenvolvimento por meio de instituições governamentais ganha corpo tanto à escala dos Estados Nacionais como de organismos multilaterais. O BIRD (e, depois, o BID — Banco Interamericano de Desenvolvimento) se tornarão verdadeiros globalizadores do desenvolvimento, uma espécie de Plano Marshall em escala mundial a pretexto de "ajuda ao desenvolvimento".

Assim, desde fins da Segunda Guerra Mundial vem sendo gestado um novo padrão internacional de poder que se configura com a importância cada vez maior das grandes corporações empresariais transnacionais, em termos institucionais num conjunto de entidades supranacionais como a ONU, o FMI, o BID e o BIRD e, em termos mais especificamente econômicos, nos Acordos de Bretton Woods. Em 1971 (Porto-Gonçalves, 2003), os Estados

[20]Importa lembrar que, com a derrota do nazifacismo, a direita política saíra derrotada.

Unidos, *unilateralmente*, romperam com o sistema fixo de câmbio e com o padrão-ouro,[21] um dos pilares daqueles acordos.[22] Estava aberto, pois, o caminho para uma financeirização cada vez maior da economia mundial. A partir desse momento, o dólar passa a ser o novo lastro que os países deveriam buscar e somente um país, os EUA, pode emitir essa moeda.

Um balanço, ainda que rápido, dos efeitos do que se passou nesse período nos dá o pano de fundo que vai ser responsável pelo desafio ambiental que herdamos e que haveremos de superar. Uma coisa é certa: do ponto de vista dos países hegemônicos, nos marcos do atual padrão de poder mundial, o sucesso econômico-financeiro não poderia ter sido melhor. Vejamos:

Na América Latina, a dívida externa passou de US$ 46,3 bilhões, em 1971, para US$ 982 bilhões, em 1999, um crescimento de 21 vezes! Na África, essa dívida aumentou em mais de 22 vezes entre 1971 e 1999, passando de US$ 17 bilhões para US$ 371 bilhões (ONU-GEO 3). Segundo a mesma fonte, na África subsaariana, ainda mais pobre, o aumento da dívida foi ainda maior, tendo aumentado 55 vezes entre 1970 a 1999: de US$ 6 bilhões para US$ 330 bilhões. Na Ásia, onde é maior o montante da dívida total dos países do Terceiro Mundo, o aumento não foi menos espetacular: de US$ 190 bilhões para US$ 1 trilhão e 74 bilhões, entre 1980 e 1999. Nesse mesmo período, a dívida dos países pobres subiu, em menos de duas décadas, de 615 bilhões de dólares para cerca de 2 trilhões e 500 bilhões de dólares.

[21]Por mais que o ouro seja investido de uma dimensão simbólica, desde tempos imemoriais, o fato de constituir-se de uma matéria tangível que deve ser obtida no mercado para se fazer lastro e, ainda, o fato de que nenhum país detenha o monopólio de sua produção, visto que sua distribuição no planeta é aleatoriamente conformada pela geologia, faz com que a economia, de algum modo, mantenha uma relação com a produção material. Já com o dólar, acredita-se, não. Talvez devêssemos prestar mais atenção à analogia que Francisco de Oliveira faz entre o monopólio da força atribuído ao Estado e o seu corolário, o monopólio da moeda. Na verdade, estamos diante do monopólio da força tornado natural por meio da moeda! E quando um só país emite a moeda de curso internacional...

[22]Ainda, em 1982, os organismos financeiros internacionais impuseram outra ruptura unilateral de contratos ao alterarem a taxa de juros de cerca de 6% para cerca de 20% ao ano. É importante recuperar essas informações porque, hoje, o que mais se exige nas novas propostas de regulação é estabilidade de regras e garantias de que elas serão cumpridas, quando grande parte das atuais dívidas dos países do polo dominado do padrão de poder mundial foram estratosfericamente aumentadas de modo unilateral.

GRÁFICO 1
Evolução da Dívida Externa da América Latina e Caribe
(1971-1999 em milhões de dólares)

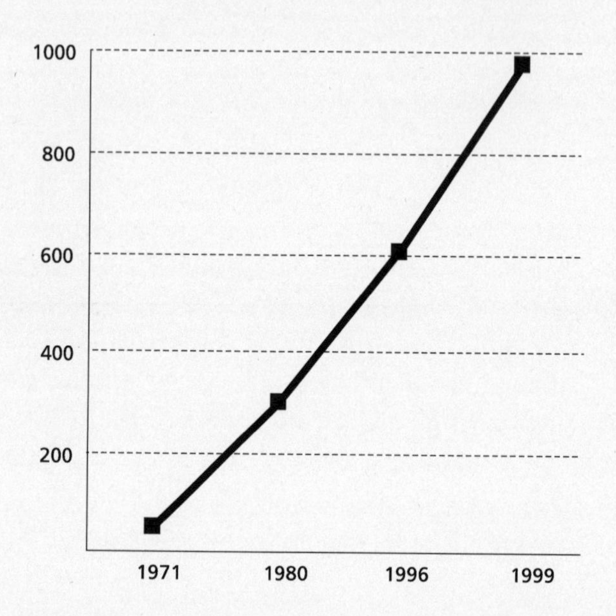

Fonte: ONU – PNUD-PNUMA.

Há uma homologia entre o que se passa nas relações de poder internacionais e nas relações de poder no interior dos países. A distância entre ricos e pobres também tem crescido no interior dos países.[23] Mesmo no país mais rico do planeta, os Estados Unidos, em 1970, havia 24,7 milhões de pessoas em situação de pobreza crítica (11,6% da população) e, em 1997, essa cifra já era de 35,6 milhões (13,3% da população). Entre 1977 e 1989, o segmento formado por 1% das famílias mais ricas logrou capturar 70% do total do aumento da riqueza familiar e viu aumentada sua renda em 100% no período, como mostra um recente estudo (*apud* Anibal Quijano).

[23]Sirvo-me, desde o parágrafo anterior, amplamente do balanço oferecido por Anibal Quijano em seu *La Colonialidad del Poder* (Quijano, 2000). Que esse amplo uso declarado seja entendido como agradecimento e admiração pela produção desse cientista social peruano.

Na América Latina, desde 1973, as diferenças de renda têm piorado: a renda média dos 20% dos que obtêm rendas é, hoje, 16 vezes mais alta que a dos 80% restantes. No Brasil essa diferença chega a ser de 25 para 1, comparado com 10 para 1 na Europa Ocidental e de 5 para 1 nos EUA.

No ano 2000, cerca de 800 milhões de pessoas não tinham emprego assalariado. E a população conjunta de desempregados e subempregados é mais ou menos a metade da população mundial, posto que 3 bilhões de pessoas vivem com menos de 2 dólares diários.

Todas essas tendências na distribuição de capital, de emprego, de produção, de renda, de bens e serviços no mundo de hoje têm a ver com a mudança nas relações entre as diversas formas de acumulação capitalista em favor da absoluta hegemonia do capital financeiro. Assim, as transações cambiais do mundo, que eram mais ou menos de 20 bilhões de dólares em 1970, eram já de 1,3 trilhão de dólares em 1999.

Somente nos Estados Unidos, em 1980, os fundos de pensão, os fundos comuns, as companhias de seguros e os seguros de vida constituíam ativos financeiros de 1,6 trilhão de dólares, cerca de 60% do PIB do país. Em 1990, esses ativos já eram de 5,2 trilhões de dólares, 95% do PIB e, em 1993, eram mais de 8 trilhões de dólares, ou seja, 125% do PIB do país.

Assim, nesse período de globalização neoliberal, generaliza-se a *financeirização* das empresas, posto que as inversões produtivas decrescem continuamente a favor das financeiras e, de outro lado, há a hipertrofia dos ganhos financeiros nos países da periferia ou nos chamados países emergentes.

Em 1983, os ganhos em bolsa na periferia chegaram a 100 bilhões de dólares. Entretanto, em 1993, essa cifra já era de 1 trilhão e 500 bilhões de dólares. Enfim, como assinala Quijano, "está em curso um processo de reconcentração do controle de recursos, bens e rendas em mãos de uma minoria reduzida da espécie, atualmente não mais do que 20%".

A tendência para a concentração de renda, embora agravada no último período de globalização neoliberal, não é nova. Já em 1800, 74% da população mundial detinha 56% do Produto Mundial Bruto, enquanto os outros 26% da população detinha 44% do Produto Mundial Bruto. Entretanto, em 1995, 80% da população mundial detinha somente 20%

do Produto Mundial Bruto, enquanto os 20% mais ricos detinham 80% do Produto Mundial Bruto. Assim, em dois séculos, entre 1800 e 1995, a diferença entre a média de renda dos países ricos e pobres passou de 9 a 1 para 60 a 1!

4ª FASE — A GLOBALIZAÇÃO NEOLIBERAL (PERÍODO TÉCNICO-CIENTÍFICO-INFORMACIONAL)

O balanço anteriormente descrito opera com informações basicamente do campo econômico-mercantil, a partir do que assinala a profunda desigualdade entre as classes sociais e os países, agravando-se ainda mais. Todavia, há uma ilusão monetária que pode nos induzir a perder de vista a dinâmica territorial que está em curso nesse período de globalização neoliberal. O território é uma categoria analítica que nos remete à inscrição da sociedade da natureza e, assim, nos obriga a considerar as relações sociais e de poder que estão imbricadas na relação das sociedades com a natureza. A problemática ambiental ganha maior consistência quando analisada a partir do território, das territorialidades e dos processos de territorialização.

De fato, a fantástica dívida externa da maior parte dos países do mundo reduzidos a condições semicoloniais, conforme assinalamos, tem sido objeto de uma verdadeira chantagem política onde organismos financeiros internacionais impõem políticas de ajuste estrutural que, no fundo, agravam a pilhagem de recursos naturais e os problemas ambientais.

O equilíbrio das contas públicas, quase sempre significando cortes nas áreas social e ambiental para a obtenção de superávit primário (aquele em que não se leva em conta o pagamento de juros), visa a garantir o pagamento da dívida em moeda que os países situados no polo dominado do padrão de poder mundial não emitem (dólar estadunidense). Assim, esses países se veem obrigados a obter superávits primários, seja atraindo dólares oferecendo uma remuneração alta (juros altos), seja aumentando as exportações e diminuindo as importações. O Programa das Nações Unidas para o Desenvolvimento (PNUD) nos informa que a média dos juros nos anos de 1980 foi de 4% ao ano nos países industrializados e de 17% ao ano nos países subdesenvolvidos.

Como a taxa de juros é uma referência importante, sobretudo numa sociedade capitalista,[24] os níveis elevados dessas taxas praticados nos países situados no polo dominado no padrão de poder mundial têm não só as consequências que os economistas destacam — recessão, perda de competitividade, desemprego — como, também, sérios efeitos ambientais. É que taxas de juros altas desestimulam os investimentos produtivos ou induzem a práticas produtivas que garantam uma rentabilidade dos investimentos que as compensem as taxas de juros altas. A maior exploração da natureza e a materialização dos danos ambientais podem bem ser, e têm sido, uma compensação para as altas taxas de juros.

A *financeirização* generalizada e sua ideologia correspondente, o mercado como panaceia, turva-nos a visão de que há uma produção material que continua para além (e aquém) da alienação financeira.

As taxas menores de crescimento do capital produtivo na indústria, na agricultura e nos serviços, não nos enganemos, não significam que a produção material decresceu no período de globalização neoliberal. O Informe do Banco Mundial de 2000 nos diz que em 1999 os países do Grupo dos 7, com apenas 12% da população mundial e 16% da superfície do planeta, produziam 65% da produção mundial, ou seja, 3% mais que em 1980 (62%). Para que essa produção fosse possível, o fluxo de matérias-primas e de energia continuou a fluir no sentido colonial tradicional, ou seja, em direção aos países situados no polo dominante do padrão de poder mundial. Afinal, a medida da riqueza, o dinheiro, não produz os recursos naturais sem os quais nenhuma sociedade pode existir, como parece acreditar os que privilegiam a financeirização e volatilização dos mercados.

[24]Isso porque, no limite, a taxa de juros é o ganho que se pode ter com a aplicação financeira do dinheiro sem correr o risco de, depois do investimento, não conseguir realizar o lucro esperado com a produção de algo material. Nesse sentido, a taxa de juros baliza os investimentos produtivos. Se a taxa de juros é muito alta, não vale a pena correr o risco, assim manda a boa lógica mercantil.

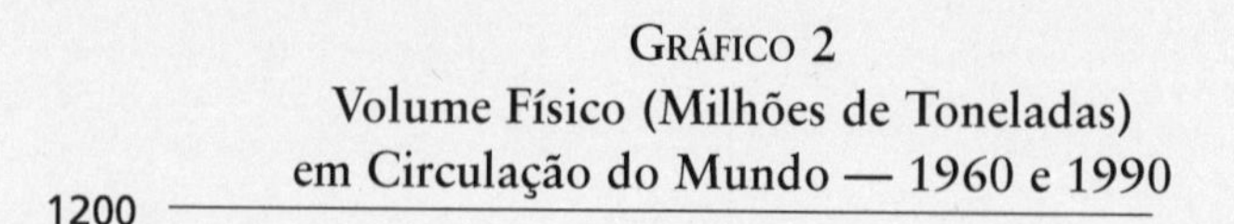

GRÁFICO 2
Volume Físico (Milhões de Toneladas)
em Circulação do Mundo — 1960 e 1990

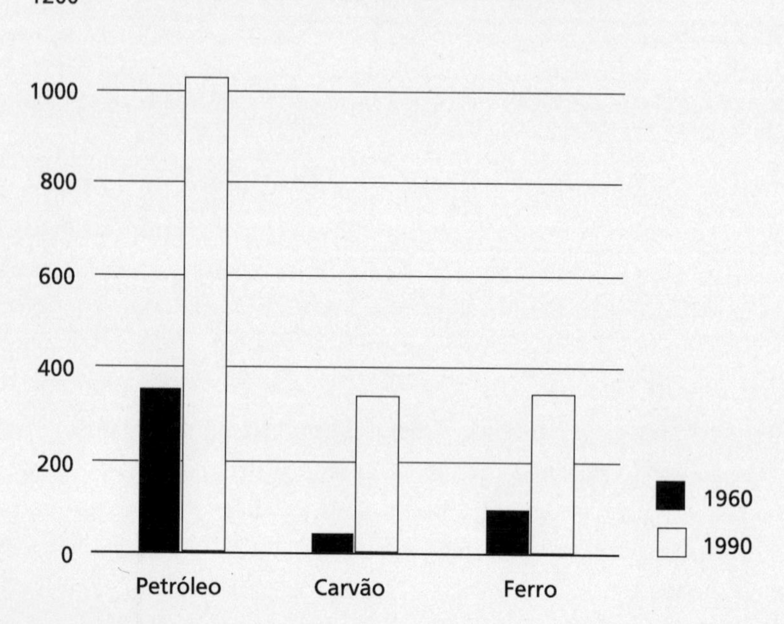

A dependência de importações[25] de recursos naturais por parte dos países situados no polo dominante do padrão de poder mundial, sem o que suas populações não podem usufruir da "qualidade de vida" que têm, pode ser atestada no gráfico a seguir.

As implicações ambientais desse padrão de poder mundial do período de globalização neoliberal podem ser vistas, ainda, com base na *pegada ecológica* de cada região do planeta.[26]

[25] A dependência de importação é igual a (Volume Importado – Volume Exportado) / (Volume de Produção Interna + Volume Importado – Volume Exportado) x 100.

[26] A *pegada ecológica* estima a pressão que uma determinada amenidade humana exerce sobre os ecossistemas mundiais. Segundo o PNUMA (*Perspectivas de medio ambiente mundial 2002 — GEO-3*), é uma unidade de área que "corresponde ao número necessário de hectares de terra biologicamente produtiva para produzir os alimentos e a madeira que a população consome, a infraestrutura que utiliza, e para absorver o CO^2 produzido durante a queima de combustíveis fósseis. Por conseguinte, a *pegada ecológica* leva em conta o impacto que a população produz sobre o meio ambiente. A *pegada ecológica* é uma função do tamanho da população, do consumo médio de recursos *per capita* e da intensidade dos recursos tecnológicos utilizados" (PNUMA, 2002: 36).

GRÁFICO 3

Dependência de Importações de Recursos Minerais de Países Selecionados — 1989

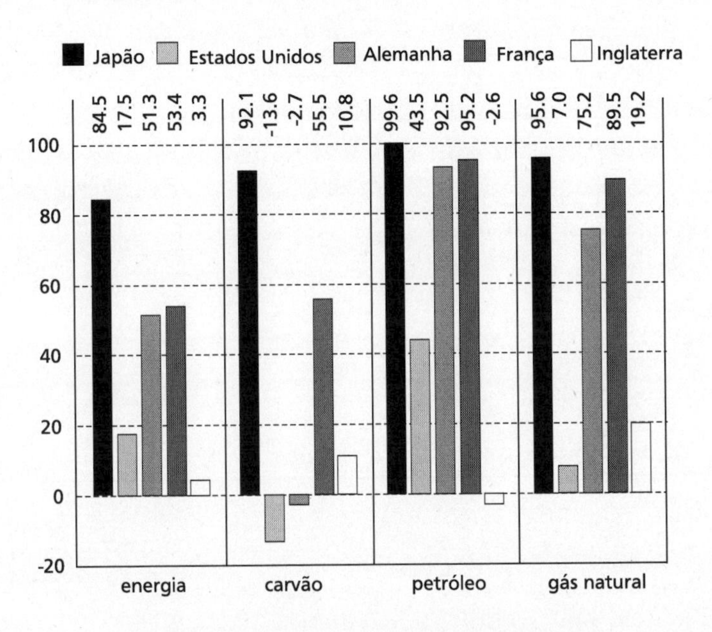

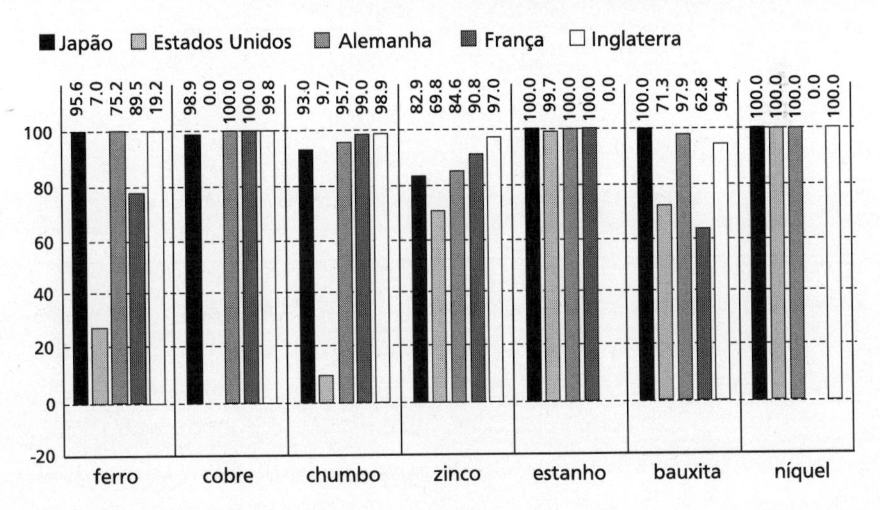

Fonte: OCDE, Energy balances of OECD Countries, Worlds Metal Statistics, Japan, 1992, p. 65. Citado de Altvater, E., 1995, p. 97.

Para o período de 1970-1996, a pegada ecológica mundial aumentou de 11 bilhões para 16 bilhões de hectares, um aumento de 45% no período. A média de hectares de pegada ecológica do mundo permaneceu em torno de 2,85 hectares *per capita*, acompanhando, portanto, o crescimento demográfico médio do planeta. Atentemos, pois, para o fato de que entre 1970 e 1996 a pegada ecológica média permaneceu entre 2,85 de unidade média, informação essa que deveria ser suficiente para deixar clara a injustiça ambiental que sustenta o atual modelo e seu padrão de poder. Afinal, tendo a população aumentado muito mais na África, na Ásia e na América Latina e Caribe, não foi o crescimento demográfico dessas populações o responsável pela manutenção dessa média na pegada ecológica. Ao contrário, aumentasse a pegada ecológica das populações dessas áreas na mesma proporção do seu crescimento demográfico e os problemas ambientais teriam seus efeitos (estufa, camada de ozônio, lixos e resíduos os mais diversos, perda de diversidade biológica e cultural) ainda mais trágicos. Assim, é a exploração das populações dessas áreas que tem tornado possível a sustentabilidade ecológica do atual padrão de poder mundial que vem se mantendo não só extremamente desigual como se polarizando ainda mais, ensejando o fenômeno de dualização social.[27]

Assim, a manutenção dessa pegada ecológica média global abriga dentro de si a colonialidade de poder que a sustém. Vejamos: na África, a pegada ecológica de 1,5 hectare pouco ultrapassa a metade da média mundial (2,85 hectares); na Ásia e no Pacífico, a pegada ecológica sequer alcança 1,8 hectare; na América Latina e no Caribe, no Oriente Médio e na Ásia Central, ela gira em torno da média mundial; na Europa Central e Oriental, a pegada ecológica se aproxima de 5 hectares; na Europa Ocidental, chega a 6 hectares, ou seja, 210% maior que a média mundial; e, nos EUA, corresponde a 12 hectares *per capita*, isto é, 425% a média mundial. Isso significa que um americano médio equivale, em termos de impacto sobre o planeta, a cerca de 10 africanos ou asiáticos! Ver gráfico a seguir.

[27]Fritz Lang com seu *Metrópolis*, filme de 1926, captou melhor que ninguém essa dimensão da sociedade capitalista contemporânea.

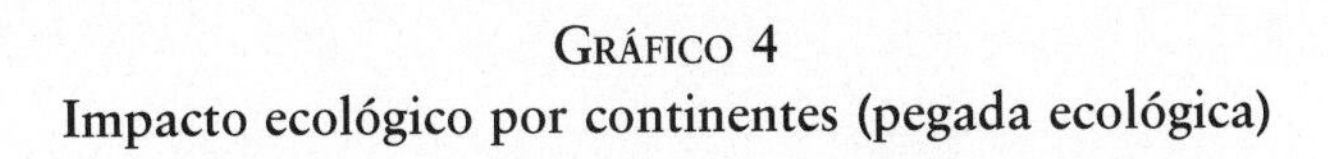

GRÁFICO 4
Impacto ecológico por continentes (pegada ecológica)

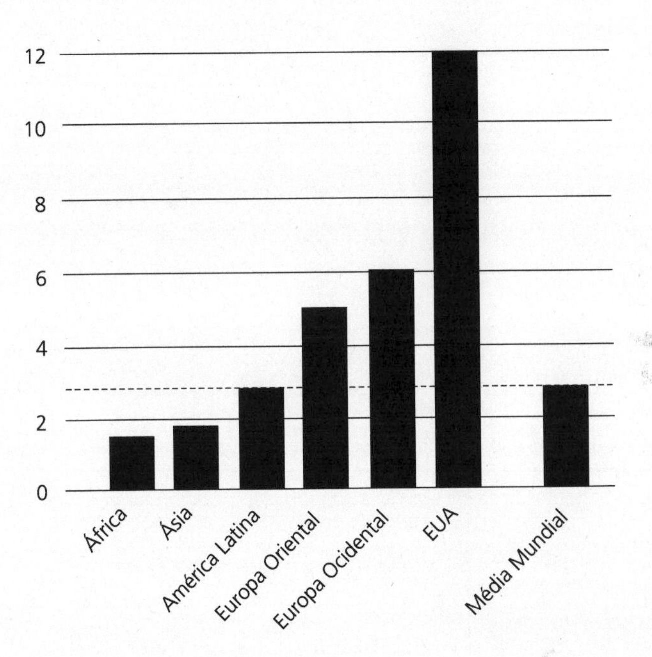

Enfim, apesar da financeirização generalizada, a produção material continua deixando suas marcas no planeta, gerando as condições para o pagamento da dívida externa, que, como vimos, continua aumentando de maneira avassaladora. A dívida externa se transforma numa verdadeira dívida ecológica, se abandonamos os pressupostos monetaristas que abstraem a produção material e suas consequências práticas socioambientais.

Um dos principais efeitos desse período de globalização neoliberal é o redesenho da geografia do comércio mundial entre 1980 e 1990. Vejamos mais de perto esse novo quadro pela importância que tem no fluxo de matéria e energia, no seu sentido tangível, fundamental numa abordagem ambiental. A maior parte do comércio internacional se dá entre os próprios países desenvolvidos. A União Europeia tinha, em 1990, uma participação de mais de 40% na estrutura do comércio mundial, tanto das exportações como das importações. Os EUA tinham uma participação de cerca de 12% nas exportações e 15% nas importações. O Japão e a Ásia, de 22,5% e 21%, respectivamente. Assim, EUA, Japão e a União Europeia somam 61% das exportações e 70% das importações mundiais, com uma população de somente 18% do total mundial. Enquanto isso, nesse mesmo período, o Oriente Médio, a África e a América Latina viram cair sua participação na estrutura do comércio mundial nas exportações de 17,58% em 1980 para 10,85% em 1990; e, nas importações, de 22,41% em 1980 para 9,19% em 1990. Ver tabela a seguir.

TABELA 1
Estrutura do Comércio Mundial (%)
1980 e 1990

País-Região	Exportações		Importações	
	1980	1990	1980	1990
EUA	11,77	11,77	13,33	14,98
Europa — UE	36,85	40,96	35,21	41,04
Japão	6,95	8,61	7,33	6,82
África	5,09	2,58	4,21	2,40
Ásia	8,41	13,59	7,58	13,71
América Latina	6,43	3,89	5,75	3,44
Oriente Médio	6,06	4,38	12,45	3,35
Outros	18,44	14,21	14,13	13,26

Fonte: FMI, Direction of Trad Statistics Yearbook. Citado por Altvater, 1995: 196.

Os dados da tabela tornam ainda mais claro onde está se dando o esforço dos países do Terceiro Mundo, sobretudo na África e na América Latina, para conseguir os recursos financeiros para fazer face à dívida externa e aos planos de ajustes estruturais recomendados pelo FMI e Banco Mundial.

GRÁFICO 5
Índice de Dependência das Exportações de Matérias-Primas
(1975-1977 e 1985-1987)*

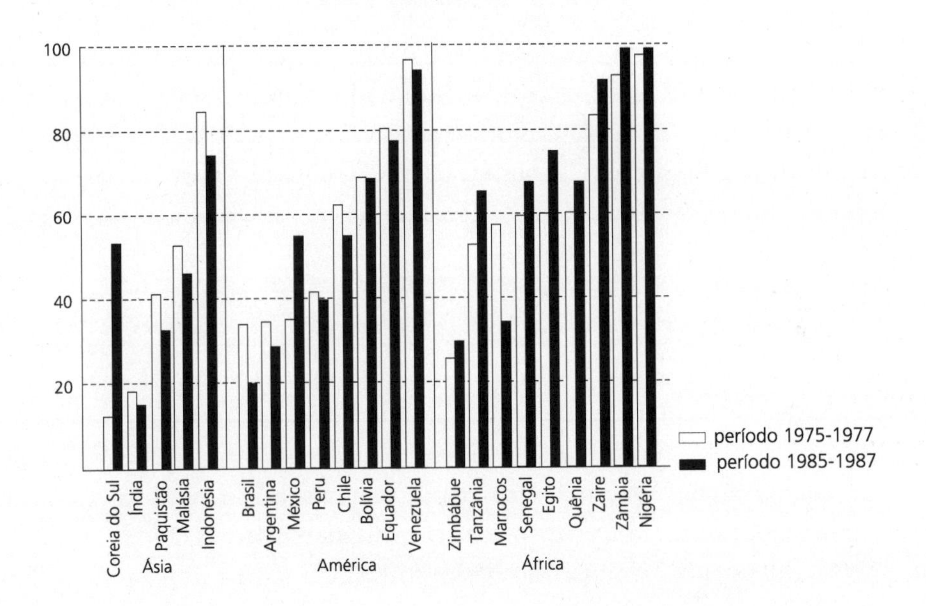

*Proporção das três principais matérias-primas na exportação total do período
Fonte: UNCTAD, Commodity Yearbook, 1990, p. 379 e segs.

Vê-se como a dependência de matérias-primas dos países industrializados acima apontada se resolve no contexto dessa nova configuração de poder do período de globalização neoliberal. Afinal, a aceitação da supervisão do FMI e de seus planos de ajustes estruturais garantem os créditos que vão não só alimentar a dívida, como também alimentar as caldeiras das indústrias com carvão, petróleo e gás, as indústrias, em geral, com ferro, bauxita, cobre, zinco, manganês, molibdênio, estanho, chumbo, níquel, algodão, cacau, amendoim, soja, café... Mesmo países como o Brasil e a Argentina que, no contexto da América Latina, têm um peso significativo do seu mercado interno, cada vez mais dependem da soja e da exportação de grãos em geral para obter o superávit primário. Na verdade, os ajustes estruturais procuram fazer com que a *crise da dívida não se transforme em crise de crédito*. A dívida externa não é para ser paga, é, sim, uma poderosa arma política para que se imponham *políticas de ajuste estrutural*, cujo próprio nome dispensa comentários.

Registre-se que, depois de 1975, os preços das matérias-primas caíram cerca de 40% em relação aos produtos industrializados, segundo o Banco Mundial (Relatório de 1991), quando indicava, ainda, que a tendência deveria se manter, como, de fato, ocorreu com a exceção do petróleo. Assim, para obter o mesmo produto industrializado, os países do polo dominado no padrão de poder mundial devem produzir duas vezes e meia matérias-primas a mais.

Deste modo, o esforço (energia, literalmente) desses países nessa direção significa, na prática, ampla utilização de recursos naturais, muitos não renováveis, como os minerais, com a sua depleção, o que está implicando o avanço sobre áreas ocupadas originariamente por populações de outras matrizes culturais (indígenas, afrodescendentes, camponeses de vários matizes ecoculturais), onde ricos acervos de biodiversidade estão dando lugar a monoculturas ou, ainda, para onde vem se dando a transferência de indústrias altamente poluentes do Primeiro Mundo para o Terceiro Mundo, com destaque para as de papel e celulose e as de alumínio-bauxita. Alega-se, sempre com base no raciocínio crematístico-monetário, que se trata de *commodities*, ou seja, mercadorias cujos preços se determinam em dólares pelo mercado mundial. Entretanto, essa determinação de preços à escala mundial com base num critério crematístico-monetário, no caso pelo dólar, tem enormes efeitos concretos socioambientais à escala local, configurando uma geografia desigual dos proveitos e dos rejeitos dessa ordem-desordem mundial, dramática para a maior parte da população das regiões que causam menor pegada ecológica sobre o planeta.

Assim, a menor participação dos países do Terceiro Mundo no comércio internacional, que diminuiu ainda mais do ponto de vista crematístico-monetário, não significa que diminuiu sua importância no contexto geopolítico mundial. A menor participação no sentido crematístico-monetário não significa menor participação material em volume de matéria e energia. Ao contrário, cresce a dependência de matérias-primas e energia dos países desenvolvidos em relação aos países subdesenvolvidos, apesar da revolução tecnológica que, acreditava-se, com novos materiais, diminuiria essa dependência. Stephen Bunker (Bunker, 1996) nos mostra, em um interessante artigo intitulado *Materias primas y la economía mundial*, que, em alguns países, o que vem ocorrendo é uma redução dos *preços* das matérias-primas em relação ao PNB, que é matematicamente calculado em termos monetários, e não uma redução no volume físico de matérias-primas consumidas.

TABELA 2
Volume Físico de Matéria Transportada por Mar
(Em Milhões de Toneladas)

Matéria/Energia	1960	1990	Aumento
Petróleo	360	1.019	283%
Carvão	46	342	814%
Ferro	101	347	344%

Fonte: Bunker, S., 1996. *Revista Ecologia Política*, nº 12.

Vê-se, assim, que o colonialismo e o imperialismo não deixam de existir sob a globalização neoliberal.[28] A colonialidade do poder tem na dívida externa e nas políticas de ajuste, recomendadas pelos organismos internacionais, seu principal instrumento de dominação política nos dias que correm. Do ponto de vista analítico, contam com as abordagens de natureza crematístico-monetárias, que, ao salientarem a financeirização e volatilização, deixam de captar a enorme dívida contra a natureza e contra os países e povos que, no contexto da globalização neoliberal, buscam na exploração mais intensa dos recursos naturais e do trabalho os meios de obter os recursos monetários em moeda que não emitem.

Há, assim, uma enorme dívida ecológica sendo contraída contra o planeta e contra a maior parte da humanidade, e esse é um trunfo fantás-

[28]Eis a razão por que na caracterização das diferentes fases do processo de globalização, iniciado em 1492, procuramos mostrar como cada período superava, incorporando, e não suprimindo, as fases anteriores.

tico que os países que dispõem de enormes reservas de biodiversidade, de energia solar abundante (riqueza em fotossíntese potencial), de água e de outros recursos minerais, além de múltiplas culturas com seus saberes e fazeres tecidos em convivência com a natureza (ver seus múltiplos cultivares adaptados às mais distintas situações geoambientais), têm para estabelecer um diálogo de outro tipo na sua política externa. Mas, para isso, é preciso romper com a colonialidade do pensamento, com a colonialidade do saber (Lander *et alii*, 2000), e não querer ser como o Primeiro Mundo, como se a felicidade humana só tivesse uma via, a que os europeus e estadunidenses estabeleceram para si e que, entretanto, se fez com a pilhagem do planeta como um todo. Aqui cabe lembrar Mahatma Gandhi com sua provocante indagação: "Para desenvolver a Inglaterra foi necessário o planeta inteiro. O que seria necessário para desenvolver a Índia?"

A crença de que a natureza é uma fonte inesgotável de recursos e que sua exploração não geraria efeitos nocivos é que proporcionou uma espécie de fuga sempre para a frente nas lutas de caráter distributivo no interior, sobretudo, das sociedades desenvolvidas. Em outras palavras, as reivindicações dos trabalhadores, acreditou-se, poderiam ser satisfeitas aumentando-se a produtividade. O modelo fordista partia da premissa de que todos os trabalhadores dos países industrializados pudessem usufruir da riqueza material. *As leis da termodinâmica, assim como a produtividade biológica primária do planeta, foram completamente ignoradas por esse irrealista otimismo tecnocêntrico.*

* * *

A dinâmica da sociedade capitalista quando considerada na sua inscrição territorial, enfim, na sua materialidade, mostra não só a sua insustentabilidade ambiental como, também, política. Não só as leis da termodinâmica e a produtividade biológica primária do planeta foram, até aqui, completamente ignoradas por esse irrealista otimismo tecnocêntrico moderno-colonial, como, ainda pressupõe que a fonte da maior parte dessas matérias-primas e energia, o trabalho das populações dos países do Terceiro Mundo, deve continuar fluindo no mesmo sentido e direção.

Toda a questão passa a residir, então, em como garantir o suprimento permanente de matéria e energia numa quadra histórica em que o colonialismo e o imperialismo já não se sustentam moral e eticamente. Afinal, a ideia de que os homens são iguais, ideia-chave da revolução política que funda a modernidade, encontra, nos marcos liberais, enorme dificuldade para se estender para além dos territórios europeus ou europeizados (Estados Unidos e Canadá), enfim, para a América Latina e Caribe, para a África e a Ásia. A modernidade é inseparável da colonialidade.[29]

Na América Latina e no Caribe a colonialidade sobreviveu ao colonialismo, por meio dos ideais desenvolvimentistas eurocêntricos, ocupando os corações e mentes das elites *criollas,* brancas ou mestiças nascidas na América. A exportação de matérias-primas agrícolas e minerais com base na exploração das melhores terras, por meio de latifúndios produtivos, e das melhores *ilhas de sintropia* (jazidas), nesses casos, quase sempre, com o recurso de empresas das antigas metrópoles, continuou mantendo a escravidão negra e a servidão indígena, mesmo após a independência política formal. Enfim, a colonialidade sobreviveu ao colonialismo.[30]

O período imperialista, também fossilista e fordista por sua inscrição material e dependente da exploração generalizada da natureza, sempre por meio do trabalho concreto de homens e mulheres de carne e osso, nunca é bom esquecer, culminou após 1945 com amplas lutas de libertação nacional tanto na Ásia e na África (descolonização) como na América Latina (neocolonialismo). As denúncias contra a exploração dos recursos

[29]A Revolução de independência do Haiti, no início do século XIX, comandada por Toussaint de L'Overture, pouco é destacada e, até mesmo, deu origem a uma expressão de temor à época, o haitianismo, como algo que devesse ser evitado a todo custo. Diga-se, de passagem, que Toussaint de L'Overture era negro e encontrou dificuldade para se afirmar com seus ideais de liberdade, mesmo tentando se independer da França lançando mão dos ideais da Revolução Francesa.

[30]Anibal Quijano nos lembra que aos negros e indígenas sequer o trabalho assalariado era admitido, reservado somente aos brancos (Quijano, 1999 — In *La Colonialidad del saber...*, Lander, E., org.).

naturais consagraram expressões como pilhagem (Pierre Jalée) e saque dos recursos naturais dos países industrializados contra os países não industrializados.[31]

O nacionalismo, quase sempre invocando uma ideologia de justiça social,[32] em alguns casos se afirmando como socialista, como à época a guerra fria convidava, se tornou uma poderosa arma contra o colonialismo e o imperialismo. O suprimento de matérias-primas e energia para os países industrializados corria risco.

Assim, por todos os lados, o capitalismo, em sua fase de globalização fossilista fordista imperialista, se via questionado. Lá mesmo no centro do sistema-mundo moderno-colonial, nos EUA e na Europa Ocidental, a contracultura acusava o "*mal-estar da civilização*", não pelo que o capitalismo em seu polo mais desenvolvido não oferecia mas, ao contrário, exatamente pelo que oferecia — criticava-se, abertamente, o consumismo como estilo de vida (*hippies* e *beatniks*), assim como o militarismo; por outro lado, os socialistas, por seu turno, questionavam a desigualdade e a exploração; de outro lado, ainda, os nacionalistas, em geral, reivindicavam o direito ao desenvolvimento (sustentado, como se dizia à época) e tinham na denúncia da exploração dos recursos naturais por "potências imperialistas" um forte apelo.

Observemos que tanto as vertentes nacionalistas como as socialistas questionam o *sub*desenvolvimento, expressão interessantíssima para a análise que propomos, na medida em que indica que o que se vislumbra como horizonte de superação do *sub*desenvolvimento é o desenvolvimento.

[31]Desde o início do processo de formação do sistema-mundo moderno-colonial que a exploração da natureza por meio do trabalho escravo e servil esteve na base de sustentação desse padrão de poder. Os arquivos de Sevilha registram que, entre 1503 e 1660, foram da América para a Europa 185 toneladas de ouro e 16.000 toneladas de prata! Deixo ao leitor a curiosidade de calcular o montante em dólares atuais dessa pilhagem.

[32]No então chamado Terceiro Mundo, o nacionalismo, quase sempre, se legitimava por identificar na dominação estrangeira e no saque de recursos as razões da miséria e do desenvolvimento. Assim, o nacionalismo se apresentava como desenvolvimentista e com forte apelo à justiça social. Daí o entusiasmo com que se revestia a ideologia nacionalista. O aprendizado que nos fica dessa experiência é que a ideologia nacionalista torna os nacionais homogêneos e, com isso, ignora as contradições que atravessam cada sociedade nacional.

Atentemos que o prefixo *sub* indica que se questiona o *aquém* de um modelo que, em si, não está sendo questionado. Sem o saber, reiteravam a colonialidade que pensavam combater. Observe-se que, ao se questionar a *des-igualdade*, o que se aponta no horizonte é que se quer ser igual e, assim, permanecemos nos marcos do pensamento eurocêntrico. Todos querem ser desenvolvidos como a Europa e os EUA e, assim, o horizonte está marcado pela colonialidade do saber e do poder, posto que não se consegue pensar fora dos marcos desse pensamento moderno-colonial. Já, aqui, pensamento único.

Assim, tanto pelo lado da oferta (dos bens de consumo) como do lado da demanda (dos recursos naturais), assim como pela desigual distribuição da riqueza, o modelo fordista fossilista do capitalismo em sua fase imperialista não consegue mais se sustentar ética e moralmente. A poluição e o esgotamento dos recursos naturais passam a ser temas de interesse, inclusive, de grupos empresariais, como o caso do Clube de Roma (Porto-Gonçalves, 1983).

Assim, o período atual, de globalização neoliberal, difere dos outros períodos que lhe antecederam pela especificidade do desafio ambiental que lhe acompanha e que, também, o constitui. Afinal, até os anos 1960, a *dominação da natureza* não era uma questão, e sim uma solução — o desenvolvimento. É a partir desse período que se coloca explicitamente a *questão ambiental*.

Os desafios que se colocavam a partir daí para os países que sempre se beneficiaram do padrão de poder assimétrico do sistema-mundo moderno-colonial eram enormes: como continuar mantendo o fluxo de matérias-primas e de energia sem o qual o capitalismo fossilista e fordista, e o padrão assimétrico de poder que lhe é inerente tanto em escala local, nacional e internacional, não consegue se reproduzir?

Como permanecer com a colonialidade do saber e do poder quando já não se pode mais justificar abertamente a superioridade de uma raça sobre outra, de um povo sobre outro, sobretudo depois que os europeus experimentaram na própria carne o significado do discurso da superioridade de uma raça sobre outra, com o arianismo antissemita dos nazistas? Como e por que os recursos naturais devem continuar fluindo do sul para o norte? A globalização neoliberal é uma resposta de superação capitalista a essas questões para o que, sem dúvida, procura, à sua moda, se apropriar de reivindicações como o direito à diferença e com ele justificar a desigualdade e, também, assimilar à lógica do mercado a questão ambiental. Entretanto, o período histórico de globalização neoliberal que legitimou a questão ambiental é, paradoxalmente, aquele que levou mais longe a destruição da natureza. Jamais, em um período de 30 anos, em toda a história da globalização que se iniciou em 1492, foi tamanha a devastação do planeta!

OS LIMITES ECOLÓGICOS DA UNIVERSALIZAÇÃO DO *AMERICAN WAY OF LIFE* E OUTROS CAMINHOS

O estilo de vida da sociedade estadunidense — o *american way of life* — tem sido tomado como modelo por quase todo o mundo, menos pelas qualidades universalizáveis que eventualmente possa ter mas, sobretudo, pelo poder que a mídia daquele país tem no mundo inteiro. O estilo de vida da sociedade estadunidense, baseado numa relação com a natureza de caráter capitalista, fordista e fossilista, é não só um modelo único, como não universalizável. Dois aspectos devem ser ressaltados para entender essa originalidade e essa impossibilidade de generalização.

O primeiro aspecto diz respeito à dinâmica demográfica dos EUA, posto que, somente no século XIX, chegaram àquele país cerca de 50 milhões de migrantes em idade economicamente ativa, prontos para trabalhar e produzir. Isso implica que o ônus da criação desses migrantes, enquanto ainda eram crianças ou adolescentes, isto é, enquanto consumiam mas não trabalhavam, não recaiu sobre a sociedade dos EUA e, sim, foi custeada pela geração adulta de seus pais nos seus países de origem. Deste modo, a poupança interna e, consequentemente, os investimentos puderam ser significativamente maiores. Aqui reside, em parte, o sucesso do tão apregoado *self made man* estadunidense.

O segundo aspecto diz respeito às fantásticas riquezas naturais existentes naquele território, o que lhes proporcionou ganhos de produtividade significativos. Observemos que no Nordeste dos EUA, entre o rio São Lourenço, na fronteira com o Canadá, os Apalaches ou Alhegannis e o oceano Atlântico, concentram-se riquíssimas jazidas de ferro e de carvão, quedas-d'água em grande número nos Apalaches, além do escoadouro natural do sistema Grandes Lagos-Rio São Lourenço. Aqui reside, todavia, o lado negativo do estilo de vida estadunidense no que diz respeito à possibilidade de se generalizar para o mundo, na exata medida em que habituou os empresários dos EUA a padrões energéticos insustentáveis, tanto para si próprios enquanto economia nacional, como para o planeta como um todo, pelo seu impacto ambiental.[33]

Considere-se, por exemplo, as enormes extensões de terras férteis nas planícies do Mississippi-Missouri que, além de férteis, são planas. Sublinhe-se que, em termos de práticas agrícolas, terras planas têm uma enorme importância, na medida em que relevo ondulado e acidentado implica maiores esforços para subir e descer e, assim, maior gasto de energia. A produção de milho e trigo, assim como a exportação de gado e seus derivados por parte dos Estados Unidos, deve uma parcela não negligenciável de seu sucesso a essas riquezas que, em si mesmas, não foram feitas pela ciência ou pela técnica, enfim, não foram feitas pelo homem, como um antropocentrismo ingênuo quer fazer crer.

Destaquemos, ainda, um outro lado desse desenvolvimento da relação da sociedade estadunidense com a natureza que, quase sempre, é olvidado e que contribui para reforçar o mito do desenvolvimento como uma consequência quase que exclusiva da ciência e da tecnologia. Tratase da lei de terras de 1823, conhecida como *homestead act*, que proporcionou a cada família que chegasse às planícies centrais acesso à terra que pudesse cultivar por meio de um pagamento apenas simbólico. Esse cará-

[33]Registre-se que o primeiro aspecto, tão favorável ao desenvolvimento da sociedade ianque, resolveu, no mesmo movimento, o problema de excedente demográfico europeu, situação única na história da formação geográfica do mundo contemporâneo. Basta observarmos as barreiras hoje interpostas às migrações, sobretudo pelos governos dos países dessas duas regiões do planeta que tanto se beneficiaram da livre circulação de homens e mulheres, sobretudo no século XIX e primeira metade do século XX. O mesmo é, em parte, válido para o Japão.

ter democrático, de certa forma, proporcionou que o cultivo daquelas amplas, planas e férteis terras tivessem um produto cujo resultado fosse compartilhado por muitas famílias de agricultores. Com isso, criou-se um sistema de transportes cujos custos tornavam-se menores na medida em que os vagões dos trens e os navios não só transportassem grandes volumes quando exportavam, mas, também, quando importavam, haja vista a renda ser bem distribuída entre a população.[34] Essa situação de democracia na distribuição de terras é exatamente o contrário do que se vê nos países situados no polo dominado do padrão de poder mundial, onde o latifúndio, sobretudo o latifúndio produtivo (como o agronegócio no Brasil Central e na Argentina), faz com que seja enorme a concentração da riqueza e, assim, os custos de transportes sejam altos, posto que praticamente funcionam em mão única, na medida em que não há demanda por mercadorias a ser importada. A renda concentrada indica que seus detentores consomem seus produtos fora. Eis a verdadeira razão do elevado custo-Brasil.

Acrescente-se que essa possibilidade de acesso à terra nas planícies centrais teve importante significação para os milhões de migrantes que vieram *fazer a América*, quase sempre famílias camponesas expulsas por diferentes razões da Europa. O fato de essas famílias buscarem obter nos EUA, particularmente nas planícies centrais, a terra que haviam perdido na Europa fez com que o preço da mão de obra nas cidades do Nordeste dos EUA fosse alto. Esses salários altos, em parte por causa da facilidade de acesso à terra nas planícies centrais, foram um importante estímulo para o desenvolvimento de máquinas que proporcionassem maior produtividade. Tanto é assim que máquina em inglês estadunidense do século passado não é *machine*, mas sim *saving labor*, ou seja, aquilo que poupa trabalho.

Consideremos, ainda, o significado da descoberta do petróleo, que foi decisiva para o *take off* do desenvolvimento dos EUA. Os EUA foram

[34]Fosse a estrutura agrária e a distribuição de riqueza mais democráticas, com certeza o barco, o caminhão ou o trem que leva o produto para exportar voltaria carregando outros produtos.

o primeiro país do mundo a extrair industrialmente o petróleo, em 1859. Por coincidência o mesmo ano em que seria aberto o Canal de Suez. Destaquemos que a *natureza líquida* do petróleo,[35] ao permitir que, em grande parte, ele se transporte a si mesmo via oleodutos (*pipelines*), proporciona uma maior produtividade social total em relação ao carvão mineral, cuja logística tanto para o deslocamento como para estocagem é mais rígida e menos flexível.

Já num relatório escrito em 1928 pode-se ler, nas entrelinhas, a preocupação com os limites dessa lógica perdulária, que tão bem caracteriza o processo de industrialização nos EUA.

> A posição superlativa da União (EUA), responsável por quase ¾ da produção mundial (de petróleo) está fora de dúvida... Uma extensa rede de tubulações (*pipelines*) possibilita a movimentação rápida e barata da produção de petróleo para os locais de consumo. Este consumo é tão gigantesco, antes de mais nada, porque a União (EUA) possui 80,1% dos automóveis do mundo. Apesar da produção gigantesca, desde 1914 o enorme consumo não mais pôde ser suprido pela produção de fontes próprias (Pahl, 1928, citado por Altvater, 1995: 96).

Todas essas considerações nos conduzem à conclusão de que o processo de desenvolvimento capitalista que conformou o território dos EUA é único e não reproduzível em mais nenhum lugar do mundo. O chamado consumo produtivo, ou seja, o consumo de recursos naturais feito na própria produção agrícola e industrial — solos, águas e outros minerais —, acusa uma altíssima demanda historicamente satisfeita por uma natureza pródiga em condições singularíssimas. Minérios de alto teor, assim como solos amplos, férteis e planos podiam ser obtidos numa área geográfica contígua e, assim, proporcionar ganhos diferenciais derivados dessa geo-

[35]Pouca atenção se dá a esse fato, aliás, como a tudo que diz respeito ao papel da natureza na criação de riquezas. Veja que aqui não estou destacando que o petróleo é mais ou menos rico em moléculas de carbono e hidrogênio do que o carvão, mas sim que sua natureza líquida lhe dá maior flexibilidade e mais facilidade de *des*locamento, via oleodutos. Assim, a relação espaço-tempo do petróleo proporciona maior ganho na produtividade social total.

grafia — uma mistura de renda diferencial por localização associada à renda diferencial por fertilidade. Tudo isso proporcionou aos EUA uma posição de liderança no mundo[36] que, apoiada num poderio militar inigualável, vem lhe permitindo impor seu padrão de produção e consumo ao planeta inteiro, em que pese os riscos ambientais, cada vez mais comprovados, dessa matriz tecnológica com base no fossilismo associada ao fordismo e seu estímulo consumista impossível de ser generalizado pelo mundo.

A consideração, necessária, da dimensão material, logística, territorial dos diferentes processos de desenvolvimento das diferentes sociedades capitalistas nos ensina que os EUA puderam dispor de riquezas naturais em abundância para a sua decolagem (*take off*) e de uma situação social e demográfica *sui generis*. Já a Europa Norte Ocidental, até por não dispor de tantas jazidas minerais e com países que não contam com extensão territorial comparável aos EUA, exatamente por isso, se viu, desde sempre, tendo que contar com o suprimento externo dessas condições materiais, sem as quais o seu desenvolvimento capitalista fossilista não se daria.

O colonialismo e o imperialismo constituíram-se, pois, em padrões de poder adequados às diferentes épocas para a resolução de seus problemas materiais para a acumulação de capital: no colonialismo, oferecendo os metais preciosos e as especiarias de alto valor por unidade de peso, produzidos aqui mesmo na América Latina e no Caribe, principalmente, por meio de trabalho escravo de afrodescendentes e do trabalho servil dos indígenas, que proporcionaram uma enorme acumulação primitiva de capital, e, no período imperialista, garantindo não só espaço para a acumulação de capital mas, sobretudo, matérias-primas e energia a serem transformadas lá na Europa, principalmente.

Essa situação é muito semelhante ao que se passa com o Japão, país que, além de montanhoso, o que exige mais energia (trabalho) para o cultivo agrícola, praticamente não dispõe de nenhum jazida mineral relevante, a não ser algum carvão, e que para se desenvolver capitalisticamente

[36]Em particular a partir da Segunda Guerra Mundial e, mais acentuada ainda, desde o fim da antiga URSS.

foi buscar na China, na Coreia, enfim, no Extremo Oriente, que lhe é próximo, por meio de invasões e guerras, os recursos naturais necessários para a decolagem do seu desenvolvimento.

Registre-se, ainda, o efeito combinado do quadro demográfico de fim do século XIX e início do XX, sobretudo com relação às migrações internacionais, que beneficiou de modo complementar essas diferentes regiões que vieram a se constituir nos três principais centros dinâmicos da acumulação capitalista: o Japão e a Europa puderam exportar seus excedentes demográficos; os EUA puderam absorvê-los em boa parte e fortalecer seu dinamismo de ocupação da fronteira oeste, inclusive tomando terras ao México. Essas condições não se colocam para os demais países do polo dominado do padrão de poder mundial que, ao contrário, têm seus recursos naturais pilhados para satisfazer a demanda dos países do polo dominante, além de verem seus migrantes sendo barrados, a não ser aqueles altamente qualificados.[37]

A permanecer a lógica capitalista subjacente ao padrão de poder mundial, os riscos ambientais inerentes a esse sistema-mundo moderno-colonial continuarão a colocar a vida do planeta e a de cada um em perigo. E isso não somente pelas razões estritamente ecológicas tão bem apregoadas mas, sobretudo, pelo caráter de tensão militar permanente que implica um mundo tão desigual, e que para se manter exige a apropriação de recursos que estão em todo o mundo para satisfazer não mais que 20% a 25% da população mundial. Como assinalava, ironicamente, um cartaz exibido por um nova-iorquino durante uma manifestação da guerra contra o Iraque: "Porque o nosso petróleo está sob o deserto deles."

Talvez valha a pena, aqui, lembrar da resposta dos indígenas mapuche quando consultados sobre o preço da argila de suas terras pelos operários que haviam tomado o controle da falida fábrica de cerâmica Zanon, na província de Neuquen na Argentina, que precisavam daquela matéria-prima para continuar a produção. Os mapuche, que sempre se colocaram contra a exploração por parte dos empresários que antes exploravam suas

[37]Esses imigrantes, exatamente por serem qualificados, mais importante ainda seriam se permanecessem em seus países de origem.

argilas pagando-lhes um preciso irrisório e não pactuado, dispensaram os operários de qualquer pagamento pelo simples fato de terem sido consultados. Mesmo assim, os novos autogestores não só se dispuseram a lhes pagar um preço maior, como fizeram uma linha de produção de azulejos com base nos desenhos da estética mapuche. Vê-se, aqui, uma outra base de relação entre territórios distintos com um autêntico respeito à diferença. Uma relação de caráter capitalista dificilmente permitiria um diálogo entre lugares nessas bases, e aquela ironia do pacifista nova-iorquino ganha toda a sua significação.

PARTE II Desenvolvimento, tecnociência e poder

Para além do desenvolvimento

Quando se fala de desafio ambiental, uma longa lista de questões nos é apresentada — efeito estufa, perda da diversidade biológica (extinção de espécies), buraco na camada de ozônio, poluição industrial das águas, da terra e do ar, desmatamento, perda de solos por erosão, lixo urbano, lixo tóxico... Todavia, nenhuma dessas questões era debatida de modo tão amplo como após os anos 1960. O período de globalização neoliberal já nascerá sob o signo do desafio ambiental, desafio esse que não se colocara para nenhum dos períodos anteriores da globalização. Até então a natureza era considerada como uma fonte inesgotável de recursos, como vimos com o fordismo e sua crença numa sociedade de consumo de massas ilimitada. O desafio ambiental se constituiu junto com o período histórico que se inicia ali nos anos 1960 e 1970, podendo mesmo dizer-se que o ambientalismo é um dos vetores instituintes da ordem mundial que então se inicia.

O desafio ambiental está no centro das contradições do mundo moderno-colonial. Afinal, a ideia de progresso e, sua versão mais atual, desenvolvimento é, rigorosamente, sinônimo de *dominação da natureza*! Portanto, aquilo que o ambientalismo apresentará como desafio é, exatamente, o que o projeto civilizatório, nas suas mais diferentes visões hegemônicas, acredita ser a solução: à ideia de *dominação da natureza* do mundo moderno-colonial, o ambientalismo coloca-nos diante da questão de que *há limites para a dominação da natureza*. A crítica à ideia de desenvolvimento foi, talvez, a mais ousada que a década de 1960 assinalou. Assim, além de um desafio técnico, estamos diante de um desafio político e, mesmo, civilizatório.

A ideia de *desenvolvimento* sintetiza melhor que qualquer outra o projeto civilizatório que, tanto pela via liberal e capitalista como pela via social-democrata e socialista,[1] a Europa Ocidental acreditou poder universalizar-se. *Desenvolvimento* é o nome-síntese da ideia de *dominação da natureza*. Afinal, ser desenvolvido é ser urbano, é ser industrializado, enfim, é ser tudo aquilo que nos afaste da natureza e que nos coloque diante de constructos humanos, como a cidade, como a indústria. Assim, a crítica à ideia de desenvolvimento exigia que se imaginasse outras perspectivas que não as liberais ou socialistas ou, pelo menos, que essas se libertassem do desenvolvimentismo que as atravessava. Por fazerem a crítica a essa ideia-chave de desenvolvimento, os ambientalistas, com frequência, se veem acusados de querer voltar ao passado, ao estado de natureza, enfim, de serem contra o progresso e o desenvolvimento. A ideia de progresso é de tal forma parte da hegemonia cultural tecida a partir do Iluminismo que mesmo aqueles que se consideram os maiores críticos da vertente burguesa da modernidade, isto é, do capitalismo, se reivindicam *progressistas*, e é com base nesses fundamentos que criticam os ambientalistas. Assim, progressistas de todos os matizes, dos liberais a marxistas produtivistas, se apresentam criticamente diante dos ambientalistas.

Os anos 1950 e 1960 comportam essa ambiguidade com relação à ideia de desenvolvimento cujos efeitos se sentirão no novo período do processo de globalização que se lhe seguirá. É que naqueles anos se questiona o *desenvolvimento* lá mesmo onde ele parecia ter dado certo, isto é, na Europa e nos Estados Unidos, ao mesmo tempo que essa mesma ideia estará sendo recuperada na América Latina, na África e na Ásia, quando ganha corpo o subdesenvolvimento.

[1]Um socialismo que também permanecia *produtivista*, com sua ideia de oferecer para todos aquilo que o capitalismo oferecia somente para alguns. É conhecida a proposta do secretário-geral do Partido Comunista francês, Georges Marchais, de que todos tinham direito ao automóvel, o que, na verdade, longe do socialismo, só nos levaria todos ao congestionamento.

É que na própria ideia de subdesenvolvimento já está embutido o que seria a sua superação: o desenvolvimento. Deste modo, o desenvolvimentismo ganhava corpo, no mesmo momento em que o desenvolvimento era questionado. É emblemática dessa situação a posição do governo brasileiro na reunião de Estocolmo, convocada pela ONU para debater pela primeira vez o meio ambiente, em 1972, quando afirmou que a pior poluição era a pobreza e, a partir daí, convidava a que se trouxesse o desenvolvimento por meio de investimentos no Brasil.[2] À época dizia-se — "*venham poluir no Brasil*" — numa aceitação absolutamente acrítica de que o desenvolvimento naturalmente está associado à degradação ambiental — é o *preço que se paga pelo progresso*, aceitava-se.

A principal crítica que até então havia sido feita ao estilo de desenvolvimento hegemônico provinha do marxismo, que assinalava o caráter necessariamente desigual em que se fundava o desenvolvimento capitalista. Assim, havia a crítica à desigualdade do desenvolvimento, e não ao desenvolvimento enquanto tal. Deste modo, os que criticavam a desigualdade do desenvolvimento contribuíam para fomentá-lo, na medida em que a superação da desigualdade, da miséria, se faria por mais desenvolvimento. O progresso, dizia-se, era um direito de todos.[3]

[2]Apesar de ser um governo ditatorial, nem por isso deixou de ser ouvido pelos grandes agentes financeiros internacionais e organismos multilaterais, como a própria ONU, o Banco Mundial e o FMI.

[3]Aliás, não deixa de ser paradoxal o modo como essa expressão progressista é, orgulhosa e acriticamente, invocada para si por uma boa parte das esquerdas. Talvez seja o medo de ser identificado como saudosista e retrógrado, sem que se dê conta que esses pares de contrários — saudosista ou progressista, tradicional ou moderno — fazem parte de um mesmo universo discursivo, enfim, de uma mesma maneira de enquadrar o mundo. Na verdade, esses pares perfilam numa linha do tempo os diferentes povos, como se tivessem que seguir uma mesma evolução que ascende do tradicional para o moderno e, por isso, valorizam o segundo em relação ao primeiro. Daí a hipervalorização do novo, como na moda, sem entrar no mérito do que está sendo chamado de novo ou de velho, onde algo é desqualificado simplesmente quando se lhe apõe a qualificação de velho e vice-versa. Nem tudo que é velho é ruim, ou bom, assim como nem tudo que é novo é bom, ou ruim. O que se necessita, na verdade, é escapar dessa armadilha mantendo o que interessa — os valores da liberdade, da justiça na igualdade e na diferença, da solidariedade, da paz.

Todos parecem ter direito ao desenvolvimento, que, assim, de uma opção, se torna uma imposição. Já não estaria aqui a imposição de um pensamento único? Aqui se confundem duas questões diferentes com consequências graves para a superação dos problemas contemporâneos, entre eles o desafio ambiental: a ideia de igualdade parece só poder ser contemplada com o desenvolvimento — todos temos direito à igualdade — sem que nos indaguemos acerca *dos diferentes modos de sermos iguais*, como as diferentes culturas e povos que a humanidade inventou ao longo da história atestam. Assim, vemos-nos diante de um desses paradoxos constitutivos do mundo moderno-colonial, em que a superação da desigualdade se transforma, na verdade, numa busca para que todos sejam iguais... ao padrão cultural europeu norte ocidental e estadunidense. Pareceria até mesmo absurdo dizer-se que todos têm direito a serem iguais... aos ianomâmi, ou aos habitantes da Mesopotâmia (Al Iraq, em árabe). Entretanto, o aparente absurdo só o é na medida em que a colonização do pensamento nos fez crer que há povos atrasados e adiantados, como se houvesse um relógio[4] que servisse de parâmetro universal. Assim, confunde-se a luta contra a injustiça social com uma luta pela igualdade conforme uma visão eurocêntrica, enfim, um padrão cultural que se crê superior e, por isso, passível de ser generalizado. Com isso, contribui-se para que se suprima a diferença, a diversidade,[5] talvez o maior patrimônio que a humanidade tenha.

Assim, entre a crítica ao desenvolvimento que se fazia nos anos 1950 e 1960 na Europa e nos EUA e a sua recuperação com a crítica ao subdesenvolvimento no Terceiro Mundo, o desenvolvimento globalizou-se, sob

[4]Na verdade, há um parâmetro, sim, que meridianamente, sem e com ironia, diz a hora certa do mundo — Greenwich. Não sem sentido, Greenwich é um subúrbio de Londres, ele mesmo marco da hegemonia britânica a partir do século XIX que substitui um outro meridiano — o de Tordesilhas — que havia servido de marco da hegemonia ibérica. A história se geografiza, vê-se.

[5]Devemos, aqui, nos inspirar em Boaventura de Souza Santos, que lucidamente nos sugere que, ali onde tentam nos impor a igualdade negando a diferença, lutemos pela diferença e, ali onde tentam nos impor a diferença negando a igualdade, lutemos pela igualdade.

o patrocínio de agentes que se afirmam em escala global, como as oligarquias financeiras e industriais com suas empresas sediadas no Primeiro Mundo, aliadas a importantes setores das *burguesias nacionais desenvolvimentistas* do Terceiro Mundo, das oligarquias latifundiárias (a revolução verde lhes foi uma bênção), assim como dos gestores estatais civis e militares.

Assim, sob os auspícios do Banco Mundial e outros organismos supranacionais, serão construídas grandes hidrelétricas em vários cantos do mundo e abertas estradas por todo o lado, indústrias se transladarão por regiões que antes as desconheciam, assim como a revolução verde colonizará os espaços agrários na América Latina, na Ásia e na África. Mais uma vez, como desde sempre, a modernização foi colonização.

Vivemos, hoje, o paradoxo de jamais ter sido tão vasto e profundo o processo de dominação e devastação da natureza quanto nesses últimos 30-40 anos em que até mesmo uma questão — a ambiental — se constituiu. Talvez não tenha havido, em todo o mundo, uma região tão emblemática das contradições dessa globalização do desenvolvimento do que a América Latina e, dentre suas regiões, a Amazônia.

Canalizou-se, assim, o profundo sentimento emancipatório que vinha das lutas pela descolonização, contra a miséria e contra a injustiça, e se ofereceu, de novo, como solução, *mais do mesmo*, isto é, *mais desenvolvimento*[6] (Escobar, 1996).

Até mesmo muitos ambientalistas abandonaram a contracultura, fonte de inspiração do seu movimento e que assestara duras críticas à própria ideia de desenvolvimento, e aceitaram dialogar com essa ideia, como as propostas de ecodesenvolvimento (M. Strong e I. Sachs) e, depois, com a de desenvolvimento sustentável (G. Brundtland). O desenvolvimento bem vale uma missa.

[6]A ideia de desenvolvimento está associada à modernidade — ser moderno é ser desenvolvido, é estar em desenvolvimento — e, também aqui, se olvida de que a modernidade é incompreensível sem a colonialidade. Por isso, modernizar é, sempre, expandir uma determinada ideia de progresso e, com ela, de colonização dos povos e regiões que são diferentes.

O desafio ambiental continua a nos convidar para a busca de alternativas *ao* e não *de* desenvolvimento. A experiência do desenvolvimento dos últimos 30-40 anos nos obriga a isso, e as lutas sociais que se travam desde os anos 1960, contra o quê se bate a globalização neoliberal, nos oferece caminhos.

Os limites do desenvolvimento

O debate acerca dos limites da relação das sociedades com a natureza começou a vir a público e, assim, a se tornar um debate propriamente político, a partir de uma série de manifestações que denunciavam os riscos que a humanidade e o planeta passaram a correr em função de um modelo de desenvolvimento que não os considerava devidamente, ao acreditar, enfim, que não existiriam limites para a intervenção humana na natureza.

O caso da contaminação por mercúrio na baía de Minamata no Japão, em 1951, foi um dos primeiros casos onde se pôde constatar, tragicamente, como a contaminação de peixes com mercúrio acabara por atingir a comunidade que deles se alimentara, mostrando que a espécie humana não escapa da cadeia alimentar, como um antropocentrismo exacerbado chegou a acreditar. Assim, a problemática dos rejeitos começa a ganhar dimensão política.

Em fins dos anos 1960, o Clube de Roma, criado por um grupo de empresários e executivos transnacionais (Xerox, IBM, Fiat, Remington Rand, Ollivetti, entre outras), coloca em debate, entre outras questões, o lado da demanda por *recursos não renováveis*.[1] O Relatório Meadows patrocinado pelo Clube de Roma e elaborado por cientistas de uma das

[1]Diga-se, de passagem, que a própria ideia de recursos não renováveis só se colocara explicitamente a partir dos anos de 1960.

mais renomadas instituições acadêmicas estadunidenses, o Massachusetts Institute of Technology (MIT), apresenta um título ilustrativo — *The limits to growth — Os limites do crescimento*.[2] Embora partindo de uma hipótese simplificadora, o documento assinalava o tempo necessário para o esgotamento dos recursos naturais caso fossem mantidas as tendências de crescimento até então prevalecentes (Porto-Gonçalves, 1983).

Assim, o ambientalismo começava a ganhar o reconhecimento do campo científico e técnico, e, com ele, o próprio campo ambiental começa a se tornar mais complexo, na medida em que é capturado por um discurso, como o técnico-científico, que era objeto de duras críticas por parte do movimento da contracultura (ver adiante). Desde então, veremos aproximações e tensões no interior do campo ambiental entre perspectivas mais técnico-científicas e outras mais abertamente preocupadas com questões culturais e políticas.

É importante recuperar essa origem do ambientalismo na contracultura e toda a tensão que se estabelece com o *modo de produção de verdades* no interior da sociedade moderno-colonial, onde a ciência e a técnica ocupam um lugar de destaque. Afinal, se por cultura entendemos um conjunto de saberes e valores que empresta sentido às práticas sociais, a contracultura indica, exatamente, a busca de outros sentidos para a vida. Ora, o discurso científico e técnico se constituíra exatamente como o discurso de verdade (da Verdade, com maiúscula, prefere-se) no mundo moderno-colonial e, com isso, trouxera a desqualificação de outros saberes, de outros conhecimentos, de outras falas. O que se vê com o Relatório Meadows e seu *Limites do crescimento* é o deslocamento da questão ambiental, enquanto questão cultural e política, e sua assimilação por parte da lógica técnico-científica que estava sendo, ela mesma, criticada.

A ideia de que haveria de se colocar limites ao crescimento seria ainda reforçada anos mais tarde quando alguns cientistas, como Ulrich Beck e

[2]De certa forma retoma-se, em outros termos, um debate já colocado por John Stuart Mill no século XIX, então denominado crescimento estacionário.

A. Giddens, começam a falar de "sociedade de risco" para designar as contradições da *sociedade moderna*.[3]

A caracterização da sociedade como "sociedade de risco" traz um componente interessante para o debate acerca do desafio ambiental, na medida em que aponta para o fato de que os riscos que a sociedade contemporânea corre são, em grande parte, derivados da própria intervenção da sociedade humana no planeta (reflexividade), particularmente derivada das intervenções do sistema técnico-científico. Assim, sofremos, reflexivamente, os efeitos da própria intervenção que a ação humana provoca por meio do poderoso sistema técnico que moderno-colonialmente se impõe.

Já não é mais contra a natureza que devemos lutar (se é que é de luta contra a natureza que se deveria tratar), mas sim contra os efeitos da própria intervenção que o próprio sistema técnico provoca. Lembremos aqui a fina observação do geógrafo Milton Santos, quando nos chama a atenção que não há sistema técnico dissociado de um sistema de ações, de um sistema de normas, de um sistema de valores, e, assim, sinaliza para que não o reifiquemos afirmando uma ação do sistema técnico como se ele se movesse por si mesmo, sem ninguém que o impulsionasse (Santos, 1996).

Deste modo, é possível observar que há um modelo de ação humana, o da racionalidade instrumental forjado na Europeu Ocidental, sobretudo a partir dos séculos XVII e XVIII, que ao se expandir pelo mundo está colocando em risco o planeta inteiro, ainda que distribuindo de modo desigual seus benefícios e prejuízos, como o demonstram as duas versões até aqui apresentadas concretamente dessa racionalidade instrumental — o Capitalismo Monopolista de Estado, de corte mais liberal e privatista, e o Capitalismo de Estado Monopolista, como o nome sugere, mais centralizado no Estado. A China hoje, pelo seu sucesso econômico-mercantil,

[3]É interessante observar que Giddens e Beck não dizem sociedade moderno-colonial. Afinal, são europeus, e a clivagem que contraditoriamente constitui o que chamam modernidade — seu lado colonial — é olvidada. Trata-se, como se vê, de uma visão provinciana do mundo, na medida em que se o vê como se só existisse uma das províncias, Europa, daí dizerem mundo moderno. É preciso recuperar uma visão mais ampla, que veja o mundo como ele vem sendo constituído ativamente por suas diferentes partes, por isso moderno-colonial e não simplesmente moderno.

deixa mais claro o caráter produtivista e economicista dessa vertente não liberal do capitalismo e os riscos ambientais que já assinala ao incorporar suas população nessa lógica de acumulação.

Com o advento do ambientalismo após os anos 1960 cresce a consciência de que há um risco global que se sobrepõe aos riscos locais, regionais e nacionais. Não olvidemos, todavia, que os riscos já vinham sendo sentidos nos bairros pobres, mesmo em países ricos, nas regiões mais pobres, mesmo nos países mais ricos, e nos países pobres, mesmo num mundo rico. Tudo indica que estamos diante não só de uma reflexividade que deriva da consciência de que são nossas ações que estão, reflexivamente, nos atingindo, como também que o planeta é um só e a desordem que era localizada em determinados bairros, regiões e países não fica confinada a esses lugares, regiões e países pobres, de pobres. Há limites para esse modelo, portanto.

Estamos diante de uma questão central para o desafio ambiental, e que nos remete ao cerne do processo de globalização iniciado em 1492 e que ganha a consistência de senso comum nos últimos 30-40 anos — trata-se de um risco para todo o planeta e para toda a humanidade na exata medida em que tenta *submeter o planeta e a humanidade a uma mesma lógica*, sobretudo de caráter mercantil, lógica essa que traz em si mesma o caráter desigual, por estar atravessada pela *colonialidade do poder*.

GRÁFICO 6
Consumo Privado de Recursos Naturais no Mundo — ONU 2002

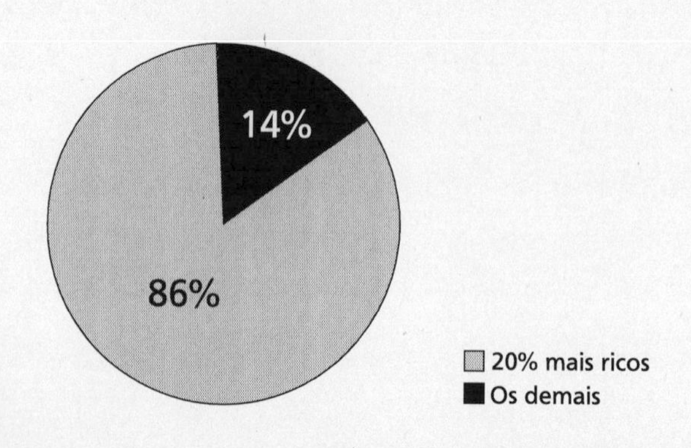

Quando se sabe que 20% dos habitantes mais ricos do planeta consomem cerca de 80% das matérias-primas e energia produzidas anualmente, nos vemos diante de um modelo-limite. Afinal, seriam necessários cinco planetas para oferecermos a todos os habitantes da Terra o atual estilo de vida vivido pelos ricos dos países ricos e pelos ricos dos países pobres que, em boa parte, é pretendido por aqueles que não partilham esse estilo de vida. E, assim, vemos, não é a população pobre que está colocando o planeta e a humanidade em risco, como insinua o discurso malthusiano. Afinal, os 80% mais pobres do planeta consomem somente cerca de 20% dos recursos naturais e, assim, seu impacto sobre o destino ecológico é menor.[4]

GRÁFICO 7
Consumo de Aparelhos de Telefone entre Ricos e Pobres no Mundo — ONU 2002

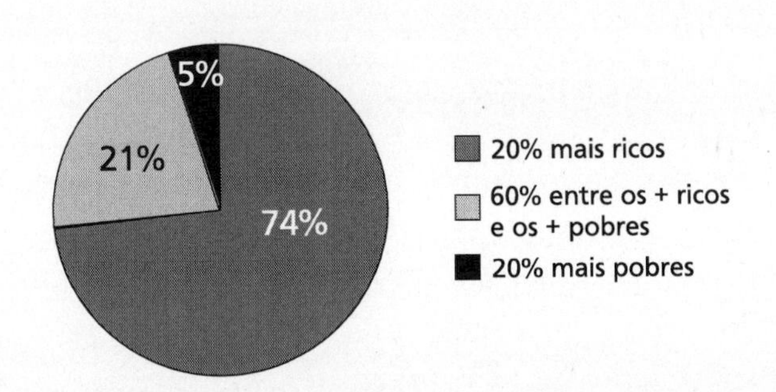

Assim, a promessa moderna de que os homens e mulheres, sendo iguais por princípio, sejam iguais na prática não pode concretamente ser realizada se a referência de estilo de vida para essa igualdade for o "*american way of life*". Mais do que nunca vemos que a modernidade é colonial,

[4]Veremos, adiante, qual o significado da questão demográfica propriamente dita nos dias atuais.

não só na medida em que não pode universalizar seu estilo de vida, mas também pelo modo como, pela colonização dos corações e mentes, procura instilar a ideia de que é desejável e, mais ainda, possível todos se europeizarem ou americanizarem. Entretanto, esse estilo de vida só pode existir se for para uma pequena parcela da humanidade, sendo, assim, na sua essência, injusto.

É, dessa forma, enorme o risco que se coloca para toda a humanidade e todo o planeta quando se unifica ou se pretende unificar um mesmo estilo de vida. A homogeneização é, assim, contrária à vida, tanto no sentido ecológico quanto cultural. O que a espécie humana — *Homo sapiens sapiens* — fez ao longo de sua aventura no planeta foi construir diferentes sentidos culturais para suas práticas, a partir de diferentes vivências com diferentes ecossistemas e as variadas trocas entre culturas que ao longo da história pôde experimentar.

Estamos, sim, diante de uma mudança de escala na crise atual de escassez (por poluição) do ar, de escassez (por poluição) de água, de escassez (limites) de minerais, de escassez (limites) de energia, de perda de solos (limites) que demandam um tempo, no mínimo, geomorfológico, para não dizer geológico, para se formarem, enfim, elementos (ar, água, fogo, terra) que estavam dados e que a cultura ocidental e ocidentalizada acredita poder não depender. O efeito estufa, o buraco na camada de ozônio, a mudança climática global, o lixo tóxico, para não falar do lixo nosso de cada dia, são os indícios mais fortes desses limites colocados à escala global.

Agora não é mais uma cultura ou um povo colocando em risco sua própria existência, como a história registra. Não, a globalização de uma mesma matriz de racionalidade comandada pela lógica econômica em sentido estreito nos conduz inexoravelmente a uma economia que ignora sua inscrição na terra, no ar, na água, no solo, no subsolo, nos ciclos vitais das cadeias alimentares, de carbono, de oxigênio... e, assim, a humanidade toda, embora de modo desigual, está submetida a riscos derivados de ações decididas por alguns e para benefício de alguns. O desafio ambiental, vê-se, requer outros valores — solidariedade, generosidade, equidade, liberdade, democracia de alta intensidade.[5]

Há aqueles, como Georgescu-Roegen, Elmar Altvater e Enrique Leff, entre outros, que afirmam que o limite da intervenção humana no planeta é dado pelas leis da termodinâmica. O século XIX viu, pela primeira vez, a formulação dos princípios da termodinâmica, que sinalizava a questão que mais tarde viria se tornar das mais importantes para o desafio ambiental — é que em toda transformação da matéria há, sempre, dissipação de energia por calor, por exemplo, e, assim, perda da capacidade de trabalho.[6] Deste modo, não seria ilimitada a capacidade de transformação da matéria, conforme se acreditou.

O tempo não para,[7] dissera Cazuza, e a destruição da matéria pode, também, ser irreversível. Como diz o provérbio polonês, "é possível fazer uma sopa de peixe a partir de um aquário, mas nunca fazer um aquário a partir de uma sopa de peixe".[8] Além disso, nos advertem vários cientistas, a capacidade de regeneração de um determinado sistema — resiliência — não é ilimitada. O otimismo tecnológico que o século XIX nos legou sofre, assim, pesados golpes.

A criatividade humana inventou o termostato, que liga e desliga automaticamente, permitindo a máquina recuperar as condições para continuar a trabalhar. Assim acreditamos poder fazer, sempre, com tudo e em todas

[5]Inspiro-me, aqui, na crítica fina de Boaventura de Sousa Santos à matriz autoritária que comanda tanto o pensamento liberal como o de muitos dos seus críticos que opõem à visível crise da democracia liberal existente no mundo uma alternativa que namora com regimes autoritários. Boaventura, ao contrário, vê na crise da democracia atual a crise de uma democracia que é débil, que é de baixa intensidade, e o que devemos buscar é uma democracia de alta intensidade, que amplie o espectro dos que devem decidir os seus próprios destinos. A Venezuela vem experimentando um amplo processo de participação protagônica da população nos dois sentidos com a sua revolução boliviana. Ali, democracia representativa e participativa vêm sendo combinadas, radicalizando a democracia, tal como indicara Norberto Bobbio. Vale a pena observar com atenção essa experiência de "democratizar a democracia" (Boaventura de Sousa Santos).

[6]O aquecimento global da Terra estaria sendo uma manifestação dessa dissipação de calor.

[7]Alusão ao verso do poeta Cazuza.

[8]Ou, se preferir, o provérbio inglês "podemos fazer uma omelete a partir de ovos, mas não fazer ovos a partir de omeletes".

as escalas, como se o que ocorre numa escala determinada fosse válido para qualquer escala e para o todo. O planeta, por exemplo, não tem termostato, e o seu equilíbrio advém da energia solar contínua e renovada e da fotossíntese das plantas, algas e fitoplânctons que opera em sentido contrário à entropia (neguentropia). Assim, se o segundo princípio da termodinâmica aponta no sentido da desordem, o organismo vivo, a vida, ao contrário, é auto-organização, e é tanto mais equilibrada quanto maior a diversidade, maior a complexidade, tal como a *physis* como um todo.

Até muito recentemente acreditávamos que a vida era dependente de uma série de condições físicas e químicas, e não que a vida enquanto tal é uma emergência evolutiva (Augusto Angel), que inscreve uma nova ordem de coisas na *physis* e, com isso, interage ativamente e não passivamente com o mundo físico-químico.

A Floresta Amazônica, por exemplo, não é simplesmente um efeito da pluviosidade abundante, da insolação intensa ou de solos ricos, condições que a floresta consome. Não, a floresta participa do clima, conforma-o, com a evapotranspiração, com a fixação de carbono (em média 70 toneladas por hectare), redefinindo a relação da incidência da radiação solar com a refração dessa energia (albedo) e, assim, interferindo não só no balanço hídrico da região pela evapotranspiração como no equilíbrio térmico, contribuindo, deste modo, para o equilíbrio dinâmico do clima global.

Enfim, a vida é, também, responsável pelo equilíbrio dinâmico do planeta. O conhecimento dessas complexas relações pode (e deve) ter importantes implicações de ordem ética e política, sobretudo quando começamos a manejar os combustíveis fósseis com a segunda revolução prometeica — a Revolução Industrial. Com ela, uma espécie viva — o homem — começou a usar amplamente energia solar acumulada sob a forma mineral, energia essa produzida num tempo geológico de milhões de anos e que um motor a explosão, em fração de segundos, faz dissipar-se. Aqui, mais uma vez, a vida biológica, por meio de um artefato criado pelo homem, interfere nas condições de equilíbrio dinâmico do planeta, produzindo efeitos não pretendidos e indesejáveis — efeito estufa, camada de ozônio e outros —, testando seus limites, tal como havia feito com a agricultura e com a primeira revolução prometeica — o domínio do fogo.

Entretanto, sabemos, não é o conhecimento das leis da termodinâmica que nos fará conter os riscos que, reflexivamente, a sistematização global moderno-colonial está promovendo, como tampouco é o conhecimento das leis da gravidade que faz com que não nos lancemos do alto de um edifício.[9] Como nos alerta Elmar Altvater, "só saberemos tudo quando for cientificamente tarde demais para evitar uma catástrofe climática ou a destruição das espécies. A ciência positivista é uma 'ciência *ex post*', por precisar estar diante do acontecimento para poder analisá-lo com seus métodos refinados. As tendências são separadas de seus contextos, portanto também não há prognósticos acerca do desenvolvimento do todo sobre a base de análises e diagnósticos de suas partes" (Altvater, 1995: 302-3).

Assim, é preciso resgatar um sentido que os gregos reservaram para limites. *Pólis* — é como, originariamente, designavam o muro com que *de-limit-avam* a cidade do campo. Assim, *pólis* era o *limite* entre a cidade e o campo. Somente depois *pólis* passou a designar o que estava contido no interior do muro — e designar a cidade. Entretanto, a pólis, a política, a cidade, a cidadania mantêm um vínculo íntimo com aquele significado originário. É que política é a arte de definir os limites: tirania é quando um define os limites para todos; oligarquia é quando poucos definem os limites para todos; e democracia é quando todos participam da definição dos limites.

Deste modo, é preciso resgatar a política, no seu sentido mais profundo, de arte de definir os limites que, como vimos, só é plena na democracia. Não há limites imperativos à relação das sociedades com a natureza. Esses limites, necessariamente, haverão de ser construídos entre os homens e mulheres de carne e osso por meio do diálogo de saberes entre modalidades distintas de produção de conhecimento, seja no interior de uma mesma cultura, seja entre culturas distintas. A espécie humana terá que se autolimitar. Os limites são, antes de tudo, políticos.

[9]Devemos admitir, como tão bem assinalara Josué de Castro, que a pulsão da morte é fonte de criação, como o são a pulsão da fome e da sexualidade.

Os limites da técnica

A superação do desafio ambiental impõe-nos uma rigorosa compreensão do período histórico de globalização neoliberal que vivemos, não só pela complexidade e gravidade que a questão implica como, também, porque muitas vezes se admite como solução o que é parte do problema. Nesse sentido, duas questões merecem ser consideradas com cuidado especial pelo significado que têm no imaginário da sociedade moderno-colonial. Trata-se, de um lado, dos limites da ciência e da técnica e, de outro, dos limites da economia, mais especificamente do seu caráter mercantil. Vejamos cada uma a seu tempo.

A técnica se apresenta na sociedade moderno-colonial como um verdadeiro tabu e, tal como a ideia de desenvolvimento, se quer inquestionável. Acredita-se que a técnica, enquanto algo que deriva da capacidade criadora do homem, como mediadora da nossa relação com a natureza, é o centro em torno do qual giraria o progresso da humanidade. Vivemos sob um verdadeiro tecnocentrismo, crença de que sempre há uma solução técnica para tudo.

A questão ambiental se forjou a partir de uma dura crítica a essa rede discursiva que instituiu o mundo moderno-colonial (Ciência — Técnica — Progresso/Desenvolvimento — Dominação da Natureza). Já vimos que exatamente por isso os ambientalistas são, com frequência, alvo de críticas também severas. É interessante considerar que a força da racionalidade instrumental é tão grande, ainda, que a defesa do sistema-técnico-que-aí-está rejeita qualquer crítica como se a crítica à sua técnica fosse, sempre, uma crítica à técnica enquanto tal.

Esclareça-se, de pronto, que não existe sociedade sem técnica. Portanto, admitamos a análise do mérito da crítica ao sistema técnico. Toda e qualquer sociedade se realiza por meio de uma série de procedimentos práticos através dos quais realiza seus fins. É certo, porém, que nem toda sociedade tem a mesma relação que a sociedade moderna (e colonial) tem com as técnicas. Portanto, é absurda a ideia de que a crítica à técnica é uma crítica à técnica enquanto tal.[1]

Vimos, com os conceitos de sociedade de risco e reflexividade (Beck e Giddens), que o sistema técnico está implicado enquanto parte do desafio ambiental e que a técnica não é, simplesmente, solução. Eis por que se impõe uma reflexão mais detida sobre a técnica.

Uma primeira distinção do que seja um objeto técnico nos remete à ideia de que todo objeto técnico está impregnado de intencionalidade[2] (Santos, 1996). Por meio da técnica sempre se visa ao controle, da maneira mais *perfeita possível*, dos efeitos da ação, no espaço e no tempo, por parte de quem a principia.[3] É o que podemos empiricamente constatar tanto no uso de uma enxada, de uma pá, ou nos complexos sistemas informáticos de controle a distância para o envio de um míssil com ogivas nucleares. Hoje fala-se abertamente de armas e de técnicas inteligentes, como os mísseis que corrigem seu curso para melhor atingir o alvo, ou de portas que se abrem quando nos aproximamos, ou de vidros que escurecem de acordo com a luminosidade do dia.

[1]Não deixa de ser uma boa técnica, aqui uma técnica de retórica, essa que desqualifica, *a priori*, qualquer crítica sem entrar na análise do seu conteúdo, do seu mérito.

[2]O geógrafo Milton Santos nos abre uma pista interessantíssima quando batiza o atual período como um meio técnico-científico-informacional. E, antes que alguém se apresse em ver aqui um reducionismo tecnicista tão em voga, Milton Santos afirma que os objetos técnicos se caracterizam, exatamente, por serem objetos impregnados de intencionalidade. Por aqui, pela imbricação da intencionalidade lá mesmo no interior das técnicas, rompe-se com uma má tradição de ver a técnica dissociada das relações sociais e de poder.

[3]Ganha particular relevo, aqui, o significado dos protagonistas da ação. Afinal, como nos ensinam os gregos, protagonista é aquele que luta para ser o principal, no sentido de ser o que principia, o que toma a iniciativa, o que dá início à ação. É daí que deriva príncipe, aquele que principia.

A técnica é vista, quase sempre, como mediadora entre a sociedade e a natureza, como se fosse uma esfera distinta. Entretanto, as técnicas se inscrevem como parte das relações dos homens (e mulheres) entre si e com a natureza. Os homens e mulheres não se encontram somente diante de desafios que lhes são colocados pela natureza, mas pelos desafios que se colocam para si próprios. Para que se pudesse transformar a natureza em monoculturas subordinadas a uma lógica mercantil muitos homens e mulheres foram vistos como obstáculos e expulsos de suas terras. Houve várias técnicas para isso, inclusive jurídicas e militares. Um dos maiores obstáculos ao aumento da produtividade, diz-se, é o corpo mole que os trabalhadores fazem diante das exigências dos *Tempos Modernos* do *time is money*.

A máquina, enquanto sistema técnico, é um objeto que já traz dentro de si a intencionalidade (um objetivo) embutida nos próprios procedimentos técnicos que se comandam entre si (correias de transmissão, polias, engrenagens, linhas de montagens). Isso nos faz crer que a máquina apareça como automática, tornando invisíveis seus verdadeiros comandos externos e, assim, tornando-se impessoal a relação de dominação. Daí, em grande parte, o equívoco comum de se condenar a técnica, ou de se condenar o seu uso, como se fosse possível uma técnica sem uso. Uma técnica sem uso é um absurdo lógico.

A evolução da tecnologia no mundo moderno-colonial não se conta somente observando a relação dos homens e mulheres com a natureza, campo privilegiado da razão técnica, mas sim analisando-se o conjunto dos desafios histórico-políticos colocados em situações bem concretas, onde a relação do capital para controlar a natureza do processo de trabalho pressupunha o controle do próprio trabalhador e de seus corpos (o taylorismo é um exemplo explícito de controle dos corpos dos trabalhadores). A substituição de trabalho vivo por trabalho morto (máquina) é mais do que uma mudança técnica, é uma mudança nas relações de poder por meio da tecnologia.

Assim, cabe aqui uma reflexão acerca de uma visão que banaliza a relação entre a técnica e a vida, e que contribui para a aceitação do seu caráter neutro. Já ouvimos que uma faca pode servir para comer, assim como para matar, que pode servir para o bem ou para o mal e que o problema não está na técnica em si mesma, mas no seu uso. Há, aqui, algumas questões que merecem ser assinaladas: a primeira diz respeito à escala, à dimensão dos efeitos da ação — uma coisa é uma faca; a outra é um avião, que pode servir tanto para transportar um indivíduo como para explodir o World Trade Center e o Pentágono, como também para bombardear Bagdá com um B-52. Os efeitos da ação de quem usa uma faca é incomparável com os de quem usa uma máquina a vapor, como os tanques e mísseis. Além disso, sublinhe-se, a faca é um artefato técnico à disposição de praticamente todos, e exatamente por isso o seu poder é mais difuso e, paradoxalmente, limitado. Já as *armas inteligentes* e de destruição em massa, como as que recentemente se abateram sobre o Iraque, não estão à disposição de todos igualmente.

Sendo a técnica algo que está inscrito no interior das relações sociais e de poder, mais necessário ainda se torna a crítica de uma visão ingênua a respeito das técnicas, inclusive a crença de que elas, enquanto tais, trarão necessariamente os benefícios que desejamos.

Dizer que a técnica pode se desprender do uso que lhe foi inicialmente atribuído não implica aceitar a separação entre técnica e seu uso. Não existe técnica sem uso prático, e essa distinção é, rigorosamente, absurda. Afinal, e eis uma outra característica importante do fenômeno técnico, a técnica traz em seu uso a intenção em estado prático: por intermédio da técnica, meios e fins se tornam *praticamente* concretos. Assim, é sempre bom insistir, a técnica não é paralela nem tampouco exógena às relações sociais e de poder.

Deste modo, uma crítica à técnica, mesmo que a uma determinada técnica específica, é, sempre, uma crítica às intenções nela implicadas, e assim se introduz uma tensão, uma dubiedade, lá mesmo onde se acreditava haver uma ação simplesmente racional que se acreditava unívoca e, por isso, inquestionável. Entretanto, toda técnica, sendo *meio*, está a serviço de um *fim*, seja um arco e flecha, seja uma enxada, seja um míssil.

Toda técnica é, assim, um sistema organizado, ordenado, visando ao maior controle que se possa ter dos seus efeitos. Todavia, a técnica está, sempre, inscrita num mundo complexo, a *physis*, onde convivem Caos e Ordem. Demócrito, filósofo pré-socrático, já nos ensinara que *na nature-*

za tudo é acaso e necessidade, o que a ciência moderna virá, sobretudo no século XX, reconhecer. Há, sempre, um componente de incerteza inscrito nas relações dos homens e mulheres, socialmente, com a natureza. Os efeitos vaca louca e estufa, as transferências de metais pesados na cadeia alimentar, como no caso da baía de Minamata, assim como os sucessivos acidentes aéreos, em usinas nucleares, em refinarias de petróleo ou com navios petroleiros são alguns exemplos de como o princípio de incerteza, formulado inicialmente por Heisenberg para a física, tem um alcance muito mais amplo e deve ser mais cuidadosamente levado em consideração.[4] O Princípio da Precaução é uma das derivações éticas possíveis do Princípio da Incerteza de Heisenberg.

Não se restringindo a técnica ao campo das relações dos homens (e mulheres) com a natureza, sendo, sempre, uma criação social, ela implica o próprio sentido que essa mesma sociedade cria para si própria. Não tem sentido uma técnica que não faça sentido para a sociedade que a cria. Essa é uma verdade primária que nos vimos obrigados a trazer ao debate, posto que, sendo olvidada como está sendo, traz enormes e, sabemos hoje, trágicas consequências.

Numa sociedade constituída por relações sociais e de poder contraditórias, como a que vivemos, as técnicas trazem embutidas nelas mesmas suas contradições sociais e políticas. Aqui, a ideia de que há intencionalidade impregnada nas técnicas (Santos, 1996) ganha um outro e radical sentido — é que, estando a sociedade constituída por relações contraditórias, a intencionalidade traduz-se em técnicas que comportam dentro de si não só as suas contradições, mas diferentes potencialidades contraditoriamente possíveis.

[4]Cada vez mais se aceita que estamos imersos em sistemas de alta complexidade. Os estudiosos do complexo sistema implicado na aviação procuram investigar de todo modo todos os acidentes já ocorridos — análises das caixas-pretas — e introduzir novas variáveis nos já complexos sistemas estudados. Quanto mais novas variáveis e novos processos são considerados, maior é a complexidade dos sistemas e, assim, mais os sistemas se aproximam da realidade da *physis*, cuja característica é, exatamente, a imprevisibilidade. Quanto mais complexo é um sistema, mais imprevisível ele é. Isso nos faz lembrar do mapa do tamanho do império do famoso conto de Borges.

Para dominar a natureza, como mandam os fundamentos da sociedade moderno-colonial, é preciso que se domine os homens (e mulheres), sem o que a natureza não pode ser dominada. Para que a natureza possa ser submetida, numa sociedade fundada na propriedade privada da natureza, é preciso que haja um conjunto de técnicas que façam com que cada um aceite essa ideia como *natural*, como, por exemplo, sacerdotes ou juristas dizendo que a propriedade privada é sagrada ou é natural. Há técnicas para isso, no caso, técnicas jurídicas e técnicas pedagógicas. As técnicas, vê-se, não se restringem ao campo das relações dos homens e mulheres com a natureza. Talvez o espanto maior que se tenha diante da obra de Maquiavel se deva ao fato de em O *príncipe* ter demonstrado as técnicas do poder.

A ideia de desenvolvimento, tal como existe na sociedade moderno-colonial, pressupõe a dominação da natureza, mas, para isso, é preciso que se construam determinadas condições jurídicas e políticas para que as técnicas de dominação da natureza possam se desenvolver.

Assim, <u>des</u>-envolver é tirar o envolvimento (a autonomia) que cada cultura e cada povo mantém com seu espaço, com seu território; é subverter o modo como cada povo mantém suas próprias relações de homens (e mulheres) entre si e destes com a natureza; é não só separar os homens (e mulheres) da natureza como, também, separá-los entre si, individualizando-os. Não deixa de ser uma atualização do princípio romano — *divide et impera* — mais profunda ainda, na medida em que, ao <u>des</u>-envolver, envolve cada um (dos desterritorializados) numa nova configuração societária, a capitalista. O urbano é o *oikos* por excelência de uma sociedade mercantil.

Des-envolvimento é, assim, uma mudança radical — é <u>des</u>-envolver. Várias foram as técnicas sociais e políticas empregadas para promover esse <u>des</u>-envolvimento: os *enclosers*, o cercamento dos campos, ou melhor, a privatização das terras de uso comum, tão bem descrito por Thomas Morus em sua *Utopia*; os massacres que expulsam camponeses e indígenas de suas terras; a guerra biológica (vírus lançados sobre comunidades indígenas); as migrações forçadas de africanos para todo o mundo; e, hoje, bem pode ser a criação de uma unidade de conservação ambiental com a expulsão de populações que habitam essas áreas tradicionalmente, como no Sul do México atualmente (Reserva da Biosfera de Montes Azules) ou como no Parque Nacional do Jaú, no rio Negro, afluente do Amazonas.

A busca incessante de aumento de produtividade, de conquista de mercados e de mais-valia[5] se faz com uma constante substituição do trabalho vivo por máquina (trabalho morto), que, na verdade, significa retirar o envolvimento do componente subjetivo, o trabalhador, do domínio sobre a matéria e do processo de trabalho.

Na sociedade capitalista, a técnica visa ao aumento de produtividade, o que já implica um tempo próprio, que é o tempo da concorrência.[6] Quanto maior o controle sobre o processo de trabalho, maior é a possibilidade de se atingir o objetivo. Assim, ganha um sentido mais claro ainda

[5] O lucro, quase sempre mais condenado do que compreendido, é parte da mais-valia social. É preciso ver que o conceito de lucro indica uma classe social que vive de uma fração da mais-valia, no caso a burguesia industrial. Uma boa sociologia nos recomenda distinguir com conceitos distintos as diferentes práticas e sujeitos sociais implicados nas relações sociais e de poder. Assim, *juro* é fração da mais-valia de que vivem os banqueiros e agiotas; *renda*, a fração da mais-valia de que vivem os proprietários de imóveis rurais e urbanos; *ganho comercial*, a fração da mais-valia de que vivem os comerciantes; *imposto*, a fração da mais-valia de que vive o Estado e seus gestores. Trabalhadores não vivem de mais-valia: são os que a produzem. Assim, quando alguém condena o lucro é preciso se perguntar se tem ideia do que isso significa. Afinal, não é possível condenar o lucro como ganância simplesmente. Com isso se está diante de uma condenação moral, que, embora possa ser digna, não é suficiente para superar as próprias questões que coloca se não for capaz de compreender a dimensão política inscrita nas relações sociais de onde emana.

[6] Marx chama a atenção para o *tempo de trabalho socialmente necessário*, indicando, desse modo, que cada empresário, enquanto tal, está impelido a aumentar a produtividade se quiser ganhar a concorrência, caso não consiga fazê-lo por meios extraeconômicos, como sói acontecer mais do que se admite. Entretanto, a vantagem inicial a que chega um determinado empresário que aumentou a produtividade e que lhes permite maiores lucros é, no momento seguinte, perseguida por todos os empresários. Assim, aquela vantagem inicial se dilui, o que os impele a nova corrida por aumento da produtividade, que, deste modo, se torna um moto perpétuo que só permanece de pé diante da absoluta alienação da sua dependência natural e dos fins a que deveria perseguir toda produção — produzir riquezas que possam ser usufruídas por quem as produziu. O tempo de trabalho socialmente necessário a que Marx aludiu é, assim, um tempo imposto a todos os capitalistas independentemente de sua vontade, o que não deixa de ser uma outra maneira de dizer que se trata de um processo de desenvolvimento alienado, cujos efeitos o meio ambiente hoje acusa.

a ideia de que a técnica deva ser um *objeto per-feito*, isto é, um objeto *feito previamente* para atingir um fim determinado e, deste modo, visa a eliminar o mais possível o não desejado, o acaso, a imprevisibilidade, a incerteza. A eliminação do homem pelo robô é mais uma tentativa de se eliminar esse elemento imponderável.

Assim, numa sociedade que visa a esses valores, como a capitalista, toda técnica tem que comportar essa dupla dominação: maior dominação sobre a natureza com maior dominação sobre os homens e mulheres ao mesmo tempo. Na verdade, a técnica no interior de uma sociedade capitalista tem que resolver, também, o problema da concorrência entre os capitalistas e, para isso, tem que submeter todo o processo de produção ao máximo controle.

Entretanto, impor aos outros o seu próprio tempo nem sempre é possível e aceitável, sobretudo por aqueles que se colocam do outro lado[7] e que, por isso, são vistos, sempre em relação ao tempo hegemônico, como atrasados, como indolentes e preguiçosos. Lembremos, ainda, que sabotagem (do francês *sabot*, tamanco) denomina a prática de se lançar os tamancos nas engrenagens das máquinas para paralisá-las, enfim, para parar o tempo do capital. É no interior de uma luta entre temporalidades distintas que se dá a revolução dita tecnológica e, como vemos, de poder.

Por tudo isso, é preciso assinalar o absurdo que é a ideia, no mundo moderno-colonial tornada tão natural, que separa natureza de cultura, homem de natureza. Essa ideia funda toda a ciência ocidental, que é responsável pelo desenvolvimento fantástico que podemos observar em muitas das coisas que cercam nosso cotidiano e é também responsável por uma série de efeitos, como desastres e devastações de vários tipos, que derivam não só desse cartesianismo, que sustenta essa distinção constitutiva entre natureza e cultura, como também das relações sociais e de poder que nos conformam: *Natureza e cultura separadas* e *Dominação da natureza* são ideias gêmeas.[8]

[7]Greve significa, originariamente, o outro lado do rio, a outra margem.

[8]Já assinalamos (Porto-Gonçalves, 1989) que as mulheres, os indígenas, os negros, os de mais idade, os de menos idade são, todos, vistos como sendo, *por natureza*, diferentes, seja pela cor (biológica) da pele, seja pela idade (biológica), seja pela diferença de genitália entre homens e mulheres (biológica) e, assim, a opressão a que a história moderno-colonial os submeteu teria sido natural.

Não podemos mais aceitar a ideia de que os efeitos estejam dissociados das causas, como se as poluições, as devastações, os desastres ambientais, o desemprego, a injustiça fossem meros efeitos colaterais e, assim, pudéssemos ficar com o lado bom desse processo científico e tecnológico e o absolvêssemos das consequências, muitas vezes trágicas, que ele mesmo nos traz. A técnica torna os meios e os fins inseparáveis, *praticamente concretos*. Não é mais possível separar ciência e ética, ciência e política, se é que algum dia o foi.

A filósofa Hanna Arendt bem caracterizou o pensamento renascentista como um "olhar de sobrevoo", onde o homem salta da natureza (antropocentrismo) e, do alto e de fora, passa a controlá-la como se dela não fizesse parte. Conta-se que James Watt, o pai da máquina a vapor, não via aplicação do seu invento à navegação, posto que seu peso haveria de afundar os navios. A experiência histórica viria desmentir sua ignorância em hidrodinâmica, mostrando que seu invento era mais generalizável do que o próprio autor admitia. A máquina a vapor pôde viajar pelo mundo, proporcionando que, em qualquer lugar, ela pudesse ser usada na transformação e no deslocamento[9] da matéria.

Destaquemos, aqui, um dos efeitos ambientais dessa generalização da máquina a vapor aos mais diferentes hábitats, aos mais diferentes ecossistemas, aos mais diferentes povos, culturas e regiões.

Há um ritmo da máquina que traz uma temporalidade inscrita nela mesma por quem a comanda, esteja ela onde estiver, e que é indiferente aos diferentes hábitats, aos mais diferentes ecossistemas, aos mais diferentes povos, às mais diferentes culturas e regiões. É um tempo próprio, indiferente aos lugares que, por meio da máquina a vapor, se impõe, que des-envolve os diferentes hábitats, os diferentes ecossistemas, os mais diferentes povos, culturas e regiões. A máquina a vapor, por exemplo, já não é mais um conhecimento contextualizado, envolvido numa relação

[9]Insisto em que essa palavra — deslocamento — deve ser vista para além de seu sentido banal, de transporte, do que quer que seja, de um lugar para o outro. Deslocar é tirar do local e, quase sempre, tirar dos que são do local. Há, assim, um forte significado geopolítico inscrito nessa palavra só aparentemente banal.

com as mais diferentes sutilezas da natureza, tecido pelos mais diferentes povos e culturas, cujos saberes estão materializados nos sabores das suas culinárias e nas medicinas variadas. Ela se pretende universal e, para isso, se abstrai dos contratos materiais e simbólicos específicos. O tempo da máquina a vapor, seu ritmo, é indiferente aos lugares, às pessoas, às culturas. É igual em todo lugar.

A máquina a vapor foi a mais perfeita realização prática da razão moderno-colonial, até porque a primeira máquina moderna, o relógio, segundo Lewis Mumford, produzia algo abstrato — horas. Entretanto, a máquina a vapor vai tornar possível que o relógio se generalize com uma *hora certa* para todo mundo, na medida em que, aplicada aos meios de transportes, impõe às viagens e deslocamentos sua temporalidade sobre o tempo da natureza — ventos, correntes marinhas, marés. Não sem sentido, uma revolução técnica, a industrial, é tomada como marco histórico da moderno-colonialidade. Entretanto, é de um tempo *abstrato* imposto *concretamente* que estamos diante — o do relógio movido pelo *time is money* do capital em busca de aumento de produtividade com seu tempo de concorrência comandando as relações com a natureza e os diferentes povos, culturas e regiões.

A ciência e a técnica modernas, tal como concebidas pelo Ocidente europeu e expandidas pelo mundo, foram instituídas como critério não só de verdade mas, também, como se essa verdade tivesse uma bondade moral naturalmente nela inscrita. Com isso, a verdade científica deslocou outras formas de construção de conhecimento e se tornou uma verdade possuída por uma espécie de mais-valia simbólica: o que é científico é bom, e, assim, o Estado e os gestores passaram a invocar a verdade científica como se fora *A Verdade*. Com isso, outros saberes tornaram-se menores — folclore; o saber popular tornou-se um não saber; a religião perdeu seu reino; a arte passou a ser acessória, entretenimento; a filosofia, pouco a pouco, foi deslocada[10], e até mesmo a política, para os gregos a mais sublime das Artes, passou a ser substituída por uma espécie de

[10]A filosofia não enche barriga, já ouvimos.

saber competente, uma mera administração das coisas, deixando de ser o *locus* por excelência onde todas as falas estavam convidadas a trazer a sua verdade. Com o tecnocentrismo, tenta-se afastar outros protagonistas possíveis e, assim, outras verdades ficaram impedidas de se apresentar enquanto cidadãs na pólis.

Francis Bacon já havia afirmado que saber é poder, e deveríamos levar mais a sério sua assertiva. Bacon, inclusive, usou a tortura como metáfora para assinalar como deveríamos obter da natureza a verdade. A ideia de dominação da natureza, em torno da qual gira o imaginário moderno-colonial, está impregnada dessa relação de poder por meio do conhecimento científico.

A relação de dominação sobre a natureza, sustentáculo do magma de significações da moderno-colonialidade, não se restringe à relação do homem para com a natureza tal e qual esta nos é apresentada enquanto água, terra, fogo, ar, plantas e animais.

No interior mesmo das relações entre os humanos já se inscreve a relação com a natureza, a começar pelas relações de gênero, enquanto homem e mulher, assim como cada povo e cada cultura, diferentemente, estabelecem distinções para o evoluir de cada indivíduo da espécie enquanto criança, jovem, maduro e idoso. Não é a natureza, ou, se se preferir, não é a genitália de cada qual que define o que é ser homem e o que é ser mulher nem, tampouco, é a idade cronológica (biológica) que define o significado de cada etapa do evoluir humano no interior de cada povo e de cada cultura. Não se é homem ou mulher da mesma forma, e as distintas sociedades não significam da mesma forma o que seja criança, jovem, maduro ou velho. Isso tem importantes efeitos.

Ao contrário de uma lógica preocupada com a produção, com a quantidade, com a produtividade, com a produção em série, tão característica do homem burguês e branco europeu, as mulheres trazem uma lógica preocupada com a reprodução, com a diferença, com a qualidade, tão características dos temperos de cada casa, mesmo quando se cozinham os mesmos frutos. Em muitos e diferentes povos e culturas se atribui às mulheres a invenção da agricultura, os segredos da reprodução da vida e, vê-se, não só daquela que se gera no ventre. Seus *saberes* trazem *sabores* e, assim, exigem contato, tato, até porque o sabor implica o paladar e este pressupõe estar em contato — o corpo deve estar presente no saber, seja com a língua, com a boca, com as mãos. O que se requer é um saber presente, que dialogue com o lugar, que dialogue com os do lugar, e não que se imponha do alto, de fora, eis a questão. Já destacamos como a lógica matemática é abstrata, indiferente aos lugares, às pessoas — nela cada um é um, e não *ente diferente* (difer-ente); já a lógica da qualidade é sempre concreta.[11]

É essa mesma ideia de dominação da natureza que autoriza a que se usem animais como cobaias, não passando pela cabeça dos que aceitam acriticamente essa ideia que ela se constitui a partir de visão hierarquizada entre as diferentes formas de vida. Aos que se colocam contra isso lança-se, mais uma vez, a condenação típica do tecnocentrismo de que estão contra o progresso, contra a ciência. Não passa pela cabeça dos que defendem o uso de animais como cobaias que os que criticam a prática da tortura baconiana estejam, simplesmente, sugerindo um modo de produção de conhecimento em que a vida seja um valor pleno, e não que uma vida valha mais do que outra, seja ela qual for. Será impossível uma ciência cujo conhecimento seja produzido sem o sacrifício de animais? Não será possível um conhecimento a partir de outros valores? Ou a crítica a essa prática científica está *a priori* condenada, desqualificada como se não fosse possível servir de base para uma outra ciência? Entretanto, sublinhe-se, *a premissa que autoriza essa prática científica em que se pode matar uma outra forma de vida não é, ela mesma, científica.* Não é difícil ver-se pela fresta desse argumento a distinção de uma hierarquia entre os membros da mesma espécie, entre homens e mulheres, dentro de uma mesma cultura, e entre culturas distintas. Os negros, os indígenas, as mulheres, os mais velhos, os mais jovens experimentam essa distinção entre seres. Os selvagens, por serem da selva, da natureza, puderam ser desalojados... Um novo humanismo bem pode surgir de uma nova rela-

[11]Os homens parecem ter *know-how* e as mulheres *savoir-faire* expressões que, traduzidas ao pé da letra, são a mesma coisa — saber fazer. Entretanto, não significam a mesma coisa. A expressão inglesa está mais associada a um saber fazer que se mostra produtivo, repetitivo, e a expressão francesa nos remete a um saber fazer criativo, tal como os gregos distinguiam entre *tekné* — fazer repetitivo — e *poiesis* — fazer criativo.

ção com a natureza. O antropocentrismo, vê-se, bem pode servir de fundamento para a dominação de alguns homens e mulheres sobre outros homens e mulheres que seriam mais humanos do que outros.

É de uma outra ética, como premissa científica e fundamento de relações sociais e de poder, que carecemos.

Reconhecer a relação intrínseca entre saber e poder, particularmente importante pela poderosa relação que o saber científico moderno-colonial proporciona, não é para condenar o conhecimento, seja ele qual for. É, como nos ensinara Baruch Spinoza, para nos relacionarmos com as coisas de acordo com sua natureza e, assim, para que o conhecimento seja fonte de alegria e não de tristeza. As relações técnicas são parte das relações de poder, e não considerar isso será fonte de permanente frustração — é como pedir que gato fale.

Não existe relação com a natureza que não seja por meio de um conjunto de significações socialmente instituído e, portanto, possível de ser reinventado num processo aberto, complexo, contraditório e indefinido sempre em condições históricas e geograficamente determinadas.[12]

A superação do desafio ambiental contemporâneo, com certeza, exigirá técnicas e, para isso, muitas das técnicas atuais serão assimiladas nesse processo, até que novas e outras técnicas sejam instituídas. Entretanto, quaisquer que sejam as técnicas, inclusive as que viermos a inventar, abrigarão em seu seio relações sociais e de poder. Afinal, se a técnica é meio, é preciso termos consciência dos fins que elas comportam; e sendo a técnica uma busca de eliminação, até onde é possível, do acaso nas nossas ações, por meio dela sempre procuramos exercer um maior controle dos procedimentos, e, assim, é nos procedimentos, tal como nos ensinara Michel Foucault, que se fazem as relações de dominação, de poder. As relações técnicas traduzem, em linguagem própria, as relações de poder da sociedade.

Vários pesquisadores de história das técnicas vêm salientando que,

[12]Marx havia nos alertado que os homens fazem História, mas não nas circunstâncias que escolheram. As circunstâncias são o campo do possível, ali onde a História é reinventada. Os homens e mulheres são seres historicamente indeterminados. Observe-se que a indeterminação não é absoluta, é histórica.

hoje, nesse período de globalização neoliberal, estamos diante de transformações sem precedentes, tanto pela sua natureza como pelo seu alcance. É comum afirmar-se que todo o conjunto de transformações que vem caracterizando o período se deve à revolução tecnológica em curso. Por tudo que desenvolvemos até aqui podemos afirmar, com segurança, que sob esse "admirável mundo novo" estão implicadas as relações de poder que o constituem. Portanto, mais do que falar de revolução tecnológica, mais correto seria falarmos de *revolução nas relações de poder por meio da tecnologia*. É o que veremos, com detalhes, a seguir.

AS ESPECIFICIDADES DA REVOLUÇÃO (NAS RELAÇÕES SOCIAIS E DE PODER) POR MEIO DA TECNOLOGIA ATUAL E SUAS IMPLICAÇÕES AMBIENTAIS

Cada vez mais inunda o nosso cotidiano, tanto em casa como na rua e no trabalho, todo um conjunto de objetos que são frutos *da revolução nas relações sociais e de poder por meio da tecnologia* que, como vimos, emana das contradições explicitadas nos anos 1960, sobretudo. Há que se destacar nesse processo o significado da óptica, da eletrônica, da biotecnologia e dos novos materiais, ensejando, inclusive, o desenvolvimento de campos cruzados entre disciplinas diferentes. A física, a química e a biologia cada vez mais se aproximam, fruto de um processo histórico onde as implicações políticas atingem o âmago da ciência e da técnica e, com elas, da matéria, como veremos.

Assinalemos, de início, a importância da óptica na medida em que vai proporcionar uma verdadeira revolução na observação da matéria, tanto em escala micro como macro. Em escala macro, vemos cada vez mais tecnologias sofisticadas de sensoreamento remoto, como as imagens de satélites e os próprios satélites que permitem observações a partir do espaço com detalhes de centímetros. Um aparelho eletrônico de localização (GPS) permite que se tenha uma localização precisa via satélite. São enormes as consequências políticas dessas novas tecnologias, na medida em que proporcionam um conhecimento desigual dos diferentes territórios e, com isso, as condições tecnológicas para uma verdadeira sociedade de controle.

Em escala micro, cada vez mais se penetra no âmago da matéria, trabalhando com um nível de fragmentação jamais imaginado. Observemos que se fala de Química *Fina*, de Biologia *Molecular*, de Física *Atômica* ou *Nuclear* e de *Micro*eletrônica e, nessas expressões, devemos atentar menos para a Química, para a Biologia e para a Física, e sim para a fragmentação da matéria que está indicada como *Fina*, como *Molecular*, como *Átomo* e como *Micro*.

É claro que essa visão ampla e em detalhe só se torna possível porque, junto com a óptica, novos materiais — resistentes, leves e flexíveis — vêm servindo de suporte não só para que se veja com mais precisão como, também, para transmitir informação a longa distância. Com isso se pode construir objetos cada vez mais *per*-feitos, isto é, programáveis. Fala-se, até mesmo, de objetos inteligentes, com memória.

Nesse contexto, expressões como *desmaterialização*, *transmaterialização*, *materiais sintéticos*, *funcionalidade dos materiais*, assim como *flexibilização* e *nanotecnologias* vêm constituindo um novo universo discursivo que assinala mudanças nas práticas que se desenvolvem nos ambientes dos laboratórios e das fábricas. Algumas dessas expressões vêm sendo abusivamente transplantadas de um campo para outro, como o das ciências duras para o das ciências humanas e sociais, nem sempre de modo adequado. *Desmaterialização*, por exemplo, pode induzir ao equívoco de pensar que estamos num mundo virtual, imaterial, o que não é o sentido que a expressão tem no campo das ciências experimentais, como a geoquímica e a química fina, por exemplo. O mesmo ocorre com a nanotecnologia, que, muitas vezes, é equivocadamente confundida com miniaturização.

De fato, um dos aspectos mais visíveis dessas novas tecnologias tem sido a miniaturização, da qual talvez o computador seja o melhor exemplo, visto que já ocupou salas inteiras e hoje pode ser carregado no bolso. Também tem sido destacada a transmaterialização que se consubstancia na substituição de um material por outro, da qual talvez o automóvel seja o caso mais bem-sucedido, sobretudo com a substituição do aço pelo plástico sintético, entre outros materiais substituídos. Nas engenharias assistimos praticamente ao fim da engenharia metalúrgica, que se transforma num campo muito mais amplo, que é o da engenharia dos materiais.

Assim, as novas tecnologias, sobretudo pelo enorme desenvolvimento no campo da óptica, têm permitido que se trate a matéria a partir de escalas inacessíveis a olho nu, tanto no nível telescópico (macro) como no nanoscópico, enfim, para além do microscópico a que já nos havíamos habituado. No plano telescópico, o desenvolvimento dos circuitos eletrônicos integrados, possível pelo domínio do silício (quartzo de alta pureza), da informática e da óptica (e novos materiais servindo de suporte às fibras ópticas), proporcionará que não só se veja a distâncias cada vez mais amplas — macrovisão ou televisão (visão ampla) —, como se-veja-sem-ser-visto, propiciando um maior controle remoto, um maior sensoreamento remoto. Deixemos, por ora, o plano macroscópico, com enormes implicações nos meios de comunicação e nas novas tecnologias de guerra, como veremos a seguir, e nos dediquemos ao seu impacto no plano nanoscópico.

Cada vez mais a matéria é tratada não mais só em nível microscópico, mas à escala do nanômetro (10^{-9}, o mesmo que o diâmetro médio de um fio de cabelo dividido 60.000 vezes), o que só é acessível com tecnologias sofisticadíssimas.

É o que vem sendo chamado de *desmaterialização*, que, como vemos, não deixa o mundo da matéria, como a princípio a palavra poderia indicar. Com ela a matéria passa a ser tratada não mais como aprendemos a manuseá-la e nomeá-la, mas como compostos elementares, sejam eles químicos ou genéticos, ensejando a possibilidade de elaboração de novos materiais, como os materiais sintéticos, o que provoca uma revolução tanto no mundo dos metais como no da biologia, e também, fala-se menos, no campo da antropologia e da geografia política. São inúmeros os exemplos, que povoam nosso cotidiano, de materiais sintéticos e compostos químicos que substituem o aço na fabricação das carrocerias dos automóveis; o vidro pelas fibras naturais com materiais reforçados; os canos de chumbo por plásticos, como também alimentos que são produzidos a partir de substâncias sintéticas (aromatizantes, acidificantes, colorantes, adoçantes e tantos outros).

TABELA 3
As 10 Maiores Corporações de Nanotecnologia do Mundo*
2002

Companhia	Fundos reunidos US$ milhões	Descrição da companhia	Patentes solicitadas nos últimos 2 anos
Immunicon (USA)	86	Nanopartículas para diagnóstico	0
Quantum Dot (USA)	44.5	Nanocristais semicondutores para amostras biológicas	13
Surface Logic (USA)	38	Amostras biológicas em miniatura para descoberta de fármacos	0
Genicon Sciences (USA)	34	Sinal nanoescalar para diagnose	9
PicoLiter (USA)	27	Manufatura de nanopartículas	18
US Genomics (USA)	27	Análise de amostras de moléculas individuais para descoberta de fármacos	2
Nanosphere	23.5	Nanossondas de diagnóstico e análise de imagem	12
Advion Biosciences (USA)	15	Aerossol nanoeletrônico para bioanálise com *biochips* para administração de fármacos	13
Ferx (USA)	15	Administração de fármacos usando forças magnéticas	4
Nanogram Devices	9	Nanomateriais para aplicação biomédica	16

*Segundo o volume atraído de capital de risco.
Fonte: ETC Group apud Efraín Hernández, 2005.

Até 1945, a indústria humana[13] trabalhava com cerca de 25 a 30 dos elementos da tabela periódica da química. A nova revolução nas relações

[13]Recupero aqui um sentido de indústria que vem sendo olvidado. Indústria humana refere-se à criação humana. Um homem industrioso é um homem criativo. Ver Marx em *A ideologia alemã*.

de poder por meio da tecnologia tornou possível trabalhar com os outros 60 a 65 elementos químicos, que eram considerados *raros*, além de inventar mais 26 elementos químicos sintéticos. "Hoje em dia seria impensável contar com dispositivos eletrônicos, ópticos, nucleares e de todo tipo sem o desenvolvimento de compostos de ditos elementos 'raros', presentes até mesmo em nossas casas: európio no tubo de nossos televisores coloridos, nióbio nos isqueiros, neodímio nos *lasers* cirúrgicos, rubídio nos fogos artificiais, berílio nos óculos, zircônio em nossos pisos cerâmicos... e mais uma larga lista. E se 'fabricam' inclusive artificialmente duas dezenas de elementos 'novos', vários dos quais já encontram alguma aplicação industrial ou bélica!" (Mari: 52-3).

São enormes as implicações geopolíticas que daí derivam, inclusive porque mudam as regras do jogo das trocas entre os povos. Aqui ganha particular importância o que se tem chamado de *multifuncionalidade dos materiais*, isto é, uma mesma substância podendo ter múltiplos usos, que podem ir da produção de alimentos à fabricação de ligas metálicas. As indústrias passam a estabelecer padrões e normas que definem o que é o mercado de insumos e de matérias-primas a partir de substâncias nanométricas, sejam elas um gene ou uma substância química que pode ser comercializada.

Já não é mais a matéria, tal como concebíamos, o que importa para o mercado — o ferro, o quartzo ou o cacau, o milho, a mandioca —, e sim o composto químico sintetizado tal como especificado pelas *normas de qualidade*. "Uma das características mais procuradas na moderna tecnologia dos materiais é sua *funcionalidade*.[...] Este processo, já descrito como 'revolução dos materiais', permitiu chegar à fabricação não somente de materiais cada vez mais funcionais, como também de materiais com <u>propriedades pré-calculadas:</u> são os chamados *materiais avançados* ou também novos *materiais. É este o campo em que maior repercussão tem tido a investigação científica e o desenvolvimento tecnológico nas últimas décadas e praticamente em todas as áreas de aplicação, incluindo o melhoramento dos materiais tradicionais. Seus efeitos são impactantes não somente na microeletrônica, como também na óptica, na medicina, no desenvolvimento de novas fontes de energia, nos veículos de transpor-*

te de todo tipo, na engenharia e construção, até na vestimenta, nos envases, nas maletas, no esporte, e praticamente em qualquer campo" (Mari, 2000: 57. Os grifos aqui são meus — CWPG).

Praticamente nenhum mineral é utilizado hoje, tal como extraído, passando a ter um "processamento cuja finalidade é obter um produto primário destinado a satisfazer os requisitos que impõe o fabricante do produto final. Isto tem provocado um profundo impacto na indústria mineral: de uma atitude de oferecer os minerais tal como eram extraídos, ou com um processo mínimo de concentração, passou a ter que cumprir as especificações e normas de qualidade [...] para satisfazer as crescentes exigências dos seus clientes, fabricantes de produtos químicos, materiais, componentes e sistemas originados, por sua vez, na crescente sofisticação dos produtos. Atualmente, não pode haver indústria de mineração puramente extrativa; o campo da mineração se tem estendido ao processamento físico-químico e inclusive à fabricação de produtos primários e finais: se tem transformado numa indústria cada vez mais integrada. O desenvolvimento tecnológico operado pelas indústrias de processamento de minerais, além de satisfazer as crescentes demandas de pureza e qualidade por parte de indústrias químicas e de materiais (metalúrgica, cerâmica, plásticos), tem conseguido extrair muitos elementos antes chamados 'raros' (em linhas gerais, muito pouco abundantes) e que encontram aplicações que não se pode prescindir na vida moderna" (Mari, 2000: 52).

Com isso, toda a geografia econômica e política do mundo altera-se, não no sentido de mais equilíbrio mas, ao contrário, fortalecendo as tradicionais e assimétricas relações sociais e de poder no mundo.[14]

[14]Mais uma vez, a modernização se mostra colonização. Estamos diante, portanto, de uma modernização conservadora, expressão que ficou consagrada na literatura sociológica brasileira para designar o processo de industrialização e de modernização do campo brasileiro, consagrando ainda mais a concentração de riqueza e de poder. Os antigos, e então condenados latifúndios improdutivos, se tornaram produtivos e, exatamente por serem produtivos, concentram ainda mais a riqueza e o poder. Afinal, os antigos latifúndios eram improdutivos. Eis a ironia do progresso da tecnologia quando visto dissociado das relações de poder que lhes são, sempre, inerentes. Não sem sentido, o Brasil tem uma das maiores concentrações de riqueza do mundo, o que tem levado alguns autores a designar por *brasilianização* esse processo de *dualização social* que se vai generalizando pelo mundo com a globalização neoliberal.

Assim, a indústria se torna cada vez mais parte do complexo científico-tecnológico, ela mesma transformado-se num verdadeiro laboratório não só de produtos como de conhecimento. Com isso, aumenta o poder dessas indústrias de ponta cujas matrizes estão concentradas nos países do centro do sistema capitalista mundial. A exploração de uma jazida mineral exige, cada vez mais, um complexo sistema técnico e elevado montante de capitais, condições que escapam aos países situados no polo dominado do atual padrão de poder mundial. Acrescente-se, ainda, que essa revolução nos materiais vai proporcionar um enorme desemprego em setores da indústria onde maiores eram as resistências da classe operária, qual seja, no setor metalúrgico, no setor automobilístico e no setor de mineração (os mineiros do carvão em destaque).

O mais interessante a se observar é que esse refinamento no tratamento da matéria, cada vez mais *fina*, *molecular*, *genética*, *nuclear* e *micro*, indica que se vai do ramo da mineração e da química à agricultura e à biologia com a biotecnologia.

A REVOLUÇÃO (NAS RELAÇÕES SOCIAIS E DE PODER) POR MEIO DA TECNOLOGIA ATUAL E MAIOR CONCENTRAÇÃO DO PODER NO MUNDO NO PERÍODO NEOLIBERAL

Com a química se tornando cada vez mais *fina*, a biologia cada vez mais *micro* ou *molecular*, a engenharia se tornando *genética* (*gen*), a física cada vez mais *nuclear* ou *atômica* e a eletrônica cada vez mais *micro*, mais mergulhamos nos níveis mais ínfimos da matéria. Nos níveis nanoscópicos, a química deixa de ser simplesmente química, assim como a biologia deixa de ser biologia, o mesmo ocorrendo com a física e a eletrônica, que, também, deixam de ser disciplinas específicas e passam a ter que dialogar entre si — biofísica, físico-química, bioquímica. Surge o que vem sendo chamado "*enfoque unificador* [que] permite a aplicação de teorias e técnicas desenvolvidas em um ramo da indústria a outros ramos, e as investigações sobre a relação entre a estrutura de um material e suas propriedades *permitem fabricar materiais com propriedades predeterminadas*" (Mari: 107).

GRÁFICO 8
O Estados Nacionais das 10 Maiores Corporações Multinacionais do Mundo por Vendas em 2003 Segundo a Revista *Forbes*

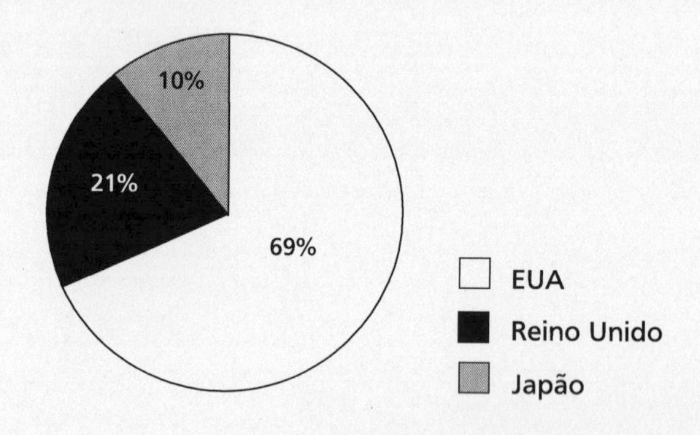

Fonte: Revista *Forbes*.

Não nos deve escapar que tudo isso ocorre em laboratórios de pesquisas que, cada vez mais, são de empresas privadas ou são projetos estratégicos envolvendo interesses das grandes potências mundiais e as grandes corporações transnacionais. Com essa revolução nas relações de poder por meio da tecnologia, nossa paisagem cotidiana passa por grandes mudanças. No passado "[...] as casas eram de pedra nas zonas onde havia rochas de manipulação relativamente simples, enquanto que em outras zonas as habitações eram de adobe e em zonas desérticas eram de rocha e de tecidos fabricados com fibras vegetais. Os relatos dos viajantes e os primeiros livros de geografia descreviam como os nativos de cada comarca fabricavam suas casas e utensílios, utilizando os recursos que tinham à mão. [...] Isso foi mudando gradualmente, acelerando-se a partir da segunda metade do século XX.

Hoje em dia — mais que nunca — a força impulsionadora do ciclo é a produção de *materiais de características predeterminadas*, sobre cuja base se fabricam componentes e sistemas que respondem às necessidades e urgências de um desenvolvimento tecnológico orientado a satisfazer um mercado mundializado (ou 'globalizado') cada vez mais sofisticado e exigente. Por exemplo: os materiais de construção (aços, cimentos etc.) que se usam em todo o mundo estão *normatizados*; uma empresa fabricante de uma determinada marca de automóveis, televisores ou qualquer outro bem de capital usará em suas sucursais no Japão, nos Estados Unidos, no Brasil ou outro país materiais que respondem às mesmas especificações e que podem ser provenientes dos mais diversos países" (Mari: 69-70).

O *Informe sobre Desenvolvimento Humano* do Programa das Nações Unidas para o Desenvolvimento (PNUD) de 2000 capta o significado geopolítico dessas mudanças cuja compreensão é fundamental para enfrentarmos o desafio ambiental: "A pesquisa e o desenvolvimento têm se afastado dos países em desenvolvimento. Sua participação no total mundial baixou de 6% em meados da década de oitenta para 4% a meados dos anos 90." E, continua o *Informe*, "84% do gasto mundial em pesquisas e desenvolvimento correspondia, em 1993, a somente dez países, que controlavam 95% das patentes dos EUA nos dois últimos decênios. Ademais, mais de 80% das patentes outorgadas em países em desenvolvimento pertencem a residentes de países industrializados [...]. A inovação em materiais, base dos desenvolvimentos de sistemas cada vez mais sofisticados, tem um valor econômico e estratégico enorme e um forte efeito multiplicador. [...] A avassaladora maioria das patentes sobre materiais avançados, em qualquer país, desenvolvido ou não, está registrada a favor de alguns poucos países" e algumas empresas. (Mari, 2000: 105).

TABELA 4
Principais Centros de Investigação em Novas Tecnologias de Eletroinformática

Instituto	BIO	ADN	Nanotecnologia Molecular	Física Quântica
Laboratório Bell		X		
Universidade de Boston	X			
Universidade de Caltech				X
Universidade de Delf			X	
Universidade de Duke		X		
Universidade de Harvard			X	X
Hewlewt Packard			X	
IBM			X	X
Lawrence Berkeley	X			
Los Álamos			X	
MIT	X			X
Universidade de Nova York		X		
NIST				X
Universidade de Oxford				X
Universidade de Princeton		X		
Universidade de Rice			X	
Universidade Rockefeller	X			
Universidade de Stanford				X
Universidade Católica Berkeley				X
Universidade do Colorado			X	
Universidade do Wisconsin		X		
Universidade do sul da Califórnia		X		X
Universidade de Yale			X	

Fonte: Mooney, 2002 *apud* Efraín Hernández, 2005.

Nenhuma das universidades, assim como nenhum centro de investigação científica acima arrolado, está localizada em países situados no polo dominado da geografia de poder do mundo atual. Ao manter essa geografia dos centros de investigação, estamos reproduzindo, de modo ampliado, as históricas relações assimétricas de poder que vêm constituindo o mundo moderno-colonial desde sempre.

"Antes uma empresa de nível mundial mostrava com orgulho suas filiais em muitos pontos do mundo, enquanto que hoje está organizada para centralizar o manejo da produção em um só país, e deriva a fabricação de componentes e ainda de sistemas completos a outros países, controlando assim os mercados em nível mundial; é o que se denomina como tendência à *globalização da produção*. Os casos das indústrias eletrônicas, informática, óptica, de sistemas de comunicações, de eletrodomésticos ou a automotriz são suficientemente ilustrativos a este respeito. Os países mais desenvolvidos estabelecem suas necessidades mínimas estratégicas para cada tipo de recurso, e isto se faz tanto em nível estatal como privado" (Mari: 109).

É o caso do silício, que, embora seja o segundo elemento presente na crosta terrestre, passou a ser considerado um elemento *raro* faz pouco tempo, com o desenvolvimento de sofisticadas tecnologias de processamento que tornou possível sua obtenção sob a forma metálica de altíssima pureza a um custo relativamente baixo, proporcionando que viesse a se constituir na base da indústria microeletrônica. "Por razões estratégicas, os Estados Unidos, que no começo da indústria de circuitos integrados dependia do mineral brasileiro (quartzo de alta pureza), decidiu que devia buscar um recurso próprio [...] o encontrou em certos depósitos de rochas pegmatíticas de seu país" (Mari: 107-108).

É preciso estarmos atentos para a imposição do que vem sendo chamado *sistemas de qualidade*, com a fixação de normas de requisitos, especificações, procedimentos e outros mecanismos para controlar e assegurar a *qualidade dos produtos e serviços* que se apresentam como indispensáveis no mundo atual. Essas normas vêm dificultando o uso das matérias-primas locais porque estão formuladas para contemplar os produtos pré-fabricados, ou seja, produtos que são predeterminados de acordo com os interesses das grandes empresas dos países situados no polo dominante do padrão de poder mundial, sem que importem as condições locais. Os países situados no polo dominado do padrão de poder mundial têm encontrado dificuldades cada vez maiores para ter acesso a determinados mercados, muitos dos quais tradicionalmente se apresentavam como principais fornecedores.

Não há como deixar de reconhecer que todas essas transformações científicas e tecnológicas assestam um duríssimo golpe em qualquer um dos povos e culturas, sobretudo aqueles dos países situados no polo dominado do padrão de poder mundial. Dificulta-se, assim, a realização plena de suas autonomias e, portanto, que processos mais apropriados às diferentes matrizes de racionalidade (culturas) e mais adequados às especificidades dos diferentes ecossistemas de cada lugar, região ou país possam se desenvolver, condição essencial para enfrentar o desafio ambiental contemporâneo.

Não resta dúvida que os diferentes tipos de nacionalismos e outras lutas de libertação nacional foram visados por essa revolução científico-tecnológica e, por isso, devem ser vistos como parte das novas relações de poder que, como veremos adiante, tornaram ainda mais assimétricas as relações de poder mundial em escala mundial.

A REVOLUÇÃO (NAS RELAÇÕES SOCIAIS E DE PODER) POR MEIO DA TECNOLOGIA ATUAL E A CONCENTRAÇÃO DO PODER NO MUNDO AGRÁRIO/ AGRÍCOLA

Desde os anos 1980 que o mundo vem experimentando novas e profundas transformações na área rural, no que poderíamos chamar de uma Segunda Revolução Verde, com o aprofundamento das biotecnologias. "Enquanto na década de setenta, os incrementos significativos da produção agrícola só se tornaram factíveis quando os ambientes agrícolas específicos foram adaptados às necessidades de variedades de alto padrão produtivo, que haviam sido recentemente desenvolvidas (variedades que exigiam a instalação de custosos sistemas de irrigação, bem como de grandes insumos em fertilizantes e pesticidas), as novas biotécnicas tornam possível melhorar a adaptação de plantas ao seu entorno geoclimático específico e, desta maneira, atingir resultados ainda maiores, valores nutritivos mais altos, maior durabilidade de conservação etc." (Seiler, 1998: 52).

O primeiro período da Revolução Verde atingiu alguns produtos como o milho, o trigo e o arroz, e nessa nova etapa, com as técnicas de culturas de tecidos, de células e de organismos geneticamente modificados, não há, em princípio, cultivo que não possa ser atingido.

Com as novas tecnologias de culturas de tecidos, de células e de organismos geneticamente modificados ocorre na agricultura um processo muito semelhante à desmaterialização e transmaterialização que vimos no mundo da indústria de mineração. Aqui também a biologia se aproxima da química, e a nanotecnologia tem seu correspondente na biologia molecular e na biotecnologia.

TABELA 5

As 10 Maiores Corporações em Biotecnologias do Mundo em 2002 (em milhões de US$)

Corporação	Vendas
Amgen	5.523
Genentech	2.212
Amersham	2.305
Serono	1.546
Genzyme	1.329
Chiron	1.276
Biogen	1.148
MedImmune	848
Invitrogen	649
Cephalon	507

Fonte: ETC Group apud Efraín Hernández, 2005.

Com a tecnologia industrial de produção de enzimas em biorreatores pode-se obter, entre outras coisas, excelentes substitutos de manteiga de cacau com base em toda uma gama de óleos e gorduras derivados de plantas e animais (óleo de palmeira, óleo de soja, óleo de baleia, óleo de colza) que, até aqui, estavam desconectados da produção de cacau. Assim, um produtor de cacau do sul da Bahia ou do Pará tem que competir no mercado, hoje, não só com os produtores de cacau de Gana ou de algum outro país africano mas, também, com a indústria de pesca de baleia do Japão. Na verdade, o mercado está, cada vez mais, mediado pela indústria, e não mais simplesmente entre vendedores e compradores dessa ou daquela matéria-prima. O mesmo se dá com o café, cuja matéria-prima para a indústria que o processa já não deriva mais, necessariamente, do *coffea arabica* ou outra variedade com que, até o momento, se produzia café: pode ser uma substância química obtida de algum mineral, ou da criação de algum animal ou outra planta sintetizada quimicamente. "Há já alguns anos esta mesma técnica (tecnologia de enzimas) vem sendo usada para produzir um amido adoçante à base de milho (HFCS), que está substituindo o açúcar na indústria de refrigerantes americana e isto conduziu a um forte declínio dos rendimentos de exportação de alguns países exportadores de cana-de-açúcar" (Seiler, 1998: 55).

A tabela seguinte nos dá uma indicação de algumas transformações na geografia econômica, política e cultural que está se desenhando.

TABELA 6
Matérias-Primas e Países em Desenvolvimento Afetados por Biotecnologias (Cultura de Tecidos, Culturas de Células e Transgênese Vegetal)

Produto Afetado	Nº de Países Afetados
Algodão	15
Borracha	5
Arroz	6
Banana/Plátano	16
Batatas	1
Baunilha	2
Cacau	15
Café	28
Açúcar	16
Chá	4
Coco	10
Fumo	2
Girassol	1
Mandioca	1
Milho	2
Óleo de Palmeira	3
Soja	3
Trigo	3

Fonte: Sasson, 1993: 35, e Seiler, 1998: 50.

Atentemos para o fato de que estamos diante de uma profunda transformação nas relações de poder por meio dessas tecnologias. Afinal, essas novas substâncias e materiais substituem uma série de produtos tradicionais e, deste modo, o que passa a ser importante, agora, é a matéria (desmaterializada, dir-se-ia) enquanto enzimas, sintéticos, substâncias químicas em grande parte pré-calculadas que condicionam os usos a jusante e a montante das cadeias produtivas.

Com as substâncias se tornando cada vez mais intercambiáveis, como o amido adoçante à base do milho HFCS ou as enzimas que substituem a manteiga de cacau, os países situados no polo dominado no padrão de poder mundial, tradicionais exportadores de matérias-primas, perdem não só mercados como poder no jogo geopolítico global. Os países hegemônicos e suas indústrias têm seu poder fortalecido na medida em que a indústria passa a ser a mediadora de todo o intercâmbio, eis o ponto central. Estamos, pois, diante de uma revolução nas relações de poder por meio da tecnologia, e não, simplesmente, diante de uma revolução tecnológica como se apregoa olvidando-se das implicações políticas nela embutida.

OS RISCOS À DEMOCRACIA — MAIOR CONCENTRAÇÃO DE PODER COM O DESLOCAMENTO DO PODER PÚBLICO PARA O PODER DO MERCADO

Há uma segunda diferença importante entre o que se passou durante o primeiro período da Revolução Verde e o atual, que é o deslocamento do Estado para o mercado. No primeiro período da Revolução Verde ainda se fazia sentir o papel do Estado, por meio dos "centros de pesquisa agrícola internacional semipúblicos (IARCs) do Grupo Consultivo Internacional (CGIAR), que foram institucionalmente instalados no sistema das Nações Unidas e que asseguraram que o acesso aos resultados de suas pesquisas fosse aberto a todos os interessados.[15] Ao contrário, os grandes protagonis-

[15]A Embrapa (Empresa Brasileira de Pesquisa Agropecuária) fez parte dessa estratégia. Ainda que tendo caráter empresarial, é uma empresa do Estado, e foi esse caráter que proporcionou ao Brasil disputar os mercados mundiais de grãos. Ou seja, a velha parceria Estado-empresa aqui funcionou, aliás, como continua funcionando abertamente nos países do Primeiro Mundo, em destaque para os EUA, sobretudo para o setor tecnológico de ponta associado ao complexo industrial militar.

tas centrais das inovações biotecnológicas são as grandes transnacionais químicas farmacêuticas e alimentícias. Elas já dominam a agenda da pesquisa internacional, dispõem de quadros científicos mais qualificados e têm um papel central nas negociações sobre como modelar o quadro internacional para a aplicação da nova biotecnologia, como é o caso, por exemplo, dos direitos de propriedade intelectual" (Seiler, 1998: 53).

Nesse novo período de globalização neoliberal, vê-se, as empresas ganham uma importância ímpar, e são os seus interesses que passam a comandar a agenda de pesquisas e desenvolvimento. Se colocarmos lado a lado os maiores PIBs dos países e as maiores empresas do mundo, temos, para o ano de 2000, entre os 100 primeiros colocados, 51 empresas e 49 países (conforme *La Jornada*, México — D.F., 1º de março de 2003).

É interessante notar que em um dos principais argumentos apresentados em favor das novas biotecnologias, qual seja, de que se pode obter variedades adaptadas às condições geoclimáticas específicas, o que podemos observar é que as empresas, em vez de desenvolverem pesquisas no sentido de obter variedades mais adaptadas à seca, por exemplo, desenvolvem a estratégia de obter variedades protegidas contra os herbicidas e pesticidas produzidos por elas próprias. Assim, obrigam o produtor a comprar todo um pacote que vai da semente ao herbicida. Afinal, as novas variedades estão protegidas do ambiente produzido pela própria indústria no seu interesse específico — só a sua variedade no ambiente resiste aos seus próprios herbicidas.[16] Um outro caso, igualmente significativo dessa lógica empresarial aplicada à ciência e à tecnologia, pode ser encontrado nas variedades de semente denominadas *Terminator* da empresa estadunidense Monsanto, em que o agricultor não consegue ter, ao fim da colheita, as sementes necessárias para a reprodução.

[16]Ultimamente vem sendo divulgado que o glifosato, um herbicida que era de uso exclusivo de uma determinada empresa, já teria sua patente sob domínio público. Isso, todavia, não impede que assinalemos o sentido geral do que está sendo pretendido e implicado como parte do próprio processo de desenvolvimento tecnológico, qual seja, o controle da produção de sementes, de herbicidas, de fungicidas, de pesticidas e outros, além dos cultivares, dos alimentos, enfim, o controle dos mercados (oligopólios).

Deste modo, a revolução nas relações de poder por meio da biotecnologia, em vez de estar a serviço da melhoria das variedades que melhor se adaptem aos ambientes históricos das diferentes culturas e de seus povos, dando prosseguimento, assim, aos aperfeiçoamentos que ao longo da história da humanidade diversos povos desenvolveram, contribui para concentrar poder e, consequentemente, aumentar a desigualdade social e os riscos ambientais.

Em todo o mundo vem se ensejando não só uma aproximação cada vez maior da química, da biologia e da física, mas também a fusão de empresas do setor de química fina (remédios, por exemplo), da bio(tecno)logia (sementes, alimentos e remédios), da física (óptica, supercondutores, circuitos integrados), aumentando o poder de algumas empresas sobre o destino de todo o mundo.

TABELA 7
O Poder das Dez Maiores Empresas do Setor (2002)

SETOR	Controle do Mercado Mundial (%)	Principais Empresas
Agroquímicos	90,0 %	Bayer, Syngenta, Monsanto, Basf, Dow, Dupont e outras.
Produtos Farmacêuticos	58,4%	Pfizer + Pharmacia, Glaxo Merck & Co., Bristol Myers, Astra Zeneca, Aventis, Novartis, SmithKline e outras.
Alimentos e Bebidas	34,0%	Nestlé, Kraft Foods, ConAgra, Pepsi Co. Unilever, Archer Daniels Midland, Cargill, Coca-Cola, Diageo, Mars Inc.
Sementes	30,0 %	Dupont, Monsanto, Syngenta, Groupe Limagrain, Savia, Advanta, Delta & Pine Land, Dow, ao que, mais tarde, se somaram a Bayer e Basf.

Fonte: *La Jornada*, México, 1° de março de 2003.

Em função dessas mudanças, o ritmo das fusões e das aquisições corporativas[17] nesses setores se acelerou vertiginosamente na década passada. Em 2000, somente cinco empresas controlavam mais de 75% do comércio mundial de grãos.[18] Há vinte anos, nenhuma das empresas de sementes alcançava 1% do mercado. Hoje, somente 10 empresas controlam 30% do mercado mundial. Na mesma época existiam 65 empresas de insumos agrícolas e, hoje, cerca de dez empresas controlam 90% do mercado. Há quinze anos, as dez maiores empresas farmacêuticas controlavam 29% do mercado; hoje controlam 58,4%.

"A fusão das indústrias do setor químico com as de sementes teve por objetivo aumentar os laços de dependência dos agricultores com os agroquímicos, vendendo-lhes o pacote completo. Logo vieram as fusões com as empresas farmacêuticas, ao compartilhar muitos aspectos da investigação e produção. Tudo faz crer que as integrações horizontais se estenderão ao setor de processamento de alimentos e bebidas e, finalmente, serão incorporadas pelas cadeias de supermercados, que superam amplamente a todos os setores anteriores em volume de dinheiro que move. Esta cadeia de fusões significará um controle sem precedentes sobre os produtores e os consumidores, desde a semente ao supermercado. Observe-se que, em 2002, a maior empresa do mundo, pela primeira vez, não foi do setor de petróleo nem de automóveis, mas um supermercado, foi a Wal-Mart. Ela não é só a maior empresa do mundo, como a maior companhia de vendas diretas ao consumidor nos Estados Unidos, Canadá e México" (Ribeiro, S., op. cit).

[17]Com a integração vertical, ou seja, aquela que se dá dentro de um mesmo ramo, e com a integração horizontal, isto é, aquela que se dá entre ramos diferentes.

[18]Atualmente três empresas — Cargill, Bunge e Dreyfus — incorporaram as outras e dominam o mercado. Essas e as informações a seguir foram colhidas do artigo *Quiénes comen y quiénes nos comen* de Silvia Ribeiro publicado em *La Jornada*, México — D.F., 1° de março de 2003. Coincidem com outros artigos de revistas científicas consultados para períodos anteriores.

TABELA 8
As 10 Maiores Corporações Farmacêuticas do Mundo em 2002
(em milhões de US$)

Corporação	Vendas	% do Mercado global
Pfizer/Pharmacia (*pro forma*)	42.281	12
GlaxoSmithKline	26.979	8
Merck & Co.	21.631	6
AstraZeneca	17.841	5
Johnson & Johnson	17.151	5
Aventis	15.705	5
Bristol-Myers Squibb	14.705	4
Novartis	13.497	4
F. Hoffman-La Roche	12.630	4
Wyeth	12.387	4

Fonte: ETC Group apud Efraín Hernánfez, 2005.

Toda essa teia de interesses envolvendo laboratórios de pesquisas das grandes corporações do setor químico, farmacêutico, sementes e alimentício torna-se bem evidente no caso da produção de soja. Recentemente, a *isoflavona*, substância química retirada da soja, começou a ser usada pela indústria farmacêutica para controle de sintomas de menopausa feminina. Isso mostra como é amplo o impacto desse setor nos mais diferentes aspectos da vida humana, muito além dos conhecidos óleos e farelo.

Essas empresas investem maciçamente em pesquisa, na ordem de um bilhão de dólares anuais cada uma das principais. Estima-se que as seis maiores investem, pelo menos, um total de US$ 4 bilhões anuais em pesquisa e desenvolvimento de produtos. Assim, surge outro fio da teia de interesses: a grande dependência que centros de pesquisa e universidades começam a ter de tais recursos para manter seus laboratórios e pesquisas funcionando e atualizados, em termos de equipamentos e pesquisadores. "Com isso, gera-se uma teia de interesses cruzados, processos que são claramente percebidos na discussão da soja geneticamente modificada, com parte dos cientistas engajados em sua defesa" (Soja, maio 2003 — Seminário).

Além das implicações políticas dessa gigantesca concentração do poder econômico, sobretudo para o destino da democracia, é preciso considerar que essa concentração de capital e seu poder no setor de remédios e alimentos tem um enorme significado cultural. Afinal, ela atinge um dos pilares de qualquer cultura, que é o modo como cada um cuida do corpo, da saúde e, ainda, o modo como cada um se alimenta. Não olvidemos que é na cozinha que se transforma o cru em cozido, a natureza em cultura. Enfim, em cada *sabor* há, sempre, *saber*, e, assim, a imposição de um único modo de comer por meio das grandes cadeias de supermercados e de lanchonetes põe em risco um dos maiores patrimônios da humanidade: a sua diversidade cultural.

Os meios de comunicação de massas vêm contribuindo enormemente com esse modelo ao difundir não só um modo de vida mas, também, todo o modo de produção que lhe está associado. Afinal, a ideia de que a felicidade humana se obtém, como na imagem de jovens na praia ou numa loja de uma grande cadeia de alimentos consumindo refrigerantes e hambúrgueres globalizados, é a mesma que nos faz aceitar a paisagem monótona de quilômetros e mais quilômetros quadrados de monoculturas, de paisagens homogêneas que implicam uso maciço de pesticidas, fungicidas e praguicidas; enorme consumo de combustíveis fósseis e de água, além de proporcionar desequilíbrios na cadeia trófica de que fazemos parte como seres humanos, como o demonstram os recentes casos da vaca louca e contaminações de novo tipo como a provocada por transgenia.

OS RISCOS DA PRIVATIZAÇÃO DA TECNOCIÊNCIA PARA O PLANETA E PARA A HUMANIDADE

Desde fins dos anos 1960 estamos imersos numa transformação sem precedentes *nas relações sociais e de poder por meio da ciência e da tecnologia*. Essa transformação está pondo em xeque os próprios fundamentos éticos da ciência ocidental moderna. Afinal, desde o Iluminismo que a ciência ocidental moderna vem se apresentando como um *modo de produção de verdade* superior, inclusive, à religião. Afinal, essa ciência promete libertar a humanidade da dor e do sofrimento (fome, doença e, até mesmo, da morte) aqui mesmo na Terra, o que a religião prometia somente para o reino dos céus.

Assim, a ciência ocidental moderna se afirmara por meio de uma promessa ética e, com isso, deslocara o lugar da religião no mundo moderno-colonial. Diga-se de passagem que a religião na Europa estava, até o advento do Iluminismo, intimamente implicada com as estruturas de poder e, assim, a autoridade do *modo de produção de verdade* religioso estava investida de um poder que derivava de algo mais que desse *modo de produção de verdade* propriamente dito. Galileu Galilei sentiu o peso dessa imbricação entre discurso de verdade religioso e poder mundano na Inquisição e, exatamente por isso, será tomado como marco pela ciência ocidental.

Podemos dizer que a ciência ocidental moderna se encontra, hoje, numa situação análoga à religião durante o período do Iluminismo, quando se vê, também, implicada até a medula nas relações de poder contemporâneas, sobretudo no poder econômico. E isso não é qualquer coisa quando se trata de uma sociedade, como a capitalista, que tende a mercantilizar tudo.[19]

Estamos diante, hoje, da captura da ciência pelo mercado de um modo jamais visto. Hoje, a ciência vem se tornando mais do que nunca uma força produtiva de capital, e não mais um meio para a emancipação humana, como iluministicamente havia se apresentado. O *Informe sobre desarrollo humano* de 1999 (PNUD) reconhece esse deslocamento da ciência e da tecnologia em direção às empresas: "O setor do conhecimento é um dos setores da economia mundial em rápido crescimento: entre 1980

[19]Karl Marx teve a fina percepção do significado dessa mercantilização generalizada e, exatamente por isso, fez a mais dura crítica a essa dimensão até mesmo no título de sua obra maior, *O capital*, que leva o subtítulo de *contribuição à crítica da economia política*. Assim, mais do que um livro de economia, estamos diante de um livro de crítica à economia. Isso deveria servir de advertência àqueles que tentam reduzir o mundo à sua lógica econômica, e não à sua crítica. Os economistas desde então estão sob crítica.

e 1994 a parte que corresponde aos produtos de alta tecnologia no comércio internacional duplicou, de 12% a 24%. Porém, nos anos noventa, em que muitos governos fazem frente à redução de orçamentos, a proporção de financiamento público para a pesquisa e desenvolvimento em Ciência e Tecnologia vem diminuindo em todo o mundo, *sendo deslocado pela indústria privada.*"

Um dos melhores jornalistas de ciência do Brasil, Marcelo Leite, nos oferece dois bons exemplos das contradições implicadas nessa privatização do conhecimento científico (*Folha de S. Paulo*, novembro de 2003, Caderno Mais: 19). Fala-nos do sequenciamento do DNA da cana-de-açúcar, onde a Fapesp (Fundação de Amparo à Pesquisa do Estado de São Paulo) investiu R$ 4,4 milhões (quatro milhões e quatrocentos mil reais) e contou com uma pequena participação da empresa Copersucar, e do sequenciamento do eucalipto, onde a Fapesp entrou com US$ 530.000 (quinhentos e trinta mil dólares) e quatro empresas — a Votorantim, a Ripasa, a Suzano e a Duratex — contribuíram com US$ 100.000 (cem mil dólares) cada uma. "Todos os parceiros", nos informa Macelo Leite, "firmaram um acordo de propriedade intelectual sobre possíveis aplicações dos genes identificados. Afinal, há muitos interesses em jogo: o Brasil tem mais de 3 milhões de hectares de área plantada de eucaliptos e produz cerca de 6,3 milhões de toneladas de celulose por ano. Até hoje não saiu um artigo científico apresentando os resultados do trabalho — revistas especializadas costumam exigir que os autores ponham as sequências de DNA à disposição de outros cientistas no GenBank."[20]

É ainda Marcelo Leite quem, num outro artigo, nos informa que o Tribunal de Contas dos EUA — General Accounting Office —, em recente relatório,[21] dá conta dos destinos dos gastos públicos envolvidos num acordo firmado em 1991 entre o Estado, por meio do Instituto Nacional da Saúde — NIH, e a empresa Bristol-Myers-Squibb (BMS) para pesquisa e desenvolvimento, para viabilizar a chegada ao mercado de uma droga contra o câncer que viria a ser conhecida como Taxol ou, por seu nome

[20]Para maiores detalhes, ver www.ncbi.nlm.nih.gov.genbank.
[21]Disponível na internet no endereço www.gao.gov/new.items/d038329.pdf.

genérico, paclitaxel. O princípio ativo havia sido isolado desde 1971 por pesquisadores da Universidade do Estado da Flórida, com financiamento do Instituto Nacional de Saúde, a partir de um arbusto conhecido como teixo-do-pacífico (*Taxus brevifolia*), sem que o GAO, nesse caso, informe como chegou a esse arbusto, se por informações obtidas a partir do conhecimento das populações da região ou não. Entretanto, independentemente de ter havido ou não apropriação de conhecimento alheio, em 2001, o Taxol (paclitaxel) tornou-se o remédio mais vendido em todo o mundo contra o câncer e certos tumores como o sarcoma de Kaposi (associado à Aids). Entre 1993 e 2002 faturou-se com o Taxol (paclitaxel) 9 bilhões de dólares. Observemos qual o destino desse negócio e dos gastos públicos e privados nele implicados. De acordo com o Relatório do GAO, as verbas públicas despendidas na sua criação foram de 484 milhões de dólares, e a Bristol-Myers-Squibb investiu cerca de 1 bilhão de dólares, inclusive em propaganda e publicidade. O interessante é que, dos 9 bilhões de dólares faturados pela empresa, cerca de 687 milhões de dólares foram pagos pelo próprio sistema público de saúde dos EUA. O poder público, por sua vez, recebeu somente 35 milhões de dólares como *royalties* (0,5% do faturamento). Vale a pena contabilizar: o poder público gastou 484 milhões de dólares em pesquisa e pagou 687 milhões de dólares para que pudesse usar um remédio cujo princípio ativo havia sido alcançado com recursos públicos do qual recebeu somente 35 milhões de dólares. Um verdadeiro negócio da... (antigamente dir-se-ia China) época em que o Estado perde seu sentido público e torna-se subordinado aos grandes grupos corporativos, até mesmo num setor como o de saúde. A julgar pelo parecer do Relatório, que afirma que "o benefício para a saúde pública ficou claramente demonstrado, pois havia poucos tratamentos para mulheres com câncer de ovário ou de mama quando o Taxol chegou ao mercado", cabe indagar quantas mulheres poderiam ter sido tratadas se, simplesmente, os preços do remédio fossem mais baratos do que foram com esses lucros que o próprio relatório indica.

Esses fatos têm conduzido a que a maior parte das pesquisas, sobretudo aquelas de maior interesse comercial ou estratégico, seja considerada confidencial e não seja publicada. É o que nos mostra o argentino Eduardo Mari ao analisar as mudanças nas publicações científicas nas décadas de 1980 e de 1990.

> Na primeira, inúmeros artigos publicados mostravam que efetivamente se estava na "revolução dos materiais" e universidades e institutos de pesquisa abriram departamentos e centros de pesquisas em materiais. [...] Mas logo o número de *papers* sobre aspectos tecnológicos e aplicados vem diminuindo e muitas expectativas de aplicações a curto prazo de muitos "novos materiais" se estão materializando lentamente e estão seguindo vias distintas das previstas (vejam-se os casos do "motor cerâmico", dos "supercondutores de alta temperatura" e dos "vidros metálicos"). [...] Assim como está ocorrendo com a engenharia genética, os avanços tecnológicos mais importantes se fazem agora dentro das empresas dos países mais avançados, no mais absoluto segredo e com a proteção de sistemas de patentes cada vez mais abusivos, quer dizer, *não se publica nada nem antes nem depois que o produto está no mercado* [os grifos são meus — CWPG], e os textos das patentes são tão vagos e gerais que se torna muito difícil a reprodução dos processos ou produtos patenteados (Mari, 2000: 105-6).

Os congressos científicos já não são o lugar de trocas livres de conhecimento entre cientistas. O pesquisador já não faz parte de uma comunidade de conhecimento que tem no intercâmbio generalizado e livre de ideias uma condição para o desenvolvimento das suas investigações. Um outro pesquisador pode ser um concorrente potencial, quando a nova lógica de mercado passa a predominar no campo científico.[22] Vale lembrar que publicar é tornar público, e assim a lógica do privado, característica do mundo empresarial, atinge um dos pilares do conhecimento, que é o seu caráter de construção coletiva e livre. A ciência deixa de ser patrimônio comum da humanidade e tende a perder seu caráter potencialmente livre e democrático.

[22]A recente polêmica sobre quem isolou o vírus HIV mostrou-nos até onde pode ir a vaidade individual estimulada pela lógica empresarial, apesar das vítimas.

Com a diminuição dos investimentos públicos em pesquisa em todo o mundo, assim como com as grandes empresas assumindo o setor, aumentam as dificuldades para superar o desafio ambiental nesse período de globalização neoliberal.

Como tem sido salientado nas lides ambientais, o meio ambiente é uma totalidade indissociável da natureza e da sociedade. Com isso, todo o fundamento da ciência ocidental moderna que opera com o método analítico, com a separação natureza e cultura e entre sujeito e objeto e, ainda, com o princípio de causalidade, quase sempre linear, se vê obrigado a reconhecer a complexidade e o próprio "princípio de incerteza" de que nos advertira Heisenberg.

A lógica empresarial, privada, se choca frontalmente com esses princípios na medida em que o ambiente é o lugar da convivência do que é diverso, onde natureza e cultura são uma totalidade complexa e contraditoriamente estruturada. A ideia de risco tem, no mundo empresarial, um sentido muito próprio na medida em que um investimento contém, sempre, o risco de não dar certo. No mundo empresarial o investimento é remunerado de acordo com o risco que tem ou não de dar certo. Nessa ideia está contida uma compreensão de que cada investimento privado, individual, se inscreve num ambiente em que os diversos agentes não têm o controle pleno dos seus efeitos e, por isso, há riscos. O contexto (o ambiente) não é uma simples soma das partes. Entretanto, se o mercado se mostrou hábil para encontrar mecanismos de remunerar os investimentos de acordo com seus riscos potenciais, o mesmo não se dá com relação aos riscos ambientais. Afinal, já o indicamos, o ambiente na sua materialidade qualificada não é redutível à lógica monetário-crematística quantitativa, porque o tempo necessário para se repor solos erodidos vai além do tempo da história humana, assim como a impossibilidade de reverter espécies extintas (extinção é para sempre) ou, ainda, de dar conta do lixo radiativo, por sua sobrevida de tempos que se contam em milhares ou milhões de anos, de recursos minerais que são por si mesmo não renováveis.

Além disso, o ambiente em que vivemos é cada vez mais um ambiente em que nossas ações já estão implicadas (a "*sociedade de risco*" de Giddens e Beck), e, desse modo, o desafio ambiental com que nos defrontamos é, ele mesmo, efeito de nossas contraditórias e assimétricas ações anteriores. Assim, a natureza não está de um lado e a sociedade de outro, como até aqui nos habituamos a pensar (e agir).

Com isso, nos vemos diante de uma intensa politização da ciência e, aqui, não mais somente quanto ao seu uso, como se costumava denunciar, mas sim quanto à sua própria produção.[23] Cada vez fica mais difícil distinguir no debate, seja acerca dos organismos transgenicamente modificados, seja no das mudanças climáticas globais, onde está a ciência e onde está a política, até porque o debate político convoca, *pela própria natureza dos problemas cada vez mais ambientais*, os cientistas para o debate. Assim, controvérsias que eram típicas do campo acadêmico são agora instrumentalizadas por razões alheias ao campo. Se queremos tratar as coisas de acordo com a sua natureza, como manda a boa premissa científica moderna, não podemos mais deixar de considerar a dimensão política implicada na ciência. Afinal, a política é parte da ciência.

Enfim, com a ciência e a técnica se tornando uma força produtiva de capital, uma série de pesquisas que seriam de interesse público não são realizadas, como o impacto nos diferentes ambientes da introdução de novas substâncias químicas ou de novas espécies para que se possa analisar a poluição química e/ou biológica. É o caso, por exemplo, de pesquisas de longo prazo para saber qual o impacto na saúde da mulher do uso continuado de anticoncepcionais durante anos, e até décadas. Assim, mais do que diante de um tempo antrópico que muitos procuram distinguir dos tempos da natureza, estamos diante de uma temporalidade própria do capital, na qual *time is money*.[24]

Não se sabe ao certo qual é o efeito sobre a saúde humana quando nós, enquanto espécie, fazemos parte de uma cadeia alimentar que tem

[23]Aqui reside o cerne da *reflexividade* que Anthony Giddens tanto nos chama a atenção.
[24]Só que dinheiro, já vimos, não é riqueza, e sim uma das suas possíveis expressões simbólicas. Se substituímos dinheiro por riqueza na asserção famosa, passamos a ver que "tempo é riqueza" e, assim, se o próprio tempo é riqueza, quanto mais tempo se tem, mais rico se é. Enfim, o contrário da velocidade que o mundo capitalista nos impõe.

entre seus novos elos a vaca louca. Não se sabe ao certo, também, qual o efeito sobre o ambiente, e também sobre a saúde humana, da introdução de organismos transgenicamente modificados, os OTMs. Não devemos nos esquecer, ainda, que, até o fim da Segunda Guerra Mundial, a humanidade usava somente entre 20 a 25 elementos químicos da tabela periódica e que hoje são usados todos os 90, além dos 26 sintéticos produzidos pela indústria e pela ciência ocidental moderna. Portanto, estamos convivendo há pouco mais de 50 anos com *materiais raros*, que passaram a ser manipulados pela indústria e que nosso corpo e nosso ambiente não estavam habituados e para o que não foram feitas pesquisas e testes que, a rigor, demandariam um tempo que está longe da lógica do "*time is money*", com sua lógica do curto prazo que, assim, nos ameaça a todos. As telhas de amianto, sabemos hoje, são cancerígenas. Já está comprovado que é arriscado o uso do DDT, o uso de agente laranja (produto químico usado como desfolhante) ou de pilhas de baterias de celulares (os exemplos poderiam ser multiplicados). Estamos no limiar de um descompasso entre um tempo histórico e um tempo arqueológico na medida em que estamos submetendo a espécie humana a substâncias que nos colocam diante de mudanças no nosso processo de hominização. Insisto nos exemplos anteriores — amianto, ascarel, DDT, pílulas anticoncepcionais, vaca louca, alergias várias, para não falarmos de impactos na nossa psique derivados de novos modos de nos relacionarmos com o espaço e com o tempo.[25]

O mais interessante a observar é que, a rigor, a ciência e os cientistas não podem dirimir essas dúvidas por si mesmos, até porque entre eles haverá, sempre, *incerteza*. Afinal, cada investigação científica pode garantir suas conclusões somente nas condições em que a pesquisa foi efetuada (Heisenberg), o que não corresponde às situações do mundo enquanto tal. Afinal, no mundo real, onde tudo interage com tudo, a

[25]Não se pode prever o impacto a longo prazo na conformação do nosso psiquismo do fato de um celular tocar quando duas pessoas estão conversando corpo a corpo. No fim dos anos 1990, numa palestra interrompida por um celular, um conferencista insinuou que se o implantasse direto no cérebro incorporando-o e, assim, o corpo teria um novo órgão para os sentidos (a distância). Os ricos do mundo já estão implantando *chips* para serem localizados em caso de sequestro. A ciência a serviço da manutenção do *statu quo*.

complexidade é de tal ordem que ninguém poderá afirmar peremptoriamente que o efeito de uma determinada ação será exatamente aquele previsto no início da ação. Assim, a decisão haverá de ser, sempre, política, por mais que se convoque, e haverá sempre de se convocar, os cientistas, e não somente eles,[26] para ajudar a formar a opinião necessária para a tomada de decisão.

Vemos, assim, que a ciência é um assunto sério demais para ficar nas mãos exclusivas dos cientistas, parafraseando o que Clausewitz dissera para os militares. A ética do campo científico implica o livre curso das ideias, assim como a manutenção do seu caráter de patrimônio comum da humanidade, lógica essa que o mundo empresarial, regido pelo interesse privado, contradiz com o segredo comercial. Aliás, é importante considerar que a empresa é uma instituição de poder, e não somente um *locus* de produção no sentido econômico, como normalmente é vista. O senso (do homem) comum fala-nos de um *poder econômico*, expressão rica de sentidos mas que não tem recebido o tratamento analítico adequado no campo científico. Até mesmo regras democráticas elementares, como eleições, por exemplo, ficam ao largo do mundo empresarial, onde ainda se vota com base na proporção das ações de que se é proprietário. É como

[26]Em várias licitações feitas por instituições públicas na Europa está se exigindo nos termos de referência que sejam constituídas "comunidades expandidas de peritos", reconhecendo que o perito convencional não esgota todo o conhecimento necessário para dar conta dos problemas ambientais, como de outros. Um líder comunitário, seja religioso ou sindical, se é, de fato, um líder autêntico, consegue ser mais acreditado pela comunidade do que qualquer perito estrito senso, até porque sua liderança adviria da sua habilidade de interpretar e conduzir os problemas comuns que afetam a vida dos que lidera. Afora o conhecimento que qualquer ser vivo sempre tem dos ambientes onde vive, esta já seria uma razão suficiente para que se ampliasse a comunidade de conhecimento que constitui cada agrupamento humano, independentemente de suas especialidades. A objetividade da análise, independentemente de qualquer crítica que se faça à ideia de objetividade, não é suficiente para garantir que as medidas que se fizerem necessárias vão ser efetivamente encaminhadas. Aliás, não faltam nas gavetas bons diagnósticos e boas propostas. Também aqui é necessário ampliar a democracia, sobretudo superando o preconceito que muitos técnicos e cientistas têm para com o conhecimento que chamam de senso comum, na verdade senso do homem comum. Mais que *inter* ou *trans* ou *multi*disciplinaridade, o que se requer é um verdadeiro diálogo de saberes, enfim, que se constituam comunidades de conhecimento expandidas. Há vida inteligente para além da comunidade de peritos (Funtonicz e de Marchi, 2000).

se as pessoas votassem de acordo com a renda que possuem, princípio esse que, no espaço público, o aperfeiçoamento democrático exigiu que fosse superado. Enfim, a empresa tem sido uma instituição das mais resistentes aos princípios democráticos (Chomsky).

Isso nos remete à ideia de que a democracia deva ser radicalizada para que superemos o desafio ambiental. Boaventura de Souza Santos tem chamado as democracias atuais de *democracia de baixa intensidade* e sugere que devemos *democratizar a democracia*.[27] A expressão não poderia ser melhor para dar conta do desafio ambiental contemporâneo, até porque, sendo o meio ambiente difuso e público e por comportar a totalidade natureza-cultura, não pode ser regido pela lógica do mundo empresarial, onde o interesse é específico[28] e onde a democracia funciona a meias, onde o trabalhador manipula substâncias que não conhece,[29] protegido o proprietário, e não a sociedade e o ambiente, pelo segredo comercial. O direito de propriedade, na verdade o direito do proprietário, é superior ao direito à vida na lógica hegemônica do mundo atual.

SOCIEDADE DO CONHECIMENTO E DESVALORIZAÇÃO DO TRABALHO

A desvalorização do trabalho, em seus múltiplos aspectos, tem sido uma das principais características nas quais os ideólogos neoliberais vêm insistindo e, para isso, exaltam o papel da ciência e da tecnologia cunhando, até mesmo, uma expressão — *sociedade do conhecimento* (Manuel Castells) — para designar o período atual. A expressão é, no mínimo, infeliz, posto que uma sociedade sem conhecimento é, mesmo, uma im-

[27]Recentemente, em junho de 2003, o escritor e Prêmio Nobel de Literatura José Saramago argumentou na mesma direção durante o Fórum Social Português.

[28]O que não interessa à empresa é considerado externalidade. Só não se sabe ao certo externalidade em relação a quê, na medida em que o meio ambiente é a totalidade concreta de natureza e cultura.

[29]Vimos que, com a desmaterialização e a funcionalidade dos materiais, os novos materiais são cada vez menos conhecidos não só do grande público, como do trabalhador que opera com eles no cotidiano.

possibilidade lógica biológica e histórica. Afirmar que o conhecimento tem um papel mais importante nos dias que correm do que em outro período qualquer é (1) ignorar que o conhecimento está inscrito na vida e (2) é levar longe demais a distinção trabalho manual e trabalho intelectual, na medida em que o que observamos hoje é que há um modo de produção de conhecimento que está se impondo a todos sob o controle de alguns (os grandes laboratórios de pesquisa das grandes corporações transnacionais com o apoio do Estado dos países do centro hegemônico do padrão de poder mundial), conforme já indicamos anteriormente com a concentração de poder que a nova revolução tecnológica proporciona. Todavia, a diversidade de culturas da humanidade é a melhor expressão da diversidade de conhecimento.

Tanto a ciência como a técnica são partes essenciais do processo de trabalho e se constituem num modo específico de conhecimento. Não faz o menor sentido opor o trabalho ao desenvolvimento técnico-científico na medida que esta forma específica de conhecimento é um modo histórico moderno-colonial de compreender a relação com o mundo forjada a partir de um contexto histórico-geográfico específico, o europeu, que se pensa universal. O conhecimento é, sempre, condição *sine qua non* do intercâmbio orgânico da humanidade com a natureza por meio do trabalho social. Enfatizar, nos dias que correm, o conhecimento científico e tecnológico em oposição ao trabalho é ignorar tanto a natureza do trabalho como a do conhecimento e, sobretudo, sua relação de imanência.

O que parece ganhar força e evidência no período neoliberal é a tese de que o desenvolvimento científico e tecnológico, parte do processo *social* do trabalho, não está a serviço da superação dos problemas mais fundamentais da humanidade, como a devastação ambiental do planeta, fome e miséria incluídas. Observamos, por todo lado, que a lógica privada e microeconômica de mercado vem predominando, com a tecnologia sendo direcionada para diminuir o custo do trabalho nos processos produtivos e garantir um maior controle social e político, bem como diminuir direitos sociais e coletivos e, até mesmo, individuais, sobretudo após o 11 de Setembro de 2001.

Nenhuma sociedade pode suprimir o trabalho, condição natural do intercâmbio orgânico dos homens e mulheres com a natureza. O conhecimento, seja científico técnico, artístico, filosófico, religioso ou mítico, é, sempre, criação/invenção dos homens e mulheres em circunstâncias histórico-geográficas precisas para resolver problemas que os próprios homens e mulheres se colocam não só diante da natureza, mas, também, aos desafios que colocam às relações sociais e de poder no interior das quais se movem.

O que sói acontecer no sistema-mundo moderno-colonial é que determinadas classes sociais, sobretudo a burguesia e os gestores, ao se constituírem como tais, o fazem subordinando outras classes/povos/etnias e, assim, reservando a si mesmas o trabalho que consideram sublime e destinando aos outros o que consideram degradante. Daí a supervalorização do (seu) trabalho intelectual e a desqualificação do trabalho manual.

Todavia, não há trabalho que não implique um saber fazer, que não implique conhecimento, mesmo o tabalho manual. Um pescador pode até não saber falar e escrever sobre a pesca, mas, com certeza, *sabe* pescar, caso contrário não seria pescador. Há sempre algum saber inscrito no fazer. Talvez aqui devêssemos estabelecer um contraponto necessário entre saber *ins*-crito e saber *es*-crito, entre *saber com* e *saber sobre*. Ou, ainda, recuperar o que a etimologia da palavra *saber* nos indica, qual seja, a relação com o *sabor*, e assim nos alertando para o saber que precisa do contato, tal como o paladar precisa da língua para sentir o sabor. Enfim, um saber que não se abstraia do contato com o mundo, um saber que precisa sentir, e não, platonicamente, se afastar do mundo para, de fora, de sobrevoo, como nos ensinou Hanna Arendt, buscar controlar o mundo. Há múltiplos conhecimentos práticos, saberes e fazeres, tecidos em íntimo contato com o mundo, no detalhe, conhecimentos locais, não necessariamente universalizáveis, que manejam o potencial produtivo da natureza por meio da criatividade das culturas (diversidade cultural). O desperdício desses saberes de povos indígenas, de camponeses, de quilombolas, de operários e de donas de casa pelo preconceito constituinte da colonialidade do saber e do poder é parte do desafio ambiental contemporâneo.

Enfim, a chamada sociedade de primeiro mundo não pode ser pensada fora dos outros mundos com/contra os quais se constituiu. Não fosse a América e a Europa, ela não haveria se constituído com a centralidade que passou a ter depois do "mau encontro" (Etienne La Boètie) de 1492, e, muito provavelmente, ainda estaríamos dizendo que se orientar, isto é, tomar rumo na vida, era ir para o Oriente.

OS LIMITES DO MERCADO: A TENSÃO ENTRE A ABSTRAÇÃO MATEMÁTICA E A MATERIALIDADE

Nesse período de globalização neoliberal, a crença nas virtudes do mercado, com a hipervalorização da dimensão econômica, chega a aproximar-se de um fundamentalismo religioso. Nada parece fazer sentido, a não ser a partir do mercado, da economia. O campo ambiental não escapa dessa ilusão, como o demonstram o recente desenvolvimento da Economia Ecológica, a difusão da noção de Desenvolvimento Sustentável e, principalmente, a conversão imposta nos anos 1990, sobretudo depois da Rio 92, da mediação econômica da maior parte das políticas setoriais de meio ambiente fomentadas pelos organismos multilaterais (Banco Mundial, em destaque). É como se qualquer política ambiental para ganhar cidadania, isto é, o direito à existência no debate político, devesse antes se converter à lógica econômica, como o demonstram as propostas recentes em torno da água, da mercantilização da fotossíntese, tanto no debate sobre o efeito estufa como mais diretamente sobre as florestas, onde tudo passa a ter um preço e não mais um valor no sentido ético-político. Exatamente por isso se impõe uma reflexão mais atenta acerca das relações entre economia, ambiente e sociedade.

Seria de se esperar que uma ideia tão marcante como o mercado tivesse um tratamento científico apurado. Entretanto, na análise dos programas e disciplinas dos cursos universitários de economia se observa, paradoxalmente, uma assustadora ausência no tratamento do que seja o mercado, o que contrasta com a sua onipresença no debate midiático.

O historiador inglês E. P. Thompson (Thompson, 1996) assinalara essa ausência de tratamento conceitual acerca do mercado afirmando tratar-se de uma metáfora sem nenhuma consistência, seja conceitual, seja empírica. A ideia de mercado nos falaria muito mais de um desejo do que da realidade na medida em que nos remeteria a um ideal de equilíbrio natural que nos levaria a uma harmonia que, entre os economistas, ganhou, com Adam Smith, um sentido divino com a ideia de uma mão invisível colocando ordem no mundo. Nesse sentido, a metáfora do mercado se encontraria com a metáfora do meio ambiente, ambas prometendo equilíbrio e harmonia, tal e qual uma utopia que só é harmoniosa na superfície lisa da criação imaginária, mas longe da heterotopia concreta do nosso cotidiano, onde, mundanamente, temos que nos inventar a cada momento em meio a tensões e contradições.

Conta-nos E. P. Thompson que na Inglaterra, ainda no século XVIII, era comum os mercados, em suas primeiras horas de funcionamento, só venderem seus produtos para os pobres e pelo preço que os pobres pudessem pagar. Satisfeitas as necessidades desses pobres nas suas primeiras horas de funcionamento, aí, sim, podia-se comprar para vender, ou seja, podia-se comprar para se ganhar dinheiro com a venda. O autor nos oferece, além de gravuras dos mercados da época, charges em que aqueles que negociam às escuras para vender são ridicularizados e falanos, ainda, da proibição de que se fizessem transações que não fossem à luz do dia, à frente de todos. A transparência se colocava lá mesmo no mundo da economia, e não só da política, como querem os liberais. Estávamos longe da ideia de que o segredo é a alma do negócio. É o que alguns autores vão chamar de economia moral, expressão à qual deveríamos prestar um pouco mais de atenção porque pode nos ser cara no debate ambiental que, de certa forma, aponta para outros fundamentos para a economia, como veremos em seguida. Assinalemos, por enquanto, que Adam Smith, um dos clássicos da economia, era pastor e que suas incursões pelo campo da economia estavam fundadas em preocupações éticas e morais como *preço justo*, *preço natural*, *valor*, e não preços simplesmente. Sabemos como a economia foi se desfazendo dos seus vínculos com a ética e com a moral na medida em que, paradoxalmente, foi se tornando economia política e, mais recentemente ainda, simplesmente *economia*, sem moral e sem política, enfim, como algo que se impõe enquanto *necessidade econômica*. E, se é necessidade, não estaria em debate exigência fundamental da política. A economia mercantil tende à não democracia.

O período de globalização neoliberal levou ao paroxismo esse deslocamento inerente à dinâmica das sociedades capitalistas em direção à economia em estado bruto, se me permitem a expressão nem tão metafórica, como poderia parecer à primeira vista. Na medida em que a economia se desprende de qualquer vínculo moral ou ético, é natural (dessa lógica mercantil) que ela se desprenda de qualquer mundanidade, de qualquer materialidade, e se reconheça exclusivamente na sua dimensão simbólica mais abstrata, a quantidade; enfim, no dinheiro.

Desde a Antiguidade a economia se vê a braços com o paradoxo de Midas. Como nos ensina a mitologia grega, Midas havia se investido de um dom, o de tornar ouro tudo que tocasse, por uma dádiva de Dioniso, em atenção a um pedido que Midas havia feito. A partir desse dom, Midas passou a viver o infortúnio de não conseguir matar a fome ou a sede, pois ao tocar a comida e a água, estas se tornavam ouro, e o ouro, enquanto tal, não mata a fome ou a sede. Aqui se inscreve todo o paradoxo da economia que confunde riqueza com a sua expressão simbólica, o dinheiro, o ouro para Midas.

Aristóteles já havia percebido essa diferença fundamental ao distinguir economia e crematística. Entendia o estagirita que economia era a administração da casa — *oikos*, em grego —, o que implicava toda a logística necessária para sua administração — energia, alimento, água, terra, enfim, as matérias necessárias à produção e reprodução da vida. De certa forma, Aristóteles pensava a economia muito próxima do que, hoje, seria a ecologia política, a geografia política (e econômica), a logística. Por crematística entendia Aristóteles a busca incessante de riqueza e o estudo da relação entre os preços das mercadorias.[30]

[30]Observemos que economia tem o mesmo radical — eco — que ecologia.

É certo que a economia, enquanto disciplina científica e política, mais tem se interessado pelas trocas, pela busca incessante de enriquecimento do que pela riqueza propriamente. Aliás, a riqueza é, tal como o mercado, um conceito ausente entre os economistas. É o que nos diz, do alto de sua octogenária serenidade, um dos mais importantes estudiosos dos problemas monetários, o Sr. Robert Triffin: "O conceito de riqueza é interessante. Ele é medido pelo valor de troca. Mas o valor de troca é determinado pela escassez, *enquanto riqueza não é escassez* [...]" Ao contrário, riqueza é, justamente, a abundância.

Os economistas modernos vão fundar a economia no conceito de escassez, que, paradoxalmente, é o contrário da riqueza. Tanto é assim, que os bens que são abundantes, ideia central da riqueza, não são considerados sequer bens econômicos, e sim naturais. Deste modo, ao contrário do que se acredita, o fundamento teórico da economia mercantil moderna não é a riqueza, e sim a escassez. Somente na medida em que a água e o ar se tornam escassos, com a poluição, por exemplo, é que a economia passa a se interessar em incorporá-los como bens no sentido econômico moderno, isto é, mercantil. Enquanto o ar e a água existem em estado puro e em abundância, ou seja, enquanto existem como riqueza, são considerados dádivas, fonte inesgotável.

Há, aqui, um claro componente social e político, além do ambiental propriamente dito, na medida em que um bem existindo à disposição de todos não tem, propriamente, interesse para a economia mercantil. Haveria, assim, na própria teoria o pressuposto de que a escassez é que torna um bem econômico. A propriedade privada se torna, assim, um pressuposto não econômico para a economia mercantil capitalista moderna na medida em que a propriedade *privada*, o nome já o diz, *priva* quem não é proprietário e, assim, constitui a escassez como base da economia (mercantil capitalista). Privar homens e mulheres da riqueza, a começar pela própria natureza com a propriedade privada da terra, é condição para que se instaure o reino da economia mercantil (a crematística de Aristóteles).

Temos, assim, um primeiro paradoxo entre economia e meio ambiente que deve ser levado em consideração por todos aqueles que, tomando seus desejos como se fossem a realidade, acreditam poder compatibilizar economia mercantil e meio ambiente.

Não são pequenas as contradições em que nos metem os economistas que tentam naturalizar a lógica mercantil. A primeira dessas contradições tem a ver com os fundamentos gerais que acabaram predominando no pensamento científico hegemônico no mundo ocidental, que, inspirada em Galileu, acredita que a linguagem da natureza está escrita em linguagem matemática. Com isso, esquecemos que a linguagem matemática, como toda e qualquer linguagem, não é a realidade mesma, e sim criação simbólica. Dizer, por exemplo, que um número elevado a zero é igual a 1 (um) não tem nenhum correspondente na natureza, assim como a palavra água, enquanto expressão simbólica, não é a água na sua materialidade. Afinal, a palavra água, enquanto tal, não mata a sede de ninguém.[31] Aliás, essa tensão entre o material e o simbólico é uma das mais interessantes características do ser humano, que, sempre, pode atribuir mais de um significado a qualquer coisa ou situação. Construir um significado comum implica, sempre, a constituição de uma *comun*idade, de uma cultura enquanto um conjunto de sentidos e práticas (sempre passíveis de reinvenção) que empresta sentido à vida em comum daqueles que o inventaram.[32] A mesma paisagem, com a mesma materialidade, pode ser lida de modos diferentes por diferentes povos e culturas ou por diferentes segmentos no interior de uma mesma sociedade e cultura.[33]

A linguagem do dinheiro, já o indicamos, é linguagem matemática e, assim, não dá conta da materialidade da *physis*. Dizer que a linguagem da

[31]Registre-se que os inúmeros rituais que existem envolvendo a água não deixam de ser o reconhecimento de que a água não é feita pelos homens e, por isso, deve ser cultuada.

[32]A palavra cultura, de onde deriva também agri-*cultura*, deriva do latim *colere,* "cultuar, cultivar".

[33]O cerrado é visto num sentido completamente diferente seja por um empresário do agronegócio, que, aliás, a primeira coisa que faz é derrubar o cerrado, seja por um camponês que vive no fundo do vale combinando agricultura, pastoreio e extrativismo nas encostas e chapadas cobertas pelo cerrado. O mesmo pode ser dito dos diferentes biomas, seja a Amazônia, a mata atlântica, o pantanal, a campanha gaúcha, as matas de araucária, para ficarmos somente no Brasil.

natureza está escrita em linguagem matemática, como se refletisse na linguagem a realidade externa do mundo, é não compreender que por meio da linguagem os homens criam mundos de significação, e não simplesmente o refletem. Acreditar que a linguagem matemática reflete a natureza do mundo é naturalizar a linguagem, que, assim, deixa de ser criação humana. É acreditar que existe uma verdade que emana da própria natureza e, como tal, é a *verdade verdadeira* e, por isso única e incontestável, e que seria acessível por meio de determinadas técnicas de conhecimento que são do domínio de *experts*, no caso, da comunidade científica.

Assim, com a linguagem matemática, uma invenção criativa da humanidade e da comunidade científica, sobretudo dos matemáticos, tenta-se aprisionar o mundo numa única visão tomada como objetiva e que, por isso, estaria livre das múltiplas visões, sempre possíveis, sobre o mundo. Há uma crença ingênua de que ter múltiplas visões acerca do mundo implica estarmos imersos no reino da subjetividade, e não da objetividade, que seria privilégio dos cientistas. Assim, olvida-se que entre os cientistas é comum a divergência e que a polêmica é uma característica da comunidade científica, o que bem pode ser atestado pelas diferentes correntes teóricas e metodológicas que têm múltiplas e variadas visões acerca de seus objetos de pesquisa. Há cientistas que vão afirmar até mesmo "o princípio da incerteza", como o físico Heisenberg, retirando da mais exata entre as ciências exatas, a física, a ideia de que existe uma certeza absoluta produzida pelos cientistas, ideia que vigora entre os não cientistas e que, de certa forma, é alimentada pelos cientistas enquanto um capital simbólico que lhes garante prestígio, por essa razão, indevido.

Consideremos que operar com a linguagem da *quantidade* é, rigorosamente, abstrair-se das *qualidades* dos seres e, assim, deixar de operar com a natureza e com o mundo na sua diferença concreta inscrita na materialidade do mundo e que nos inspira tantos mundos. Não nos surpreendamos, portanto, ao nos vermos diante do triste espetáculo de miséria e devastação quando tentam nos impor uma lógica única da mercantilização generalizada que, vimos, opera pela quantidade e, assim, tenta suprimir múltiplas visões construídas por diferentes povos que nos oferece um espetáculo de diversidade cultural proporcionado por uma mesma espécie biológica — a espécie humana —, o que nos faz ver que, junto com o aumento da poluição das águas e do ar e da devastação dos solos e das espécies, temos a extinção de diferentes povos e culturas. Há autores, como o biólogo mexicano Vitor Toledo, que associam a perda da diversidade biológica à diminuição do número de línguas faladas no planeta. Voltaremos ao assunto mais adiante.

Houve economistas, como os fisiocratas, que tentaram incorporar outros pressupostos e que consideravam a natureza na sua materialidade e sua importância na criação e produção de riquezas. Os fisiocratas, o próprio nome já o indica, são um bom ponto de partida na consideração da *physis*. Infelizmente, os economistas que os seguiram abandonaram suas premissas e, muitos até, os reduziram à tese de que só a agricultura cria riqueza, como se fossem defensores de um mundo rural, que estaria sendo superado pela indústria nascente no exato momento em que viveram os fisiocratas.

Karl Marx, na sua *Crítica ao Programa de Gotha*, invocou os fisiocratas para criticar seus companheiros, que diziam que só o trabalho cria riqueza. Marx acrescentou que a riqueza é produto do trabalho e da natureza,[34] e que, se o trabalho é o pai, a natureza é a mãe na produção de riquezas. Assim, os fisiocratas são resgatados, o que, infelizmente, não teve maiores efeitos entre os próprios seguidores de Marx mas que, sem dúvida, constitui um excelente ponto de partida para pensar o desafio ambiental contemporâneo.

Na verdade, os fisiocratas não argumentavam no sentido de que a natureza estava implicada somente no processo de produção agrícola. O que a tese fisiocrata sugere é que a natureza está inscrita no processo de produção de riquezas na medida em que, sempre, o trabalho implica energia, como nos ensinam os físicos. Não há trabalho, transformação da matéria, sem energia, eis o conceito que faltava aos fisiocratas e a Marx, mas não nos falta.

[34]A melhor tradição marxista nos recomenda não confundir riqueza com mais-valia. A natureza é riqueza, e no processo de trabalho contribui para criar riqueza, mas, enquanto tal, não produz mais-valia. O trabalho cria riqueza e, sob relações capitalistas de produção, cria um valor maior que seu próprio valor — mais-valia.

Raciocinemos fisiocraticamente, com as informações que hoje dispomos, sobre o que se passa na indústria e, aqui também, veremos a importância da natureza na criação de riqueza. A transformação da matéria é amplamente multiplicada a partir do momento que se passa a usar o carvão e o petróleo, cujas moléculas de hidrogênio e carbono foram produzidas num longo tempo geológico e que o conhecimento humano, só muito recentemente, nelas identificou a propriedade de conter energia concentrada.

Duas questões se colocam aqui para reflexão: a primeira é a de se atribuir, unilateralmente, ao conhecimento científico o espetacular aumento de produtividade que se obteve com o uso do carvão, do petróleo e, mais tarde, do gás. Com isso, olvida-se que o conhecimento acerca dos atributos das moléculas de hidrogênio e carbono (hidrocarbonetos) e de seu enorme potencial energético não produz aquelas moléculas enquanto tais. Em outras palavras, a crença antropocêntrica não produz o petróleo ou o carvão, para o que seria necessário um tempo geológico, ou uma energia correspondente a esse tempo, impossíveis ao homem enquanto tal, apesar de todos os avanços e de nossa crença na capacidade humana de criar, de inventar *ad infinitum*.

O fato de usarmos uma tecnologia que nos permite um maior controle no processo de trabalho e, com isso, aumentar a produção não pode nos conduzir à crença, de enormes consequências, de que a sua produção depende exclusivamente da técnica. Mais uma vez: a melhor técnica de extração do carvão ou de petróleo ou de outro minério qualquer não produz o petróleo, o carvão ou qualquer outro minério: simplesmente aumenta a sua *extração*. Assumir que somos *extratores* sinaliza que extraímos algo que não fazemos, o que indica no sentido da prudência no seu uso. É diferente quando nos dizemos *produtores*.

A segunda questão diz respeito à concentração, num mesmo ponto do espaço geográfico, seja de energia ou de outra qualquer qualidade da matéria. Há enormes implicações logísticas e territoriais e, portanto, políticas que derivam dessas diferentes qualidades, sejam solos de fertilidades diferentes, sejam jazidas (*ilhas de sintropia*, segundo Elmar Altvater).

Tanto a riqueza diferenciada dos solos[35] como o teor de um determinado minério têm implicações energéticas importantes. É que quanto mais a matéria esteja dispersa espacialmente, maior é a energia (trabalho) que se deve despender para torná-la disponível e socialmente útil. Determinados minérios, como o ferro e o manganês, por exemplo, só podem ser explorados, pelo volume que demandam enquanto matéria-prima, se as jazidas tiverem alto teor, no caso do ferro, acima de 50% normalmente. Jean-Pierre Deléage nos informa que a produção de uma tonelada de cobre demanda 22.500 kW de energia para um teor de 1%; se o teor for de 0,5%, exige 43.000 kW e, para um teor de 0,3%, requer 90.000 kW de energia (Deléage, 1989: 17). Vemos, assim, que a concentração num ponto do espaço de uma determinada qualidade da matéria, a que se atribui um determinado sentido, um minério por exemplo, implica energia (trabalho) maior ou menor a ser dispensada para torná-la uma riqueza a ser usufruída de um determinado modo específico.

Foi a história da natureza que nos legou essa distribuição diferenciada de *ilhas de sintropia* e de fertilidade de solos conhecida e apropriada diferentemente pelos diferentes povos e culturas ao longo de suas histórias respectivas. Os minérios constituem uma riqueza não renovável, pelo menos na escala de tempo da história humana, posto que sua produção exige um tempo de trabalho que envolve um tempo geológico.[36] ("Tecnologia, natureza e a 'redescoberta' do Brasil", in Araújo, H. R., 1998. *Tecnociência e cultura*, Editora Estação Liberdade, São Paulo).

Essas considerações têm importantes consequências políticas, sobretudo territoriais, na medida em que os diferentes povos, com suas diferentes culturas, exatamente por serem distintas entre si, atribuem sentidos diferentes a essas diferentes qualidades que a natureza do planeta, em

[35]Marx chamou renda diferencial por fertilidade.

[36]Com base no geólogo de petróleo François de Chadénèbes, um estudioso das questões de biotecnologia da Unicamp, o Prof. Laymert Garcia dos Santos afirma que, "se calculado do mesmo modo que se calcula o preço usual da eletricidade no varejo, [...] o custo de um galão de petróleo seria superior a um milhão de dólares", nesse caso reconhecendo a natureza como um processo de produção (Santos, 1998: 37).

grande parte, desenhou por si mesma. Uma floresta não é a mesma para um povo que com ela vive há milhares de anos ou para um madeireiro que, mais do que a madeira enquanto tal, está interessado na sua transformação em algo abstrato — dinheiro; a vida de uma comunidade, para quem uma riqueza mineral pode não fazer o menor sentido, pode se tornar um pesadelo se, sob suas terras, se descobre petróleo, ouro ou qualquer outro minério que interesse a algum empresário ou a algum Estado ávido por fazer concessões a empresas até para arrecadar mais impostos.

Todo o cálculo econômico desde os fisiocratas, com as honrosas exceções de Sody, H. Daly e Geordescu-Roegen, tem ignorado essa inscrição material, logística mesmo, da economia e da sociedade na natureza.

O território se torna, por tudo isso, uma categoria central para dar conta do desafio ambiental contemporâneo na medida em que ele comporta, na sua materialidade, a tensão entre diferentes modos de apropriação do espaço. A economia mercantil, pela lógica abstrata que a comanda — a do dinheiro —, implica uma dinâmica espacial que *des*-envolve os lugares, regiões e seus povos e culturas e, deste modo, instaura tensões territoriais permanentemente. Veremos isso com mais detalhes adiante. Destaquemos, agora, que vivemos sob uma dinâmica econômica mercantil que ignora a sua materialidade e que está no centro do desafio ambiental que haveremos de enfrentar.

O historiador e ambientalista José Augusto Pádua também assinala essa dissociação entre a materialidade dos processos ecológicos e econômicos indicando que há um

> *balanço energético negativo* de diferentes atividades produtivas no mundo moderno, onde a quantidade de energia despendida no processo de produção é muito superior à obtida com os produtos resultantes desse processo. Formas tradicionais de produção agrícola, como o cultivo de arroz em campos alagados do Sudeste Asiático, podem colher 50 vezes mais energia, sob a forma de alimento, do que a energia empregada no cultivo. No capitalismo industrial não é raro encontrar atividades onde o processo produtivo consome 3 vezes mais energia do que a gerada pelo produto. É o caso da produção industrializada de carne, com seu consu-

> mo intenso de ração, produtos químicos e eletricidade. A pesca em alto-mar através de navios frigoríficos apresenta um balanço ainda mais negativo de 20 para 1 (Ponting, 1991: 292). Esse tipo de atividade apenas se sustenta porque existe um divórcio total entre o cálculo monetário e o cálculo material-energético. Como o valor monetário das fontes energéticas é baixo, comparado com o valor monetário dos produtos finais, uma economia irracional do ponto de vista material pode ser altamente lucrativa no mercado (Pádua, J. A., 2001).

Esse "divórcio total entre o cálculo monetário e o cálculo material-energético", de que nos fala J. P. Pádua, tem enormes implicações para a vida do planeta e dos povos na medida em que a lógica crematística se impõe sobre as considerações energético-materiais e territoriais. Aristóteles já nos advertira que "*a arte de adquirir riquezas* (Crematística) *não é idêntica à arte de administrar uma casa* (Economia), *eis uma coisa evidente*".[37] Não é tão simples, como acreditam os que querem reduzir os processos produtivos à dimensão mercantil, converter a natureza e o trabalho[38] em preços na medida em que há uma incomensurabilidade radical[39] que convida qualquer tentativa nesse sentido a assumir seu caráter arbitrário.

[37]Os parênteses são do autor.

[38]Sobre o trabalho, o caráter político está implicado até a medula na determinação do preço da força de trabalho. Os conflitos salariais, sobre a destinação e distribuição dos impostos, assim como a constante transformação da tecnologia para aumentar o poder do capital sobre o processo de trabalho (e sobre o trabalhador) são uma demonstração inequívoca das lutas implicadas na determinação do valor do trabalho.

[39]A comparação pressupõe a possibilidade de encontrar algo comum entre os entes que estão sendo comparados. Ora, isso pressupõe que os entes sejam igualados em algo e, a partir daí, pode-se fazer a comparação para que os entes manifestem sua des-igualdade. Quase sempre isso é feito isolando o atributo para comparação, e assim, rigorosamente, essa característica é abstraída do ser enquanto tal. É de abstração que estamos tratando, portanto. Isolar uma característica para estabelecer comparação é estar comparando as características que isolamos, e não o ente como tal. Tudo isso, não se diz, pressupõe um sujeito que faz, um sujeito que escolhe, enfim, um sujeito que arbitra o que deve ser separado para comparação e que, assim, de fora, estabelece o controle das variáveis. A separação entre sujeito e objeto faz parte dessa epistemologia de dominação. É um saber *sobre*, e não um saber *com*.

Não vai aqui nenhuma ilusão objetivista de que se pode ter um critério que não seja arbitrado. Todo e qualquer critério será arbitrário, e, assim, a questão que se coloca é quem serão os protagonistas que estarão arbitrando, enfim, quem serão os que estarão instituindo os critérios a serem tomados em conta objetivamente.

A democracia, vê-se, coloca-se como uma exigência radical para enfrentar o desafio ambiental e, para isso, implica ouvir novos e outros protagonistas, além dos que vêm definindo o que é a economia, cada vez mais definindo-a pela sua dimensão financeira, monetária, crematística.

A ilusão dessa óptica abstrata, tão característica do pensamento científico moderno-colonial, é que nos impede de ver que a perda de valor monetário das matérias-primas e da energia no comércio internacional está longe de significar a diminuição da importância das matérias-primas e da energia na materialidade dos processos de produção de riquezas.

A REVOLUÇÃO (NAS RELAÇÕES SOCIAIS E DE PODER) POR MEIO DA TECNOLOGIA DE COMUNICAÇÃO E O DESAFIO AMBIENTAL CONTEMPORÂNEO

Tudo nos conduz à constatação de que a atual revolução tecnológica, como qualquer revolução tecnológica, proporciona as condições materiais para uma nova configuração nas relações de poder. Vimos como a Revolução Industrial já o havia feito, sobretudo quando a máquina a vapor foi aplicada aos meios de transportes e, anos mais tarde, como a revolução proporcionada pela eletricidade se associou à revolução nos meios de comunicação com o telefone e o telégrafo, ao que se seguiram o rádio e, depois, a televisão. Insisto em que é preciso considerar a geograficidade e toda a logística que estão implicadas nessas relações técnicas de poder.

A palavra comunicação parece cada vez mais destituída de sentido quando separada da expressão *meios de*. A comunicação tornou-se, efetivamente, uma indústria e, a partir de então, só pode estar associada a meios, posto que sem eles não há comunicação. Os donos dos meios de comunicação tornam-se, portanto, protagonistas privilegiados do processo de produção da subjetividade e já não podem mais ser vistos simplesmente como comunicadores que reportam, que noticiam uma realidade que se lhes oferece, mas vistos, sobretudo, como produtores de realidade, de tal sorte são parte interessada no mundo. Mais do que noticiar o que acontece, fazem acontecer.

As comunicações via satélite têm menos barreiras físicas a enfrentar e, assim, tornam possível escapar, até certo ponto, dos atritos, tanto físicos como políticos, com a materialidade do mundo. Afinal, quem comanda a ação não precisa estar necessariamente onde se dá o efeito do seu comando, e isso em qualquer lugar do mundo, sobretudo depois que se aperfeiçoaram as técnicas de sensoreamento remoto, com imagens de satélites, a internet e outros meios de comunicação.

Em virtude disso se faz grande pressão para flexibilizar as leis que regulam as comunicações de cada país, e a Organização Mundial do Comércio tem procurado pautar esses serviços na agenda política por pressão, sobretudo, dos EUA.

Estamos, assim, através dos meios de comunicações por satélite, diante de uma poderosa forma de afirmar os interesses daqueles que não necessariamente têm compromissos com os territórios, ali onde a vida dos cidadãos se dá na sua materialidade.

Já destacamos que a máquina a vapor proporcionou as condições para uma maior globalização da exploração da natureza ao separar o lugar da transformação (consumo produtivo) do lugar de consumo final e do lugar da extração da matéria-prima ou bruta. Há, aqui, des-locamento, permitam-me quebrar a palavra, para destacar a dimensão espacial implicada nessas relações (técnicas) de poder. Observemos que se dissocia (des-*loca*-se), o *lugar* da extração do *lugar* de transformação (consumo produtivo) e do *lugar* de consumo, e, como os *lugares* não existem a não ser por meio das relações sociais e de poder que os constituem — não existem lugares em si —, a separação entre os *lugares* de extração e os *lugares* de transformação e lugares de consumo é, no mesmo movimento, separação entre os que produzem e os que consomem, entre quem fica com os proveitos e quem fica com os rejeitos.

A revolução nas relações sociais e de poder por meio da tecnologia implicada no período neoliberal com as nanotecnologias, a eletrônica (a microeletrônica), a informática (robótica e telemática), novos materiais e a biotecnologia, também, vai trazer enormes implicações, sobretudo quando aplicada às comunicações e aos transportes. Em primeiro lugar, não esqueçamos, esses princípios científico-tecnológicos se inserem lá mesmo no chão das fábricas com a introdução paulatina dos robôs e com mecanismos de controle (remoto) eletrônico, que proporcionam um controle mais refinado sobre o processo de trabalho. A vigilância grosseira do chefe-capataz, que podia ser enfrentada no corpo a corpo, é substituída pelo controle a distância, eletrônico, mais *moderno* e refinado. Não olvidemos que as técnicas de *sensoreamento remoto* significam, rigorosamente, sentir a distância, enfim, sensor remoto, isto é, ver-sem-ser-visto. Observemos, entretanto, que sentir a distância significa que estamos diante de procedimentos técnicos que realizam o objetivo de agir sobre lugares onde não se está presente corporalmente, mas sim através de múltiplas mediações técnicas e sociais cujos efeitos são sentidos por outros corpos, sejam eles pessoas, rios ou ecossistemas.

Os sistemas de vigilância generalizada que hoje vão dos pardais eletrônicos que multam os carros às lojas que nos mandam sorrir porque estamos sendo filmados, às câmeras, já nem sequer tão ocultas, das portarias dos bancos, dos hotéis, dos edifícios de apartamentos e dos aeroportos em nome da segurança[40] — tudo isso tem na vigilância dos trabalhadores no interior das fábricas uma história mais antiga, que Charles Chaplin já havia percebido em seu *Tempos modernos*.

Não resta dúvida de que essa revolução nas relações sociais e de poder por meio da tecnologia se deu em resposta às crescentes mobilizações dos trabalhadores contra a rigidez e a rotina do processo de trabalho; contra o controle sobre seus corpos expresso na própria arquitetura das fábricas — o banheiro, quase sempre, não tinha portas inteiriças e, assim, mantinha o trabalhador sob vigia tirando-lhe qualquer privacidade; não

[40]Até mesmo o livro *1984*, de George Orwell, que denunciava em 1948 quando lançado o perigo do Big Brother, foi banalizado a ponto de tornar-se programa televisivo de grande audiência em todo o mundo.

havia vasos sanitários (usava-se a chamada privada turca) para que o trabalhador não sentasse e, assim, demorasse mais do que o necessário para fazer suas necessidades fisiológicas (que deve ser o mínimo de tempo possível); contra o trabalho repetitivo e a perda do sentido existencial com o que produz pela excessiva especialização são algumas das reivindicações dos trabalhadores, diga-se de passagem, tanto sob o *Capitalismo Monopolista* de Estado (mundo *ocidental*) como no *Capitalismo* de *Estado* Monopolista (mundo *socialista*).[41]

Essas questões mostram que, lá mesmo dentro da fábrica, existem relações de poder e não somente relações de caráter econômico, como se faz crer. Entretanto, essas questões foram durante muito tempo consideradas de menor interesse pela burocracia sindical[42] ou por aqueles que não vivem esse cotidiano. É interessante observar que, nos anos 1960 e inícios dos 1970, se generalizam as *greves selvagens*, cujo nome deriva de serem manifestações que se dão à revelia das instituições que oficializam o conflito capital e trabalho — os sindicatos. O sindicalismo começa a perder, por dentro das próprias fábricas, sua legitimidade e, assim, vemos como a revolução (tecnológica) de poder em curso contribui para quebrar, *assimilando e negando as próprias reivindicações dos trabalhadores*, o pacto corporativo entre o capital e o trabalho que tão bem caracterizara o Capitalismo Monopolista de Estado e o Capitalismo de Estado Monopolista, ambos Fossilistas.

A substituição de trabalho vivo por trabalho objetivado nas máquinas é uma imposição que o próprio desenvolvimento capitalista impõe a cada capitalista, e o desemprego é uma das resultantes dessa revolução técnica de poder que responde à necessidade por parte do capital de maior controle sobre o processo de trabalho, inclusive sobre o trabalhador, para

[41]O trabalho seminal de Harry Braverman, *Trabalho e Capital Monopolista — a degradação do trabalho no século XX*, é uma excelente reflexão sobre o tema.
[42]Os sindicatos, cada vez mais, se restringem a questões salariais, a transformar em dinheiro as questões de saúde do trabalhador — como o pagamento de insalubridade — e, deste modo, longe do cotidiano das fábricas, se transformam em verdadeiros negociadores de uma mercadoria de que seriam titulares legítimos — a força de trabalho. São gestores.

atingir uma maior produtividade. Já indicamos como a desmaterialização proporcionou uma enorme fragmentação da matéria, com a consequente ampliação da funcionalidade dos materiais e, com isso, atingiu um dos setores onde maior era a resistência operária, como os metalúrgicos e os mineiros, do carvão sobretudo.

Hoje, mais do que em qualquer outra época, ocorre a possibilidade do des-locamento entre o lugar de comando da ação e o lugar onde ocorre a própria ação na sua materialidade. Com isso, o espaço adquire um significado ainda maior no contexto das lutas de classes. Afinal, a escala da ação não é a mesma para os diferentes sujeitos sociais implicados, e isso se dá, sublinhe-se, de um modo diferente de outras épocas. Hoje o tempo de quem comanda a ação é mais rápido, e, assim, os efeitos de sua ação tendem a ser mais imediatos em escalas espaciais cada vez mais ampliadas. Os ciclos biogeoquímicos, a biocenose de cada biótopo, assim como os ritmos socioculturais de cada lugar, sempre próprios, ficam cada vez mais submetidos à ação de quem está fora e medindo sua ação em termos de rendimento monetário e exigindo de todos que suas vidas tomem o mercado como parâmetro e, assim, que a quantidade torne-se mais importante que a qualidade. E os números, sabemos, não têm limites. A sensação de quem vive nos lugares é a de que, cada vez mais, o seu destino escapa ao lugar, *aos do lugar* onde, entretanto, se dão materialmente os efeitos de ações assimétricas. Há lugares distintos de uma mesma geografia de proveitos, de um lado, e de rejeitos, de outro.

Assim, separa-se, de modo mais radical ainda, aqueles que comandam e aqueles que sofrem a ação. Enfim, aumenta o poder daqueles que, por esses meios, têm o poder da iniciativa. Os que resistem nos lugares a essas ações não se comunicavam, até muito recentemente, com a mesma velocidade, embora fosse e seja comum a todos a ação que atinge cada um.

Nunca os lugares e os territórios foram tão importantes quanto nesse período histórico em que aqueles que determinam seu uso menos se fazem presentes nos lugares que sofrem suas ações, se mostram menos visíveis os que veem-sem-ser-vistos porque detêm o controle dos visores, das câmeras escondidas, dos meios de emissão da informação. Tele (ampla) visão.[43]

Assim, a crítica política e cultural às rígidas, centralizadas e hierárquicas relações de poder que, sobretudo a partir dos anos 1960, se estenderam do espaço doméstico às escolas, às fábricas, ao Estado Nacional, às relações internacionais, enfim, ao espaço como um todo, será respondida com as tecnologias da flexibilidade, palavra que se tornará, com o tempo, um verdadeiro chavão. A flexibilidade locacional, por exemplo, terá um enorme impacto na flexibilização das relações trabalhistas, sendo este, também, um bom exemplo de como as revoluções técnicas são parte das relações sociais e de poder.

Novos materiais, novas tecnologias e uma nova arquitetura facilitaram um amplo deslocamento geográfico das empresas e dos negócios que buscaram vantagens locacionais, sobretudo aquelas proporcionadas por lugares e regiões sem tradição de lutas trabalhistas. Aqui, paradoxalmente, o papel do Estado foi importantíssimo ao ser redirecionado para oferecer isenções fiscais, infraestrutura e outros incentivos diretamente ao capital. Flexibilidade a meias, vê-se.[44] Talvez o caso mais emblemático dessa revolução nas relações sociais e de poder por meio da tecnologia desse período neoliberal venha se dando no campo do controle da moeda. Sabemos que o Estado Territorial Moderno se constituiu em torno de monopólio exclusivo da força e, pouco se diz, do

[43]Observemos que por trás de uma tela de televisão há um olhar que escolhe o ângulo de visão. Aquilo que vemos como se fosse uma realidade objetiva é fruto de uma construção do olhar. Não esqueçamos que a máquina de fotografar, embora seja também chamada de objetiva, só existe por meio de uma subjetividade que clica.

[44]No Brasil, onde essas políticas foram amplamente desenvolvidas nos anos 1990, apesar de se falar, cada vez mais, de retirada do Estado e de Estado Mínimo, bateu-se recorde de arrecadação fiscal, atingindo no fim do governo FHC cerca de 34% do PIB, ao mesmo tempo que aqueles que pagam os impostos se viram obrigados a pagar do próprio bolso por seguros de saúde e por uma educação de qualidade e, sobretudo os ricos, por políticas de segurança, haja vista os precários serviços públicos no setor. Não é por falta de recursos, portanto, nem porque o Estado tenha mergulhado numa crise fiscal, como dizem. Nunca a receita, pelo menos, arrecadou tanto.

monopólio exclusivo de emissão e controle da moeda. Aqui fica evidente as imbricações entre o fim do padrão-ouro, que já destacamos, e a institucionalização de um padrão monetário internacional com base no dólar e, mais do que tudo, a desterritorialização generalizada que se obtém com as novas tecnologias de emissão de dados via satélite (telemática) que, para isso, constituiu os famosos paraísos fiscais, ou seja, não estados que são lugares com absoluto controle político por parte das grandes corporações transnacionais, sobretudo financeiras, que, assim, escapam de qualquer controle democrático. Aqui, a riqueza virtual, a moeda, ganha completa autonomia em relação à riqueza concreta na sua fruição tangível. O dinheiro se coloca acima da vida, da sociedade, da política. A desterritorialização, vê-se, não é abstratamente conduzida. Ao contrário, é conduzida por agentes muito concretos com efeitos muito palpáveis nos lugares e ambientes onde se dá a vida de cada um. A aceitação generalizada de que tudo tem que se fazer sob a mediação do dinheiro, do mercado, da economia, só indica o quanto esse poder que não é submetido a regras de controle democrático e popular, aliás procura fugir sempre dele, está comandando as relações sociais e de poder nesse período neoliberal a ponto de parecer natural que tudo só se faça sob sua mediação.

O interessante é que, sendo a tecnologia parte das relações sociais e de poder, como estamos propondo que se a veja, ela comporta sempre o exercício concreto, prático, entre o que domina e o que é dominado e, assim, há sempre contato com o que se quer dominar. Deste modo, toda dominação implica resistência, nem que seja o atrito derivado do contato. Por isso, é no interior das próprias relações sociais e de poder, inclusive em sua medição tecnológica, que podem emergir novas possibilidades de relações sociais e de poder, enfim, de outros usos, concreto e prático, desses meios. Um avião, por exemplo, pode se transformar num veículo diferente daquele que inicialmente se havia pensado por estar implicado num contexto de relações sociais e de poder. Os atentados do 11 de Setembro estão aí para nos evidenciar essas contradições inscritas no nosso ambiente cada vez mais tecnosférico, isto é, habitado por objetos que trazem dentro de si intencionalidades, e, numa sociedade contraditória, essas intencionalidades não são só de dominação da natureza mas também dos homens e mulheres.

A preocupação por parte daqueles que se mobilizam em torno da democratização do conhecimento diante da possibilidade de haver, via informática, um controle e uma centralização ainda maiores por parte dos poderes constituídos ensejou uma verdadeira revolução que nos trouxe o microcomputador. Durante muito tempo acreditou-se que, com isso, poderíamos construir redes que seriam livres e acêntricas. Hoje, sabemos que há um campo de disputa pelo controle das redes informáticas como o demonstram o Projeto Echelon do governo estadunidense e outros programas que procuram controlar a circulação de informação dessas redes informáticas que se querem livres e democráticas. Registremos que o projeto Echelon é anterior ao 11 de Setembro, quando se intensificou a preocupação pelo controle dessas redes acêntricas que exatamente por essa característica tornam mais difusa as lutas sociais e mais difícil o controle centralizado que tanto caracterizaram o contexto de lutas sociais até muito recentemente. Não duvidemos, entretanto, que as grandes corporações e outros setores que, por sua natureza, dependem do controle social e político cada dia mais apuram os meios de rastrear mensagens e afirma seu *status quo*.

Assim, ao mesmo tempo que a revolução nas relações sociais e de poder por meio da tecnologia em curso torna possível a realização do ideal de uma outra globalização que supere de fato fronteiras, vemos os grandes grupos empresarias lutando para manter a barreira de todas as barreiras políticas — a propriedade privada —, como com as tentativas de proibição dos programas que permitem a cada um gravar o que bem quiser, via rede informática (MP3, p. ex.), a expansão dos *softwares* livres (programa Linux, p. ex.), assim como a luta das grandes empresas por afirmar o controle da informação, via controle dos satélites de comunicação e novas regulamentações das telecomunicações, novas leis de patente e outros direitos autorais, com a tentativa de controle e patenteamento genético, até mesmo do corpo humano.

Deste modo, é ilusória a ideia de que o conhecimento e a informação estejam, de fato, globalizados, muito embora a informação tenha sido facilitada através das redes informáticas. A Tailândia tem mais telefones que toda a África; os habitantes dos países ricos, mais especificamente da OCDE, que correspondem a 19% da população mundial, têm 91% dos usuários da internet. A população de todos os países africanos se conecta ao telefone somente 5 minutos em média por ano.[45] Na verdade, os novos meios de comunicação e de informação têm sido cada vez mais controlados, constituindo-se em verdadeiros oligopólios mundiais do que a fusão da AOL com a Time-Warner é apenas um exemplo. O Informe do PNUD sobre o Desenvolvimento Humano de 2000 foi taxativo: "As novas tecnologias de comunicação estão impulsionando a mundialização, mas estão polarizando o mundo entre os conectados e os isolados."

A democratização dos meios de comunicação se coloca como central para enfrentar o desafio ambiental contemporâneo, até porque seu papel tem sido central naquilo que Felix Guatari chamou de fabricação capitalística da subjetividade. E. Thompson também nos alertara para isso ao dizer que a geração pós-anos 1960 é a primeira, em toda a história da humanidade, em que a produção das necessidades escapa aos círculos societários primários, como a família, a comunidade e a vizinhança. Afinal, cada vez mais as necessidades são produzidas por meios que contam com sofisticadas técnicas de manipulação da subjetividade. É claro que os comandos pretendidos de manipulação não são mecanicamente obedecidos, sabemos. Entretanto, a resistência que tem sido feita se dá num campo em que as relações de poder são extremamente desiguais, o que coloca exigência de que esses meios sofram uma radical democratização, se é que queremos enfrentar os diferentes desafios do mundo contemporâneo, entre eles o ambiental. Afinal, de nada adiantaria todo o conjunto de revoluções nas relações de poder por meio da tecnologia que vem sendo ensejado lá mesmo no chão das fábricas, nos diferentes lugares de produção, na circulação material (transportes), enfim, em tudo aquilo que poderíamos resumir como *condições objetivas de produção*, não fossem alimentadas e cultivadas *novas condições subjetivas* através dos meios de

[45]Todos esses dados foram obtidos de Mari: 112.

comunicação de massas, sobretudo. O culto do individualismo e do consumismo se constituem nos pilares dessa subjetividade instrumentalizada que tem seus novos templos nos *shopping centers*.

A REVOLUÇÃO (NAS RELAÇÕES SOCIAIS E DE PODER) POR MEIO DAS TECNOLOGIAS DE GUERRA E O DESAFIO AMBIENTAL CONTEMPORÂNEO

A relação entre ciência e poder é mais direta no setor militar. No sistema-mundo moderno-colonial, o exercício da dominação passa pelo desenvolvimento científico e tecnológico. Os canhões (a pólvora), a bússola e outras técnicas de navegação garantiram a dominação colonial e a instituição do sistema-mundo. No século XX, as tecnologias de guerra tiveram um enorme impulso, sobretudo com a adaptação do avião aos objetivos militares. Logo, logo a física será, também, convocada para desenvolver projéteis para abater aviões (baterias antiaéreas). O setor militar será o primeiro a usar amplamente substâncias químicas em guerras bacteriológicas, assim como desfolhantes químicos, como a *agente laranja* largamente utilizado na Guerra do Vietnã. Grande parte dos insumos utilizados pela Revolução Verde foram derivados de substâncias de uso militar, como o DDT, cujo uso se generalizou na agricultura com o fim da Guerra do Vietnã.[46]

O desenvolvimento da física nuclear e sua primeira utilização em grande escala se deu, também, a partir do setor militar (Hiroshima e Nagasaki). O desenvolvimento da informática também teve no setor militar seu maior impulso, sobretudo para garantir precisão e velocidade no lançamento de mísseis de alcance cada vez maior, até chegar aos mísseis balísticos intercontinentais. Afinal, corrigir a rota de um míssil em tempo real exigia máquinas com memórias espetaculares.

Com o lançamento ao espaço extraterrestre do primeiro satélite guiado a distância (teleguiado) pelos russos em 1956, o desenvolvimento dos

[46]Ainda hoje o desfolhante químico Tordon 45 é usado para o desmatamento para a agricultura, como denunciam agricultores do Maranhão.

mísseis balísticos de médio e longo alcances e o uso de armas químicas, biológicas e nucleares, enfim, com todo esse aparato de destruição em massa produzido por um desenvolvimento científico e tecnológico destinado a esses objetivos, o exercício real da soberania de cada país ficou fortemente dependente do desenvolvimento científico e tecnológico.[47] Houve época em que os direitos de soberania sobre o mar — o chamado mar territorial — era definido pelo alcance que os canhões tivessem. O sentido territorial dessas leis perde qualquer sentido quando os mísseis balísticos internacionais podem alcançar 5.000 quilômetros, por exemplo. Já indicamos que o controle por meio de um visor a distância — tele visor — acoplado a uma máquina de cálculos altamente sofisticada — a informática com o computador — nos deu a telemática e, com ela, a capacidade de controle a distância, sensores remotos por todo lado.

A ciência feita com objetivo militar, enfim, o uso da força para garantir o exercício do poder, é a que tem reunido maiores recursos financeiros por parte dos Estados e, por isso, é o setor que vem comandando o desenvolvimento científico e tecnológico.

TABELA 9

Algumas Empresas dos Estados Unidos que Desenvolviam Armas Biológicas em 2001

Companhia	Contrato/dotação	Atividade
Abgenix	Corpo de investigação médica do Exército dos Estados Unidos, Instituto de Investigações em Enfermidades Infecciosas.	Desenvolver anticorpos que protejam estadunidenses durante uma guerra biológica. Será usada tecnologia da companhia Xeno Mouse para anticorpos monoclonais totalmente humanos contra filovírus como Ebola e Marburg.
BioPort Corp	Departamento de Defesa dos EUA.	BioPort é a única companhia com licença para fabricar vacina contra o antrax nos Estados Unidos. O governo se propõe vacinar seus 2,4 milhões de soldados.

[47]No Brasil, a criação do Conselho Nacional de Desenvolvimento Científico e Tecnológico, o CNPq, nos inícios dos anos 1950 tinha, entre outros objetivos, o de dominar o ciclo nuclear, sem o quê a soberania nacional estaria limitada.

TABELA 9
Algumas Empresas dos Estados Unidos que Desenvolviam Armas Biológicas em 2001 (*cont.*)

Cepheid	US$ 750.000 do Departamento de Defesa dos EUA.	Desenvolver um instrumento portátil de reação em cadeia de polímeros (PCR) de alta velocidade, com o fim de proporcionar ao pessoal militar identificar a existência de agentes patógenos no campo.
CombiMatrix (subsidiária de Acacia Research Corp)	Doação do Deparmento de Defesa dos EUA.	Utilizar a tecnologia de *biochips* de propriedade da companhia para permitir a detecção simultânea de numerosos agentes bélicos químicos e biológicos.
Genelabs Technologies	US$ 13.6 milhões do DARPA*	Criar drogas desenhadas para bloquear agentes patógenos ao nível do DNA ou RNA viral.
Hughes Intitute	DARPA	Desenvolver contrarremédios de amplo espectro para a defesa na guerra biológica.
Ibis Pharmaceuticals	Doação de US$ 6.6 milhões do DARPA	Desenvolver nova tecnologia para identificar alvos moleculares para a descoberta de drogas a partir diretamente de informação sobre sequências genômicas.
Meridian Medical Technologies Inc.	Contrato com o Departamento de Defesa dos EUA (espera-se que gere ingressos da ordem de US$ 15 milhões.	Subministrar produtos de autoinjeção para a autoadministração imediata de antídotos para o caso de envenenamento por gás nervoso.
Nanogen Phylos Inc.	Doação de US$ 8 milhões do DARPA e do Instituto Nacional de Justiça. Doação de US$ 1.6 milhão do DARPA	Criar um laboratório miniaturizado para aplicações de defesa contra a guerra biológica. Desenvolver um sistema automático para o desenvolvimento rápido de sensores biológicos.
SIGA Pharmaceuticals	Doação de US$800 mil do DARPA	Desenvolver vacinas e sistemas por via oral para liberar continuamente agentes neutralizadores contra agentes de guerra biológica como antrax ou peste.
*DARPA — Defense Advance Resarch Projects Agency — Agência de Projetos Avançados da Defesa. Organização Central de Investigação e Desenvolvimento do Departamento de Defesa dos EUA.		

Fonte: Mooney, 2002 *apud* Efraín Hernández, 2005.

O Estado, sobretudo nos países do centro do sistema capitalista mundial com destaque para os EUA, tem garantido ao setor militar montantes de recursos jamais alocados para qualquer outro setor de interesse social. Com isso, mantém todo um conjunto de grandes empresas — o complexo industrial-militar — ligado aos seus interesses estratégicos (Boeing, Glaxo Welcome, Monsonia Co., American Cyanamid Co., Molecular Natures LTD). Em grande parte, o desenvolvimento científico e tecnológico tem sido pautado por esse caráter de dominação em grande escala derivado do setor militar. Com certeza, haveria outras possibilidades para o desenvolvimento científico e tecnológico se estivessem ligados a outra sorte de relações sociais e de poder.[48]

É preciso destacar que foi exatamente contra o setor militar, e todo um conjunto de valores e instituições a ele ligado, que o movimento de contracultura e o ambientalismo se desenvolveram nos anos 1960. Afinal, não preocupava somente o efeito ao meio ambiente imediato ou prolongado no tempo do uso de tecnologias nucleares ou de substâncias químicas e bacteriológicas. É que a simples existência dessas tecnologias, pelos perigos nela implicados, exige todo um aparato de segurança que, em si mesmo, exige instituições de controle rígido, induzindo, com isso, a uma militarização da vida cotidiana.

Foi a preocupação com as possibilidades de controle centralizado de informações por meio da informática que levou jovens inspirados em valores libertários e democráticos a se lançarem na busca de outras alterna-

[48]Observemos que o campo militar, por sua própria natureza, opera, sempre, com *hipóteses de guerra*. Não havendo *hipótese de guerra*, não há por que se manter, em tempo de paz, forças armadas. Assim, é da natureza do campo militar a visão conspirativa, isto é, aquela que está sempre imaginando uma *hipótese* de *guerra*. É ingênuo alguém dizer que num mundo constituído a partir de relações contraditórias de poder e envolvendo interesses tão grandes seja paranoico admitir-se que haja conspirações. Mais do que uma mentalidade, a conspiração é um componente necessário inscrito nas relações sociais e de poder assimétricas que envolvem interesses vitais para os grandes poderes constituídos — é só pensar na magnitude das grandes corporações transnacionais e ver que não podem deixar de pensar estrategicamente e, assim, de procurar se antecipar aos acontecimentos. Ao não fazer isso, aí, sim, estaríamos diante da perda do princípio de realidade, para nos mantermos no campo dos conceitos da psicologia (paranoia, entre eles).

tivas que nos proporcionariam o advento do microcomputador de uso pessoal e, com isso, que a internet pudesse conter a possibilidade de vir a ser democratizada.

A percepção de que a ciência desprovida de valores éticos põe em risco a sua promessa maior de emancipar o homem, sobretudo depois de produzir um artefato que é capaz de acabar com a vida no planeta — a bomba atômica —, tem permitido ampliar a compreensão de que a ciência, em si mesma, não é emancipadora. Depois de Hiroshima não será mais possível acreditar numa ciência sem consciência, de uma ciência sem responsabilidade social, de uma ciência sem ética. Há uma enorme força moral que emana desses anos 1960.

Entretanto, a partir de então, novas tecnologias de guerra serão desenvolvidas procurando assimilar, negando, aquelas manifestações pacifistas que envolveram milhões de ativistas contra a Guerra do Vietnã, seja em Nova York, Rio de Janeiro, Londres, Roma, Paris, Cidade do México e várias cidades do mundo. Estava em jogo, afinal, dois caminhos diferentes em direção ao futuro. Além das manifestações de milhões de pacifistas nas ruas, havia mais de 100.000 desertores do exército dos EUA se espalhando pelo mundo, particularmente vivendo no vizinho Canadá, sem poder retornar ao abrigo de suas famílias; milhares de jovens mortos ou aleijados ou, ainda, com *psicose de guerra* adquiridas no *front* militar, e que vão trazer para o cotidiano dos países ricos, sobretudo para os EUA,[49] os horrores da guerra. Afinal, "*eram garotos, que, como eu, amavam os Beatles e os Rollings Stones*", como dizia uma música da época, que voltavam mortos, envoltos em sacos pretos de plástico, para suas famílias.

Tudo isso ensejou uma rica filmografia de caráter pacifista, mesmo em Hollywood. A partir de então já não será mais tão fácil enviar os filhos à guerra. Os pacifistas e ambientalistas tinham um forte componente libertário e autonomista, contra as hierarquias de todo tipo, e a

[49]A constância dos assassinatos em série perpetrados por ex-militares estadunidenses contra lanchonetes, escolas e outros alvos é uma dessas presenças dos horrores da guerra no cotidiano.

instituição militar, por natureza rígida e fundada nos princípios da hierarquia e disciplina, era um alvo privilegiado das críticas, até porque vinha se dotando de um enorme poder advindo do domínio científico e tecnológico, inclusive com um poder de vida e de morte *de facto*, com armas químicas, bacteriológicas e nucleares.

Definitivamente, o modo de fazer a guerra não será mais o mesmo desde então. Não que se tenha desenvolvido a partir dali novas tecnologias de morte em massa — guerra química, bacteriológica ou nuclear. Não, como já indicamos, essas tecnologias de guerra já vinham sendo postas em prática havia mais tempo (ver os campos de concentração nazistas onde se pôs em prática muitas dessas técnicas de morte cientificamente elaboradas para aumentar sua eficácia, assim como o projeto que levou à bomba atômica, lançada sobre Hiroshima e Nagasaki em 1945, reunira em Los Alamos, nos Estados Unidos, cientistas de ponta que sabiam exatamente o que estavam fazendo).

Enfim, desde os anos 1960, a guerra será cada vez mais uma guerra tecnológica, feita a distância, com controle remoto, via satélite. Como é em nome da paz que sempre se faz a guerra, a mídia se torna, por todo lado, decisiva. Daí a importância da CNN ou da Al Jazeera. A figura do porta-voz das forças militares numa coletiva à imprensa é tão necessária para explicar o bombardeio como antes o era o general de campo.[50]

Paradoxalmente, à medida que as tecnologias de destruição em massa se desenvolvem, que se aperfeiçoam as tecnologias que, com controle remoto, permitem atingir o alvo com mais precisão, dita cirúrgica, maior é o número de civis que morrem na guerra, como estatisticamente pode se comprovar. Com isso, cada vez menos se distingue uma guerra convencional de terrorismo, na medida em que são os que não estão diretamente implicados no combate que são vítimas dos horrores da guerra. Não estranhemos, portanto, quando o terrorismo se tornar banal numa guerra que ninguém sabe onde é o campo de batalha. A guerra globaliza-se podendo estar em cada local, como se pode ver nos atentados a lan-

[50]Diz-se que, quando começa uma guerra, a primeira vítima é a verdade.

chonetes, hotéis, danceterias, aeroportos, sobretudo nos lugares onde é forte a presença dos valores globalizados — o World Trade Center, por exemplo.

Ao mesmo tempo que os senhores da guerra processavam essa revolução tecnológica e de poder que permite o controle (do bombardeio) a distância, com sensoreamento remoto, de uma guerra em que se vê-sem-ser-visto, como convém a quem exerce o poder, exercendo-o de modo tal que pareça não fazê-lo, nos vemos, contraditoriamente, diante de uma revolução moral profunda, silenciosa, de longo curso. É o que se vê quando homens, como B. Clinton, T. Blair e G. Schröeder, que participaram daquele movimento de "paz e amor" dos anos 1960 e 1970, muitos até se recusando a fazer o serviço militar (Bill Clinton), 30 anos mais tarde, nos anos 1990, à frente da OTAN, lançam bombas sobre Sarajevo e, mesmo com todo o poder que as novas armas tecnológicas lhes davam, tiveram que respeitar a conquista moral dos jovens *Clintons*, *Blairs* e *Schröeders* e não puderam mandar seus jovens para o campo de batalha. A luta pela vida está contida, contraditoriamente, nessas tecnologias de morte.

Assim, o poder de morte dessas tecnologias trará abalos significativos em mais um dos pilares do imaginário do mundo moderno-colonial — a ciência e a tecnologia. Afinal, as armas químicas, bacteriológicas, nucleares, assim como a própria cibernética, eram todas tecnologias produzidas pela mais sofisticada ciência moderna. A ciência e a técnica podem estar a serviço da morte.

A política também será atingida na medida em que os dois regimes sociais e políticos que então rivalizavam entre si na guerra fria, tendo à frente os EUA e a URSS, estavam ambos munidos das mesmas armas de destruição em massa, sobretudo as nucleares. A força moral necessária para o exercício da hegemonia cultural, que qualquer regime social e político precisa ter (Gramsci), se esvai a longo prazo e, com ela, cresce a descrença na política quando a sustentação do poder admite a destruição em massa da vida como instrumento legítimo. Afinal, dos dois lados, o poder admite ser defendido até mesmo contra a vida daqueles em nome de quem diz exercê-lo. Houve um momento, nos anos 1980, em que a corrida armamentista das duas superpotências chegou ao absurdo de armazenar armas nucleares suficientes para destruir o planeta 64 vezes, como se fosse necessária uma segunda vez.[51] Pelo seu poder de destruição, as armas nucleares vão ensejar, contraditoriamente, um fortíssimo movimento em defesa da vida, contribuindo para que a questão ambiental passasse a ser considerada mais seriamente. *Hiroshima Nunca Mais* — torna-se emblema dessas lutas.

A ATUAL REVOLUÇÃO (NAS RELAÇÕES SOCIAIS E DE PODER) POR MEIO DA TECNOLOGIA, A GEOPOLÍTICA MUNDIAL E A CONFORMAÇÃO DE NOVAS SUBJETIVIDADES

Retomemos, aqui, a ideia que tomamos emprestada de Milton Santos e G. Simondon de que os objetos técnicos são *objetos perfeitos*. A técnica visa a um maior controle dos efeitos de nossa ação no tempo e no espaço, de coisas e de gentes. Ora, na medida em que a máquina a vapor e o uso de combustíveis fósseis proporcionou que se pudesse buscar, onde estivesse, a matéria que, cada vez mais e em maior quantidade se pode transformar, coloca-se como decisiva a questão de como garantir esse controle de modo mais direto e o fluxo de matéria o mais seguro possível. *Just in time, just in space.*

Observemos que nesse processo estão implicados interesses gigantescos de capitais que dependem de uma circulação ampla desses materiais, sobretudo a partir da segunda metade do século XIX, com a formação dos grandes oligopólios industriais. Há, assim, uma questão logística de grande envergadura e de enormes implicações políticas, na medida em que a globalização da exploração da natureza se aprofunda. Não só se desenvolvem as tecnologias de extração, produção e transportes como também as de circulação e comunicação. Primeiramente tivemos o telégrafo e o telefone, em que ambos pressupõem pessoas agindo em igualdade de condições nas duas pontas da comunicação, e, depois, o rádio e a

[51] O historiador marxista e militante ambientalista inglês E. Thompson chegou a cunhar a expressão modo de produção exterminista para caracterizar o modo de produção desse período histórico.

televisão, onde já devemos falar de emissor e receptor e, portanto, em pessoas em condições desiguais na relação.

A revolução nas relações sociais e de poder por meio da tecnologia dos meios de comunicação responde, também aqui, às necessidades que se colocavam para aqueles que queriam prosseguir com a colonialidade do poder, num mundo onde as lutas de libertação nacional dos povos latino-americanos, africanos e asiáticos, nos anos 1950 e 1960, se destacavam.

Noam Chomski tem insistido em que era o nacionalismo que mais preocupara as grandes potências imperialistas, tendo sido o comunismo um bom pretexto para combatê-lo. Os anos 1990, com a Guerra do Golfo, com a tentativa por parte do governo dos EUA de controlar a Ásia Central, de impor a ALCA e toda a investida via OMC no sentido de abolir as fronteiras, parecem dar razão a Noam Chomski,[52] na medida em que o combate à soberania nacional permaneceu mesmo após a queda do muro de Berlim.

As condições materiais de transportes, entretanto, não são suficientes por si mesmas para garantir a livre circulação do fluxo de matéria e energia. Não basta controlar os lugares nem tampouco possuir as condições materiais para que se dê o fluxo da matéria no sentido e direção desejados. Do ponto de vista do capital, é preciso que a descolonização não atinja a colonialidade implicada no sistema-mundo e, assim, conquiste sobretudo os corações e as mentes. Já não sendo mais possível o colonialismo nem tampouco o imperialismo, pelo menos tal como vinham se desenvolvendo, até porque múltiplos e variados movimentos sociais os questionavam, novos meios de controle dos corações e mentes se tornavam decisivos. Os satélites e as plataformas espaciais darão a garantia material de que serão controlados remotamente. Começa a colonização do espaço extraterrestre

[52]Afinal, essa luta contra o nacionalismo continua mesmo após o fim da antiga URSS. São os governos que têm apelado para uma forte ideologia nacionalista — Iraque, Venezuela, Líbia, Cuba, China e Coreia do Norte, ainda que sejam regimes diferentes entre si, que têm merecido toda a crítica, desde os inícios dos anos 1990, sobretudo dos EUA, país em que sucessivos governos também se destacam por estimular uma forte ideologia nacionalista. Observe-se, ainda, que a todos se acusa de serem regimes ditatoriais, mesmo quando alguns, como o da Venezuela, atuem obedecendo aos mais estritos rituais da democracia liberal e avancem no sentido de uma democracia participativa, além de representativa.

de modo efetivo, e não somente retórico, e assim os meios de comunicação se tornam centrais para construir uma cultura globalizada.

Daí ser fundamental não perdermos de vista, como assinala Raul Zibechi, que

> entre as causas profundas que levaram ao neoliberalismo, e portanto ao crescimento exponencial da exclusão e à extrema pobreza, aparece em lugar destacado — *a lo largo y ancho del planeta* — a renovada insurgência dos setores populares e muito em particular dos operários industriais jovens. Em escala micro, a fábrica era o teatro de uma guerrilha permanente, onde os operários especializados descobriam tesouros de engenho humano para subtrair importantes reservas de produtividade (muito a *miúdo* ao redor de 20%) por meio da vigilância do pessoal hierárquico. Todo o encanto e toda a criatividade dos operários se empregavam em armar nichos ocultos de autonomia (André Gorz, 1998: 38). Em escala macro, a manifestação social colocou demandas por mais democracia, em todas as esferas da sociedade.
>
> A resposta do capital sofremos ainda hoje: desterritorialização ou êxodo do capital, financeirização, globalização. André Gorz, entre muitos, sustenta que o modelo de industrialização que permitiu o desenvolvimento do Ocidente e do Japão não existe mais. Em consequência, "o tipo de industrialização que permitiu urbanizar e dotar de salário as massas rurais não existe mais". (Gorz, *idem*, p. 34.)
>
> Agora se implementa um "desarrollo a rayas", onde o que cresce não é um país ou territórios senão *enclaves*, "zonas economicamente especiais", cujo objetivo é colocar-se ao resguardo das migrações internas de camponeses sem terra que, na leitura dos poderosos do planeta, foi o que minou o desenvolvimento anterior ao desatar lutas sociais de envergadura. Estes *enclaves* estão poderosamente automatizados (segundo Jeremy Rifkin, as filiais das trasnacionais no Brasil, e as *maquiladoras* no México, estão com frequência mais automatizadas que suas equivalentes nos Estados Unidos) e geram ao seu redor enormes regiões de pobreza. E isso só naqueles países como China, Brasil, México, Índia e Malásia, que têm a "sorte" de que o capital financeiro haja decidido instalar ali semelhantes ilhas industriais.

> Em escala micro, nas oficinas, se implementa um modo de produção chamado pós-fordista, que consiste em transferir as competências empresariais para a base operária, integrando-a assim à empresa, onde o saber perde a metade de seu valor a cada 12 ou 24 meses. Isso pressupôs uma verdadeira revolução cultural no capitalismo, de modo que a tendência atual "anula o trabalho, anula o salário e tende a reduzir a 2% a parte da população ativa que assegura a totalidade da produção material". A conclusão de Gorz é temível: "É economicamente mais vantajoso concentrar o pouco trabalho necessário em pouca gente, aqueles em quem se injetou o sentimento de ser uma elite privilegiada que merece seus privilégios por um selo que a distingue dos 'perdedores'.
>
> Nada, tecnicamente, impediria às empresas repartir o trabalho entre um número maior de gente que não trabalharia mais de 20 horas por semana. Mas esta gente não teria a atitude 'correta' para o trabalho, que consiste em considerar-se pequenos empresários que valorizam seu capital-saber." (Gorz, *idem*, p. 56.)

A democracia se torna débil, enfim, uma democracia de baixa intensidade, como, com razão, a chama Boaventura de Souza Santos. É que a praça, a ágora grega, já não é mais do povo, como o céu era do condor, como se dizia.[53] Hoje vivemos uma situação paradoxal onde a praça tem dono, posto que o espaço público são os próprios meios de comunicação que, ao mesmo tempo, editam o que vai ser publicado. Não é o público quem publica, e sim os editores que dizem fazê-lo em seu nome. Aliás, os editores não são sequer submetidos à mais elementar regra democrática, que é a eleição. Para isso, mantêm sofisticados esquemas de apurar a audiência, os humores da opinião pública e, assim, tentar manter uma subjetividade previamente *in*-formada. É um arremedo de espaço público o que se tem nos *shopping centers*, que reproduzem em

[53]Até mesmo as campanhas políticas abandonam o corpo a corpo, mesmo que o povo compareça à posse mostrando que quer se reapossar da política. Na posse do presidente Luiz Inácio Lula da Silva os jovens, em meio à multidão que fez questão de ver de perto a *tomada simbólica e democrática do poder*, bradava: "Arra-urru!/ Esse governo é nosso/ Esse governo é nosso!"

seu interior simulacros de *praças* onde, entretanto, o povo não pode se manifestar livremente.[54]

A fusão do capital industrial com o capital bancário e com o capital da mídia dá um novo contorno a esse novo período histórico, diferente daquele que Lenin chamara de imperialista, que tinha como cerne os monopólios do capital financeiro (fusão do capital industrial com o capital bancário). Basta observarmos quem são os anunciantes que patrocinam os programas dos horários nobres das redes televisivas, para sabermos quem são os outros protagonistas associados a esses meios de comunicação — os grandes bancos e agentes financeiros nacionais e internacionais, as grandes cadeias de alimentação (refrigerantes e cervejas e outras bebidas e comidas *fast food*), os grandes fabricantes de tênis, as grandes cadeias de entretenimento, sempre os grandes grupos empresariais que operam em escala supralocal, supranacional, ou melhor, em escala global, instigando todos e cada um a comer do mesmo modo, a se vestir do mesmo jeito, a se divertir com as mesmas coisas, a amar do mesmo jeito, enfim, uma cultura globalizada.

Não podemos deixar de ver que, também aqui com essas técnicas, se está negando todo um conjunto de lutas que se deram nos anos 1950 e 1960 por afirmar o desejo, a subjetividade, as novas sensibilidades. As mulheres foram, sem dúvida, protagonistas dessa revolução profunda, que não passou por nenhuma tomada de poder central.[55]

As mulheres foram às ruas condenar o machismo que atravessava ideologias, geografias e histórias. Trouxeram para o plano público uma sensibilidade que, antes, ficara restrita ao plano familiar, privado, pelo menos no mundo ocidental. Afinal, na melhor tradição grega, homem público

[54]Aliás, chega a ser surpreendente como as administrações dos *shopping centers* exercem o controle sobre o movimento de caixa das diversas casas comerciais que nele operam. Não é raro vermos, no Brasil, um funcionário da administração do *shopping* postado ao lado do caixa controlando cada entrada e saída de dinheiro num controle impensável por parte do Estado sobre as empresas. Talvez o silêncio dos próprios empresários se explique, aqui, porque o controle não é sobre algo que seja público, mas sim algo que diga respeito aos próprios empresários entre si e, portanto, onde os cidadãos comuns, enfim, os que não são proprietários, não teriam nada a dizer. Talvez seja esse o sentido de democracia para o mercado.

[55]Aliás, as mulheres contribuíram em muito para que se visse que o poder não está, necessariamente, ali onde o próprio poder constituído (o Estado) se oferece para ser visto e, até mesmo, combatido, contribuindo, assim, para esconder as fontes instituintes de poder.

tem uma conotação positiva e mulher pública uma conotação negativa — prostituta.

Entretanto, a globalização neoliberal em curso também valorizará, à sua maneira, a diferença: (a) valorizando a diferença entre os lugares, na medida em que quanto mais globalizado é o capital, maior é a sua atenção às diferenças que possam proporcionar maiores lucros. Nesse caso, não é o lugar enquanto tal que importa, mas as suas possibilidades de proporcionar uma nova espécie de renda diferencial por localização; (b) valorizando e destacando as diferenças identitárias, como as de opção sexual, as de gênero, as de idade, as de cor e quantas mais forem possíveis explorar enquanto nichos[56] de mercado. Cada vez mais a publicidade segmenta cada um em várias qualidades a quem oferece um produto.[57] A subjetividade é mercantilizada, e assim a diferença pode estar a serviço da acumulação de capital, a serviço da desigualdade. A diferença, vê-se, pode não ser libertária. À liberdade sexual, por exemplo, ofereceu-se a mercantilização da sexualidade, a pornografia. A liberdade virou uma calça Lee velha e desbotada. O direito de ir e vir, uma marca de sapatos. A palavra precisa ser recuperada.

O individualismo narcísico, alguns dizem fóbico, estimulado midiaticamente no culto ao modelo, é responsável, ainda, pelo esgarçamento do tecido social de um modo mais profundo do que a desigualdade social. Afinal, os pobres, a seu jeito, se viam tendo que se solidarizar, partilhar o pouco que têm. Nos marcos do estímulo a um individualismo narcísico — "aquele que acha feio o que não é espelho" — o outro não existe enquanto tal, não existe enquanto outro. A maior parte dos jovens tem

[56]Não é fortuita, aqui, a expressão nicho, posto que, com ela, naturaliza-se (biologiza-se) a diferença, esclareça-se logo.

[57]É preciso prestar atenção também a essa ideia de *destacar* que significa, rigorosamente, retirar do todo, tal como se destaca uma folha de um caderno. Com o destaque, se individualiza uma característica que nunca existe separada do todo de que foi destacada. Eis uma das razões da frustração que experimentamos quando adquirimos uma mercadoria com uma dessas características separadas do contexto — quando se compra o cigarro, por exemplo, junto não vem a modelo que fizera a publicidade.

como horizonte de felicidade exatamente o carro do ano, a roupa de marca, o tênis *idem*, enfim, o consumo. A realização não se dá pelo trabalho, mas pelo consumo, e essa crença iguala um jovem de classe média a um jovem pobre da periferia. Mesmo aqueles que buscam na criminalidade a realização de seus desejos imediatos de consumo, sejam de classe média ou da periferia, não podem ser caracterizados como marginais ou como excluídos do sistema, posto que partilham os valores instigados todos os dias, o dia todo, em todos os lugares, haja vista em cada canto haver uma TV ligada ou um *outdoor* oferecendo a felicidade.

A guerra e a mídia voltam a se encontrar quando o esgarçamento dos laços societários serve de caldo de cultura a uma violência generalizada, que não se resume ao que tanto se chama de crime organizado. Há uma cultura do medo, onde, além do individualismo vitorioso enquanto senso comum cotidiano, se vê clamar por combate à violência e, para isso, a ideia de crime organizado é funcional. Todavia, a maior parte da violência que se comete não é organizada como e para tal. É uma violência difusa inscrita num generalizado salve-se quem puder cotidiano, onde o individualismo e a competitividade são tornados valores maiores.[58]

É como se, estando perdida a batalha de assegurar a partir da própria sociedade um mínimo de coesão social — afinal, toda sociedade é um modo específico de estar-junto —, restasse a tentativa de fazê-lo de fora, do alto, pelo Estado, via políticas de segurança, criminalizando a pobreza e, sobretudo, as lutas sociais, especialmente a dos mais pobres.

Com tudo isso vê-se crescer, a pretexto do combate ao narcotráfico e ao terrorismo, uma lógica de criminalização dos conflitos sociais e, mesmo, de sua militarização, como são os casos mais evidentes da Colômbia e da Guatemala. Sobre as periferias urbanas cresce uma cultura de violência, e os protestos sociais tendem a ser desqualificados como se fossem todos manipulados pelo "crime organizado". Até mesmo os movimentos

[58]É conhecida a propaganda de uma marca de cigarros no Brasil dos anos 1970 que dizia "o importante é se dar bem", que, lamentavelmente, ficou conhecida como "*lei de Gerson*", associada à pessoa que fora contratada para proclamar tal espírito individualista.

de jovens que se apresentam criticamente a toda essa cultura da violência, como todo um setor do movimento *hip-hop*, é visto como cultor da violência e, por isso, é desqualificado.

Com esse discurso prepara-se o terreno para que se aceite o combate ao crime e, como a própria expressão sugere, instaura-se uma lógica de guerra. E na guerra, e sobretudo na guerra moderna, o outro deve ser negado enquanto tal.[59] Assim, inscreve-se no cotidiano das periferias urbanas, onde estão as grandes maiorias dos pobres na América Latina, uma lógica que, por baixo, em escala local, dá suporte a uma lógica que se tece em escala global, de criminalização e militarização dos conflitos sociais, para o que os atentados de 11 de setembro de 2001 nos Estados Unidos só vieram contribuir no reforço à tendência de uma lógica autoritária já inscrita no cotidiano das relações sociais e de poder.

O Estado tenta, assim, recuperar seu poder de controle por meio do discurso da segurança, que, desse modo, deixa de estar inscrita nas relações societárias e precisaria de algo que viria do alto para se lhes sobrepor. Assim, a lógica militar globaliza-se como se fora uma globalização natural, posto que decorreria do caráter supranacional do narcotráfico e do terrorismo internacionais, que se tornariam uma espécie de atrator, ou mesmo um buraco negro, onde tudo é assimilado.[60] A mídia é, em mais de um sentido, parte interessada nesse processo de criminalização e militarização dos conflitos, e essa talvez seja a razão a mais para difundir uma cultura de medo por meio de violência.

Registre-se que a reforma do Estado para o capital, característica da globalização neoliberal, não só agravou a já grave questão social, históri-

[59]Entre várias comunidades indígenas, pelo menos, comer o adversário contra o qual se lutava era uma forma de incorporar suas virtudes guerreiras.

[60]Um outro exemplo dessa criminalização e militarização dos protestos sociais, além das periferias urbanas, foi a mudança do discurso, após o 11 de Setembro, dos conflitos sociais na Colômbia. Antes, um problema interno, nacional, fruto das contradições da história própria daquele país e, após aquela data, visto como parte do cenário da guerra que combate o narcotráfico e o terrorismo internacionais. Che Guevara, com certeza, teria deixado de ser guerrilheiro, o que lhe emprestava um sentido ético libertário, e seria chamado terrorista nos dias que correm. Não teríamos mais como circular com as camisetas com sua silhueta.

ca em *nuestra América*, deixando atrás de si um enorme passivo de desemprego, injustiça ambiental e esgarçamento do tecido social como, também, desmontou as conservadoras, mas eficientes, relações de dominação que, historicamente, aqui haviam sido tecidas com o populismo, com o coronelismo, com o caudilhismo, com o gamonalismo e outras relações de dominação tradicionais.[61]

A Venezuela, nos últimos anos, talvez seja um caso emblemático desse papel cada vez mais protagônico das empresas proprietárias dos meios de comunicação. Ali, um governo de forte inspiração nacional e popular vem tentando manejar o jogo democrático-liberal e, ao mesmo tempo, romper com as oligarquias que tradicionalmente amarraram o país aos seus próprios interesses, em aliança com uma aristocracia de trabalhadores ligados ao setor petrolífero e aos grandes capitais internacionais. Ali, vê-se, o governo, a despeito de seus próprios e eventuais erros de condução política, sofrendo uma ferrenha e sistemática campanha comandada pelos proprietários dos meios de comunicação de massa que até 2003 e agosto de 2004 convocavam, diariamente, manifestações e, até mesmo, greve geral, entre outras ações, em aberta oposição a um governo constitucional. É de se prever, diante do que significam os meios de comunicação nessa época de globalização neoliberal, que essa ação não seja específica da Venezuela nem tampouco para a Venezuela. Qualquer governo que tente algo diferente dos interesses que comandam essa ordem neoliberal haverá de experimentar esse poder da mídia.

Entretanto, a crise desse modelo de globalização neoliberal está abrindo, nos dias atuais, uma nova página na América Latina, onde a questão social emana com força, associada a perspectivas democráticas de participação protagônica das camadas populares, como parecem indicar as mobilizações sociais de grande amplitude que podemos observar na Colômbia, na Bolívia, no Equador, na Argentina, no Paraguai, no México, na Venezuela e no Brasil, e que estão oferecendo novas lideranças políticas, muito

[61]Quase sempre fundadas em relações pessoais, paternalistas, enfim, na "lógica do favor" e não da justiça.

diferentes entre si, tais como Evo Morales (Bolívia), Luiz Inácio Lula da Silva (Brasil), Floro Tunubalá (Cauca, Colômbia), Subcomandante Marcos (México), Hugo Chávez Frias (Venezuela), Luís Macas (Equador) entre outras. Em vários países da América Latina, a começar com o Brasil em 1992 com a queda do presidente Collor, se vem assistindo à força desse outro poder que são as amplas mobilizações populares, capazes de afastar do poder não só as grandes oligarquias tradicionais mas os neoliberais que as substituíram — eis os destinos de Collor, Fujimori, Menem (este derrotado até mesmo dentro de seu partido como parte das amplas mobilizações que apearam do poder Fernando de la Rúa) e, mais recentemente, Gonzalo de Lozada, na Bolívia, e Lucio Gutierrez, no Equador (2004).

PARTE III A questão demográfica para além do malthusianismo

A questão sociodemográfica e o desafio ambiental no período neoliberal para além de Malthus

Desde os anos 1950 que a *questão demográfica* vem sendo apresentada como responsável ora pelos problemas sociais, ora pelos ambientais. Um verdadeiro terrorismo ideológico se formou com projeções lineares do crescimento populacional do passado que alarmavam sobre os perigos da *explosão* demográfica. Para que a expressão terrorismo ideológico não pareça uma retórica fácil, característica dos tempos após 11 de Setembro de 2001, atente-se que já à época falava-se abertamente de *bomba* populacional (Population *Bomb*), de *explosão* (Demographic *explosion*) e até os bebês eram explosivos — *baby boom*. O terrorismo verbal, vê-se, vem de longa data.

Não devemos esquecer que esse debate se fazia num contexto de aguda polarização ideológica, no qual Marx e Malthus foram brandidos como expoentes teóricos para justificar diferentes políticas para a questão. A Revolução Comunista de 1949 na China teve um papel extremamente importante nesse contexto, na medida em que tornava real a possibilidade de que populações pobres, sobretudo camponesas, se mobilizassem para resolver um problema tão básico como a fome por meio de uma revolução social.

Para os marxistas, o problema residia na própria sociedade capitalista, que, segundo eles, conforma, sempre, uma superpopulação relativa, enquanto exército industrial de reserva, independentemente da taxa de crescimento vegetativo da população. Enfim, enquanto houver capitalismo haverá uma superpopulação relativa, funcional à sua reprodução contraditória.[1] Para os neomalthusianos, qualquer que seja o crescimento demográfico, ele exerce, sempre, pressão sobre os recursos naturais do planeta, pressão maior ou menor na exata medida desse mesmo crescimento.

Os fatos parecem indicar que, para além da abordagem marxista com base na economia política, foram as lutas de classes, tal como se apresentaram no contexto do pós-guerra, que definiram, na prática, as políticas demográficas. Basta observar o pragmatismo estadunidense que, no Japão, pôs em prática uma política nada malthusiana, muito embora as teses neomalthusianas fossem sempre associadas aos liberais pró-capitalistas. Ali, de fato, a ameaça da Revolução Chinesa fizera com que os EUA lançassem mão de uma política de reforma agrária que não só tirasse o poder das oligarquias fundiárias tradicionais como aplacasse a revolta dos camponeses japoneses[2], evitando, assim, o "perigo vermelho" que rondava a Ásia. Não olvidemos, ainda, que é nesse mesmo contexto que surge a *Revolução Verde*, expressão que carrega em si o medo da *revolução vermelha*, não sendo, portanto, uma expressão nada técnica, embora se trate de uma revolução que se apresenta como tal. Voltaremos a isso mais adiante.

Se nos anos 1950 e 1960 o argumento da *explosão* demográfica se fez sobretudo em nome da questão social — o aumento da população anula-

[1]Aqui é interessante registrar que não só uma superpopulação relativa permite, sempre, que haja uma pressão pelo rebaixamento dos salários, como também, estando a população totalmente empregada, qualquer novo investimento implicará retirar o trabalhador que já esteja empregado e, assim, uma pressão por aumento de salário será exercida. O argumento central da abordagem marxista da população sob o capitalismo é que a população é uma variável dependente do processo de acumulação, e não o contrário. Enfim, sob o capitalismo, a demanda por trabalho depende do ciclo de acumulação do capital ou, numa linguagem mais direta, a população está a serviço da acumulação do capital, e não o capital a serviço da população.

[2]Registre-se, ainda, toda uma série de vantagens comerciais para os produtos japoneses no mercado estadunidense, como parte de uma geopolítica de afirmação da hegemonia no sul e sudeste asiáticos. A queda do muro de Berlim em 1989 significou, também, o fim dessas políticas que fizeram parte do "milagre japonês" e está subjacente à crise estrutural do capitalismo japonês a partir da última década do século XX.

va o crescimento da economia medido pela renda *per capita* —, a partir dos anos 1970 em diante esse mesmo argumento será usado, cada vez mais, por certas correntes ambientalistas. Alega-se, agora, que é o planeta que corre perigo em função do crescimento populacional. Malthus redivivo e, agora, em nome de uma causa verde.

Seja em nome da questão social ou da ambiental, o fato é que uma série de políticas de controle da população, sob o eufemismo de planejamento familiar, começou a ser posta em prática por organizações *neo*-governamentais, como a Benfam, por exemplo, com o apoio, inclusive, de organismos multilaterais, como o Banco Mundial. Setores liberais assimilaram bandeiras feministas, como campanhas em defesa do livre-arbítrio da mulher sobre o seu próprio corpo, que implicam uma posição mais tolerante em relação ao aborto.

Diga-se, de passagem, que essas políticas visavam, sobretudo, às populações dos países africanos, asiáticos, latino-americanos e caribenhos, haja vista que, tanto nos EUA como na Europa Norte Ocidental e na ex-URSS, o crescimento demográfico caíra como resultado da melhoria do nível de vida e da urbanização, e não em virtude de nenhuma política concebida para tal. Naquelas regiões não houvera nenhum planejamento familiar.

Embora essas políticas tenham sido recebidas, de início, com grande desconfiança e, até mesmo, condenadas por diferentes razões,[3] o fato concreto é que há um decréscimo generalizado das taxas de fecundidade em todo o mundo, embora essa queda não seja homogênea por todas as regiões. A Divisão de População das Nações Unidas, em seu relatório de 2001, nos informa que nos últimos 38 anos, de 1972 a 2000, o crescimento demográfico foi de 59% (de 3 bilhões e 850 milhões para 6 bilhões e 100 milhões), com uma previsão de que seja de 52% nos próximos 50

[3]Entre elas, algumas de ordem nacionalista, como setores conservadores no Brasil alegando que grande parte do país era um vazio demográfico, como o Cerrado do centro-oeste e a Amazônia. Assim, o imperialismo dos EUA, com suas políticas antinatalistas, podia ser invocado tanto à direita como à esquerda, tanto quanto vimos liberais apoiando políticas de controle populacional e de planejamento familiar.

anos. Podemos afirmar, enfim, que o ritmo de crescimento demográfico foi contido, posto que será menor nos próximos 50 anos do que o foi nos últimos 38. Mesmo a Ásia, região que mais pesa no efetivo demográfico mundial, entrou numa nova tendência demográfica, com queda nas suas taxas de crescimento vegetativo de 2,3% ao ano, em 1973, para 1,3%, em 2000 (ONU-PNUMA, 2002).

Essa desaceleração do crescimento populacional, até certo ponto, contribuiu para que se mantivesse o impacto sobre os recursos naturais do planeta medido pela pegada ecológica, cuja média, como vimos, permaneceu em torno de 2,85 unidades de área *per capita*. A pegada ecológica da população mundial passou, entre 1970 e 1996, de 11 bilhões para 16 bilhões de unidades de área *per capita*, um aumento de 45%, o mesmo que a taxa de crescimento demográfico do período (GEO-3, 2002: 36). Essa desaceleração do crescimento demográfico compensou, em parte, o aumento da urbanização no mundo, fenômeno que tende a aumentar a pegada ecológica.

Ao contrário do que poderia sugerir uma leitura malthusiana, o impacto do crescimento demográfico está muito longe de ser um impacto geograficamente homogêneo: "os 20% mais ricos da população mundial são responsáveis por 86% dos gastos de consumo privados, consomem 58% da energia mundial, 45% de toda a carne e pescados, 84% do papel e possuem 87% dos automóveis e 74% dos aparelhos de telefones. Em contraste, os 20% mais pobres do mundo consomem 5%, ou menos, de cada um desses bens e serviços", segundo o Perspectivas del Medio Ambiente Mundial do PNUMA (GEO-3, 2002: 35).

Consideremos, ainda, que entre 1995 e 2000, a esperança média de vida era de 75 anos nos países industrializados e de 63 anos nas regiões subdesenvolvidas, segundo a ONU (PNUMA — GEO-3), mostrando que o menor crescimento demográfico dos países situados no polo hegemônico do padrão de poder mundial está longe de significar um menor impacto sobre o planeta, não só pelo padrão de produção-consumo com desigual pegada ecológica, como pelo fato de se viver, em média, mais 12 anos no Japão, nos EUA e na Europa norte-ocidental do que se vive na África, na Ásia, na América Latina e Caribe. São, portanto, 12 anos a mais de demanda de recursos do planeta por parte das populações do primeiro mundo.

A pegada ecológica de um estadunidense médio é 12 vezes maior que a de um africano, seis vezes maior que a de um asiático e duas vezes maior do que a de um europeu norte-ocidental. Com toda certeza, o impacto de um bebê nascido nos EUA, ou que mantenha um padrão de vida americanizado, é muito maior do que a maior parte da população asiática, africana e latino-americana.

Vivemos numa sociedade fundada na produção de *bens oligárquicos*, conforme bem caracteriza Elmar Altvater, qual seja, uma sociedade em que a produção de bens só pode existir se for para consumo de poucos, na medida em que o seu uso torna-se impossível se todos o tiverem. O automóvel é um exemplo emblemático de um *bem oligárquico*: afinal, se todos tiverem automóveis, não será a sua fruição que todos terão, visto que todos estaremos congestionados. Assim, o atual padrão de produção-consumo não pode, definitivamente, ser generalizado para toda a humanidade, embora seja essa a promessa feita quotidianamente pelos meios de comunicação de massa e seja essa a ilusão de felicidade acalentada por muitos em todo o planeta.

Assim como os EUA viram no Japão no pós-guerra que não seria com políticas estritamente demográficas que aplacariam a demanda por justiça dos camponeses e sua possível adesão à *revolução vermelha*, mas sim com políticas que, de um modo ou de outro, implicassem mudanças na própria estrutura social, ainda que nos marcos da ordem capitalista, o mesmo podemos indicar diante do desigual impacto sobre o planeta provocado pelo atual padrão moderno-colonial do sistema-mundo e, sobretudo, pelo papel central e hegemônico que os EUA nele exercem. Afinal, foram os EUA que tomaram a iniciativa de propor tanto a reforma agrária como políticas de comércio que beneficiassem as exportações japonesas para os EUA e, hoje, são os EUA que vêm colocando os maiores obstáculos para que se implantem políticas efetivas para enfrentar o desafio ambiental contemporâneo, com a não assinatura do Protocolo de Kyoto, da Convenção de Diversidade Biológica e da Convenção de Basileia (sobre resíduos tóxicos) e, ainda, se negando a aceitar o princípio de direitos comunitários sobre o conhecimento de plantas e animais (propriedade intelectual fundamental para comunidades indígenas, camponeses e outras populações à margem de direitos) e, sobretudo, comandando todo um conjunto de políticas que procuram colocar o mercado no centro do debate ambiental, deslocando o centro de poder mundial cada vez mais para a OMC, Banco Mundial e FMI.

A questão política está, portanto, no centro do desafio ambiental contemporâneo, e essa constatação é essencial, na medida em que as consequências de não se enfrentar essa raiz política do problema pode significar que não haja vencedores, com o agravamento das condições provocadas por mudanças climáticas globais, com o aumento do buraco da camada de ozônio, com o aumento da erosão genética, com o aumento do volume de solos perdidos, com o aumento do desequilíbrio hídrico, com a ampliação da desertificação, aumento da pressão sobre os recursos naturais de populações originárias e, consequentemente, sobre a diversidade cultural enquanto patrimônio do conhecimento diferenciado da humanidade sobre suas diferenciadas condições naturais de existência.

Diante dos novos dados da demografia mundial, com quedas acentuadas das taxas de fecundidade e do crescimento vegetativo, a preocupação com a *explosão demográfica* já não mais se justifica, a não ser como ideologia. Tudo parece indicar que, na expressão *controle da população*, a palavra-chave é *controle* e não *população*, porque não é a população que, em seu número, está colocando em risco o planeta e a humanidade. Assim, controlar o seu número é uma estratégia de controlar a população no sentido político do termo, o que permanece oculto quando invocado para a questão demográfica o raciocínio matemático de cientificidade duvidosa, de progressão geométrica, para o aumento da população, e progressão aritmética, para o aumento da produção de recursos. Aqui, estamos diante de uma técnica da política (Maquiavel) com a apropriação de um raciocínio científico válido para o campo matemático de onde foi retirado, mas não necessariamente válido para a questão implicada. Afinal, o planeta sofre muito mais quando nasce um bebê nos Estados Unidos, ou quando nasce um filho de rico nos países pobres, do que quando nasce um paquistanês, um tanzaniano, um etíope ou um chinês (que não seja filho dos ricos desses países pobres, sublinhe-se).

OS RECURSOS FINANCEIROS CRESCEM MAIS QUE A POPULAÇÃO

Muitos têm sido os discursos que apontam no sentido da ajuda ao desenvolvimento diante do quadro de pobreza e de desigual impacto sobre os recursos naturais do planeta. Entretanto, as informações acerca do fluxo de recursos financeiros entre os países situados nos polos opostos do atual padrão de poder mundial nos mostram que são os países mais pobres que estão enviando mais recursos para os mais ricos, como já destacamos.

Destaque-se, em particular, a América Latina e Caribe, onde regimes ditatoriais se encarregaram de dar início a políticas neoliberais, sendo o exemplo chileno o mais destacado. As políticas neoliberais muito se aproveitaram da crise desses regimes ditatoriais para, em nome do fim da ditadura, implantarem suas políticas de Estado mínimo para as questões sociais, mas extremamente afinadas na regulação em benefício do capital (ver as privatizações dos serviços públicos, por exemplo).

Nesse sentido, a eficiência crematístico-financeira desse modelo neoliberal não pode ser contestada — a dívida dos países latino-americanos, que era de US$ 46,3 bilhões em 1971, atingira, em 1999, US$ 982 bilhões, mesmo tendo sido pagos US$ 739 bilhões somente no período de 1982 e 1996. Um crescimento da dívida de 21 vezes, entre 1971 e 1999, enquanto, no mesmo período, a população passou de 176 milhões, em 1970, para 391 milhões de habitantes, em 2000, um crescimento de pouco mais de duas vezes! Enfim, a dívida per capita passou de US$ 263 para US$ 2.511 no período considerado.

As cifras para o mundo todo, para o período de 1980 e 1992, indicam que se pagou 1 trilhão e 662 bilhões de dólares, isto é, três vezes o total da dívida que esses países tinham no início do período em 1980. Saíram, em média, entre 160 e 200 bilhões de dólares americanos por ano dos países do Terceiro Mundo para os países industrializados entre 1980 e 1992. De 1972 a 2000, o crescimento da população mundial foi de menos de 60%. Continuar a falar de pressão demográfica como causa de problemas ambientais ou sociais diante desses números é, no mínimo, reproduzir e aprofundar o desafio socioambiental contemporâneo.

Segundo a ONU, para satisfazer as necessidades básicas do conjunto da população do planeta bastaria somente 4% das 225 maiores fortunas do mundo (Informe do PNUD, 1998). E para satisfazer as necessidades sanitárias bastariam 13 bilhões de dólares, isto é, 13% do que, nos Estados Unidos e na Europa, se gasta anualmente com perfume! Em 1998, 4 bilhões de habitantes do Terceiro Mundo não tinham acesso a água potável nem a energia elétrica, e 50% das crianças sofriam de desnutrição.

Num sistema social, como o capitalista, onde a obtenção do lucro medido abstratamente pelo dinheiro[4] é um objetivo legítimo, não podemos qualificar esses números a não ser como demonstração de eficiência! Já sua avaliação ética e moral nos obriga a pôr em xeque o sentido de ser o lucro o objetivo da vida e, assim, nos vemos todos concitados a buscar alternativas políticas para além do capital. Até porque, como se viu, não é por falta de recursos financeiros que as demandas colocadas pelo crescimento da população deixam de ser contempladas.[5]

A JUVENILIZAÇÃO DA POPULAÇÃO MUNDIAL, A OPORTUNIDADE QUE O CAPITALISMO ESTÁ FAZENDO A HUMANIDADE DESPERDIÇAR

A questão demográfica vem mudando de qualidade desde os anos 1980, com a queda nas taxas de fecundidade e, consequentemente, com a diminuição proporcional da população de crianças e aumento na de jovens.

Essa viragem demográfica nos coloca, concretamente, diante de uma oportunidade histórica invejável para enfrentar o desafio social e ambiental

[4]Que, todavia, deriva das horas excedentes da jornada de trabalho diária concreta que o trabalhador se vê constrangido a fazer além do tempo que produziu o equivalente do seu salário — a mais-valia.

[5]Deixo aqui de acusar o extremo grau de pobreza que se vê nas periferias urbanas, sobretudo na América Latina e Caribe, e remeto o leitor para o excelente *O desastre social,* de Laura Tavares, ed. Record, 2003.

contemporâneo, o que não é qualquer coisa numa época em que se fala tanto de crise e de falta de perspectivas. Afinal, mais jovens estão chegando ao mercado de trabalho sem que tenham, ao mesmo tempo, uma proporção elevada de população em idade não produtiva para sustentar (crianças) ou, pelo menos, há uma proporção muito menor que na geração anterior. Isso nos colocaria, por exemplo, diante de uma menor pressão por aumento de produtividade,[6] com uma proporção maior de população em idade economicamente ativa em relação àquela que dela depende, caso a relação da sociedade com a natureza visasse à satisfação das necessidades[7] da população segundo uma vontade democraticamente construída.

Esta oportunidade, entretanto, está sendo desperdiçada por razões nada demográficas diante do desemprego estrutural gigantesco (Tavares, 2003) que vem sendo imposto pela revolução nas *relações de poder* por meio das novas tecnologias. De fato, e hoje mais do que nunca, não se pode mais associar o desemprego ao crescimento demográfico, até porque estamos diante de uma queda das taxas de crescimento demográfico e, contraditoriamente, de uma elevação das taxas de desemprego.[8]

Assim, a juventude cuja invenção simbólica veio sendo tão cuidadosamente construída pelos meios de comunicação nos últimos 40-50 anos — James Dean, Beatles e toda a Jovem Guarda — se torna, hoje, fonte de preocupação quando não encontra perspectivas para se inserir de modo produtivo na sociedade, com todas as implicações, inclusive psíquicas e existenciais, que o trabalho, no caso o não trabalho, comporta. O aumen-

[6]Sempre em relação à geração anterior.

[7]Devemos evitar qualquer tentativa de definir as necessidades de quem quer que seja, sob o risco de introduzirmos distinções etnocêntricas, sempre passíveis de questionamento. Remetemos às nossas análises e reflexões acerca dos limites da técnica e da política (página 76), assim como a referência às leis da termodinâmica — entropia — e à produtividade biológica primária líquida do planeta.

[8]Há um verdadeiro consenso entre os economistas que o mesmo ponto porcentual de crescimento do PIB incorpora um contingente de trabalhadores muito menor do que o fazia nos anos 1970, quando, diga-se de passagem, a economia mundial crescia mais que no período neoliberal que lhe seguiu. O Brasil, nos últimos 20 anos, é um exemplo dessa drástica diminuição das taxas de crescimento demográfico acompanhada por um aumento acentuado do desemprego.

to generalizado do consumo de drogas tem sido uma das manifestações dessa busca vã de perspectivas.

O CASO AFRICANO

Registre-se, por suas implicações éticas e políticas, que, na África, a viragem demográfica, com a chegada de jovens ao mercado de trabalho, foi praticamente anulada diante da verdadeira calamidade que constitui a epidemia de Aids, com 28 milhões de casos, 70% dos registrados em todo o mundo (GEO 3, 2002). Mais uma vez a África se vê diante de uma verdadeira razia demográfica, ela que já fora submetida a um esvaziamento forçado de população pelo escravismo moderno-colonial. Isso coloca para todo o mundo o desafio demográfico africano, posto que a Aids não é uma questão regional, e sim global.

GRÁFICO 9
A Aids no mundo

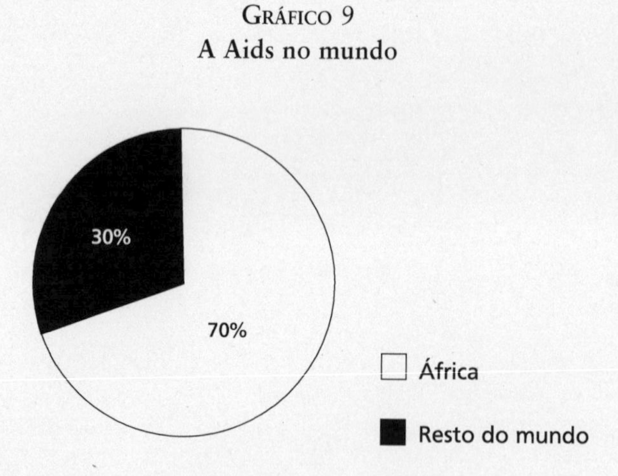

A África, longe de significar um caso excepcional, deveria nos servir de alerta para o que, de um modo ou de outro, já vem acontecendo em vários lugares e regiões no interior de muitos países, desde que o sistema-mundo moderno-colonial se instituiu, com os recursos naturais e humanos sendo explorados à exaustão, depois abandonando esses lugares, regiões e seus povos quando nada mais têm a oferecer para o processo de acumulação de capital. Afinal, não eram os lugares, regiões e seus povos que, desde o início, importavam, e sim os recursos materiais e energéticos, e aqui entra a *força* de trabalho que poderiam proporcionar ao padrão de poder moderno-colonial do sistema-mundo.

O que chama a atenção na situação africana é a magnitude continental implicada num continente que tanto contribuiu material e simbolicamente para a formação da riqueza que a humanidade hoje pode exibir.[9] A compreensão de que a situação africana não se deve a razões estritamente locais, regionais e mesmo continentais, mas comporta um forte componente dessa ordem mundial que macabramente[10] vem se desenhando, mormente nesse período neoliberal, nos obriga a buscar alternativas a essa mesma ordem.

[9]Não podemos nos isentar de nossas responsabilidades históricas, pois, mesmo que não tenhamos sido os responsáveis diretos pela violência que se cometeu contra a África, a América e a Ásia e contra seus povos, aquelas ações são responsáveis pelo que somos hoje. Assim, a história atua sobre nós e nos coloca diante das responsabilidades para com esse passado atuante, atual. Afinal, carregamos a história, que nos carrega, como dissera Pierre Bourdieu.

[10]Ou haveria outra palavra melhor para designar o que vem ocorrendo entre hutus e tútsis, em Moçambique e em Angola, ou no Paquistão, Afeganistão ou Coreia do Norte e, mesmo, nas periferias urbanas dos países da periferia do sistema-mundo, onde a morte vem sendo banalizada no cotidiano!?

O envelhecimento da população mundial e suas implicações políticas e ambientais

Em todo o mundo, embora de modo desigual, estamos assistindo a uma mudança no quadro demográfico, não só com relação à diminuição das taxas de crescimento demográfico, à diminuição da proporção das crianças no conjunto da sociedade, ao aumento da população de jovens como, também, ao aumento generalizado da esperança média de vida e o aumento da proporção dos mais velhos na pirâmide demográfica. Registremos que somente uma região do planeta não acompanhou a tendência mundial — a Europa Central e Oriental. Na Rússia, a esperança média de vida entre os homens caiu de 62 para 58 anos e na Ucrânia de 65 para 64, entre 1975-1980 e 1995-2000, segundo documentos da ONU. Acrescente-se, ainda, que na Moldávia, Romênia, Rússia e Ucrânia "a metade ou mais da população tinha renda abaixo da linha de pobreza no período de 1989-1995", segundo documentos oficiais da ONU (GEO 3: 46). Não foi só o muro de Berlim que caiu. Os níveis de vida também.

Deste modo, outras necessidades e demandas se colocam para além de bens materiais ou de serviços, e de outros valores, sobretudo com relação aos mais velhos. Somos instados cada vez mais a pensar de uma maneira bem palpável naqueles que, de uma maneira ou de outra, são mais frágeis, como os mais velhos, como uma decorrência natural da vida e da história que nos tem proporcionado essa viragem demográfica. Mais uma vez, a espécie humana se vê instada a reinventar seus valores com relação a essa dimensão biológica que é a idade maior. É de valores novos para cuidar dos mais velhos que carecemos. Ou, então, de aprendermos com a experiência de outras culturas a encararmos como positivo o fato de envelhecermos. Nunca a ideia de previdência social se colocou tão necessária! No entanto, não tem sido a solidariedade para com os mais velhos o valor que tem comandado a maior parte das reformas da previdência comandada pelos novos gestores nacionais e internacionais.

O desafio não é pequeno, ainda mais quando observamos que, desde os anos 1950, estivemos sob a sistemática invenção de uma subjetividade social jovem, onde um verdadeiro culto à juventude conformou grande parte do imaginário que procurou canalizar para o consumo a rebeldia e as novas sensibilidades. Ser radical já não é mais estar junto aos movimentos sociais de caráter revolucionário, e sim uma prática esportiva — esportes radicais. Che Guevara foi assimilado como se fora uma grife. A luta por justiça e liberdade foi esvaziada de seu caráter práxico — "a liberdade é uma calça velha, azul e desbotada", conforme a publicidade do *jeans*. Cultua-se o vencedor, o campeão, o destaque, o modelo e, assim, cultiva-se o desprezo pelo vencido, visto como fracassado.

É a partir desse imaginário, que conforma praticamente toda a mídia cotidiana, que haveremos de reinventar a solidariedade e a generosidade para com os mais frágeis, na medida em que os mais velhos e os pobres passam a ocupar cada vez mais a nossa paisagem cotidiana.

Na Europa, nos EUA e no Japão, a taxa de fecundidade vem se colocando abaixo da necessária para a própria reprodução demográfica — menos de 2,1 filhos por mulher, sendo que em alguns países, como a Itália, a taxa de crescimento vegetativo é, até mesmo, negativa. O número de famílias, e mesmo de mulheres, que não quer ter filhos vem se tornando um problema social. Com certeza, aqui está presente muito do culto à saúde, a uma certa visão estética do corpo e, sobretudo, a uma forte dose de individualismo narcísico. O culto à saúde é sustentado por uma sofisticada mídia que, todo dia, anuncia uma nova panaceia, seja para curar doenças incuráveis, seja para proporcionar prazer sexual, longevidade, seja para emagrecer ou para engordar, segundo o novo modelo que se cultiva por meio de ginásticas e, também, aqui, cada dia temos uma nova.

Sempre há uma descoberta ligada à saúde sendo anunciada, e não são poucos os programas de televisão ou o número de revistas que se dedicam a anunciar a vida e a juventude eternas.

A projeção de uma sociedade que não consegue repor seu efetivo demográfico, como esses dados de fecundidade em decréscimo apontam para os chamados países industrializados, pode ter consequências extremamente negativas quando não acompanhada por mudanças de valores fundados em outras práticas sociais, como se pode observar com o renascimento da xenofobia nos EUA e na Europa. Afinal, não só os meios de comunicação aproximam realidades distintas, como deslocamentos populacionais de vários tipos se fazem cada dia mais comuns, sobretudo em direção às regiões mais ricas do planeta, tal como em fins do século XIX e inícios do XX os europeus se dispersaram pelo mundo. Não vai ser colocando um muro norte-sul no lugar do muro[1] leste-oeste, que já caiu, que haveremos de superar o desafio ambiental contemporâneo que, como vemos, está mergulhado no devir societário como um todo.

É interessante observar que valores como o de precaução (princípio precautório), o de sustentabilidade (desenvolvimento sustentável), o de seguridade social, o de segurança alimentar, o de previdência social vêm tomando conta da agenda política, numa busca, por todo lado, por estabilidade — ordem e desordem são termos cada vez mais presentes —, o que por si só dá conta da instabilidade[2] do momento que vivemos. Há sempre o risco, e a história nos ensina sobre esse perigo de, em situações de insegurança e instabilidade, a busca de ordem nos levar a qualquer ordem. E aqui é que o pensamento conservador se torna cada vez mais reacionário, pois a ordem que se haveria de conservar não é a ordem que

[1]A metáfora do muro não deixa de ser uma boa metáfora, na medida em que nos coloca diante dos limites. Afinal, muro é limite. E limite é o sentido primevo de *pólis*, em grego. *Pólis* designava o muro, o limite, entre a cidade e o campo, e só depois passou a designar o que estava contido no interior dos muros, a pólis, no sentido de cidade. Entretanto, não olvidemos que o sentido primevo de *pólis* continua no interior da política, enquanto arte de definir limites, muros, afinal. Toda a questão passa a ser, portanto, quem define os limites — é de democracia que falamos. Radicalizemo-la, literalmente (práxis libertadora).

[2]Psicólogos vêm se interessando, cada vez mais, por estudar as implicações existenciais dessa generalizada falta de referências.

aí está, posto que esta é a própria instabilidade. Não é dessa fonte que haveremos de encontrar inspiração para superar os desafios contemporâneos.

O desafio ambiental se coloca, assim, no centro da problemática política contemporânea, ao nos concitar a buscar novos valores e novas instituições para as nossas práticas sociais, como indica essa viragem demográfica. Afinal, a queda nas taxas de fecundidade e o aumento da proporção dos mais velhos nos obrigam a fincar na solidariedade os fundamentos de outras relações societárias. O mercado, aqui, tem muito pouco a nos ensinar.

Desde o Relatório Brundtland e sua diplomática noção de desenvolvimento sustentável,[3] cada vez mais se fala de gerações futuras. A geração futura, todavia, está mais próxima de nós do que temos admitido. As gerações futuras não são gerações distantes nem, tampouco, as próximas gerações, mas, ao contrário, são muito próximas e convivem conosco, já aqui e agora, enquanto uma geração mais velha que aumenta em proporção tal que exige, desde já, que construamos valores que apontem no sentido de uma sociedade previdente. Os mais velhos aproximam o futuro fazendo-o atual, exigindo que atuemos. Como haveremos de garantir uma preocupação com as gerações futuras ignorando os mais velhos que, já aqui e agora, são o futuro de cada um de nós convivendo ao nosso lado e para o qual destinamos uma solidariedade tão vazia de conteúdo institucional prático (ver as reformas da previdência).

O debate que ora se trava em todo o mundo acerca da previdência social exige de cada um que assuma suas responsabilidades com a geração futura para além da retórica. Não faz sentido abordá-la com o registro conceitual já dado, como parece estar sendo conduzido na maior parte do mundo, de uma óptica empresarial de oportunidade de um grande negócio, nem tampouco como um certo ambientalismo que se abstrai do mun-

[3]Eis a fonte dessa ideia tão difundida. Como todo constructo diplomático, e os bons diplomatas sabem disso, há que se evitar a guerra. A ideia de desenvolvimento sustentável tem essa virtude diplomática — evita a guerra e, por isso, evita também a construção de um outro consenso mais verdadeiro — aquele que se constrói não negando o dissenso, mas, ao contrário, admitindo-o como condição para que se construa a partir da diferença, da diversidade e do próprio conflito como algo positivo.

do concreto para quem a geração futura não são os mais velhos de agora, nosso futuro concretamente já aqui. A julgar pelo que vem acontecendo com a revolução nas relações de poder por meio da tecnologia, sobretudo por suas implicações na precarização nas relações de trabalho — aumento generalizado do trabalho sem qualquer proteção, terceirização generalizada, desemprego aberto — associado ao aumento da esperança média de vida, não se pode encontrar solução para o problema pensando-o em termos individuais e privatistas. Nas palavras de uma especialista no assunto, Laura Tavares: "No mundo inteiro, a Previdência financiada por folha de salário entrou em crise porque o mundo do trabalho entrou em crise [...] ficou claríssimo que essa fonte não era suficiente. Ampliou-se a seguridade social [que] tem que ser financiada por toda a sociedade e por uma multiplicidade de contribuições sociais. Todos os cálculos feitos de *déficit* são baseados naquilo que os trabalhadores contribuem *versus* o gasto com aposentadorias. Esse cálculo vai dar desequilíbrio não porque aumentou o gasto, mas porque diminuiu a receita. No setor privado, porque aumentou o desemprego e a informalidade. No público, porque não se contrata há, pelo menos, dez anos" (*Folha de S. Paulo*, 12/6/2003). É de uma sociedade previdente, no sentido ético e político do termo, que se está falando. Reduzir esse debate a cálculos atuariais só revela a falta de perspectiva com que estamos abordando problemas que dizem respeito ao futuro da humanidade e do planeta.

Os sentidos diversos de vida e de morte

O aumento generalizado da esperança média de vida é, de certa forma, um efeito da expansão para todo o mundo da relação específica que a sociedade europeia mantém com a morte e, por consequência, com a vida, sobretudo desde o século XIX (ver Rodrigues, J. C., *Tabu da morte*). Muito embora não seja aqui o lugar adequado para aprofundarmos essa questão, é importante assinalarmos que, na cultura ocidental, a ideia de dominação da natureza implica querer dominar tudo o que ameaça a vida — as pragas, as doenças, as fomes, as catástrofes naturais. As gerações europeias anteriores ao Renascimento, conforme destacou Anthony Giddens no livro *Mundo em descontrole*, recorriam ao passado, à tradição, enfim, aos deuses para resolver essa questão.

O culto à vida, tal como concebe o mundo ocidental pós-renascentista, já não mais remete ao passado, ou a algo que transcenda a vida de cada um, como no caso das sociedades diferentes da ocidental (ver o significado da *Umma*, para os islâmicos, e do *Dharma*, para os hindus, conforme Santos, B. S., 2003, ou, ainda, Dumont, L. O *individualismo*). É, ao contrário, o culto do indivíduo à vida do presente, do aqui e do agora, como se, até mesmo, não houvesse nada além de cada um e do momento. O consumismo é a melhor expressão prática desse preceito filosófico que subjaz à vida moderno-colonial.

Essa ausência de perspectivas, de um sentido qualquer para além do presente, é responsável por um verdadeiro vazio existencial que acompanha não só os jovens mas, também, muitos homens e mulheres em idade madura, na Europa e nos EUA, onde, como vimos, é cada vez maior o número de pessoas que sequer querem ter filhos. Na prática, não querem futuro algum além de si mesmos.[1]

Um dos principais argumentos para a legitimação do progresso científico e tecnológico é a contribuição que suas descobertas possam trazer para a cura de doenças, com novos medicamentos, e para o aumento da produtividade dos alimentos.[2]

A ideia de dominação da natureza é a tentativa continuada e, sucessivamente frustrada, de dominar a morte. Na sociedade ocidental, cada vez mais a morte deixa de ser cultuada, sendo mesmo afastada do cotidiano — morre-se em hospitais, se é velado em ambientes próprios, isolados, e não mais em casa, como até muito recentemente ocorria, mesmo no ambiente urbano.

Evitemos, também aqui, o raciocínio dicotômico, bem ocidental, do *ou* isso *ou* aquilo. Não se trata de condenar essa busca incessante da vida contra a morte. Trata-se, antes de tudo, de não se dicotomizar vida e morte, como se fossem opostas. A morte é parte da vida, aliás não só como nos ensina a ecologia como também muitas tradições religiosas como o budismo, o taoísmo, o umbandismo e o cristianismo (és pó e ao pó voltarás).

O que propomos em nossa análise é que proporcionemos as condições de um diálogo com outras sociedades que cultuam a vida e a morte de outro modo e que, talvez, nos ajudem a superar muitas das angústias que essa mesma busca incessante do viver do homem ocidental procura suprir. O saber morrer talvez seja tão importante como o saber viver.[3]

[1]Alerte-se que a política perde qualquer sentido quando não há um futuro comum a ser debatido, o que pressupõe, obviamente, que se tenha algo em comum. Também por este caminho, vê-se, o desafio ambiental requer a reinvenção do espaço público.

[2]Aliás, um dos maiores argumentos invocados em favor dos organismos transgenicamente modificados é o de que podem combinar as duas coisas ao mesmo tempo — plantas com produção em massa com componentes medicinais de cura.

[3]Todo aquele ou aquela que, por alguma razão ou infortúnio, experimentou situações bem próximas da morte, mesmo no interior da sociedade ocidental (ou ocidentalizada), sabe como essas experiências contribuem para resignificar a vida.

Aliás, as duas dimensões estão sempre presentes, tenhamos disso consciência ou não, e o que estamos explicitando aqui é esse componente não dito de nossa cultura que, em nome da dominação da natureza, olvidou que estamos nela imersos e que a morte é inerente à vida.

O novo quadro demográfico que se vem desenhando, embora de modo desigual, em todo o mundo, sobretudo com o peso cada vez maior dos mais velhos na composição da população, talvez nos obrigue a olhar com mais atenção para as diferentes formas de lidar com os mais velhos que outras culturas inventaram. Quem sabe assim a esperança média de vida deixe de ser *quantidade* de vida, e sim outros modos de pensar, sentir e agir. Afinal, esperança média de vida, tal como vem sendo concebida como um número maior de anos vividos, pode ser, também, um número maior de anos de angústia, ansiedade e sofrimento se não aprendemos a lidar com os mais velhos e com a morte, enfim, com o outro.

Consideremos que se o debate ambiental nos convida a considerar *o nosso futuro comum*, como sugere o Relatório coordenado por Gro Brundtland e, assim, coloca o ambiente como aquilo que nos desafia e que devemos tomar como desafio político, exatamente porque nos é comum, também nos coloca diante de encarar as futuras gerações não olhando para as crianças e, assim, num futuro que está no futuro, se me permite o leitor o aparente pleonasmo, ver a geração futura que está aqui e agora muito próxima de nós que são os mais velhos, o nosso futuro aqui concretamente. Assim, podemos nos solidarizar com as gerações futuras, os mais velhos, aqui mesmo e não abstratamente. A previdência se coloca como um tema central não só para que cuidemos dos mais velhos, mas, sobretudo, para que tenhamos uma sociedade fundada em outros princípios, como os da precaução. A previdência, vê-se, deveria se tornar um tema central de todo ambientalista. A geração futura que nos é contemporânea — os mais velhos — nos coloca esse desafio.

A feminização da pobreza

A crise societária que acompanha a do Estado e das políticas neoliberais que se apresentaram como solução à crise do Estado tem apresentado facetas diversas. A feminização da pobreza, com o crescente número de mulheres com responsabilidades como chefes de família, tem sido um dos efeitos mais dramáticos desse processo de reorganização societário conformado pela globalização neoliberal, como bem destaca Laura Tavares (Tavares, 2003). A condição de gênero, derivada em parte do fato de abrigar no próprio corpo a reprodução da espécie, torna-se um enorme fardo quando recai individualmente sobre a mulher, como ocorre quando diminuem recursos destinados à área social pelo Estado com a implantação das políticas de ajuste estrutural, superávits primários, pagamento da dívida financeira e tudo o que isso implica em termos socioambientais. A reprodução biológica da espécie exige outros valores, sobretudo que a sociedade seja previdente.

Nenhuma região do mundo sentiu as consequências da crise do Estado, especialmente de sua atuação na área social, do que a Europa Central e Oriental, onde, até mesmo, uma "*questão de homens desaparecidos*" se apresenta, conforme documento da Organização das Nações Unidas — ONU: "Na Europa Central e Oriental (Bielo-Rússia, Estônia, Letônia, Rússia e Ucrânia) a proporção de homens com relação às mulheres se situa abaixo da média normal. As causas desta '*questão dos homens desaparecidos*' são múltiplas e complexas mas emanam principalmente da insegurança humana: conflitos militares, saúde deficiente, perda de pensões e corrupção, o que resulta na desintegração social e baixo nível de vida. O desmantelamento do sistema social da era comunista levou também à desintegração social e desigualdade em serviços sociais", conforme a ONU (PNUMA — GEO: 47).

Um outro fenômeno, o da maternidade precoce, vem agravando a responsabilidade das mulheres e complexificando a questão sociodemográfica. Em grande parte esse fenômeno está ligado à banalização da sexualidade, inclusive com a sensualização precoce da infância, e, ainda, ao fato de não ser mais a casa ou a escola o *locus* privilegiado de conformação da subjetividade. Cada vez mais um espaço público subordinado à lógica privada de mercado se faz presente na formação subjetiva, estimulando o individualismo, como se vê nos *shopping centers*[1], nos *outdoors* e nos meios de comunicação de massa.[2] Faz pouco sentido, então, transferir para a escola, enquanto instituição isolada, a responsabilidade de um problema que está ligado a toda essa conformação societária em crise.

A feminização das responsabilidades torna a vida dramática, ainda mais num quadro cultural de generalizado machismo, onde as mulheres, na maior parte dos países, recebem salários, para as mesmas funções, inferiores aos dos homens; onde o trabalho doméstico não é reconhecido por todo o significado que comporta para a reprodução geral da sociedade e não tem garantias de direitos.

A questão de gênero se torna fundamental para o desafio ambiental contemporâneo. Afinal, ela nos coloca diante da necessidade de repensar

[1]No espaço dos *shoppings* os espelhos convidam cada um a olhar para si mesmo. A ausência de luz natural no seu interior nos faz abstrair do espaço e do tempo da cidade que nos envolve. Na praça do *shopping center* não podemos nos manifestar livremente. Ali não há céu. Por todo lado, um convite à alienação, um convite a que não nos vejamos como parte do ambiente que nos contém.

[2]Vários indícios nos indicam a insustentabilidade das relações sociais e de poder que estão se configurando, e, aqui, arrolo mais um fenômeno que aponta nesse mesmo sentido: a principal *causa mortis* de jovens do sexo masculino, sobretudo nas periferias urbanas, é a violência. Assim, enquanto nos vemos diante da maternidade cada vez mais precoce, a maior parte dos jovens do sexo masculino morre por violência.

nossas relações com a natureza, não somente com a natureza-que-nos-é-externa[3] — o ar, a água, a terra, a vida animal e vegetal, o fogo —, mas com a natureza inscrita em nossa própria espécie enquanto diferença biológica de macho e de fêmea e, assim, nos coloca diante do desafio de reinventar, pela cultura e pela política, novas relações entre o feminino e o masculino.

Definitivamente, a problemática da reprodução deixa de ser uma questão exclusivamente feminina e exige uma verdadeira cultura previdente na sociedade como um todo. Os homens têm um papel importante a cumprir, assumindo suas responsabilidades diante da reprodução demográfica da espécie.

Estamos diante, pois, da necessidade de inventar novas configurações societárias que sejam capazes de garantir a reprodução da população, fenômeno de enorme importância ambiental. Trata-se, afinal, de pensar na reinvenção do ambiente familiar, tanto no sentido de novas relações de parentesco, de casamento e reprodução, assim como de um lugar onde não nos sintamos estranhos, e sim num *ambiente familiar*.

[3]O recurso gráfico desses hifens é para ligar e, assim, insinuar que na expressão "o que nos é externo" se destaque, ao mesmo tempo, o *externo* e o *nos*, evitando-se, assim, a dicotomia que tanto nos conformou o pensamento europeu. Devo a T. Adorno essa inspiração quando nos fala da natureza como "o-seu-outro" do homem.

O mito da urbanização do mundo

Não deixa de ser surpreendente que, ainda em 2000, mais da metade da população do planeta (53%) viva em áreas rurais, segundo a ONU. Na verdade, essa surpresa se deve à exaltação da "urbanização como modelo de civilidade, denegrindo os estilos de vida rural como formas pré-modernas e inferiores de existência" (Leff, 2001: 288). Assim, mais do que o fato de a humanidade ser urbana, vivemos como se devêssemos ser urbanizados! A urbanização é vista como um destino nos múltiplos sentidos que a palavra comporta. Em função dessa premissa, as políticas não devem estar voltadas para onde está a maior parte da população mundial, na medida em que o rural, considerado uma forma "pré-moderna e inferior de existência", deve ser superado pela industrialização e, consequentemente, pela urbanização. Todavia, mesmo depois de dois séculos sob enorme influência dessa ideologia moderno-colonizadora, mais da metade da população mundial (53%) permanece rural, mesmo com toda boa vontade de aceitar os subestimados critérios do que seja urbano nos censos oficiais.

GRÁFICO 10
População Urbana e Rural no Mundo — 2001

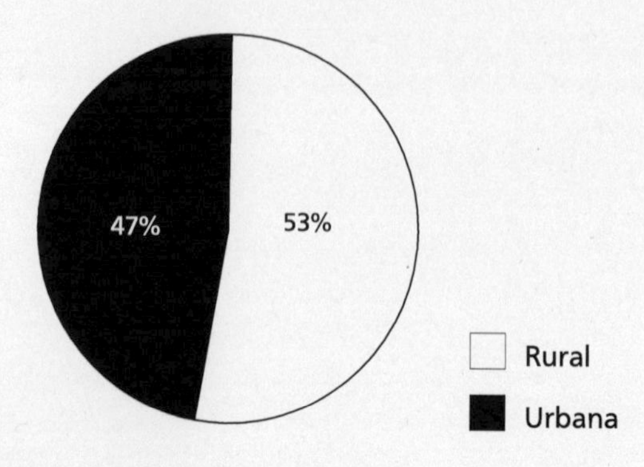

Fonte: ONU.

As estatísticas mais recentes da ONU dão conta de um aumento da população urbana de 37,9%, em 1975, para 47% no ano 2000. Esse processo vem se dando em todas as regiões do mundo, e nos países desenvolvidos a população urbana cresceu de 70% para 76% e, nos países em desenvolvimento, de 26,8% para 39,9% no mesmo período. Entretanto, em todo o mundo, a taxa de crescimento anual da população urbana vem caindo, com a surpreendente exceção da América do Norte.

GRÁFICO 11
Estruturas de Classes Sociais Urbanas nos Países do Centro

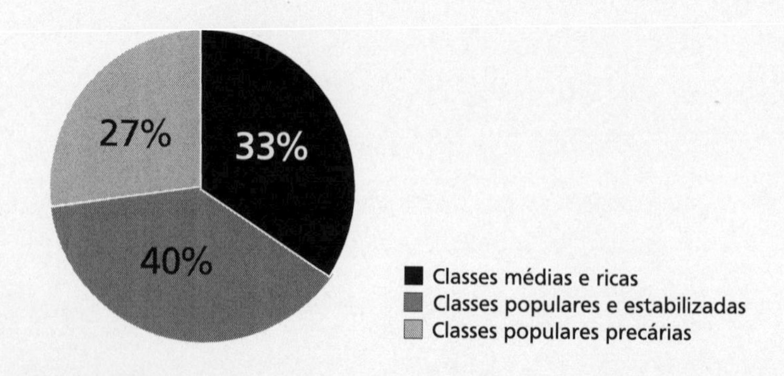

GRÁFICO 12

Estruturas de Classes Sociais Urbanas nos Países da Periferia

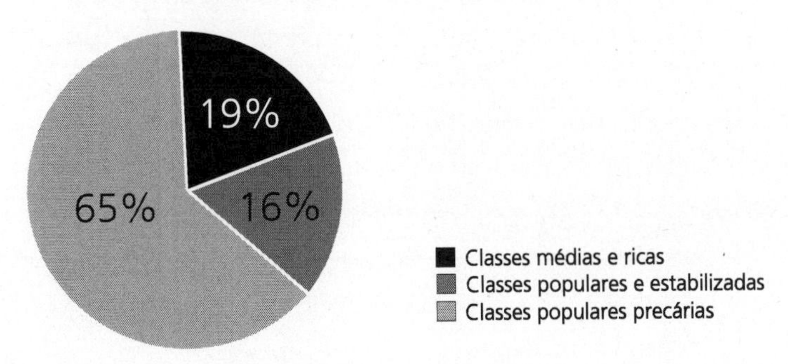

A geografia do fenômeno urbano no mundo vem tomando uma nova configuração nos últimos anos. Apesar da franca hegemonia da ideologia urbano-industrializadora, não é nos países industrializados que se encontra a maior parte da população urbana mundial. Hoje, de cada 10 habitantes em cidades no mundo, 7 estão na Ásia, na África e na América Latina e Caribe, e somente 3 na Europa, EUA e Japão. A ideologia do urbano como "modelo de civilidade" não corresponde à realidade cotidiana onde estão 70% da população urbana do planeta. Dos quase 3 bilhões de urbanos (2,923 bilhões), cerca de 924 milhões estão em favelas, e, dessa população favelada, 94% está na África, na Ásia, na América Latina e Oceania, segundo a ONU. Ou seja, a população vivendo em favelas no mundo é maior do que a população total dos países desenvolvidos (Canadá, EUA, Japão e Europa).

TABELA 10

Classes Sociais da População Urbana Mundial (em milhões)

	Centro	Periferia	Mundo
Classes Médias e Ricas	330	390	720
Classes Populares	660	1.620	2.280
Estabilizados	390	330	720
Precários	270	1.290	1.560
População Total	1.050	1.950	3.000
Total de Pop. Urbana	33%	67%	100%

Fonte: elaboração própria a partir de dados de Samir Amin, op. cit.

Podemos afirmar que estamos assistindo a um processo de desruralização mais do que de urbanização, isto é, estamos diante muito mais de um desfazer do rural do que da conformação do urbano, pelo menos nessas regiões onde hoje vive a maior parte dos urbanos, segundo a ONU. Afinal, a maior parte dessas populações vive sem os serviços urbanos mais básicos, como saneamento, habitação, saúde, educação e transporte.

Na verdade, a extensão territorial dessas aglomerações *sub*urbanas, aqui sinônimo de sub-humanas, ensejou uma expressão — periferia — que indica que estamos diante de um fenômeno de outro tipo, aquém do urbano e aquém do rural. As populações dessas periferias, além da enorme vulnerabilidade ao risco de causa imediata natural — chuvas, enchentes, furacões —, vivem um ambiente de insegurança generalizado, onde a principal *causa mortis* entre jovens é o assassinato. Segundo depoimento do então secretário de Segurança Pública, o antropólogo Luiz Eduardo Soares, há no Brasil um déficit de população entre 16 e 24 anos, tal como nos países que passaram por guerras.

Assim, nem mesmo a ideia do urbano enquanto artificialização da natureza se pode alegar para esses aglomerados das periferias, na medida em que, até nesse sentido, a população sente da maneira mais dramática a vulnerabilidade a doenças, a enchentes e a desmoronamentos de encostas a que está quotidianamente submetida. A natureza[1] se faz presente mais como morte do que como vida nessas novas configurações urbanas-e-suas-periferias.

Se ainda hoje "a cidade conserva o prestígio que lhe fora atribuído pela Grécia antiga, como lugar onde se forja a democracia e a civilidade dos humanos", (Leff, 2001: 288), em nenhum sentido é a urbanidade e a civilidade[2] que encontramos nas cidades-periferias do Rio de Janeiro,

[1]Aliás, de uma maneira dramática se coloca a necessidade de conceituar a natureza desses fenômenos que longe estão de serem naturais ou humanos. Como se vê, a superação da crise de paradigma se coloca como uma exigência concreta para resolver problemas práticos dramáticos.

[2]Os dicionários ainda acusam que urbano é sinônimo de educado, assim como urbanidade é sinônimo de civilidade.

Cidade do México, Caracas, Bogotá, Bombaim, Lagos, Johannesburgo e, mesmo, onde vivem os mais pobres em Nova York, Paris e Tóquio.[3] A violência é a mais aberta demonstração do quanto estamos longe de ter a mais elementar regra de civilidade de um regime democrático, isto é, o convencimento pela palavra, pela argumentação, e não pela força ou pela bala. O crescimento da população vivendo em cidades no mundo não tem sido acompanhado pela cidadania.

A periferia se coloca, assim, como um fenômeno que está para além do que seja rural e do que seja urbano, não sendo uma coisa nem outra. É uma outra configuração territorial característica de um processo de globalização do capital implicando várias escalas, processo sentido no quotidiano dramático de parcelas cada vez maiores da população mundial. Enquanto desafio ambiental, esse fenômeno nos obriga a considerar, mais uma vez, a materialidade dos processos sociais e de poder a partir de sua inscrição territorial, geográfica.

GRÁFICO 13

População Urbana Favelada no Mundo 2001

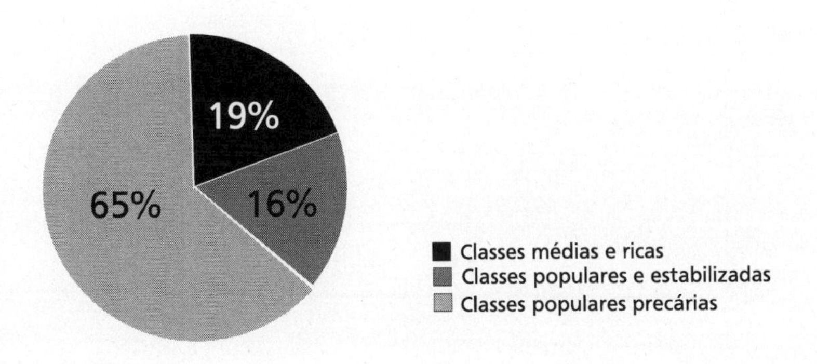

Fonte: ONU.

[3] Segundo a ONU, um total de 53 milhões da população favelada do mundo vive nos países do Primeiro Mundo.

A Europa conseguiu dispersar pelo mundo sua população quando esta passava a se aglomerar nos bairros operários ao longo do século XIX. Cecil Rhodes, milionário inglês, assim se expressava em 1895: "Ontem estive no East End londrino[4] e assisti a uma assembleia dos sem-trabalho. Ao ouvir na referida reunião discursos exaltados cuja nota dominante era: Pão! Pão!, e ao refletir, de volta para casa, sobre o que ouvira, convenci-me, mais do que nunca, da importância do imperialismo... Estou intimamente convencido de que minha ideia representa a solução do problema social: para salvar da guerra funesta os quarenta milhões de habitantes do Reino Unido, nós, os políticos coloniais, devemos dominar novos territórios para neles colocar o excesso de população, para encontrar novos mercados onde colocar os produtos de nossas fábricas e de nossas minas. O império, tenho-o sempre dito, é uma questão de estômago. Se não querem a guerra civil, devem converter-se em imperialistas" (citado por Lenin, 1947: 102 de *Die Neue Zeit*, XVI, I, 1898: 304). A história mostrou que não se tratava de retórica ou de bravata de um político.

Nos EUA, a população migrante, muitos vindos da Europa, pode se dispersar pela planície do Meio-Oeste com terras abertas para serem cultivadas ao preço do massacre dos indígenas e com a exclusão dos negros da corrida para o Oeste porque escravizados naquele período. Terras abertas para brancos contra indígenas e sem negros.

Tudo isso proporcionou aos habitantes das cidades europeias e estadunidenses uma qualidade de vida que contemplava muitas das reivindicações organizadas pelos sindicatos e partidos políticos de base operária, para além, inclusive, de "Pão! Pão!", como educação, saúde e habitação. A diminuição da jornada de trabalho para 8 horas, que chegara a ser de 15 a 16 horas diárias, contribuiu para a diminuição da morbidez e da mortalidade. Um só exemplo: as mortes por tuberculose despencaram na Europa desde 1890, mesmo antes de ter sido aberto o primeiro sanatório em 1905. Não olvidemos, pois, o contexto político de emergência de um movimento operário fortíssimo onde grassaram for-

[4]Bairro operário de Londres.

mulações teóricas e doutrinárias como o socialismo, o comunismo, a social-democracia e o anarquismo, onde o capitalismo era objeto de diferentes críticas.[5] A dispersão geográfica dos migrantes europeus aliviou em grande parte a tensão das lutas de classes naquele continente, como recomendara Cecil Rhodes. Como se vê, o imperialismo aprofunda o caráter moderno-colonial do sistema-mundo.

GRÁFICO 14
Distribuição da População Urbana Vivendo em Situação Precária no Mundo

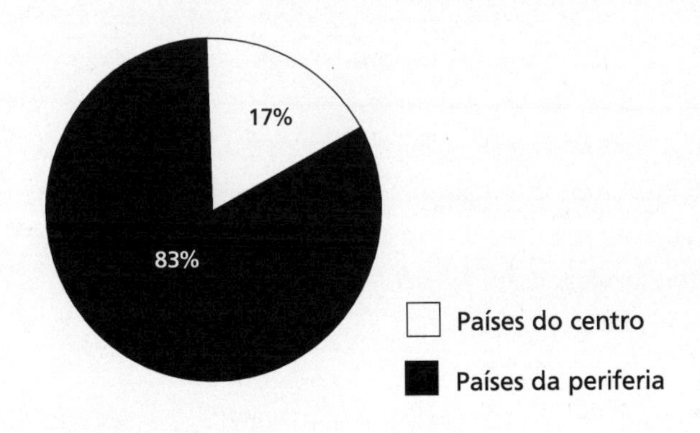

Fonte: Samir Amin.

O espaço geográfico onde vivemos nosso dia a dia abriga essa história por meio do seu hábitat e de seus habitantes, com as particularidades derivadas das lutas sociais, dos avanços e recuos nos processos de democratização que se desenvolvem de modo desigual pelo planeta. Na América Latina, por exemplo, a intensa *desruralização* e *urbano-periferização* dos últimos 30-40 anos se fez, na maior parte dos países, sob regimes ditatoriais, e assim, longe de assimilar os movimentos sociais como legítimos protagonistas da invenção de práticas democráticas, criminalizava-

[5] O massacre que se seguiu à Comuna de Paris de 1871 dá conta do que estava implicado na expansão imperialista que adviria.

os e marginalizava-os, mesmo quando contemplava suas reivindicações materialmente (saneamento, habitação, aumento de matrículas em escolas etc.). Consideremos que na América Latina e Caribe historicamente se conformaram relações sociais e de poder com uma verdadeira cultura política autoritária,[6] o que remete o autoritarismo para o quotidiano, algo mais profundo do que um regime político superestrutural, tal como o entende a ciência política, na medida em que se torna hábito, costume, senso comum (*habitus*, no dizer de Pierre Bourdieu). Não resta dúvida de que essas relações sociais e de poder que nos conformam são parte do caráter moderno-colonial do sistema-mundo. Anibal Quijano chama a atenção para o fato de que na América Latina, mesmo após a independência,[7] era negada aos indígenas e aos negros até mesmo a condição de assalariado. O fim do colonialismo não significou o fim da colonialidade.

O espetáculo de conjuntos habitacionais em completa desagregação nas periferias urbanas, quando não de favelas *stricto senso*, é o retrato de um hábitat que não incorporou efetivamente o habitante como cidadão, numa espécie de negação da cidadania pela afirmação do consumo.[8] Eis a contradição implicada em projetos do tipo Favela-Bairro do Rio de Janeiro ou Projeto Cingapura de São Paulo.

Talvez um dos maiores desafios que se apresentam diante de nós é o de reconhecer (e superar) esse caráter racista que atravessa todo o proces-

[6]Evitemos a naturalização, no sentido dos cientistas sociais, que muitas vezes acompanha essa expressão, como se o autoritarismo fosse algo imutável e não constituído pela tessitura que conforma a história e, assim, passível de superação histórica. Consideremos, também, que entre os cientistas sociais há uma incompreensão do que seja a própria natureza, como se ela fosse o lugar do imutável. Entretanto, é preciso sublinhar, com os cientistas sociais, que as relações sociais e de poder são criações antropossociológicas, e não genéticas ou bioquímicas, como insinua uma certa sociobiologia.

[7]O único país da América que teve sua independência feita por negros, o Haiti, foi votado ao abandono por sua ousadia. O mesmo pode ser dito de algumas outras experiências históricas protagonizadas por setores populares, sobretudo com ampla participação de camponeses, mestiços, brancos pobres, indígenas e negros, como Cuba, a Nicarágua sandinista e, hoje, a Venezuela.

[8]Ainda hoje (julho de 2003) no Brasil causa espanto quando o presidente Lula da Silva usa o boné do MST, mas não quando usa o de uma ONG organizada por empresários para o Programa Fome Zero.

so de globalização desde os seus primórdios, em 1492, e que hoje se manifesta de modo agudo no quotidiano de populações que convivem mais proximamente, não só porque vivem lado a lado nas cidades-e-suas-periferias imediatas como, também, pela maior mobilidade das pessoas (migrações) e pelos meios de comunicação.

GRÁFICO 15
Distribuição da População Favelada no Mundo Segundo a ONU 2001

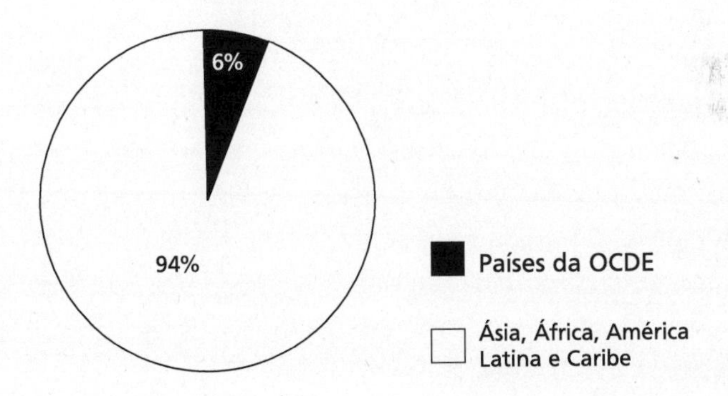

Nesse último período de globalização neoliberal observamos a emergência de um significativo movimento de jovens pobres das periferias urbanas, sob uma forte influência cultural de afrodescendentes, que nos mostra como a resistência a esse estado de coisas viceja. A política ganha outra linguagem nesses mesmos ambientes por meio desses protagonistas que reinventam a política por meio da arte, como o movimento *hip hop*, que, com seus grafites, marca o território urbano com suas assinaturas, com suas danças — o *break* — ocupa os *centros* urbanos, é com suas poesias — o *rap* — faz crítica social do quotidiano que vive. A periferia é, aqui, ressignificada.

Essa verdadeira revolução na geografia social nos últimos anos, que forjou esse fenômeno de grande amplitude que é a periferia, se deu, ao mesmo tempo, sob o signo das políticas de caráter neoliberal, onde a responsabilidade social do Estado diminuiu significativamente (Tavares, 2003, e Porto-Gonçalves, R. 2003).

Quando consideramos todos esses processos à luz da sua geograficidade, isto é, de sua inscrição na materialidade do espaço geográfico do nosso dia a dia, o drama vivido por essas populações das periferias ganha concretude com a multiplicação de *catástrofes naturais* derivadas da extrema vulnerabilidade a riscos a que estão submetidas. Consideremos que a maior parte das cidades da América Central e Andina está situada em áreas de encontro de placas geológicas e, portanto, em áreas suscetíveis a abalos sísmicos; que na América Central e Caribe a ocorrência de tufões e furacões é constante (alguns cientistas acusam estar havendo um aumento dessa incidência em virtude das mudanças climáticas globais); que os sítios de muitas dessas cidades são em áreas de topografia acidentada, com vales encaixados e encostas acentuadas, o que faz com que estejam sujeitas a desmoronamentos de encostas e a enchentes com frequência agravadas, ainda mais, quando consideramos o clima tropical que abrange a maior parte da nossa região.

É importante sublinhar que não é só o fenômeno urbano que ganha novas feições nos dias que correm, mas é todo o espaço que é ressignificado por novas relações e lutas sociais. O fenômeno da periferia provocado pela intensa migração do campo para a cidade mostra todo o limite da urbanização, mesmo quando essa urbanização não atingiu, sequer, metade da população mundial.

Até mesmo movimentos sociais de base rural se urbanizam, como o caso do Movimento de Trabalhadores Rurais Sem Terra do Brasil, que busca organizar populações desempregadas nas periferias urbanas para fazer acampamentos e assentamentos em luta por reforma agrária. Há, assim, uma urbanização da questão agrária, assim como o modelo agrário-agrícola se urbaniza por meio do alimento nosso de cada dia que pode nos trazer o efeito vaca louca ou outros efeitos transgenicamente induzidos.

A relação cidade-campo é, hoje, de outro tipo, como vemos. Os conceitos de rural e de urbano não são os mesmos com que estávamos habituados a falar até alguns poucos anos atrás. A epidemia de Aids, embora atinja sobretudo as populações africanas, é uma problemática que implica todos; o caso recente de Sars envolveu sobretudo dois países completamente distintos, o Canadá e a China, e os exemplos poderiam ser multiplicados, mostrando que a relação cidade-campo é de outra ordem, assim como a relação norte-sul.

As distâncias não são as mesmas diante dos novos meios de transporte e de comunicação, exigindo novos valores, onde diversidade cultural, o direito à diferença, possam conviver com a justiça social e com o fim do racismo que a justifica. Essa é uma exigência que se coloca como possível no processo de reorganização societário em curso.

"A supressão da oposição cidade e campo não é só possível, mas tornou-se uma necessidade direta da própria produção industrial, como se tornou igualmente uma necessidade da produção agrícola e, ainda por cima, da higiene pública. Só com a fusão da cidade com o campo é que se pode eliminar a intoxicação atual do ar, da água e do solo: só ela pode levar as massas que hoje definham nas cidades ao ponto em que seu estrume sirva para produzir plantas em vez de produzir doenças", nos antecipava F. Engels, no fim do século XIX, a problemática ambiental atual.

O impacto ecológico da urbanização

É grande o impacto ambiental provocado pelo aumento da concentração de população em alguns pontos do espaço geográfico, seja em cidades, seja em periferias. A concentração geográfica implica, por si mesma, questões ambientais que não se colocam quando a população está dispersa nas áreas rurais, como o lixo, o abastecimento de água, o saneamento básico, enfim, a saúde pública torna-se um problema ambiental de grande envergadura. São enormes, inclusive, os custos financeiros para garantir as condições ecológicas básicas de reprodução da vida (coleta de lixo, redes de água e saneamento básico para milhões de habitantes concentrados).

TABELA 11

Nível de Renda *Per Capita*, Lixo Doméstico e Emissão de CO_2

Renda *Per Capita* em US$	Lixo Doméstico (em kg)	Emissão de CO_2 (em ton.)
100	100	s/d
10.000	5.000	4
20.000	s/d	16

Fonte: Altvater, E., op. cit p. 244.

Estamos, assim, diante da manifestação concreta dos efeitos do aumento da entropia com a alteração dos ciclos biogeoquímicos da vida no planeta. Com o crescimento das populações em aglomerados urbano-periféricos, não só aumenta exponencialmente a demanda por matéria e energia mas, sobretudo, é alterada completamente a relação espaço-temporal dos ciclos biogeoquímicos. Vejamos isso mais de perto.

O impacto ambiental da população urbana não se reduz exclusivamente à escala local ou ao sítio urbano propriamente dito. É o que nos ensina a análise da pegada ecológica calculada para algumas cidades em diferentes regiões do mundo. A população de Londres, por exemplo, corresponde a 12% da população total do Reino Unido, todavia exige uma pegada ecológica de 21 milhões de hectares ou, simplesmente, toda a terra produtiva do Reino Unido, segundo cálculos de Herbert Giardet do London Trust. Atentemos para a gravidade desse dado: o Reino Unido só consegue sustentar 12% da sua população e, assim, 88% da pegada ecológica dos habitantes do Reino Unido se dá sobre áreas de outras regiões do planeta.

Continuemos. O professor canadense William Rees, da Universidade da Colúmbia Britânica, calculou a pegada ecológica de Vancouver, cidade onde vive. Chegou à conclusão que a área exigida para manter o nível de vida da população é de 174 vezes a área de sua própria jurisdição. No caso de Londres, essa relação é de 125 vezes e, no caso das 29 cidades da Bacia do Mar Báltico, é de 200 vezes a sua própria área (GEO-3: 243).

Segundo o informe do PNUMA de 2002, "uma cidade média da América do Norte com uma população de 650.000 habitantes requer 30.000 km^2 de terra, superfície aproximada da Ilha de Vancouver, Canadá, para satisfazer suas necessidades internas sem considerar as demandas ambientais da indústria. Em contraste, uma cidade da Índia de um tamanho similar requer somente 2.900 km^2" (GEO-3: 243). Em outras palavras, um habitante de uma cidade típica da América do Norte tem uma pegada ecológica de 461 hectares, enquanto na Índia uma pegada ecológica *per capita* é de 45 hectares!

Vislumbramos por esses dados o componente de injustiça ambiental que subjaz ao atual padrão de poder mundial nos permitindo falar de uma verdadeira dívida ecológica das populações urbanas para com as rurais, dos países industrializados e suas populações para com os países agrícolas e suas populações e, sobretudo, das populações ricas em relação às pobres.

GRÁFICO 16
Produção de Lixo Doméstico Segundo a Renda *Per Capita*

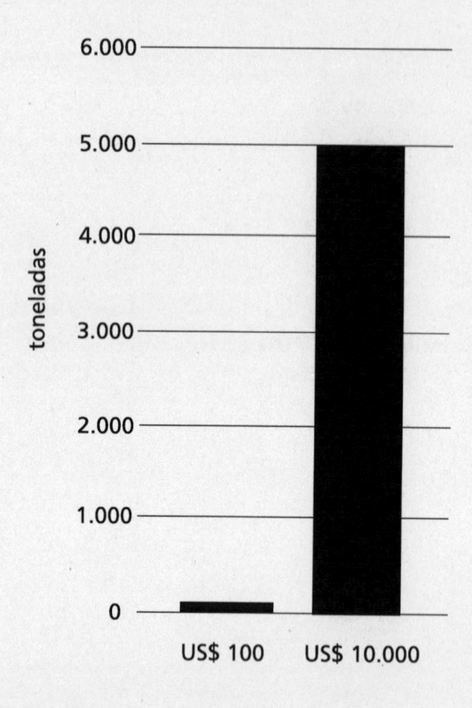

Cultura, suburbanização e meios de comunicação

Há um fato, pouco salientado, de enorme impacto ambiental no contexto desse período de globalização neoliberal. Trata-se dos efeitos derivados do que chamamos de desruralização e o crescimento acelerado da concentração de populações em cidades-e-suas-periferias no contexto da América Latina, *associado à implantação de meios de comunicação empresariais de grande porte.*

Vejamos mais de perto, por emblemático, o caso do Brasil. Com uma população, em 1960, de 28 milhões de urbanos contra 32 milhões de rurais, o Brasil viu, pela primeira vez, sua população se tornar majoritariamente urbana em 1970. O Brasil contava em 2002 com, aproximadamente, 130 milhões de habitantes em cidades-e-suas-periferias. Ou seja, em 40 anos, essa população foi multiplicada 4,7 vezes, enquanto a população total crescia um pouco menos de 3 vezes.

Já vimos os efeitos desse crescimento em termos de formação de ambientes urbanos precários. Destaquemos, agora, o significado do processo de reterritorialização a que essas populações foram submetidas nesses novos ambientes. Assinalemos, antes de tudo, que essas populações desconheciam a educação formalizada quando estavam nas áreas rurais. A chegada aos grandes aglomerados humanos coincidiu, no Brasil, com a implantação de modernos sistemas de comunicação, sobretudo da televisão (especialmente a Rede Globo, em 1965).

A cultura tecida por populações sem instrução formal é rica em suas expressões audiovisuais, o que ensejava um efeito não pretendido, de enorme qualidade estética, que se expressara na qualidade da televisão brasileira (a publicidade, as novelas e as minisséries que o digam). A televisão é um meio de expressão áudio e visual no qual a cultura sem educação formal tem sua melhor qualidade. A combinação da música popular com a poesia, além da pintura e escultura (xilogravura e literatura de cordel, por exemplo), no Brasil é um exemplo disso.

Associe-se esse quadro, primeiro, a um regime ditatorial estabelecido em 1964 e, depois, a uma verdadeira massificação por meio da publicidade e do *marketing*, produzindo, para além dos noticiários e das novelas, todo um processo de produção de valores completamente distintos daqueles ambientes urbanos das primeiras cidades industriais. Nas cidades inglesas, e Charles Dickens e F. Engels nos deram belíssimas descrições daquelas paisagens, o corpo a corpo e a vizinhança, em grande parte, muito contribuíram para a conformação de uma subjetividade que ficaria conhecida como uma consciência de classe operária. Afinal, a urbanização das cidades dos primeiros países que se industrializavam se fazia em torno das fábricas que se formavam, e, assim, cidades industriais e bairros operários eram uma só coisa.

A reterritorialização dos migrantes que chegavam às cidades, tanto na Europa como nos EUA,[1] em grande parte se deu conformando suas identidades por meio de associações de ajuda mútua e *trade unions* que vieram a dar origem aos primeiros sindicatos. Ensinar a ler a quem não sabia ler era uma das formas mais comuns de solidariedade que constituiu a classe operária nos primórdios da urbanização. Eis uma das razões que levaram a que os jornais ingleses tivessem enormes tiragens, chegando alguns a 1.000.000 de exemplares diários ainda em 1900.

[1]Harry Braverman também nos oferece belas passagens de como era o ambiente urbano estadunidense no século XIX, assim como da conformação da subjetividade operária em seu excelente *Trabalho e capital monopolista: a degradação do trabalho no século XX*, Rio de Janeiro, Zahar.

Nas condições de uma urbano-periferização acentuada, como a brasileira dos últimos 40 anos, acompanhada pela implantação de meios de comunicação audiovisuais de base empresarial, propícia à criação estética audiovisual conforme as melhores tradições da cultura popular do Brasil, a fabricação capitalística da subjetividade (Guatari) viria adquirir um enorme poder sociopolítico ainda mais são num regime ditatorial sob tutela militar. Há uma rica estética na publicidade que instiga o desejo todo dia, o dia todo. A paisagem pobre das periferias urbanas está antenada com o simulacro das tevês. Há uma violência simbólica de enormes implicações para a vida urbana.

Vimos como os meios de comunicação são constitutivos desse período de globalização neoliberal. Lembremos, aqui, de uma fina observação deixada pelo saudoso historiador e ambientalista inglês E. Thompson, no livro *Costumes em comum*, quando asinala que somos a primeira geração na história em que a produção das necessidades escapa às famílias e à comunidade territorial mais imediata. Há fantásticos meios industriais de formação das necessidades que fazem com que os filhos sejam muito mais influenciados por eles do que por seus próprios pais. Com isso muda, até mesmo, a referência de seus ídolos, cada vez mais modelos midiáticos.

Aqui é importante que se registre que o que mais se vê no lixo urbano são embalagens de todo tipo e para tudo. Assinalemos que a embalagem se presta não só para acondicionar o produto que abriga. Serve também para embalar o próprio consumidor com sua estética. Aqui, um outro sentido de embalagem emerge, haja vista que embalar é, também, embalar alguém para fazê-lo dormir e, assim, embalados, somos conduzidos ao sonho e, por esse caminho, à sua realização com a compra. Quando não se tem emprego e/ou renda para fazê-lo,[2] esse é o seu lado mais perverso, sobretudo quando se olha a situação dos jovens, a contraviolência simbólica torna-se, com frequência, mortal. Aqui reside a importância do movi-

[2]Na América Latina, os salários eram, em média, 28% menores em 1998 do que em 1980 (ONU-PNUMA).

mento de jovens negros e pobres do *hip hop*, que transforma a violência em poesia, reflexão.

Vemo-nos, pois, diante de contradições socioambientais instigadas subjetivamente por toda mídia que, entretanto, dá sentido às relações sociais e de poder de uma sociedade produtivista-consumista que se ancora nesse individualismo narcísico. É o que se vê no quotidiano do espaço urbano[3] por meio do trânsito, do congestionamento, da tensão psíquica, nas doenças respiratórias e cardíacas, nos acidentes e seus traumatismos cranianos e outros, na emissão de CO_2 e outros gases de efeito estufa, na velocidade discutível, enfim, na impotência generalizada transferida para a potência do motor por meio da relação objetual entre homem e mulher, cada vez mais sugerida, quando não explicitada, na publicidade de automóveis e outras.

Enfim, o automóvel, símbolo maior do individualismo e da potência de cada um que essa ideologia burguesa instiga, não se impôs a cada um de nós como um desdobramento natural fruto de suas virtudes superiores aos transportes coletivos. Pelo menos, é o que nos assegura uma fonte tão fidedigna como pode ser a Comissão Antitruste do Senado dos EUA, que nos diz que, entre 1932 e 1956, a General Motors esteve implicada na destruição do sistema de bondes em, pelo menos, 45 cidades daquele país. Deste modo, vê-se, o transporte individual se sobrepõe ao coletivo, com danos sabidos ao meio ambiente e ao psiquismo de todos, por ações deliberadas de grandes empresas que visam aos seus interesses, e de seus acionistas, em detrimento da saúde de todos e do planeta. Vivemos, hoje, em várias cidades do mundo, o espetáculo de congestionamento por todo lado e das restrições ao uso do automóvel, com rodízios de placas pares e ímpares ou de campanhas pelo não uso do automóvel. Cada vez é maior

[3]Seria interessante que se fizesse o cálculo dos gastos que as diferentes municipalidades têm com a construção, ampliação, manutenção de ruas capeadas e asfaltadas; com a construção de viadutos, pontes, túneis, *subways* e estacionamentos para os automóveis, comparando-os com os gastos com saúde, educação, saneamento, enfim, no conforto do pedestre para ser mais preciso e específico na comparação. É bem possível, e essa é a hipótese, que chegaríamos a números surpreendentes mostrando que as municipalidades governam mais para os automóveis do que para as pessoas. Vale a pena conferir.

o tempo que se nos impõe entre o lugar de trabalho e a residência. O quotidiano urbano sintetiza a situação do planeta: com cerca de 20% a 25% da população tendo automóveis, todos sofrem os efeitos do congestionamento, assim como 20% da população mundial consome mais de 80% das matérias-primas e da energia comercializadas anualmente no mundo. Essa ideologia da realização pelo consumo é, ainda, tão forte, e o automóvel seu símbolo maior é tal que, embora já estejamos congestionados, a maior parte das pessoas sonha em ter esse bem que, como nos ensinou E. Altvater, é um bem oligárquico.

A mobilidade da população: migrantes, refugiados e *desplazados*

Não é a primeira vez que um amplo processo de deslocamento populacional é registrado na história recente. Aliás, a livre circulação de mercadorias e pessoas, já o assinalara Adam Smith, se apresenta como condição da constituição da sociedade capitalista. Afinal, o capital jamais poderia ter livre circulação não estivesse a mão de obra também circulando por todo lado atrás de um emprego para sua força de trabalho, depois, é claro, de terem sido os camponeses ou os indígenas devidamente expulsos de suas terras. Sabemos, pois, que a generalização da mobilidade não se deu (nem se dá) naturalmente, como a história registra nos cercamentos das terras comunais na Inglaterra, no tráfico de escravos da África para todo lado e na expulsão e genocídio de indígenas pelos quatro cantos do mundo.[1]

O século XIX, sobretudo a segunda metade, e a primeira metade do século XX viram irlandeses, ingleses, escoceses,[2] portugueses, espanhóis, alemães, italianos, poloneses, russos, chineses (os *coolies*) e japoneses se deslocando para as Américas, para a Oceania e, até mesmo, para a África, sobretudo ao sul do Saara.[3]

[1]Tudo isso sempre fez parte do processo de modernização, e somente uma ideologia muito forte como essa consegue ver a modernização sem esse seu outro lado necessário e, assim, acreditar que a modernização é sempre a solução para os problemas causados por ela própria.
[2]Os WASPs — White Anglo-Saxon Protestants — dos EUA.
[3]Até nomes de países eram em homenagem a brancos imigrantes, como Cecil Rhodes na Rodésia, atual Zimbábue e Zâmbia.

Já destacamos como esses deslocamentos permitiram à Europa exportar seus excedentes demográficos e aos Estados Unidos, Canadá, Argentina, Uruguai, o sul do Brasil, Austrália e Nova Zelândia ocuparem territórios, quase sempre contra populações autóctones, aborígenes e indígenas. Assim, os europeus ocuparam espaços de outros povos com sua migração. A questão que se coloca nos dias de hoje é que a maior parte dos migrantes não vem da Europa e dos EUA ou do Japão, mas sim de países pobres, e se dirige a esses países que hoje se mostram extremamente seletivos na admissão de migrantes.

A pesada herança deixada pelo colonialismo e pelo imperialismo, de deslocamentos territoriais forçados, está na base de inúmeras lutas fratricidas na África, no Oriente Médio e, até mesmo, na Europa Oriental e nos Bálcãs. Na América Latina, a permanência da colonialidade, mesmo após o fim do colonialismo, faz com que a questão da terra, a eterna questão agrária brasileira, e dos territórios de afrodescendentes (quilombos, no Brasil, e *palenques*, na Colômbia e Panamá) e de indígenas (Equador, Colômbia, México, Bolívia, Chile, Peru e, mesmo, Venezuela e Brasil) venha a se tornar central, sobretudo com a crise das relações sociais de dominação tradicionais, destruídas em grande parte com a crise geral do Estado provocada pelas políticas de ajustes neoliberais (Equador, Venezuela, Brasil, Paraguai, Bolívia, Peru, Argentina, México.[4])

Há múltiplas territorialidades redefinindo suas estratégias nesse contexto de crise do período de globalização neoliberal, e os deslocamentos de população são uma das suas maiores evidências com efeitos ambientais em si mesmos. Afinal, o território é o encontro da sociedade com a natureza, e, assim, os deslocamentos de população no espaço são expressão do reordenamento territorial (ambiental) e, portanto, da relação população-recursos.

O Oriente Médio reúne, numa mesma região, múltiplos vetores de processos de territorialização diversos e contraditórios — disputas estra-

[4]Nestes três últimos países, a crise das políticas de modernização e de ajustes neoliberais tem sido melancólica — Fujimori, Menem e Salinas de Gortari.

tégicas por petróleo por parte de empresas e Estados hegemônicos, refugiados de diversos tipos (palestinos em destaque), religiosidades diversas, Estados com claras fronteiras impostas pelo imperialismo, dos quais, paradoxalmente, Kuwait, Iraque[5] e Israel são expressões vivas.[6]

A expressão limpeza étnica, que, na verdade, foi amplamente praticada sem esse nome na África e América Latina no período de globalização colonial e imperialista e que, mais recentemente, nos remete ao nazismo com seus campos de concentração, volta a ser usada tanto na Europa Oriental como no conflito entre Israel e Palestina, onde a paisagem se enche cada vez mais de campos de refugiados e, até mesmo, de muros.

O número de desterritorializados (refugiados, migrantes clandestinos, *desplazados*) aumenta em todo o mundo e, lamentavelmente, a paisagem com acampamentos começa a se tornar comum. No fundo, temos o conflito aberto pela conquista de territórios, enfim, pela disputa por recursos vitais para empresas e Estados, posição estratégica diante de recursos como energia e minerais considerados vitais (água e biodiversidade incluídos), enquanto que para a maioria da população trata-se de buscar terra para plantar, de um espaço para construir uma casa para morar, de água para beber, de emprego para viver.

O debilitamento do papel do Estado está, sem dúvida, entre as razões dessa crise de territorialidade. Até mesmo no interior de um mesmo território nacional essa debilidade se faz sentir, como já vimos na crise urbana. No caso da Colômbia, cerca de 10% de uma população de 30 milhões de habitantes é *desplazada*, deslocada seja pelos conflitos territoriais, que têm como pano de fundo a questão fundiária,[7] seja pelas catástrofes detonadas por terremotos, deslizamentos de terras em assentamentos huma-

[5]O Iraque reúne curdos, cristãos, muçulmanos xiitas e sunitas, e suas fronteiras ao norte, sobretudo com a Turquia e com o Irã, são das mais difíceis de serem redesenhadas pela, ainda viva, memória do Império Otomano, desfeito em 1919, e pelo petróleo que aí subjaz numa área onde há curdos nos diferentes lados da fronteira.

[6]Mas também Afeganistão, Caxemira (Índia e Paquistão), Ruanda-Burundi...

[7]Ao que se sobrepõe o tráfico de drogas e de armas, globalizados, que mudaram completamente o contexto da histórica luta dos camponeses colombianos, de onde vêm tanto as FARCs como o ELN.

nos precários, seja em acampamentos, seja em favelas e periferias das cidades. Um *desplazado* não é um refugiado no sentido tradicional que lhe atribui a ONU. Afinal, os *desplazados* vivem em seu próprio país onde, entretanto, nem a sociedade, em si mesma em crise, nem o Estado conseguem lhes garantir um lugar, no sentido preciso, geográfico, do termo. A expressão *desplazado* em espanhol tem um sentido forte, sendo mais que deslocado, que, como vimos, já é forte em si mesma. É que *plaza* é como a *pólis* para os gregos, é a condição da cidadania. Assim, ser *desplazado* é mais que sair de um lugar — é perder a condição de ser cidadão. Devemos admitir que o que se passa na Colômbia é mais do que um caso específico e pode estar nos indicando até onde pode nos levar a crise da sociedade e a correlata crise do Estado.

A problemática cada vez mais acentuada da mobilidade generalizada é parte do desafio ambiental contemporâneo na medida em que expõe que é a territorialidade que está em questão, e, assim, uma visão em diferentes escalas se impõe. Entretanto, a fronteira que se quer tão flexível para fazer circular o capital tem sido extremamente seletiva quando se trata da população. Há uma clara abertura de facilidades aos migrantes qualificados que vêm da África, da Ásia ou da América Latina, o que tem sido chamado de evasão de cérebros, onde vemos elogios frequentes às habilidades intelectuais dos paquistaneses e indianos para trabalhar na área de informática, por exemplo. Assim, chegamos ao paradoxo de vermos os países pobres exportarem seus melhores cérebros para os países ricos por não terem condições a oferecer para que ali permaneçam.

Não são poucas as contradições que daí emanam e, a se acreditar nas informações dos serviços de inteligência dos EUA, o 11 de Setembro seria o outro lado, trágico, desses conflitos de territorialidades generalizados. A inteligência sendo perversamente usada para fazer explodir aviões, com precisão técnica e científica, contra centros do poder empresarial e imperial, tornando a vulnerabilidade territorial, pela primeira vez, um fenômeno generalizado, e não mais somente dos territórios coloniais e distantes. O herói americano já não é aquele que volta de uma batalha no Vietnã, ou no Camboja, mas aquele que morreu quando tentava entrar no World Trade Center, como os bombeiros de Nova York!

A explosão de rebeliões de jovens em fins de 2005 na Alemanha, Bélgica e, sobretudo, na França, onde atingiu dezenas de cidades, nos dá conta da complexidade que envolve o fenômeno das migrações ao aproximar geograficamente as contradições do sistema-mundo moderno-colonial que, até aqui, a história havia mantido a distância. A moderno-colonialidade se constituiu por meio de toda uma gama de discriminações, opressão e exploração (racismos, xenofobias, preconceitos e injustiças várias). A aproximação dos diferentes, sobretudo pelas migrações, exige mais que uma nova cultura de tolerância. Coloca-nos diante da necessidade de apurarmos uma cultura que considere o outro enquanto outro e tenha na outridade a condição do diálogo que, para ser verdadeiro, há que ser feito entre entes que diferem, literalmente difer-entes.

Tanto quanto em 1968, os jovens de hoje, à sua maneira, colocam o debate acerca do futuro de um modo muito concreto e imediato. Afinal, trata-se de um futuro sem futuro pela falta de perspectiva,[8] até mesmo pela falta de emprego, que, sabemos, não é sentida igualmente por negros, por mestiços ou por brancos, ou ainda por árabes, por turcos ou por africanos, ou mesmo por seus descendentes, mesmo que nascidos em Paris, Bonn ou Bruxelas, com tudo que está implicado nesses adjetivos pátrios, na cor da pele ou nos signos das culturas na colonialidade de saber e de poder de nosso mundo. Essas explosões de jovens, tanto quanto a explosão das Torres Gêmeas em Nova York em 11 de setembro de 2001, nos mostram que as contradições estão verdadeiramente globalizadas com todas as implicações geográficas dessa expressão, e, assim, não é só o horror que não tem mais um lugar específico. *A periferia é periferia em qualquer lugar,* como afirmou o *rapper* Gog. A periferia está no centro, e o centro está na periferia.

[8]Não olvidemos que o deslocamento do valor do trabalho pelo consumo implica uma outra relação com o mundo, com o espaço e com o tempo. O trabalho implica um tipo de satisfação com o que se faz, mas a satisfação implica um esforço primeiro que, depois, veremos na obra, no feito. Há um tempo e um esforço separando o desejo da realização do desejo. Já o consumo implica satisfação imediata e, portanto, sem a mediação do trabalho.

PARTE IV A fome e o meio ambiente

De sabores e saberes: apropriação da natureza, conhecimento e segurança alimentar

Já em 1946 Josué de Castro escrevia que a fome era o problema ecológico número um. Afinal, todo ser vivo precisa se alimentar. O que surpreende é que Josué de Castro tenha dito isso numa época em que a questão ecológica sequer estava pautada e que os ambientalistas, ainda hoje, sequer o considerem como um dos mais importantes pensadores e ativistas da questão. Até mesmo o PNUMA — Programa das Nações Unidas para o Meio Ambiente — em seu último relatório *Perspectivas del Medio Ambiente Mundial* — GEO-3 ignora completamente a problemática da fome[1] (ver *Questões-chaves para o meio ambiente por região GEO*, GEO-3: 31).

A alimentação é uma questão-chave para a reprodução das espécies, tanto quanto o acasalamento e a proteção (abrigo) dos filhos constituindo hábitats e hábitos, territórios e culturas. Toda a evolução da vida se dá

[1]Destaquemos que Josué de Castro antecipa uma perspectiva de abordagem que mais tarde seria conhecida como socioambiental, característica do pensamento ambiental latino-americano, ainda que olvidado pela maioria daqueles que se apresentam como seus próceres. A abordagem ecológica invocada por Josué de Castro está longe do ecologismo de primeiro mundo, na medida em que recusa a distinção entre o natural e o social, entre natureza e cultura, entre o ambiental e o político. Josué de Castro está entre aqueles que, no pós-guerra, dedicou a vida para que a problemática da fome fosse tomada de uma perspectiva ecológica — biológica, social, cultural e política — e, ao mesmo tempo, vista como um problema nacional e mundial. Ele foi um dos responsáveis pela criação da FAO, organismo das Nações Unidas para agricultura e alimentação, órgão que, inclusive, dirigiu.

por meio das cadeias alimentares e tróficas, assim como da constituição dos hábitats e dos hábitos, e depende da radiação solar para a produtividade biológica primária líquida (fotossíntese).

O sucesso de qualquer espécie animal depende, portanto, de como ela resolve a questão da alimentação, do abrigo e proteção por meio da constituição de seus hábitats e de seus hábitos. A arqueologia, a antropologia e a geografia política se tornam ciências importantes para nos esclarecer, no caso específico da espécie humana, como os diferentes territórios foram se constituindo ao longo da história. No caso da espécie humana, a constituição de diferentes modos de estar juntos (proxemia) indica a relação entre as instituições que fazem com que um determinado agrupamento humano se distinga dos demais, o que torna seus membros esses e não outros — e que se sintam como tais —, e o espaço que ocupam como seu espaço de vida e que conformam como mundo de vida. Isso implica questões como o aprisionamento, guerras e troca de mulheres; tabus de incesto; as múltiplas modalidades de casamento e de famílias; a manutenção do fundo de fertilidade da terra (água, ar, solo, fauna e flora); a diversidade de culturas (cerimônias, festas, rituais e a política), enfim, as diferentes territorialidades.

Josué de Castro, com sua sensibilidade e inteligência, captou a íntima relação entre sexualidade e fome, ao destacar que se trata de *pulsões criativas* que nos remetem à cultura e à política para serem resolvidas. Não olvidemos que a palavra cultura deve sua origem a *colere*, do latim culto, cultivo, e, lamentavelmente, a maior parte dos agrônomos e técnicos em agricultura e zootecnia não considera que estão tratando de *cultura* do campo (agri+cultura).

O advento da agricultura, entre 11.000 e 8.000 anos atrás, se deu em diversas regiões do planeta de modo independente. A espécie humana, embora biologicamente a mesma, diferenciou-se pela cultura. A prática da agricultura e da pecuária não substituiu o extrativismo (caça, coleta e pesca) como uma visão evolucionista, infelizmente ainda muito arraigada, quer fazer crer. Na verdade, a combinação da agricultura com terras de uso comum, seja para pasto, seja como fonte de coleta de madeira, de ervas medicinais e outros frutos, foi a prática mais difundida em todos os continentes.

O que a espécie humana conseguiu por meio das agri*culturas* foi a *segurança alimentar*, expressão que hoje volta a ganhar o debate político. Afinal, domesticar espécies animais e vegetais é torná-las parte de nossa casa (em latim, *domus*, daí domesticar). Assim, mais uma vez, alimento e abrigo (*domus*, casa) voltam a se encontrar conformando um conjunto de questões interligadas para oferecer maior segurança a cada grupo que, assim, se constitui por meio de sua cultura formando seus territórios (domínios).

Transformar um ecossistema num agroecossistema implica, sempre, perdas, seja de diversidade biológica, seja de volumes físicos de solos pela exposição mais direta à radiação solar, aos ventos e às chuvas. O domínio do fogo teve um papel importantíssimo na história ao proporcionar um maior rendimento no arroteamento (conversão de ecossistemas naturais em agroecossistemas). Saber administrar o fogo, a primeira revolução prometeica no dizer de Georgescu-Roegen, foi uma virtude, como nos lembra a mitologia grega.

Administrar a perda de solos foi possível, em grande parte, a partir do conhecimento de que as cheias e vazantes dos rios se encarregavam de repor a fertilidade dos solos e, daí, grandes civilizações puderam se firmar na Mesopotâmia (Al Iraq, em árabe) do Tigre e do Eufrates, ou às margens do Nilo, do Ganges na Índia, do Amarelo e do Azul na China, entre tantas.

Outros povos e culturas, como os indígenas da América Central, Caribe e América do Sul, se constituíram sabendo conviver com uma produtividade biológica primária líquida fantástica, característica das regiões tropicais, onde se pode obter de 350 a 550 toneladas de biomassa por hectare, como na Amazônia. Pode-se, assim, parodiando o que Heródoto dissera para o Egito com relação ao Nilo, dizer que culturas diversas, como a dos ianomâmi, dos ticuna, dos cuna, dos campa, dos caribe, e uma enorme diversidade de outros povos e culturas são uma dádiva da floresta tropical, com a ressalva de considerarmos que essas populações também contribuíram na formação dessa floresta, como já indicamos anteriormente (Porto-Gonçalves, 2002).

Centros de Origem de Cultivares

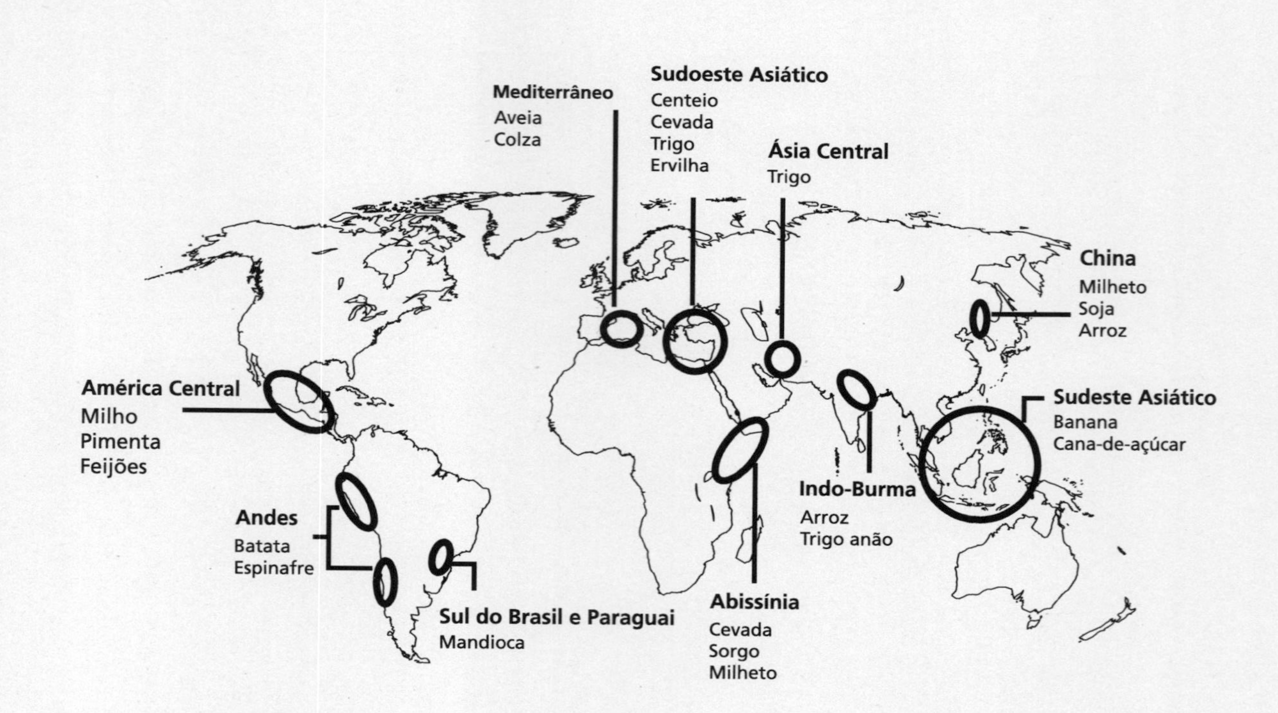

A agricultura, por implicar a seleção, eleição e invenção de determinadas espécies, pode tornar essas mesmas espécies mais vulneráveis a doenças, ao ataque de animais predadores e insetos, sobretudo quando simplifica demasiado os fluxos de matéria e energia, enfim, o metabolismo complexo da vida. Um dos maiores patrimônios de que a humanidade dispõe é a diversidade de cultivares forjados nos mais diferentes nichos, adaptados à seca e à umidade, a altitudes as mais diversas, assim como soluções para manter, pela cultura (conhecimento técnico, mítico e religioso), o equilíbrio das espécies eleitas, selecionadas e cultivadas. Há uma forte correlação entre a agricultura e a expansão e a consolidação dos diversos troncos linguísticos existentes ainda hoje no planeta.

TABELA 12

Principais Países do Mundo em Diversidade Linguística em 2001

País	Habitantes	Línguas	Línguas Vivas	Média de Falantes por Línguas	Línguas em Extinção	Línguas Extintas
Mundo	6.157.400.560	6.809		904.303	417	
1. Papua-Nova Guiné	5.049.055	832	823	61.359	12	9
2. Indonésia	228.437.870	731	726	312.500	22	3
3. Nigéria	126.635.626	515	505	250.763	12	8
4. Índia	1.029.991.145	398	387	2.661.475	4	11
5. México	101.879.171	295	288	353.747	16	7
6. Camarões	15.803.220	286	279		8	4
7. Austrália	19.357.594	268	235	82.372	138	31
8. Rep. Dem. do Congo (Zaire)	53.624.718	219	218	245.984	–	1
9. Brasil	174.468.575	234	192		18	42
10. Estados Unidos	278.058.881	231	176	1.579.880	74	52
11. China	1.273.111.290	202	201	6.333.887	–	1
12. Filipinas	82.841.518	172	169		3	3
13. Malásia	22.229.040	140	139		–	1
14. Nepal	25.284.463	121	120		5	1
15. Vanuatu	192.910	110	109	17,69	5	1
16. Burma (Myanmar ou Birmânia)	41.994.678	108	107		–	1

Tabela 12
Principais países do mundo em diversidade linguística em 2001 (*cont.*)

17. Peru	27.483.864	106	92		10	14
18. Rússia	145.470.197	103	100		6	3
19. Colômbia	40.349.388	98	78		3	20
20. Vietnã	79.939.014	94	93		1	1
Total	3.772.202.217	5.263	5.037		337	214

Fonte: Efraín Hernández, 2005, com base em Barreda, 2003. Ver também *Ethnologue* — www.etnologue.com.

Por todo o lado, vê-se, o conhecimento ganha uma enorme importância — seja porque se sabe que as cheias e vazantes repõem a fertilidade dos solos, seja porque se sabe se vai chover ou não, seja porque se sabe manejar o fogo, seja porque se sabe manejar a produtividade ecológica dos bosques tropicais, dos manguezais, dos rios e mares, seja porque se sabe que o fluxo sanguíneo ou das seivas não é o mesmo na lua cheia, nova, crescente ou minguante, enfim, porque, pelo conhecimento, se sabe predizer, até certo ponto, o futuro. O adivinho, o pajé, o curandeiro, o sacerdote, o sábio anteciparam o cientista e o técnico e, ainda hoje, são importantes acervos de conhecimentos forjados a partir de outras matrizes de racionalidade. Assim, além da diversidade biológica, há todo esse legado de conhecimento sobre espécies, inclusive, de espécies de cultivares, portanto, espécies criadas (biotecnologia) que a humanidade herdou por meio dessas variadas culturas e de seus povos.

Assim, o advento da agricultura e da pecuária tornou possível armazenar alimentos para "os sete anos de vacas magras", como no dizer bíblico, assim como colocou novas exigências para manter o fundo de fertilidade natural (genética e física) dos solos para a produção e reprodução de alimentos, sem o quê nenhuma civilização se mantém de pé.[2]

[2]Guardar e proteger os alimentos contra saques dos inimigos também podia implicar, como implicou em diversos lugares, a constituição de uma camada social distinta dentro de um mesmo grupo controlando esse excedente de energia armazenada sob forma de alimento. Há, aqui, a possibilidade de se constituir uma relação social e de poder em que aquela camada que controla o excedente "para os sete anos de vacas magras" se separe do controle da comunidade de produtores diretos e, assim, se coloque sobre o restante da comunidade, dando origem a sociedades de classes antagônicas (sociedades não igualitárias). O alimento é, assim, fonte de poder, tanto quanto o conhecimento que prediz o futuro pode vir a sê-lo.

A domesticação de espécies por meio da constituição do território (hábitats e hábitos) objetiva, fundamentalmente, garantir a *segurança alimentar* para o que se torna importante, o produto — o alimento — mas, sobretudo, o domínio do processo de produção-reprodução, o que pressupõe o conhecimento acerca dos segredos da reprodução, do sêmen e da semente. Daí a diversidade cultural se tornar uma questão política central.

O advento de uma agricultura monocultura, voltada exclusivamente para o mercado, tem sido responsável pela dissociação entre agricultura, pecuária e extrativismo (caça, coleta e pesca), cuja consorciação, até muito recentemente, estava amplamente disseminada pelo mundo.

Observe-se que o objetivo de *segurança alimentar* inerente a múltiplas *agriculturas* e seus consórcios começa, com as monoculturas, a ser subvertido, trazendo sérias consequências políticas, quase sempre olvidadas pela ideologia economicista e os sucessos tecnológicos obtidos com as revoluções agrícolas (motomecanização, agroquímica, seleção e melhoramento genético). Josué de Castro chamara a atenção que, no Nordeste, ao contrário da ideia já consagrada da fome associada à seca, é na Zona da Mata de solos férteis de massapê e de chuvas bem regadas que a fome é *endêmica*, isto é, estrutural, enquanto no semiárido do Sertão a fome é *epidêmica*, isto é, restrita a períodos críticos de escassez de chuvas. A razão, para ele, estava na estrutura agrária de latifúndio e em seu caráter de monocultura de exportação.

Vê-se que a questão de fundo posta pela domesticação das espécies (agricultura, pecuária e todo o conhecimento inscrito na caça, coleta e pesca) — a *segurança alimentar* — é deslocada pela lógica mercantil. A monocultura de alimentos (e outras) é, em si mesma, a negação de todo um legado histórico da humanidade em busca da garantia da segurança alimentar na medida em que, por definição, a monocultura não visa a alimentar quem produz, e sim à mercantilização do produto. Sequer podemos falar de produção de excedentes com a monocultura, até porque essa ideia pressuporia que o produtor direto vende o que lhe excede, o que está longe de ser o caso. Assim, a relação entre o produtor e o produto muda de qualidade, e, mais ainda, a quantidade torna-se a qualidade mais desejada.[3] Não raro as regiões especializadas em agricultura de exportação, sobretudo na Ásia, na África e na América Latina e Caribe, vivem frequentemente diante da insegurança alimentar, não só porque os melhores solos são destinados a produzir para fora, como é concentrada a propriedade da terra.

Já vimos como a expansão urbana moderna teria sido impossível sem que houvesse essa separação entre a agricultura e a pecuária, por exemplo, haja vista as grandes extensões de terra que seriam necessárias para se cultivar o alimento para os urbanos caso a energia continuasse sendo a tração animal, por exemplo, pois amplas áreas seriam necessárias para a produção da energia necessária para alimentar os animais (forragem). A separação entre agricultura, pecuária e extrativismo é, histórica e ecologicamente, um passo decisivo na quebra de um elo fundamental da cadeia trófica à qual a espécie humana está condicionada, na medida em que separa a vida vegetal (agricultura, coleta de frutos e de ervas) da vida animal (pecuária, caça e pesca).

Luz do sol que a folha traga e traduz em verde novo, canta Caetano Veloso, indicando-nos, com isso, o profundo significado da fotossíntese, luz sem a qual a vida não pode se fazer vida. Afinal, os animais, com a exceção, talvez, dos zooplânctons, dependem de uma produção primária de fotossíntese, e só a partir dela se pode ter herbívoros, a partir destes os carnívoros e toda a complexidade que constitui a cadeia alimentar no interior da qual se desenvolvem complexos ciclos de carbono, hidrogênio, nitrogênio, água e outros. Na fonte de tudo, movendo tudo, o sol, energia que se renova todo dia.

Assim como aprendemos sobre a importância da energia, com o uso generalizado do carvão e do petróleo desde a Revolução Industrial é importante que aprendamos, também, que o alimento é, rigorosamente, a energia que move todo ser vivo, inclusive a espécie humana. Assim, deixar de prover o próprio alimento é colocar a própria autonomia de qual-

[3]Por aqui entra toda uma série de técnicas bioquímicas de conservantes e preservantes para tentar garantir uma maior sobrevida do produto, até que ele seja adquirido por alguém e, finalmente, sua materialidade se converta numa quantidade de dinheiro.

quer agrupamento humano em risco ou dependente de terceiros, daí falar-se, também, de soberania alimentar. O controle do fluxo de alimentos é, assim, controle de fluxos de energia e, como tal, de enorme importância estratégica.[4]

Consideremos, ainda, que as plantas têm, por sua própria natureza, o caráter de fixar a energia num duplo sentido: (1) ela fixa a energia enquanto clorofila e (2), por ser fixa no sentido geográfico da captação, ela depende da incidência de radiação solar, que, por sua vez, está condicionada pela posição geográfica, ou melhor, pela exposição ao sol em função da latitude e, no detalhe, da conformação das encostas ante essa exposição.[5] A enorme produtividade biológica primária das regiões tropicais — biomassa por área — tem relação direta com a disponibilidade de energia solar, e, recentemente, os produtores de soja vêm assinalando a importância desse fator.

Não menosprezemos, pois, os efeitos políticos e culturais que daqui derivam, posto que as plantas, sendo fixas geograficamente na captação de energia, e os animais, espécie humana incluída, por sua própria natureza vão buscá-los se automovimentando ou fazendo com que essa energia se movimente até o destino que determinem. Toda a questão, aqui nesse segundo caso geopolítica, passa a ser quem determina o sentido e a direção desse fluxo.

No primeiro caso, é preciso considerar que os humanos se fizeram (e se fazem) enquanto humanos (hominização) se movimentando em busca da energia-alimento tal e como a natureza, com sua produtividade ecoló-

[4]Relembremos o caráter colonial que está inscrito na própria lógica da monocultura, como o demonstram as primeiras monoculturas modernas de exportação de cana-de-açúcar. Junto com as monoculturas, acrescente-se, estavam as mais modernas manufaturas de então, os engenhos de açúcar e, também, a reinvenção moderna da escravidão com o caráter racial. Em essência, a modernidade do *agrobusiness* atualiza tudo isso sendo, rigorosamente, mais do mesmo moderno-colonial de sempre.

[5]Os melhores vinhos franceses dependem de uma encosta que se expõe ao sol durante determinadas horas do dia ao longo do ano, sendo as safras distintas em função da sucessão das chuvas e das secas diferenciada a cada ano, tudo isso traduzido numa cultura milenar num *terroir*, como dizem os camponeses franceses. Mais uma vez, semente e conhecimento caminham juntos.

gica própria, assim o distribui ao sabor de sua geografia. As atividades de caça, de coleta e de pesca, ainda hoje, habitam cada um dos urbanos quando estes fazem suas caminhadas e trilhas, ou quando recobram suas energias caçando e pescando, assim como são atividades que fazem parte do dia a dia de milhões de camponeses e pastores no mundo não como lazer.

Vimos como a domesticação de espécies e o conhecimento dos processos de reprodução, inclusive de semens e sementes, assim como as biotecnologias tradicionais enquanto técnicas que utilizam organismos vivos para produzir ou modificar produtos (fermentação — queijos, pães e vinhos), objetivavam garantir a segurança alimentar, energia fundamental em sociedades agrárias e não menos essencial nas sociedades urbanas, apesar da alienação dessa condicionalidade ecológica energético-alimentar.

Vejamos um pouco mais de perto as implicações ecológico-políticas (energético-alimentar) do caráter urbano-mercantil desse padrão de poder do sistema-mundo moderno-colonial. "O produto primário líquido dos continentes é de 1.837 bilhões de toneladas de biomassa; os oceanos contribuem com cerca de 3,9 bilhões de toneladas para essa produção líquida. De longe a região mais produtiva é a floresta tropical, com 765 bilhões de toneladas de biomassa (acrescentando-se florestas tropicais sazonais, 1.025 bilhões de toneladas). As florestas da região temperada (incluindo pastagens e plantações) produzem 385 bilhões de toneladas líquidas de biomassa, portanto menos que a metade da produção das florestas tropicais" (Altvater, 1996: 41).

Consideremos, ainda, que as plantas, além de fixarem a energia solar, também fixam a água no seu metabolismo e, assim, com sua própria existência, impõem ao ciclo da água uma dinâmica biológica. Um certo equilíbrio hídrico e, por esse meio, climático do planeta depende, portanto, dessa distribuição natural diferenciada de biomassa, fruto da produtividade desigual e combinada[6] do planeta acima indicada.

[6]Não é aqui o lugar para apontarmos a complementariedade entre as regiões mais úmidas e as regiões mais secas do planeta, pelo jogo dos mecanismos de alta e baixa pressão atmosférica entre as regiões/faixas latitudinais (massas e frentes frias, áreas subtropicais e intertropicais e seus complexos mecanismos de ventos e massas de ar (ventos alíseos e contra-alíseos e a convergência intertropical nas regiões próximas do equador, as monções etc...).

Estamos diante, pois, de uma importante questão geopolítica, na medida em que as regiões de maior produtividade biológica do planeta, as tropicais, não são aquelas onde é maior a produtividade econômica, as regiões temperadas. Há os que veem nisso não só a afirmação das virtudes criativas da espécie humana, como convém ao antropocentrismo renascentista, como, ainda, uma demonstração inequívoca da superioridade branca, burguesa e fálica europeia reforçada pelo autoconsiderado sucesso estadunidense, australiano e neozelandês.

Entretanto, essa produtividade econômica maior das regiões temperadas tem um alto custo ecológico, cultural e político para o mundo todo, na medida em que a extrema especialização, tanto no sentido da monocultura como da dependência de alguns poucos cultivares, torna esses agroecossistemas vulneráveis não só a pragas, a variações climáticas, como, também, extremamente dependentes de insumos externos, como adubos, venenos (ou defensivos agrícolas) e energia vindos de outras regiões.

Salientemos que toda uma ciência agronômica e florestal, com base na racionalidade científica europeia, forjada para tornar mais eficientes em produção de biomassa as regiões temperadas que dispõem de menor intensidade de energia solar em relação às regiões tropicais, tem sido exportada para as regiões tropicais, num contrassenso que só se explica pela importância dada a um certo tipo de conhecimento, o conhecimento técnico-científico, e a regulação jurídica da propriedade a ele associada (patentes e similares), que dão suporte aos países hegemônicos e às grandes corporações que, hoje, praticamente detêm o monopólio desse tipo de conhecimento específico.[7]

[7]Aqui se esclarece, também, o porquê de se tentar desqualificar outros saberes diferentes do conhecimento hegemônico produzido a partir da racionalidade instrumental ocidental, como o saber indígena, camponês, afrodescendente e, até mesmo na própria Europa, como o dos galegos, dos bascos, dos catalães, dos corsos, entre tantos e muitos outros.

TABELA 13
Principais Corporações Interessadas em Matérias-Primas Agrícolas e Florestais (2000-2002)

Segmento e ramo	Principais companhias do ramo ou segmento	Companhias globais por segmento segundo *Fortune*	Ingressos em US$ milhões 2000	Ingressos em US$ milhões 2002
Bebidas		5	82.591	
	Pepsi Co.		20.367	25.112
	Coca-Cola Co.		19.805	19.564
Alimentos		10	215.578	
	Nestlé SA		49.694	57.279
	Kraft Food Inc.		30.907	29.723
	Unilever PLC		21.127	25.670
Madeiras e Celulose		6	89.809	
	International Paper		24.574	
	Kimberly-Clark		13.007	
Tabaco		4	111.960	
	Philip Morris (Kraft + Nabisco)		61.751	

Fonte: Efraín Hernández, 2005.

Há uma enorme concentração de poder em alguns países, e algumas poucas surpresas controlam a produção dos quatro principais grãos — trigo, arroz, milho e soja. No ano 2001, apenas cinco países — Estados Unidos, Canadá, França, Austrália e Argentina — eram responsáveis por 88% das exportações mundiais de trigo. Tailândia, Vietnã, Estados Unidos e China representam 68% de todas as exportações de arroz. No caso da soja, apenas três países — EUA, Brasil e Argentina — são responsáveis por 82% da produção mundial. No milho, a concentração é ainda maior, com só os Estados Unidos responsáveis por 78% das exportações, e a Argentina por 12%. Uma autoridade indiana declarou pateticamente que "*Nossas reservas estão nos silos do Kansas*" (Brown, 2001).

Assim, com o conhecimento produzido em laboratórios de grandes empresas em associação cada vez mais estreita com o Estado, a propriedade intelectual individual (patentes) se coloca em confronto direto com o conhecimento patrimonial, coletivo e comunitário característico das tradições camponesas, indígenas, afrodescendentes e outras originárias de matrizes de racionalidade distintas da racionalidade atomístico-individualista ocidental (Porto-Gonçalves, 1989).

Esse conflito se manifesta na reiterada recusa em não reconhecer os direitos coletivos e patrimoniais de populações que detêm conhecimentos ancestrais, conforme pudemos observar recentemente no México, com o Parlamento se colocando contra o pleito dos zapatistas de direitos territoriais e culturais dos indígenas (Ceceña, 2002). Assim, longe de nos regozijarmos com o fato de a Convenção de Diversidade Biológica reconhecer a soberania dos Estados para regular sobre o acesso aos recursos genéticos, é preciso vermos, aqui, uma estratégia de transferir aos Estados nacionais a responsabilidade e o ônus de se colocarem contra as populações indígenas, afrodescendentes e camponesas[8], que, mais do que quaisquer outros segmentos sociais, têm conseguido se inserir no debate globalizado chamando a atenção para o fato de suas práticas culturais específicas serem aquelas que mais se coadunam com os interesses da humanidade e da ecologia do planeta e que, por isso, devem ser respeitadas enquanto tais.

Esses conhecimentos são, paradoxalmente, reconhecidos *de facto* pelas grandes corporações, que deles se apropriam com o apoio dos Estados onde residem seus principais proprietários e acionistas, que lhes dão a segurança *de jure* (patentes e direitos de propriedade intelectual indivi-

[8]Talvez hoje, melhor do que em qualquer outra época, seja mais fácil observar que não foi simplesmente o colonialismo ou o imperialismo que dizimou povos e culturas como as das populações originárias da América e da África, sobretudo. Afinal, na constituição dos Estados, lá mesmo na Europa, povos e culturas foram desqualificados enquanto possuidores de um saber menor, porque local, folclórico, nativo, autóctone ou outro nome desqualificador qualquer que viesse a ter. Anibal Quijano já nos esclareceu que a independência e a constituição dos Estados nacionais latino-americanos foi feita por uma minoria de brancos *criollos*, onde o fim do colonialismo não significou o fim da colonialidade. Os negros e os indígenas que o digam, e estão dizendo hoje mais alto do que nunca.

dual). O trigo hoje cultivado no Canadá, por exemplo, tem genes procedentes de 14 países diferentes. O milho manipulado nos EUA tem sua origem no México, assim como os genes dos pepinos ali cultivados são procedentes da Birmânia, da Índia e da Coreia. Esclareça-se que todos esses genes vêm sendo adquiridos sem nenhuna contrapartida econômica, diferentemente das sementes melhoradas que exportam os países hegemônicos. Segundo José Santamarta, "as multinacionais dos EUA, da União Europeia e do Japão pretendem obter grátis, sobretudo nos países do Terceiro Mundo, os recursos genéticos para logo vender-lhes a preços de usura as sementes, animais ou medicamentos obtidos, com base na propriedade intelectual".[9]

O feijão *rojito,* muito consumido pelos imigrantes da América Central que moram nos Estados Unidos, sobretudo pelo nicaraguenses e salvadorenhos, já não é mais importado de seus países de origem, posto que está sendo produzido no próprio território dos Estados Unidos e hoje é até mesmo exportado para a América Central, onde suas matrizes genéticas têm suas raízes culturais. Todavia, as sementes já não são partilhadas e trocadas entre camponeses e indígenas, haja vista serem sementes patenteadas produzidas em laboratórios e, assim, inacessíveis para grande parte dos indígenas e camponeses da América Central.

O conhecimento, sempre essencial, tanto quanto o alimento para a reprodução,[10] tende a se dissociar daqueles que, até aqui, o construíram e, assim, o fazer tende a separar-se do pensar. Deste modo, além da separação da agricultura, tanto da pecuária como da caça, da coleta e da pesca o que está em jogo, hoje, é a separação, ainda mais radical, do saber e do

[9]Consultar http://www.worldwatch.org/mag.

[10]Aqui reside um atributo fundamental da relação da espécie humana com a natureza, qual seja, de que essa relação, embora se fazendo a partir de pulsões como a da sexualidade e da fome, comuns a qualquer espécie animal, as resolve por meio da cultura, portanto, por meio do conhecimento. A reprodução da espécie humana pressupõe todo o conhecimento que se perpetua tanto pela memória genética como pela cultural (os mais velhos, os sábios, adivinhos, curandeiros, pastores, filósofos, cientistas, mateiros, parteiras, rezadeiras...). Portanto, o conhecimento é inerente à reprodução.

fazer, só que, agora, por meio da dissociação do conhecimento acerca da reprodução dessa energia vital que é o alimento nosso de cada dia.

Cerca de "90% de nossa alimentação procede de apenas 15 espécies de plantas e de 8 espécies de animais. Segundo a FAO, o arroz provê 26% das calorias, o trigo 23% e o milho 7% da humanidade. As novas espécies de cultivares substituem as nativas uniformizando a agricultura e destruindo a diversidade genética. Só na Indonésia foram extintas 1.500 variedades de arroz nos últimos 15 anos. À medida que cresce a uniformidade, aumenta a vulnerabilidade. A perda da colheita da batata na Irlanda em 1846, a do milho nos Estados Unidos em 1970 ou a do trigo na Rússia em 1972, são exemplos dos perigos da erosão genética e mostram a necessidade de preservar variedades nativas das plantas, inclusive para criar novas variedades melhoradas e resistentes às pragas", nos alerta José Santamarta. E, continua, "a engenharia genética levará à perda de milhares de variedades de plantas, ao cultivar-se só algumas poucas com alta produtividade, para não falar de outros muitos perigos, agravando os efeitos da revolução verde das décadas passadas".

Não estranhemos, pois, quando sucessivos acordos e tratados diplomáticos que falam de transferência de tecnologia não passem de gasto de tinta e papel, sem nenhuma consequência prática. Aliás, estamos imersos aqui numa contradição de fundo da sociedade moderno-colonial atual e de seu modo de produção de conhecimento, que se deu, e se dá, negando o outro, o diferente, até mesmo a ideia de que produz conhecimento — daí falar-se, sem cerimônia, de transferência de conhecimento e não de diálogo entre matrizes de racionalidade distintas. Vimos, entretanto, que tal como dissera Galileu Galilei, o mundo se move, e o conhecimento local, seja ele camponês, nativo, aborígine, indígena, autóctone ou outro nome que a eles se atribui, continua sendo produzido e, como vimos, apropriado sem reconhecimento por grandes corporações extremamente ciosas da propriedade quando própria e não alheia.

Com o monopólio das sementes (e do novo modo de produção do conhecimento a ele associado) a produção tende a se dissociar da *re*produção (Vandanna Shiva) e, assim, a *segurança alimentar* perseguida por cada agrupamento humano durante todo processo de hominização passa a depender de algumas poucas corporações que passam a deter uma posição privilegiada nas relações sociais e de poder[11] que se configuram. A insegurança alimentar passa a ser, paradoxalmente, cada vez mais a regra. A agricultura inglesa, por exemplo, importa cada vez mais. De cada cinco frutos vendidos, quatro vêm do exterior, e não dos pomares domésticos, antes tão numerosos no campo inglês. Na Argentina, muitos analistas diziam que o país "es el *granero del mundo*", mas esse é "um diagnóstico equivocado. O atual modelo agropecuário, baseado na produção de soja GM [*sic*], está nos transformando em uma *republiqueta sojera.* O monocultivo está destruindo a segurança alimentar e a vida rural e, nesse sentido, é a antessala da fome", sentenciou Jorge Rulli do Grupo de Reflexão Rural (GRR) da Argentina.

Walter Pengue, especialista em Melhoramento Genético Vegetal da Universidade de Buenos Aires — UBA, adverte que "se están reemplazando otros cultivos y sistemas productivos, y si esto se pudiera cambiar al año siguiente no sería un problema, pero lo que está sucediendo es que se están levantando montes enteros, frutales, tambos, para la siembra de soja y se está eliminando la diversidad productiva". "Em muitos sentidos a Argentina não era um país tipicamente agroexportador, porque exportávamos os mesmos produtos que consumíamos, e isso era uma fonte de segurança alimentar, mas a introdução dos cultivos de soja GM [sic] incrementou fortemente nossa vulnerabilidade. Produtos básicos da dieta argentina como ervilhas, lentilhas, feijões ou o milho amarelo começam a ser mais escassos, porque estamos entrando num esquema de ser monoprodutores e se está uniformizando tudo com a soja", adverte Pengue (*apud* por Bacwell e Stefanni).

No Brasil, o desenvolvimento do novo modelo agrário/agrícola também mostra o mesmo sentido ao apontar para um modelo onde o monocultivo acentua a dependência do agricultor diante do complexo

[11]Devemos a Michel Foucault a lucidez que nos permitiu des-substancializar o poder, não mais devendo ser visto como uma coisa, nem estando, tampouco, num lugar determinado, mas ser, sim, uma *relação*. Assim, o poder só existe se *exercido* concretamente, e não sem sentido chama-se *exército* ao seu exercício mais bruto.

industrial-financeiro altamente oligopolizado e, com isso, aumenta a insegurança alimentar, tanto dos agricultores e suas famílias como do país como um todo. A produção de soja no Rio Grande do Sul, até os anos 1960, estava associada à produção de trigo, de milho e a pastagens para gado bovino, além da criação de porcos e todos os seus derivados (banha, linguiça etc.). Desde os anos 1970 esse sistema de uso da terra, e toda a cultura a ele associado, vem sendo substituído por um sistema que tende para o monocultivo, sobretudo da soja, com todas as implicações que daí deriva. Consideremos que no antigo sistema de rotação de culturas, a soja, na verdade, subsidiava o solo com azoto (nitrogênio), e, além disso, a criação de animais garantia não só descanso (pousio) da terra, como também parte do adubo (esterco) e, com isso, proporcionava as condições ideais para o cultivo exigente do trigo. O trigo se constituía no centro desse sistema de uso da terra, que visava a garantir o abastecimento nacional do pão nosso de cada dia e, assim, a segurança alimentar. Dessa forma, a segurança alimentar que esse sistema representava mantinha fortes relações com a própria estrutura agrária da Zona Colonial gaúcha que, desde o início, visava ao abastecimento das tropas que guardavam as fronteiras na Campanha Gaúcha. Vê-se que esse sistema de uso da terra estava associado à ideia de um projeto nacional. Não estranhemos, pois, que a insegurança alimentar mantenha fortes relações com um sistema agrário/agrícola que visa à mercantilização generalizada como o que vem caracterizando o período neoliberal da globalização.

Com o novo sistema, observamos não só a tendência ao monocultivo, como, também, a concentração fundiária chegando a regiões do Rio Grande do Sul, como a Zona Colonial, onde a propriedade familiar camponesa era característica, assim contribuindo para aumentar a dependência do agricultor do complexo industrial-financeiro. As contradições desse processo são captadas pelo imaginário popular por meio de piadas, como a que diz que o Banco do Brasil é *cemitério de gaúcho*, tamanhas são as dívidas do agricultor junto aos bancos, ou a que diz que gaúcho já não chama mais a mulher de *meu bem* com medo de que ela venha a ser hipotecada. O surgimento do Movimento dos Trabalhadores Rurais Sem

Terra — MST — tem uma forte ligação com essas transformações de uma agricultura camponesa para uma agricultura capitalista.

Esclareça-se que essa oposição entre agricultura camponesa e agricultura capitalista não deve ser assimilada ao novo maniqueísmo, onde tudo é reduzido a uma lógica binária em que de um lado está, sempre, o mercado. Agricultura camponesa não é o oposto da agricultura de mercado. Os camponeses sempre mantiveram relação com o mercado desde tempos imemoriais. A agricultura capitalista é *uma* forma de agricultura de mercado, e não *a* agricultura de mercado. O mercado é anterior ao capitalismo e pode a ele sobreviver. O que o mercado não pode, nem pretende, é criar uma sociedade, até porque uma sociedade não se resume à dimensão econômica. Logo, se me permitem, *sociedade de mercado* é um absurdo lógico e bem pode ser um absurdo prático, como estamos vendo com a exacerbação neoliberal.

"Na verdade", como arremata Jorge Rulli para a Argentina, "estamos ocupados pelas transnacionais de sementes. Cargill, Nidera e Monsanto nos converteram em um país inviável, produtor de sojas transgênicas e exportador de forragens. Produzimos o que a todos sobra e o que cada vez vale menos" (Rulli, J. E.). O mesmo pode ser dito do que vem se passando no Brasil e no Oriente boliviano, assim como no Paraguai, país que, aliás, mantém os recordes de produtividade de soja.

O que mais surpreende nesse novo modelo agrário/agrícola é que ele se expande apesar da constante queda de preços dos produtos agrícolas. Vejamos mais de perto esse milagre.

A Revolução Verde: tecnologia e ideologia

O mundo rural, com a Revolução Verde e suas sementes híbridas e seu mais recente desdobramento com a biotecnologia dos transgênicos e do plantio direto, está sofrendo mudanças ecológicas, sociais, culturais e, sobretudo, políticas. À medida que o componente técnico-científico passa a se tornar mais importante no processo produtivo, maior é o poder das indústrias de alta tecnologia, que passam, como já indicamos, a comandar os processos de normatização (candidamente chamados *normas de qualidade*).

Essas importantes transformações nas relações de poder por meio da tecnologia começaram a ganhar concretude ainda nos anos 1950, quando mais de 70% da população mundial habitava o mundo rural. Temos experimentado todos os dias nos enormes aglomerados humanos urbano-periféricos, sobretudo na América Latina e Caribe, o que vem significando essa desruralização da população, sobretudo dos anos 1970 para cá, muito embora essa desruralização ainda não tenha atingido a maior parte da humanidade.

Havia fortes razões para a ênfase que tomaram, logo após a Segunda Guerra Mundial, as transformações nas relações de poder por meio da tecnologia que viria a ser conhecida como Revolução Verde. A fome se apresentava, então, como um fenômeno europeu. Os europeus sabem o que significa não só ver a guerra no seu dia a dia como, também, o significado da insegurança alimentar que se segue à destruição das redes de comunicação e transportes e ao fato de a maior parte dos homens em idade ativa serem convocados para a guerra.[1] O espectro da fome rondava o mundo do pós-guerra num contexto marcado por forte polarização ideológica, o que tornava as lutas de classe particularmente explosivas no período.

A própria denominação Revolução Verde para o conjunto de transformações nas relações de poder por meio da tecnologia indica o caráter político e ideológico que estava implicado. A Revolução Verde se desenvolveu procurando deslocar o sentido social e político das lutas contra a fome e a miséria, sobretudo após a Revolução Chinesa, Camponesa e Comunista, de 1949.[2] Afinal, a grande marcha de camponeses lutando contra a fome brandindo bandeiras vermelhas deixara fortes marcas no imaginário. A Revolução Verde tentou, assim, despolitizar o debate da fome, atribuindo-lhe um caráter estritamente técnico.[3] O *verde* dessa revolução reflete o medo do *perigo vermelho*, como se dizia à época. Há, aqui, com essa expressão *Revolução Verde*, uma técnica argumentativa própria da política.

Todo um complexo técnico-científico, financeiro, logístico e educacional (formação de engenheiros e técnicos em agronomia) foi montado,

[1]Esse contexto de fome e miséria na Europa do pós-guerra está bem retratado no cinema. Ver, em particular, *Ladrões de bicicleta* e *O milagre de Santo Ângelo,* obras-primas de neorrealismo italiano. Nos anos 1970, o cineasta italiano Bertolucci ainda nos brindou com seu excelente *1900*, que também nos ajuda a compreender o que ali se passara.

[2]Os EUA bem que tentaram avançar na direção de uma Reforma Agrária no Brasil, como a que impuseram ao Japão, para evitar o *perigo vermelho* que alcançara a China e saíra fortalecido na URSS no pós-guerra. Entretanto, grandes foram as resistências impostas pelas próprias oligarquias latifundiárias a essas pressões estadunidenses. No Brasil, conta-se que o então ministro Roberto Campos dissera que o Estatuto da Terra deveria ser promulgado para atender às pressões dos EUA, mas que não deveria ser aplicado. À época os EUA estavam preocupados com as Ligas Camponesas no Brasil e com os efeitos da Revolução Cubana na América Latina como um todo. Aliás, segundo Raimundo Faoro, a Constituição brasileira de 1826 tinha leis que aboliam a escravatura mas que eram leis "só para inglês ver", como ficou na memória popular.

[3]Não olvidemos que a primeiro verso do hino da Internacional Socialista fala explicitamente dos famélicos do mundo. A fome se constituía, assim, não só numa bandeira socialista mas num problema cotidiano da maior parte da humanidade.

contando, inclusive, com a criação de organismos internacionais como o CGIAR e com o envolvimento de grandes empresários, como os Rockefellers. Os resultados dessa verdadeira cruzada foram de grande impacto, não só pelos números que nos são apresentados, mas, sobretudo, pela afirmação da ideia de que só o desenvolvimento técnico e científico será capaz de resolver o problema da fome e da miséria. Pouco a pouco a ideia de que a fome e a miséria são um problema social, político e cultural vai sendo deslocada para o campo técnico-científico, como se esse estivesse à margem das relações sociais e de poder que se constituem, inclusive, por meio dele. Vejamos essas contradições um pouco mais de perto.

O contraditório sucesso da revolução (nas relações sociais e de poder) por meio da tecnologia verde

Segundo a FAO, entre 1950 e 2000, a produção de grãos em todo o mundo aumentou, embora de modo desigual segundo as regiões, passando de 631 mihões de toneladas em 1950 para 1.835 milhões de toneladas em 2000, um aumento de 2,9 vezes, portanto. Para o mesmo período, entretanto, o consumo de fertilizantes passou de 14 milhões de toneladas em 1950 para 141 milhões de toneladas em 2000, ou seja, um aumento de 10,1 vezes. O aumento da produtividade anual que foi de 2,1% em média ao ano, entre 1950 e 1990, caiu para 1,1% ao ano entre 1990 e 2000. A mesma evolução pode ser vista na Índia, onde "a produção de grãos alimentícios aumentou de 50,8 milhões de toneladas entre 1950-1951 para 199,3 milhões de toneladas em 1996-1997 (aumento de 3,9 vezes). Em meados dos anos 1970, a Índia já era autossuficiente na produção de grãos alimentícios. Apesar dos impressionantes resultados dos anos 1980, a tendência recente no crescimento da produção total tem sido motivo de preocupação. A produção de grãos alimentícios cresceu 3,4%, em média, de 1991-1992 a 1996-1997, mas não alcançou a meta de 210 milhões de toneladas. Em 1996-1997, a produção de arroz foi de 81,3 milhões de toneladas, cerca de 9% menor que a previsão de 88 milhões. Estas cifras se devem confrontar com o importante aumento no uso de fertilizantes e pesticidas. O consumo de fertilizantes (NPK), que se havia mantido ao redor de 12 milhões de toneladas no período 1990-1991 a 1993-1994, aumentou para o nível de 14,3 milhões de toneladas em 1996-1997", segundo o Planning Comission of India (*apud* PNUMA — GEO: 308). Observa-se, assim, um aumento no volume de produção proporcionalmente menor do que o do consumo de fertilizantes e pesticidas.

Considere-se, ainda, que a melhoria considerável nas condições de armazenamento, transportes e comunicações permitiu não só um aumento da produtividade social total[1] como, também, que novas áreas pudessem ser incorporadas ao mercado pela expansão da rede de transportes em todo o mundo.[2] Aqui, também, os financiamentos do Banco Mundial e outras agências multilaterais para "*ajuda ao desenvolvimento*"[3] cumpriram um papel fundamental.

Assim, a diminuição da renda diferencial por localização, obtida graças à expansão e melhoria da rede de transportes e comunicações, à diminuição da renda diferencial por fertilidade da terra em função do próprio modelo agrário/agrícola *capital intensive* e à expansão da área cultivada, vêm contribuindo tanto para o aumento do volume de produção como para uma acentuada queda dos preços dos grãos e, ainda, para uma concentração de capital e diminuição do trabalho.

Editorial do jornal *Le Monde* assinala que na França, "nos últimos dez anos, desapareceram 1/4 [25%] dos estabelecimentos agrícolas: restam somente 168.000. A renda da produção ficou ainda mais concentrada: somente cinco grandes grupos controlam totalmente a distribuição e impõem, facilmente, suas posições e seus preços aos agricultores-empresários [...]".

Entre 1979 e 2001 a produção mundial de soja aumentou 166%, enquanto seus preços caíram, em 2001, para 45% do que eram em 1979. "Por conseguinte, os preços correntes dos produtos agrícolas

[1]No caso específico da agricultura ocorre uma diminuição da renda diferencial por localização com a melhoria dos transportes.

[2]O caso do cerrado brasileiro é emblemático.

[3]Para uma análise profunda dessa "ajuda ao desenvolvimento", ver Escobar, 1996.

aumentaram menos que os outros produtos, e os preços agrícolas reais baixaram muito. Em menos de 30 anos o preço real do trigo nos EUA, por exemplo, reduziu a 1/3 aproximadamente, enquanto o do milho e do açúcar caiu a menos da metade", segundo Marcel Mazoyer (Mazoyer, 2003).

A queda dos preços agrícolas não atingiu somente a produção de grãos (trigo, milho, arroz, soja) ou de produtos de origem animal, mas, também, "cultivos tropicais de exportação que competiam com os cultivos motomecanizados dos países desenvolvidos (beterraba contra cana-de-açúcar, soja contra outras culturas oleaginosas tropicais, algodão do sul dos EUA etc.), ou com os produtos industriais de substituição (borracha sintética contra o cultivo de hévea, têxteis sintéticos contra o algodão). Por exemplo, o preço real do açúcar foi reduzido a menos de 1/3 em um século, enquanto o da borracha se reduziu a 10%. Por último, a revolução agrícola também foi aplicada a outros cultivos tropicais (banana, pinha etc.) de forma que a tendência de baixa dos preços reais se estendeu progressivamente a quase todos os produtos agrícolas" (Mazoyer, 2003).

Para além do discurso bastante difundido de que toda essa revolução nas relações de poder por meio da tecnologia conhecida por Revolução Verde proporcionou o abastecimento de uma crescente população no mundo inteiro e, em particular, de uma população que se urbanizava, é importante assinalar que os efeitos dessas transformações no mundo rural são mais complexos e contraditórios do que vem sendo admitido.

Um primeiro aspecto a ser destacado foi a mudança na composição da cesta do trabalhador, na medida em que a diminuição dos preços dos produtos agrícolas, embora não tenha sido transferida integralmente ao consumidor final, liberou parte significativa dos salários para consumo de produtos industrializados. Deste modo, pode-se atribuir boa parte do *boom* de crescimento no consumo de bens de origem industrial a essas transformações que tornaram menores os gastos com alimentos na cesta básica do trabalhador, mormente nos países que lograram urbano-industrializar parcela importante de sua população.[4] Entretanto, "à medida que avança a queda de preços, os agricultores que não têm podido investir nem obter ganhos de produtividade consideráveis caem abaixo do umbral de renovação econômica de sua explotação: seus ingressos monetários resultam insuficientes para comprar os bens de consumo indispensáveis que não podem produzir ou, às vezes, para pagar os impostos. [...] Em outras palavras, uma explotação agrícola cujos ingressos caem abaixo do umbral de renovação só pode sobreviver à custa de uma autêntica *descapitalização* (venda de gado vivo, apetrechos cada vez mais reduzidos e sem manutenção), do *subconsumo* (camponeses andrajosos e descalços), da *desnutrição* e a curto prazo do êxodo, a menos que se dedique a cultivos ilegais: coca, papoula, cânhamo...)" (Mazoyer, 2003).

Vejamos um pouco mais de perto, com a ajuda da tabela a seguir, a evolução recente da expansão desse modelo agrário/agrícola que vai nos esclarecer parte desse mistério que, mesmo com queda de preços, vem apresentando crescimento da área plantada. Comparemos duas regiões produtoras de soja, Iowa e Mato Grosso, situadas em dois países que, embora diferentes, dispõem igualmente de vastas extensões de terra, EUA e Brasil.[5]

TABELA 14

Comparação da Estrutura de Custos da Produção de Soja Média por Hectare em US$ — Iowa (EUA) e Mato Grosso (Brasil) em 2001

	Iowa — EUA		Mato Grosso — Brasil	
Custo com	**Custo por hectare**	**Custo por cada saca**	**Custo por hectare**	**Custo por cada saca**
Terra	350,0	6,36	57,50	0,96
Trabalho	33,90	0,62	12,50	0,21

[4]Urbano-industrializar aqui num sentido muito preciso, isto é, incorporar parte da população que se desruralizava nas fábricas. O mesmo não poderá ser visto nos países onde a desruralização se dá no bojo de um novo padrão de relações de poder no mundo da indústria que, ao contrário, desemprega.

[5]No caso de Mato Grosso, a expansão desse modelo vem alcançando um tal sucesso que recentemente (2002) elegeu para governador do estado o maior empresário mundial desse setor.

TABELA 14
Comparação da Estrutura de Custos da Produção de Soja Média por Hectare em US$ — Iowa (EUA) e Mato Grosso (Brasil) em 2001 (*cont.*)

Capital	274,32	4,87	365,00	6,63
Outros	38,78	0,71	40,00	0,66
Custo p/hectare	697,00	12,67	475,00	7,91
Sacas p/hectare	—	55,00	—	60

Fonte: Elaboração própria a partir de Duffy, Michael and Darnell Smith, 2000; Galinkin, 2002 e João G. Martines-Filho, *apud* Baumel, C. P., McVey, M. J. and Wisner, R. N., "Impact of Brazilian Soybean Competition on Lock Extensions on The Upper Mississippi River", Iowa University: Iowa, 2001.

Observemos, logo de início, que em Iowa se obtêm 55 sacas de soja a um custo de produção por hectare de US$ 697 e em Mato Grosso se obtêm 60 sacas a um custo de produção de somente US$ 475. Em outras palavras, em Mato Grosso se obtém uma produtividade 9,1% maior (60 contra 55 sacas por hectare), com custos de produção por hectare que equivale a somente 68% dos custos de Iowa!

Desagreguemos, agora, essa estrutura de custos. Em Iowa, a terra corresponde a 50,2% do custo de produção total por hectare, e em Mato Grosso, a apenas 12%. Com relação ao custo do trabalho, em Iowa ele corresponde a 4,9% e em Mato Grosso, a 2,6% do custo total de produção por hectare. Já com relação aos gastos relativos a sementes, fertilizantes, herbicidas, em Iowa eles correspondiam a 27% do custo total de produção por hectare, e em Mato Grosso, a 61,4%.

Se consideramos os gastos que o setor agrícola tem para com o setor industrial como um todo, isto é, o que o setor agrícola gasta comprando herbicidas, fertilizantes, sementes e, ainda, com máquinas, obtém-se, para Iowa, 39,6% dos custos totais de produção por hectare e, para Mato Grosso, 76,8%. Enfim, a terra custa seis vezes mais em Iowa que em Mato Grosso, o trabalho, 2,7 vezes mais em Iowa, enquanto o custo de capital por hectare é de apenas 75% em Iowa do que em Mato Grosso (ou, o que é o mesmo, o custo com capital por hectare é 1,3 vez maior em Mato Grosso).

Atentemos, agora, para a estrutura de custos quando se exclui o custo com a terra.[6]

GRÁFICO 17
Estrutura Comparada de Custos por Hectares Excluído o Custo da Terra Iowa (EUA) e Mato Grosso em 2001 (%)

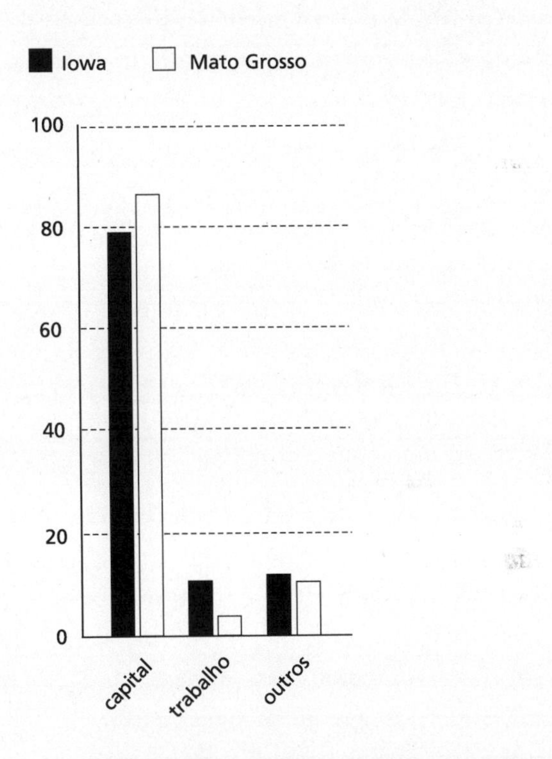

Um mercado mundializado (*commodities*) como o de grãos impõe à agricultura um elevado padrão científico e tecnológico tornando-a extremamente dependente do capital, bastando observar que, excluída a terra, são os fertilizantes, herbicidas, inseticidas, praguicidas, sementes e as máquinas que mais pesam na estrutura de custos totais por hectare,

[6]Trata-se da Renda Absoluta da Terra, isto é, aquela que é gasta na compra da terra e, portanto, não entra propriamente no processo produtivo porque sai para as mãos do proprietário que detém a titularidade da terra.

tanto em Iowa, onde correspondem a 79,1% dos custos, como em Mato Grosso, com 86,4%.[7] Com os custos de capital tão altos, tanto em Iowa como em Mato Grosso, é o preço da terra e do trabalho que acaba se constituindo no verdadeiro diferencial, fazendo com que a expansão do cultivo de grãos seja acompanhada (1) por um aumento da concentração fundiária e (2) por novas tecnologias que diminuam os custos do trabalho (plantio direto, tratores-computadores e organismos transgênicos). Para isso, a disponibilidade de terras acaba se constituindo num fator decisivo.[8]

Ainda recentemente, em maio de 2003, em uma série de reportagens denominada *O Brasil que deu certo*, exibida pela maior rede de televisão do Brasil, exaltavam-se os méritos do agronegócio e regozijava-se de um trator, aparelhado com computador e equipado para o plantio direto, que custava a importância de US$ 230.000 (duzentos e trinta mil dólares). Imaginemos a área necessária para tornar rentável um estabelecimento agrícola que usa um trator que custa US$ 230.000.

Na Argentina, segundo Bacwell e Stefanni, "a superfície semeada dedicada à produção de soja aumentou de quase 5 milhões de hectares, no começo dos anos 1990, para 11,6 milhões em 2001/02. No mesmo período, a produção física da oleaginosa passou de 10 milhões de toneladas a um recorde de 30 milhões, transformando a Argentina no segundo produtor mundial de soja transgênica — atrás dos EUA — e no primeiro exportador de óleo e farelo de soja. Segundo estimativas oficiais, seu cultivo passou a representar em torno de 42% da superfície e de 44% do volume total de grãos produzidos em nível nacional".[9]

[7]Observe-se, ainda, que o custo do trabalho por hectare é, em Mato Grosso, apenas 36,8% do que custa em Iowa (US$ 12,50 em Mato Grosso contra US$ 33,9 em Iowa).

[8]Destaquemos, para evitar interpretações simplistas, que disponibilidade de terras não é uma função da extensão territorial de um país, mas, sobretudo, da estrutura das relações de poder, conforme demonstram claramente os dados acima, quando pudemos comparar duas regiões de dois países igualmente extensos territorialmente (EUA e Brasil).

[9]Segundo a Secretaria de Agricultura, Pecuária, Pesca e Alimentação da Argentina. Ver "El quinquenio de la soja transgénica" (consultar www.sagpya.mecon.gov.ar).

Ainda que o cultivo de soja venha se expandindo na Argentina desde os anos 1980, "sua associação com o plantio direto e a utilização de sementes genéticamente modificadas (GM) [*sic*] Roundup Ready (RR) — resistentes ao herbicida glifosato — marcou um ponto de inflexão, a partir do qual se produziu um crescimento vertiginoso que colocou a soja como o cultivo mais semeado em nível nacional, seguido pelo trigo. A simplificação do manejo das pragas através de um só herbicida foi a ponta de lança para o exitoso ingresso desta variedade desenvolvida pela firma estadunidense Monsanto, que possui as patentes de seus direitos de propiedade sobre as sementes RR e sua descendência" (Bacwell e Stefanni). "Na província de Catamarca (Argentina) estão sendo produzidas duas colheitas de soja por ano. Imediatamente atrás das colhetadeiras vamos semeando a soja para a segunda produção", explica o chefe de produção da empresa Ingeco SA, Felipe Torres Posse, que afirma que "a equação econômica é muito boa sob este esquema, razão pela qual as duas colheitas anuais de soja poderão se estender a toda a região do Noroeste sob irrigação".[10]

Segundo nos explica Miguel Teubal, pesquisador do Centro de Estudos Avançados da Universidade de Buenos Aires, "tal como está armado o pacote tecnológico, o plantio direto e a soja RR vão de mãos dadas. Com a introdução da soja RR e o plantio direto os produtores podem realizar duas colheitas ao ano — por exemplo, trigo e soja de segunda —, o que, segundo dados disponíveis, está requerendo doses crescentes de glifosato para acabar com as doenças". A Argentina se tornou, assim, um país estratégico para a empresa estadunidense Monsanto. Como afirmam Bacwell e Stefanni, "seus esforços *colonizadores* deram seus frutos: mais de 95% da produção local de soja é transgênica, produzida com sementes RR, e o faturamento da firma no país aumentou de US$ 326 milhões em 1998 para US$ 584 milhões em 2001". Um crescimento de 79% em apenas 3 anos. Não podia ser mais espetacular.

[10]Ver *La Capital*, Rosario, 23.12.2002.

Assim, "nem todos os produtores exportadores beneficiários da revolução agrícola ou da Revolução Verde podem ganhar terreno ou simplesmente manter-se, a menos que disponham de certas vantagens competitivas complementares. Este é precisamente o caso dos latifundiários agroexportadores bem equipados sul-americanos, sul-africanos e zimbabwianos e... amanhã, quiçá, os russos... que dispõem ao mesmo tempo de vastos espaços, baratos, e de mão de obra entre as mais baratas do mundo. É também o caso dos produtores de alguns países desenvolvidos com renda alta, como EUA, ou da União Europeia, que contam com meios orçamentários para subvencionar amplamente seus agricultores. [...] Nestas condições, os preços internacionais dos produtos agrícolas só resultam vantajosos para uma minoria de agricultores que podem, deste modo, continuar investindo, avançando e ganhando porções do mercado; são insuficientes e desfavoráveis para a maioria dos agricultores do mundo: insuficientes em geral para que possam investir e progredir; frequentemente insuficientes para que possam viver dignamente de seu trabalho, renovar seus meios de produção e conservar suas porções de mercado; e, inclusive, insuficientes para que a metade menos equipada, menos dimensionada e pior situada dos camponeses do mundo possa se alimentar corretamente" (Mazoyer, 2003).

O modelo agrário/agrícola em questão: para além da transgenia

Há muita generalização no debate em torno desse tema, e a questão está politizada de ponta a ponta. Portanto, todo cuidado é pouco, e não devemos ver nessa politização necessariamente um problema. O que devemos ver aqui é o que sempre esteve presente mas olvidado e, hoje, está posto abertamente como questão política. Assim, se a ciência deve trabalhar com os fatos a partir dos próprios fatos, é preciso trabalhar essa questão dos transgênicos sabendo, desde o início, que dela faz parte, enquanto parte dos fatos, a dimensão política. Exatamente por considerarmos isso é que devemos, preliminarmente, aceitar a advertência do cientista da área de Biologia Molecular Vegetal, Fabio Faleiro, da Embrapa Cerrados, que nos chama a atenção para o fato de que, "na verdade, cada planta transgênica tem a sua particularidade, seja pelo método utilizado, o gene, o benefício que será causado na sociedade ou os interesses econômicos envolvidos. Por isso, perguntas sobre benefícios ou riscos devem ser direcionadas, ou seja, os transgênicos devem ser analisados caso a caso".

Por tudo que apontamos até aqui, duas questões se tornam centrais para a produção ampliada dessa agricultura altamente capitalizada: a imposição do seu modo de produção de conhecimento em laboratórios sofisticados e, de outro, uma ampla disponibilidade de terras, sobretudo planas[1] e com disponibilidade hídrica.

Já assinalamos que o conhecimento é fundamental para a reprodução e como ele é parte da luta que hoje se trava em torno das sementes. No caso da agricultura e da criação dos animais, o controle das biotecnologias tem sido fundamental, e, hoje, a hegemonia das grandes corporações empresariais transnacionais, inclusive e, sobretudo, no campo das sementes, dos alimentos e dos remédios, se fortalecerá mais ou menos dependendo da imposição do seu modo de produção específico de conhecimento.

Esclareçamos que o simples cruzamento de animais, prática comum em qualquer estabelecimento rural, não deixa de ser uma espécie de engenharia genética. Todo processo de cruzamento que nos legou os cultivares que conhecemos é, a rigor, biotecnologia, assim como os processos de fabricação de cervejas, cachaças e vinhos. A biotecnologia de transgênicos, entretanto, começou, segundo o professor Rubens Nodari, da UFSC, somente em 1973 na Universidade de Stanford, na Califórnia, quando pesquisadores conseguiram, pela primeira vez, isolar fragmentos de DNA de um anfíbio e inserir esses fragmentos dentro de uma outra molécula. A partir dessa técnica se pode combinar moléculas de um animal em uma planta, por exemplo, rompendo-se, assim, com barreiras genéticas naturais.

Estamos diante de uma modificação radical da biotecnologia que tende a se tornar uma produção em laboratório, com barreira de acesso — propriedade intelectual —, posto que priva a maior parte dos agricultores do acesso à propriedade. Daí a questão das sementes ganhar a importân-

[1]Terras planas significam custos energéticos menores. No Brasil, as grandes empresas capitalistas na agricultura ocupam as áreas mais planas ou suavemente onduladas, deixando os camponeses nas terras mais acidentadas. A grande expansão recente sobre os amplos cerrados teve esse fator como dos mais relevantes, acrescido do fato de serem terras devolutas (de uso comum das populações locais) ou de grandes fazendeiros criadores de gado que, até os anos 1960, não dispunham de grande acessibilidade ao mercado. Assim, a apropriação dessas terras devolutas ou adquiridas a baixo preço de fazendeiros pecuaristas facilitou a expansão sobre essas terras de chapadas que o campesinato aproveitava na forma de uso comum extensivo (importância do extrativismo), associado a outros usos nas encostas e baixadas (brejos, várzeas, *pantamos*).

cia que vem tendo, até porque enquanto técnica carrega consigo uma "ação impregnada de intencionalidade" (Santos) e, assim, a intenção de quem a produziu. No caso específico, por tratar-se de uma empresa de caráter capitalista, é, por sua própria natureza, um *locus* de produção não só de valores de uso — sementes, no caso — mas de valores de troca que, espera-se, realize a mais-valia para que dela se possa extrair o lucro.

GRÁFICO 18
Soja — Estrutura Comparada de Custos por Hectares em 2001 (US$)

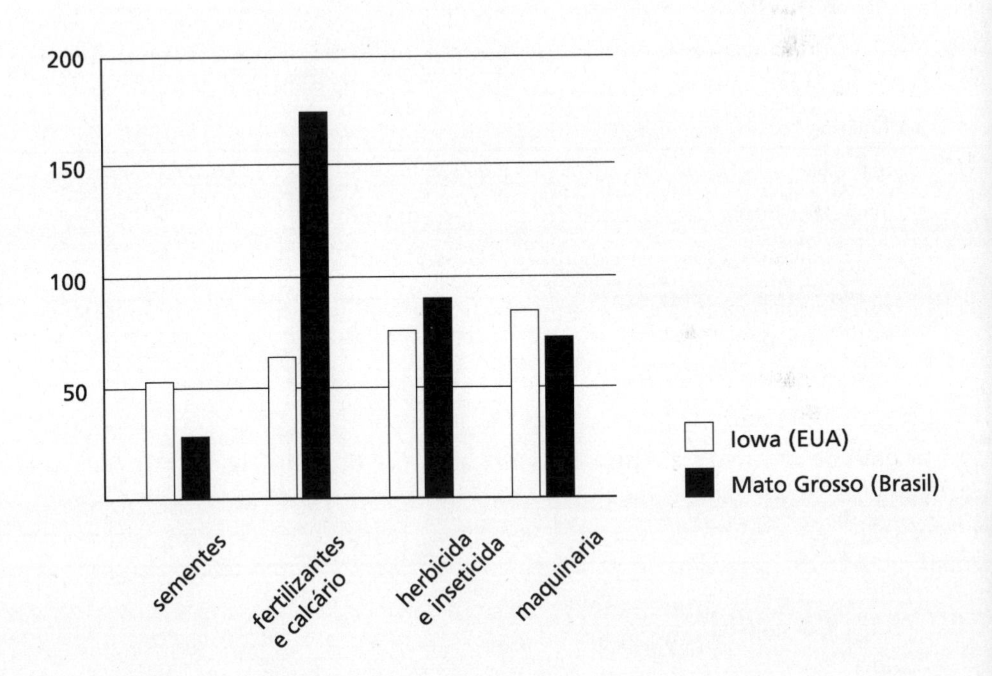

Não temos os dados para compararmos os gastos com capital entre o Brasil, a Argentina e os EUA, entretanto é possível inferir-se algumas importantes conclusões a partir da tabela a seguir, que nos deixa ver que no Brasil os gastos com sementes são apenas 52,4% dos custos do produtor em Iowa. Entretanto, em Mato Grosso, os gastos com fertilizantes, calcário, herbicidas e inseticidas são quase duas vezes (1,9 vez) maiores do que em

Iowa. No Brasil, a Embrapa — Empresa Brasileira de Pesquisa Agropecuária —, empresa pública que vem fornecendo as bases técnico-científicas, particularmente na eleição das sementes adaptadas às nossas condições mesológicas tropicais e subtropicais, tem jogado um papel defensivo.

Não temos condições de afirmar, peremptoriamente, que em Iowa as sementes usadas sejam transgênicas, embora saibamos que os EUA detêm a maior área cultivada com esse tipo de semente. De qualquer forma, num setor de produção de uma mercadoria tão globalizada como a soja (*commodities*), com uma estrutura de produção tão tecnificada, ressalta o baixíssimo custo, no Brasil, de um elemento tão decisivo na estrutura da produção como as sementes que, até muito recentemente em Mato Grosso, não eram transgênicas e, assim, estavam dissociadas do uso de herbicidas, situação completamente diferente da soja Roundup Ready (RR) usada, por exemplo, na Argentina.[2] No caso dessa semente Roundup Ready, amarra-se a compra da semente com a de herbicidas e, assim, aumenta o poder dos que detêm o monopólio[3] dessa tecnologia.

A semente de soja transgênica não nos brinda necessariamente um aumento na produtividade por área cultivada, como salientam vários estudiosos, e sim proporciona diminuição dos custos, principalmente de mão de obra, na medida em que os produtores já não têm que realizar tarefas de combate a pragas. Além disso, as técnicas de plantio direto facilitam, também, as tarefas de semeadura.[4] Trata-se, portanto, de uma

[2]Entretanto, já se observa que empresas multinacionais começam a exercer um controle também sobre esse setor no Brasil, comprando empresas brasileiras que produzem sementes, como a Dois Marcos, recentemente adquirida pela Pioneer, a maior produtora mundial de sementes.

[3]Não olvidemos que toda propriedade é uma forma de monopólio.

[4]Se bem que não existam estudos que tenham medido o impacto das novas tecnologias sobre a expulsão de trabalhadores rurais, de acordo com estimativas realizadas, "la incorporación de la soja RR '*ahorra*' entre un 28% y un 37% de la mano de obra en las tareas de siembra (según la zona y las características de la producción), siendo indiferente con respecto a las tareas de cosecha". Miguel Teubal y Javier Rodríguez, "Neoliberalismo y Crisis Agraria", em Norma Giarracca, *La Protesta social en la Argentina,* Alianza, Buenos Aires, 2001. Ver também Galinkin, 2000, p. 161.

técnica que acentua a tendência a uma *agricultura sem agricultores*, agravando problemas num momento em que o novo padrão de poder proporcionado pelas novas tecnologias também não emprega tanta gente nas cidades-e-suas-periferias, como o fazia à época da desruralização europeia e estadunidense.

Segundo Rulli, na Argentina, "o modelo rural que se nos impôs é simplesmente de exportação de *commodities*, de concentração de terras e de exclusão de populações. Vinte milhões de hectares das melhores terras agrícolas estão hoje em mãos de não mais de 2.000 empresas. Nos anos 1990 se produziu a maior transferência de terras de toda a história do país, sendo deslocada a velha oligarquia pecuarista por uma nova classe empresarial oligopólica e prebendária. [...] Atualmente, registramos uma cifra ao redor de 300 mil produtores expulsos e mais de 13 milhões de hectares embargados por dívidas hipotecárias impagáveis. A esta situação de catástrofe social agropecuária deveríamos somar a emigração massiva dos trabalhadores rurais. Só no Chaco, cada máquina desempregou 500 *braseros*. [...] Os novos pacotes tecnológicos constituídos pelos sistemas de plantio direto com enorme maquinaria importada, os herbicidas da Monsanto e as sojas transgênicas RR não demoraram em modificar a paisagem, instalando uma agricultura sem agricultores". No mesmo sentido apontam as análises de Bacwell e Stefanni: "Ao mesmo tempo, as economias de escala derivadas da mecanização da agricultura e os métodos de plantio direto induziram a uma forte concentração das explotações que deixou fora uma grande quantidade de pequenos agricultores. Segundo estimativas de uma pesquisa privada realizada em quase toda a região do Pampa, a quantidade de explotações reduziu em 31% no período 1992 e 1997."

Já vimos como, no Brasil, o mesmo vem ocorrendo com a paulatina mudança da paisagem no sul do país, de uma agricultura camponesa para uma agricultura empresarial, e que "atualmente existem, na região Sul, propriedades com até 1.000 ha plantados com soja. Só para tornar possível uma comparação na dimensão dos plantios, a área média dos estabelecimentos agrícolas no *Corn Belt* norte-americano é de 120 a 150 hectares" (Rezende, 2002: 09).

TABELA 15
Principais Países Produtores de Soja (2001)

País Produtor	Produção (milhões de toneladas)	Participação (% no Total Mundial)	Produtividade (kg/hectare)
Estados Unidos	78,67	43,3	2.560
Brasil	41,50	22,8	2.610
Argentina	28,75	15,8	2.640
China	15,30	8,4	1.690
Índia	5,60	3,0	n.d.
Paraguai	3,59	2,0	2.965

Fontes: *sites* da CONAB, USDA e FAO (2002).

Afora a China e a Índia, com 11,4% da produção mundial, que além de grandes produtores são também grandes importadores, os EUA, a Argentina, o Brasil e o Paraguai participavam, em 2001, com 84% do total da produção mundial e, assim, se colocam como os grandes produtores-exportadores mundiais de soja, um mercado que mexeu, no ano 2000, com algo em torno de 21 bilhões de dólares.

As grandes corporações do setor vêm dirigindo seus interesses para a Argentina, o Brasil, o Paraguai e a Bolívia (oriente), países que vêm disputando a primeira posição no *ranking* mundial de exportadores de grãos e farelo de soja. O controle do mercado de sementes, que, pela via da produção transgênica (tipo *RR*), pode se fundir com o mercado de herbicidas, é o que está em jogo. Nesse jogo, as grandes corporações se encontram diante de um desafio para estabelecer suas próprias estratégias de mercado na medida em que há uma forte resistência a que se aceite, sem as devidas precauções, as sementes transgênicas. O Brasil é um exemplo de como se pode produzir com alta tecnologia, elevadíssimo grau de concentração fundiária, de capital e de renda sem que fosse necessário o uso de sementes transgênicas.

Assim, as próprias entidades ambientalistas se veem concitadas a se posicionar diante de um desafio ambiental de novo tipo, onde a sustentabilidade tem que ser confrontada com a racionalidade que está conformando a relação da sociedade com a natureza, se uma racionalidade ambiental, como propõe Enrique Leff, ou uma racionalidade econômica mercantil. É o que se vê não só diante da questão acima — transgênicos ou não transgênicos —, mas também diante da questão energética e da questão da certificação de madeiras, conforme veremos adiante.

TABELA 16
As Maiores Corporações do Mundo em Sementes e Agroquímicos em 2002 (em milhões de US$)

Corporações de sementes	Vendas	Corporações agroquímicas	Vendas
DuPont (Pionner) – EUA	2.000	**Syngenta** – Suíça	5.260
Pharmacia (Monsanto) – EUA	1.600	**Bayer** – Alemanha	3.775
Syngenta – Suíça	937	**Pharmacia** (Monsanto) – EUA	3.088
Seminis – EUA	453	**BASF** – Alemanha	2.787
Advanta – Holanda	435	**Dow** – EUA	2.717
Groupe Limagrain (Vilmorin Clause) – França	433	**DuPont** – EUA	1.793
KWS AG – Alemanha	391	**Sumitomo Chemical** – Japão	802
Sakata – Japão	376	**Makhteshim-Agan** – Israel	776
Delta & Pine Land – EUA	258	**Arysta LifeScience** – Japão	662
Bayer CropScience – Alemanha	250	**FMC** – EUA	615
Dow – EUA	200		

Fonte: Efraín Hernández a partir de ETC Group.

Enfim, esse modelo agrário-agrícola que se apresenta como o que há de mais moderno, sobretudo por sua capacidade produtiva, na verdade, atualiza o que há de mais antigo e colonial em termos de padrão de poder ao estabelecer uma forte aliança oligárquica entre (1) as grandes corporações financeiras internacionais, (2) as grandes indústrias-laboratórios de adubos e de fertilizantes, de herbicidas e de sementes, (3) as grandes cadeias de comercialização ligadas aos supermercados e (4) os grandes latifundiários exportadores de grãos. Esses *latifúndios produtivos* são, *mutatis mutandis*, tão modernos como o foram as grandes fazendas de cana-de-açúcar e seus engenhos no Brasil e nas Antilhas dos séculos XVI e XVII. À época, diga-se de passagem, não havia nada de mais moderno. A modernidade bem vale uma missa.

Implicações ambientais específicas do atual modelo agrário/agrícola

Podemos identificar, de um ponto de vista geográfico, pelo menos, duas áreas distintas quanto às implicações ambientais desigualmente provocadas pelo atual modelo agrário/agrícola moderno-colonial. Assim, distinguiríamos

I. As regiões que diretamente sofrem a expansão do modelo;
II. As regiões que indiretamente sofrem a expansão do modelo;

AS REGIÕES DE EXPANSÃO DO MODELO

Vimos que o processo de reprodução ampliada do capital que opera o atual modelo agrário/agrícola está ancorado em dois pilares básicos: (a) no uso de um modo de produção de conhecimento próprio do capital que se traduz na supervalorização da ciência e das técnicas ocidentais (que se querem universais) e (b) na expansão das terras cultivadas.

A expansão exponencial do uso de adubos e fertilizantes, herbicidas, pesticidas e fungicidas há décadas vem sendo objeto de intensas críticas de ambientalistas, de órgãos ligados à saúde e de sindicatos de trabalhadores, sobretudo rurais. Nos últimos 50 anos, enquanto a produção de grãos aumentou três vezes, o uso de fertilizantes foi multiplicado 14 vezes, segundo dados da FAO. Assim, a relação entre produção de grãos e uso de fertilizantes caiu de 42 toneladas para 13 toneladas de grãos por cada tonelada de fertilizante usada entre 1950 e 2000. Uma queda significativa.

TABELA 17
Evolução da Produção Mundial de Grãos e do Uso de Fertilizantes (1950 a 2000 em milhões de toneladas)

	1950	2000
A) Grãos	631	1.835
B) Fertilizantes	14	141
Relação A/B	41	13

Assim, saltam à vista as limitações ecológicas desses agroecossistemas, na medida em que, sendo extremamente simplificados, são, por isso mesmo, dependentes de insumos externos para manter seu *equilíbrio dinâmico*. A contaminação das águas dos rios e do lençol freático tem levado à diminuição das espécies e do número de peixes e, com isso, tem trazido prejuízos às populações ribeirinhas e à diversidade biológica e cultural. A pesca, por exemplo, uma atividade historicamente complementar à agricultura, fica, deste modo, prejudicada. Ainda recentemente, em novembro de 2002, constatei diretamente, na região do Bico do Papagaio, entre o Maranhão e o Tocantins, o lançamento por avião do desfolhante químico conhecido como agente laranja, de triste memória pelo seu amplo uso na Guerra do Vietnã, no preparo da terra para o cultivo de grãos.

Aqueles que trabalham na agricultura sofrem, ainda, o impacto direto do uso desses derivados da agroquímica, com sérios danos à sua saúde, conforme acusa uma ampla literatura médica e científica.

A ampliação do uso de fertilizantes e outros insumos para garantir a produtividade produz efeitos também com relação à erosão dos solos e à dinâmica hídrica, conforme o argentino Jorge Rulli nos chama a atenção.

> [...]Cremos que as inundações sejam o resultado de um modelo agrícola extrativo, quase mineiro, que expandiu a fronteira agropecuária sojeira a

zonas de bosque nativos e que saturou os solos com glifosato pondo em sérios riscos sua vida microbiana. De fato as estatísticas demonstram que sobre pouco mais de 10 milhões de hectares de cultivos transgênicos estão sendo aplicados cerca de 80 milhões de litros de herbicidas anuais. Em alguns lugares se tem experimentado o desaparecimento prático das Azotobacter (bactérias fixadoras de azoto) do solo e a acumulação dos *barbechos* [...] ao não ser processada, a celulose tende a mumificar-se, tomando uma coloração muito particular que mostra a interrupção dos ciclos biológicos. Esta conversão do solo em substrato similar a cinzas ou areia impede a retenção da água e provoca o crescimento das napas superficiais que são as que terminam inundando as zonas baixas

(Rulli, J. E. *Biotecnologia e modelo rural — Argentina*).

A EXPANSÃO DAS TERRAS CULTIVADAS — AMEAÇA À DIVERSIDADE BIOLÓGICA E CULTURAL

É preciso considerar que grande parte da queda dos preços dos produtos agrícolas se deve não só ao aumento da produtividade mas, também, à diminuição da renda diferencial por localização.[1]

Assim, nos últimos 30-40 anos, pela necessidade cada vez maior de amplas extensões de terras colocada pelo chamado agronegócio, a diminuição dos preços dos produtos agrícolas foi possível não só graças à expansão do latifúndio *capital intensive,* mas, também, em grande parte,

[1]Na verdade, numa sociedade em que a terra passa a ter um preço, como a capitalista, dois tipos de renda se estabelecem: a *renda absoluta*, que é o preço pago ao proprietário pela terra que a sociedade, de um modo ou de outro, considera necessária, e a *renda diferencial*, que pode ser por fertilidade e por localização. A renda diferencial, como o próprio nome sugere, é relacional na medida em que depende da comparação entre diferentes produtividades naturais — fertilidade — ou da diferença dos custos de transportes entre os lugares que impõe um custo à sociedade como um todo pelos deslocamentos espaciais. A renda diferencial tende a ser anulada pelo desenvolvimento das forças produtivas ou, pelo menos, tende a tornar-se marginal. Já a renda absoluta tem a ver com o monopólio da terra consagrado pela propriedade privada.

pela anulação da renda diferencial por localização derivada da expansão da rede de transportes e de toda a sua logística (silos, armazéns, portos, sistemas de gestão *just in time*, *just in space*). Em linguagem corrente, a diminuição nos custos de deslocamento tornou possível, em grande parte, a queda dos preços dos produtos agrícolas.[2]

A incorporação de grandes extensões de terra, sobretudo para a cultura de grãos, tem sido fundamental para as grandes empresas do agronegócio. Enquanto no ano de 2001 em Iowa, nos Estados Unidos, um hectare de terra custava US$ 350, em Mato Grosso custava somente US$ 57, o que está ensejando, inclusive, uma corrida de compra de terras de fazendeiros estadunidenses no Brasil, como já se pode comprovar na Bahia, em Goiás, em Tocantins, em Mato Grosso e no Maranhão.[3]

A construção de estradas, hidrovias e portos se tornou uma verdadeira obsessão, como o demonstram a expansão da rede de transportes no Brasil após a fundação de Brasília (1960), que abriu ao mercado todo o Planalto Central do país, com seus cerrados, e a Amazônia com a inauguração em 1962 da Rodovia Bernardo Sayão (Brasília-Belém) e, sobretudo, a recente pressão pela construção da Hidrovia Paraná-Paraguai, no Pantanal paraguaio-brasileiro, e, ainda, a pressão, que tende a se acentuar, sobre a Amazônia, haja vista (1) o porto de Itacoatiara no rio Amazonas, parte do complexo da Hidrovia do Madeira, sob o controle do Grupo Maggi; (2) o recém-inaugurado porto de Santarém, na foz do rio Tapajós, construído por um consórcio de empresas liderado pela multinacional Cargill, a que está associado o interesse pela construção da BR-163, que liga Cuiabá a Santarém, assim como pela construção da Hidrovia Tapajós-Teles Pires; (3) a Hidrovia Rio Branco-Rio Negro (Roraima e Amazonas) e a ligação com Caracas, na Venezuela, da Rodovia BR-174 (Manaus-

[2]Ainda que a queda dos preços dos produtos agrícolas não tenha sido a mesma para o consumidor final, o que ajuda a explicar o lugar que as empresas do setor químico-faramacêutico, agroquímico, de supermercados e de telecomunicações vêm ocupando no cenário mundial.

[3]O complexo produtivo do agronegócio é globalizado nas diferentes estapas da cadeia socioprodutiva, desde antes da porteira da fazenda, no financiamento e fornecimento de insumos; no interior da fazenda, como acabamos de ver com a compra de terras por estrangeiros e, depois da porteira, com o controle dos mercados de venda. Só os sem-terra são nacionais.

Caracaraí-Boa Vista); (4) a Hidrovia Rio das Mortes-Araguaia-Tocantins e a saída pelos portos ou de São Luiz ou Belém; e, ainda (5) a saída para o Pacífico pelo Acre com o asfaltamento da BR-364. Pelo sentido dessas vias, vê-se que seu destino é, como no caso argentino, a exportação de *commodities*, e o impacto socioambiental desse modelo do agronegócio já atinge não só as manchas de cerrado dentro da Amazônia, como também a própria floresta ombrófila densa, com toda a sua riqueza em diversidade biológica e cultural, como já se vê com o aumento do desmatamento em Rondônia, Mato Grosso, Pará e no Amazonas, indo além do famoso "arco do desmatamento" que abrangia uma extensa faixa de terra na Amazônia Meridional e Oriental (Mato Grosso, Tocantins e Pará) e já invade a margem esquerda do rio Amazonas. Cada vez mais começaremos a falar não mais de "arco de desmatamento", e sim de "Arco e flecha do Desmatamento", com a fragmentação da floresta, o que expõe a área a uma nova fase de seu processo de desmatamento com consequências imprevisíveis. A violência tende a se acentuar caso não se supere a prática de matar e desmatar que caracteriza nossa formação social.

A expansão da fronteira agropecuária vem ameaçando seriamente, também, reservas de biodiversidade como a da floresta dos Yungas no norte argentino, cuja superfície está sendo progressivamente ocupada pelo verde uniforme da soja. Segundo Javier Corcuera, da Fundação Vida Silvestre, "na zona já se perderam — para sempre — mais de 130.000 hectares de floresta piemontana, devido ao avanço de monocultivos, como a cana-de-açúcar, banana e soja" e alertou que, "se continua este caminho, Salta viverá um futuro próximo com mais inundações e menos recursos naturais para seus habitantes".[4]

Acrescente-se ainda um outro paradoxo, o de que todo esse processo de expansão da fronteira agrícola, possível graças a toda uma complexa logística de transportes, mesmo tendo contribuído para diminuir os preços dos produtos agrícolas, deixou de beneficiar parcelas importantes da população por sua própria estrutura socialmente injusta. É que a sua pró-

[4]Consultar http://www.worldfashion.com.ar/ecologia/vida3.htm.

pria estrutura impede que essa mesma rede já construída de portos, de silos, de armazéns e de estradas por onde se exporta seja também via de importação. Enfim, sendo essas regiões dominadas pelo agronegócio pouco empregadoras de mão de obra, com pequena participação do trabalho no conjunto da renda do sistema como um todo, com grande concentração da propriedade de terra (latifúndio), toda a rede logística torna-se, em mais de um sentido, de mão única. Ela exporta mas não importa, na medida em que a estrutura de distribuição da riqueza não conforma um mercado. Assim, é o próprio modo como se produz que se constitui numa forte razão para que o chamado custo-país se mantenha alto. Enfim, a injustiça social do próprio sistema impede que todo o esforço feito com recursos de todos na construção da infraestrutura para exportação só beneficie, de fato, uma parcela diminuta de pessoas, quando a mesma estrutura, sem nenhum custo adicional, poderia beneficiar mais gente se fosse mais democrática e justa a distribuição das terras, por exemplo.

O cerrado brasileiro, com a sua enorme diversidade biológica e cultural, tem se transformado numa área de expansão desses grandes *latifúndios produtivos*, pelas enormes vantagens que oferece, seja pela riqueza hídrica que abriga, seja pela topografia plana de suas chapadas e de seus chapadões. Avalia-se que 70% da área das chapadas já esteja ocupada por esse tipo de empresa, seja com cultivo de grãos, algodão ou de monocultura de plantação de madeira (eucaliptos e pínus).

Tanto a Amazônia como o cerrado, no Brasil, são regiões que até muito recentemente, nos anos 1960, se mantiveram à margem de um verdadeiro mercado de terras. A demanda por terras pela dinâmica expansiva do capital criando as condições de acessibilidade, como assinalamos anteriormente, comportou a apropriação privada de terras até então apropriadas de modo comunitário,[5] coletivo ou com outras modalidades de uso comum dos recursos naturais, o que, até aqui, em todo o mundo vem se

[5]Formas essas que, diga-se de passagem, eram muito mais difundidas pelo mundo do que a propriedade privada mutuamente excludente consagrada pelo Direito Romano e o Estado Territorial Moderno, que os europeus impuseram ao mundo como modalidade exclusiva de organização geográfica e política das sociedades. Saliente-se que, pelo simples fato de o Estado Territorial Moderno ter sido imposto ao mundo, traz dentro de si o seu caráter colonial.

dando sempre de modo violento e conflituoso. Não sem sentido na formação dos estados territoriais modernos se lançou mão de juristas que conheciam o Direito Romano, fundado na propriedade privada, para conformarem suas constituições, e, assim, junto com os Estados Territoriais Modernos, a propriedade privada se consagraria sob muito sangue, suor e lágrimas, privando os povos de outros modos de apropriação da terra e dos recursos naturais. Assim, os direitos das gentes, dos homens e mulheres comuns, que eram direitos consuetudinários, enfim, de costumes e hábitos, foram considerados inferiores. Esses direitos eram, quase sempre, estabelecidos pela palavra não escrita e que, portanto, implicara o corpo presente para que a fala fosse ouvida. Assim, as regras implicavam a presença, e as relações de poder eram necessariamente próximas. Enfim, conhecimento local sem pretensões universais.

Assim, nesse processo de expansão e dominação imposto pela Europa não só se perde diversidade biológica, mas também diversidade cultural e múltiplas formas de propriedade distintas da propriedade privada, que, como se vê, não tem contra si somente a propriedade estatal. Diga-se de passagem que a propriedade estatal, na verdade, não passa de uma modalidade extrema de propriedade privada, posto que, também, priva a sociedade do poder de decidir sobre o uso dos recursos. Propriedade Estatal e formas de propriedade comunitárias e coletivas não são a mesma coisa.

Sabemos como, à guisa de combater o comunismo, os ideólogos liberais construíram uma visão maniqueísta entre propriedade privada e propriedade estatal. Com isso, distintas modalidades de apropriação da terra e demais recursos naturais que combinam apropriação por famílias unicelulares com apropriação coletiva ou com apropriação comunitária foram, simplesmente, olvidadas. Está na hora de sairmos, definitivamente, do reducionismo ideológico do período da guerra fria e deixarmos falar a diversidade de experiência que a humanidade historicamente inventou com suas diversas geografias sociais.

A INEFICIÊNCIA ENERGÉTICA GLOBAL DO MODELO

São graves as consequências que se avizinham com a expansão para novas áreas de uma lógica mercantil que reduz a complexidade dos ecossistemas a agroecossistemas, como os monocultivos de soja, milho, girassol, algodão, eucalipto e pínus.

A busca permanente pelo aumento da produtividade remete-nos para os limites tanto da entropia como da produtividade biológica primária do planeta. Sabemos que o aumento da produtividade da indústria sobre as demais atividades *primeiras* na relação da sociedade com a natureza — agricultura, pecuária, extrativismo animal (caça e pesca) e vegetal — se deveu ao domínio da energia solar concentrada na molécula de carbono durante um longo tempo geológico — o petróleo e o carvão —, o que proporcionou um aumento, que se acreditava ilimitado, na capacidade de transformação da matéria. O aumento da desordem (entropia) no sistema Terra (efeito estufa e lixo[6]) é o melhor sinal de que não foi devidamente considerada até aqui. Não olvidemos, pois, que a energia fóssil que vimos utilizando tão amplamente contém um tempo geológico embutido sob a forma de carvão e de petróleo.

A INSUSTENTÁVEL LEVEZA DO SER ECOLÓGICO

O efeito estufa e o lixo são, talvez, as duas manifestações mais contraditórias da vontade de dominação da natureza posta em prática pela racionalidade instrumental e sua tecnociência. No seu afã de aumentar a produtividade, que na prática significa submeter os tempos de cada ente, seja ela mineral, vegetal ou animal, a um tempo da con-

[6]O efeito estufa, pela dissipação da energia sob a forma de calor. Já o lixo, pela desorganização da matéria — reorganizar a matéria exige mais energia do que a sua desorganização. Basta ver a energia que precisaríamos para refazer o ovo quebrado. A sociedade sabe quanto lhe custaria recompor a matéria desordenada que está no lixo e reorganizá-la de um ponto de vista das necesidades humanas.

corrência e da acumulação de capital, olvidou-se de que todo trabalho dissipa energia sob a forma de calor (efeito estufa) e que a desagragação da matéria, ao ser atravessada pela flecha do tempo, torna-a irreversível (lixo), tal como nos indicam as leis da termodinâmica.

A concetração de matéria desagregada em alguns pontos do espaço, como, cada vez mais, sói acontecer com os grandes aglomerados urbanos, torna mais difícil o processo de reprodução natural da matéria ao exigir um tempo maior para isso. A mesma matéria desagregada, se estivesse geograficamente dispersa, seria mais rapidamente assimilada pelos processos naturais de transformação. É preciso desenvolver um pensamento complexo que seja capaz de dar conta dessas contradições que se instauram na relação da sociedade com a natureza, contradições essas ainda mais graves numa sociedade que reduziu o tempo a uma abstração matemática — o tempo é dinheiro — e, assim, olvidou a materialidade inscrita na espaço-temporalidade da *physis*.

Tentar recompor a matéria desagregada implica um consumo produtivo de energia praticamente impossível de ser realizado. Imaginemos a energia necessária para recolher latinhas de cerveja e de refrigerantes dispersas geograficamente pelos consumidores. O exemplo não foi escolhido ao acaso. Ao contrário, sabemos que há um sem-número de projetos e campanhas de recolhimento desse lixo de luxo que, cada vez mais, o mercado vem mostrando interesse. Na verdade o que se ganha com o recolhimento dessas latinhas é a energia que ela nos poupa quando se a compara com a energia para transformar a bauxita em alumínio. O Brasil, por exemplo, tem sido recordista mundial na reciclagem dessas latinhas. O que é interessante observar é a imbricação dessas condições materiais, físicas e energéticas, com as relações sociais e de poder de nossa sociedade. Como tudo numa sociedade capitalista deve ser reduzido à abstração matemática do dinheiro, assim também vem se dando na cadeia socioprodutiva da reciclagem das latinhas. Tudo nos leva a crer que, não fossem os catadores pobres, dificilmente as indústrias de reciclagem de latinhas teriam condições de pagar pela matéria recolhida. Segundo a pesquisa realizada por Sabetai Calderoni

(Calderoni *apud* Layargues, 2000) e publicada com o sugestivo título *Os bilhões perdidos no lixo*, os ganhos de cada segmento social implicado na cadeia socioprodutiva da reciclagem das latinhas re-produzem a desigual distribuição de renda da sociedade brasileira: o Estado, por meio dos impostos, fica com 11%, os empresários com seus lucros ficam com 66%, enquanto os catadores ficam com 13% e os sucateiros com 10%. (Ver gráfico 19.)

Assim, é a probreza extrema que faz com se torne economicamente viável a reciclagem, posto que são os que foram reduzidos a lixo que tornam exequíveis os projetos tidos como ecologicamente corretos. Não poderia haver melhor exemplo de um ecologismo restrito que teima em ignorar a complexidade de uma racionalidade ambiental (Leff), que exige que consideremos não só as relações com a natureza, mas também a natureza contraditória das relações sociais e de poder que os homens e mulheres travam entre si por meio das suas relações com a natureza para que consigamos chegar a uma sociedade sustentável. Afinal, a injustiça pode ser sustentável por meio desse ecologismo restrito. É a insustentável leveza do ser... ecológico.

GRÁFICO 19
A Reprodução Ecológica da Desigualdade Social

Quem ganha com a coleta de latinhas
na cidade de São Paulo

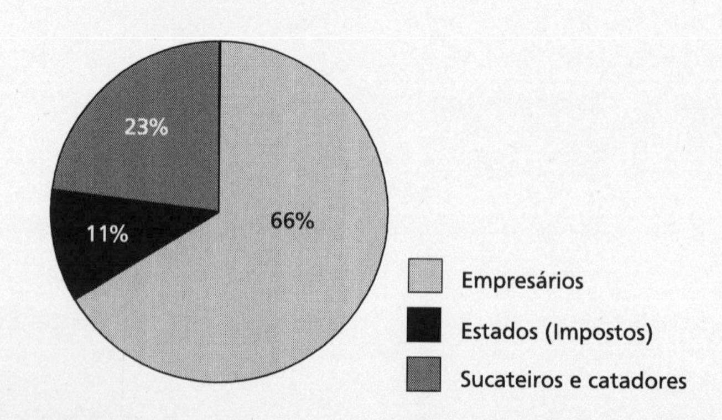

Por outro lado, os sistemas vivos trabalham num sentido contrário à entropia (neguentropia), na medida em que operam em direção à auto-organização (o próprio organismo vivo) a partir da transformação da energia solar diariamente renovada que permite uma produtividade primária biológica determinada — a fotossíntese, enfim, a síntese a partir da luz (foto). A diversidade biológica proporciona uma complexificação das cadeias de reciprocidades que constituem as complexas cadeias tróficas por onde se dá o fluxo de matéria e energia no interior dos diferentes biomas e entre os diferentes biomas que constituem o sistema Terra.

De fato, a substituição da complexidade pela simplificação é menos grave em biomas como os das regiões temperadas e frias, que são relativamente menos diversificados, biologicamente falando. Entretanto, a questão se coloca de modo mais grave quando se trata de regiões tropicais, onde a diversidade biológica é maior e, portanto, onde mais complexos são os circuitos de matéria e energia como um todo.[7] Basta considerar que um hectare de floresta ombrófila densa, como a Amazônica, abriga 460 toneladas de biomassa, em média, podendo chegar em determinadas áreas a atingir 550 toneladas por hectare. Essa produtividade biológica é o limite máximo de eficiência energética natural alcançado por qualquer região do planeta e mantém uma correlação positiva com a disponibilidade de radiação solar elevada das regiões tropicais e com a disponibilidade hídrica, assim como com a diversidade biológica que cria complementariedades e antagonismos entre as espécies.[8]

Considere-se que a expansão das monoculturas com seus agroecossistemas altamente simplificados e, por isso mesmo, altamente dependentes de energia de fora está se dando nesse momento sobre áreas de florestas

[7]Para melhor fixar a imagem do que se está propondo na análise, considere-se que cada espécie é um momento-repouso do fluxo de matéria e energia que flui no sistema Terra como um todo e de modo diferenciado nos diferentes ecossistemas.

[8]Mais adiante veremos que a água é um componente decisivo em todo esse fluxo de matéria e energia.

tropicais e de savanas (cerrados no Brasil)[9] e, assim, regiões de alta produtividade biológica primária estão sendo transformadas em áreas importadoras de matéria e de energia. Manter elevada a produtividade em regiões de sistemas complexos, como as regiões tropicais, que estão sendo substituídos por sistemas simplificados, como as grandes monoculturas, exige, como vimos, uma permanente importação de energia, que, nesse caso, só pode advir de fontes que não a energia solar diariamente renovada, haja vista serem as regiões tropicais aquelas que dispõem de mais energia solar. O balanço energético para essas regiões e seus povos é, assim, necessariamente negativo, o que contribui decisivamente para manter a dependência dessas áreas, em si mesmas tão ricas em energia, em diversidade biológica, recursos hídricos e diversidade cultural, diante de todo um complexo oligárquico financeiro, como o da agroindústria, com riscos sérios não só para essas regiões, mas para a humanidade e o planeta como um todo, por sua necessária ineficiência energética.

Adiante-se, ainda, que, além de todo um processo de erosão genética, com a extinção de espécies que sequer conhecemos, há uma outra dimensão, igualmente grave, que, também, deriva da lógica reducionista e simplificadora que acompanha a dinâmica capitalista e sua divisão do trabalho: trata-se da perda da rede de ligações intraespecíficas e interespecíficas por onde flui todo o metabolismo desses complexos ecossistemas. E aqui as tentativas de atribuir preços às espécies, que o realismo político da economia ecológica vem se esforçando em fazer, sem sucesso do ponto de vista ambiental, mostram toda a sua limitação, até porque para isso se veem obrigados a isolar cada espécie e, na verdade, como indicamos, cada

[9]Segundo o dublê de agrônomo e geógrafo Carlos Eduardo Mazzetto Silva, a questão da produtividade biológica para os cerrados/savanas (10 a 20 ton/ha) se coloca de forma diferente, posto que a restrição hídrica de 6 meses causa aí um certo repouso na seca, diminui a transpiração — cascas grossas das árvores, economia de nutrientes, as raízes são profundas para se manter na seca e buscar nutrientes. É isso que mantém as nascentes e a abundância de água nos cerrados, economia essa que não existe na Amazônia. Logo, o impacto da monocultura nos cerrados vai se dar principalmente sobre o ciclo hidrológico, porque a fisiologia econômica em água dos cerrados das chapadas dá lugar a culturas de alto consumo de água — com os pivôs, o problema se eleva ao cubo.

espécie viva é um momento-repouso diante de um fluxo de vida e, portanto, impossível de ter um valor isoladamente considerado.

Há, assim, sérios limites para que a dimensão ecológica deixe de ser vista como um *constrangimento* para ser vista como uma *oportunidade*, como vem sendo repetido *ad nauseam* ultimamente. Há, é claro, uma grande margem de manobra para isso, pois a dimensão ecológica não vinha sendo (im)posta aos cálculos dos agentes econômicos. Entretanto, ela hoje se impõe e, aqui, é preciso tomar essa palavra no seu sentido forte, isto é, como uma imposição que traz consigo uma força política, ética e moral posta pelo movimento ambientalista. Os agentes econômicos não têm como ignorá-la e, assim, ela passa a fazer parte do *politicamente correto* e entra para o cálculo dos agentes econômicos não necessariamente como um valor a ser tomado como tal, haja vista a lógica do *desde que* e do *como se* que já assinalamos. Enfim, só quando se pensa numa escala espacial e temporal limitada se pode acreditar que uma lógica econômica mercantil, geralmente de curto prazo, de fato, pode incorporar a dimensão ambiental[10] de modo sustentável. Enfim, são os próprios limites de uma lógica de mercado que aqui estão sendo postos à prova.

AS REGIÕES QUE INDIRETAMENTE SOFREM A EXPANSÃO DO MODELO AGRÁRIO MODERNO-COLONIAL ATUAL

Nem todas as regiões do planeta são diretamente atingidas pela presença da revolução nas relações sociais e de poder por meio da tecnologia da chamada revolução agrícola e revolução verde. Salientemos que as práticas de domesticação de espécies de plantas e animais sempre conviveram com outras atividades, como o extrativismo da caça, da coleta e da pesca, e, assim, além das terras manejadas de modo mais simplificado, como é

[10]A dimensão ecológica é somente uma parte da dimensão ambiental. Esta pressupõe, além do ecológico em sentido próprio, as relações da biocenose com a biota, as complexas relações políticas, sociais, econômicas e culturais. Portanto, o ecológico não esgota o ambiental, esclareça-se.

característico de qualquer agroecossistema, sempre se colocou uma relação com os espaços circundantes, geralmente com *múltiplas formas de uso comum dos recursos naturais*. Nessas *áreas comuns* se recolhem frutos, ervas medicinais, aromáticas, estéticas (flores), assim como madeira para utensílios e lenha. Sabemos como o advento do capitalismo se fez mediante o cercamento dessas terras comuns, os *enclosures*, e, com isso, tornou privadas as terras comunitárias. Assim, privados de terra, os camponeses, não conseguindo mais se reproduzir, vieram a se tornar assalariados rurais ou urbanos[11] e, na América, se apropriaram de todas as terras que, a rigor, não conheciam a propriedade privada, assim como tornaram escrava a mão de obra trazida da África. Esse processo, aqui sumariamente descrito, se reproduz hoje em vastas regiões vizinhas das que são objeto de uso direto pela expansão do lado capitalista do modelo agrário-agrícola. Antes de tudo, esse modelo de expansão agropecuário ignora outros sistemas de uso da terra que, como vimos, combinavam de diferentes modos a agricultura e a pecuária com os extrativismos, o que tem trazido consequências socioambientais graves.

Exploremos, aqui, à guisa de ilustração, o que vem ocorrendo nos cerrados brasileiros, até pela importância que a região vem assumindo para o agronegócio. Nessas amplas áreas dos cerrados, duas grandes unidades se apresentaram no horizonte dos que ali vivem tradicionalmente: as chapadas e os vales, o *grande sertão* e as *veredas*, na linguagem de Guimarães Rosa, o escritor que melhor soube captar os mistérios da região e dos seus camponeses. Assim, os povos que vivem pelos cerrados desenvolvem sistemas de uso da terra que combinam a agricultura, geralmente nos fundos dos vales, nos brejos, nos brejões, nos *pantamos*, nos *varjões*, assim como nas encostas e nas chapadas, áreas onde a água é mais difícil de ser obtida sem tecnologias de captação em profundidade,[12] dei-

[11]A tragédia comum, vê-se, começa com a privatização generalizada.

[12]Além disso, segundo Carlos Eduardo Mazzetto Silva em comunicação pessoal, nas chapadas, as terras são mais suscetíveis ao déficit hídrico, pois os solos são mais profundos e permeáveis, latossolos e areias quartzosas que não guardam água na superfície. Esta assim, percola para o lençol, que é muito profundo, e a acidez do solo impede o cultivo de *culturas de mantimento*.

xam o gado à solta, fazem a coleta do pequi, da fava-d'anta, do baru e outros frutos e resinas, recolhem madeira e lenha, geralmente fazendo uso compartilhado, sobretudo dessas terras das chapadas.

Tradicionalmente, os camponeses convivem nessas terras sem nenhum registro formal de propriedade ao lado de fazendeiros que mantêm grandes áreas com pastagem, geralmente natural, para uma criação extensiva de gado. Até mesmo entre fazendeiros e camponeses havia regras de uso compartilhado dos recursos naturais, como é o caso do pequi ou, já numa área adjacente ao cerrado, como a zona dos cocais do Maranhão, a coleta do babaçu. O fazendeiro podia ser proprietário da terra, mas não do babaçu, ou do pequi, ou do baru, ou da fava-d'anta, o que mostra uma modalidade mais complexa de apropriação dos recursos naturais onde as territorialidades não são mutuamente excludentes, onde a propriedade privada absoluta, sobretudo quando capitalista, acaba por instaurar uma relação conflituosa. Com a expansão do agronegócio, hoje, uma das lutas mais expressivas que vêm sendo encetadas pelos camponeses, e, no caso do Maranhão, sobretudo pelas camponesas, é pela manutenção do livre acesso à coleta do babaçu e do pequi (Luta pelo Babaçu Livre e pelo Pequi Livre).

Desde os anos 1960, com a abertura de estradas, e sobretudo nos anos 1970 e 1980, com a colaboração dos estudos da Embrapa sobre correção e adubação de solo e na seleção de sementes adaptadas à região, e o barateamento relativo de tecnologias de captação de água a 100 e 200 metros de profundidade, as chapadas passaram a se constituir em objeto de atenção das grandes empresas do complexo agropecuário, dando origem ao *latifúndio produtivo* do agronegócio. O cercamento dos campos, tal como na Inglaterra, não tardou a se fazer, contando, inclusive, com o apoio formal do estado, privatizando grande parte das terras devolutas, com contratos de concessão por 20 anos para empresas de plantação de eucalipto, como os efetuados pela Ruralminas, em Minas Gerais.

Por toda região quebrou-se a complementariedade que havia entre o *grande sertão* e a *vereda*, isto é, entre a chapada e o fundo do vale, entre a agricultura, a pecuária e os extrativismos. A apropriação e separação das chapadas foi, em grande parte, facilitada pela ausência, até mesmo, das casas dos camponeses, que, geralmente, estão localizadas no fundo dos vales ou nas encostas, onde estão as nascentes.

A monocultura chegou, assim, aos grandes sertões, e, com ela, a homogeneização de uma região que se caracterizara por sistemas de uso múltiplo dos recursos naturais, de manejo de uma enorme riqueza de diversidade biológica que essas populações camponesas, indígenas, de afrodescendentes, de geraizeiros, caatingueiros, vazanteiros, retireiros (Araguaia) tornou possível que chegasse aos nossos dias como um verdadeiro patrimônio cultural.

O uso intensivo de adubos e fertilizantes trazem consequências danosas, como já vimos, e aqui cabe destacar, ainda, o profundo desequilíbrio hídrico que se instaura com os *latifúndios produtivos* de agronegócio, com a captação de águas em profundidade trazidas à superfície para irrigação, com sistemas de pivô central, de baixíssima eficiência, onde se perde entre 40% e 70% da água por evaporação direta e, assim, com a quebra/inversão da função de caixa-d'água das chapadas. No fundo dos vales, a água já não jorra o ano todo, as fontes e os córregos secam, rios se tornam intermitentes, o que passa a exigir, inclusive, barragens para regularizar o curso de rios permanentes, como o São Francisco, que nasce nos cerrados, assim como tantos outros rios. Os cerrados são uma "caixa-d'água", como disse Guimarães Rosa, e com a destruição desses hábitats e de seus habitantes toda a cultura dos "Manuelzões"[13] que ali viviam é destruída.

Até mesmo a agricultura camponesa/tradicional de fundo de vale se torna impraticável, ela que já sofrera um duro golpe com a apropriação das chapadas pelo agrotóxico e o impedimento para deixar o gado à solta, recolher um remédio, uma resina, uma madeira, lenha, um fruto...

Compelidos pela exiguidade de terras, os camponeses se veem impedidos de fazer uso dos recursos naturais com técnicas que desenvolveram e estavam adaptadas a terras disponíveis em grande extensão. Os camponeses dos cerrados se veem, hoje, desapropriados por um modelo que,

[13]Referência à principal fonte de informação de Guimarães Rosa, conhecido como Manuelzão.

por sua própria lógica, não democratiza seus benefícios, seja pela elevada magnitude de capital que exige para aceder a todo o pacote tecnológico, seja pelas enormes extensões de terras, seja ainda pela diminuição de preços agrícolas que impede que cheguem ao mercado aqueles que estão abaixo do nível de produtividade médio, sempre rebaixado pelas grandes empresas do agronegócio. Por sua vez, esse modelo transfere para a sociedade como um todo, e até mesmo para as gerações futuras, sua enorme ineficiência energética global e seus danos ambientais, como vimos.

Assim, a pressão sobre os recursos naturais se faz também por essas populações empobrecidas premidas por esse modelo, posto que, geralmente, os camponeses ocupam as terras mais acidentadas e, assim, esse modelo agrário-agrícola, por meio de seu lado de menor poder, também amplia o desmatamento, a erosão, a desertificação, como vemos na savana e no Sahel africanos, nas encostas e vales andinos e himalaios, no semiárido brasileiro e, mesmo, em áreas acidentadas da Mata Atlântica ou de áreas da Amazônia onde, recentemente, nos anos 1970 e 1980, milhões de brasileiros foram habitar impelidos pela contrarreforma agrária chamada colonização.[14]

É também o que se vê na Colômbia, onde populações indígenas e camponesas, ao contrário de separarem os pisos altimétricos dos Andes, como os livros de geografia costumam assinalar — as *tierras calientes*, as *tierras templadas* e as *tierras frias* —, manejam esses diferentes pisos ao longo das estações do ano e que, hoje, também se veem ameaçadas por empresas que têm interesse em somente cada um desses pisos, por serem adequados isoladamente às suas monoculturas. No Equador, o mesmo se observa para a expansão do cultivo de flores em vales andinos, levando comunidades indígenas e camponesas à fome e à miséria. No litoral do Equador, ou no Ceará, no Brasil, o mesmo se vê com a extinção de áreas de manguezais com a expansão do cultivo de camarões, geralmente para exportação. Já indicamos várias situações similares na Argentina.

[14]No Brasil, a colonização em terras "dos outros" sempre foi contra a reforma agrária. Afinal, são os negros que sempre são objetos de colonização.

Algumas outras implicações do atual modelo agrário/agrícola para a saúde humana e do planeta

Entre os cientistas cresce a convicção que vírus e bactérias que vêm assolando a espécie humana com epidemias fazem parte de um mesmo tronco evolutivo de vírus e bactérias encontrados em outros animais, sobretudo em mamíferos. A domesticação de espécies de plantas e animais tende a aproximar essas linhagens evolutivas e, assim, tornar mais prováveis as contaminações recíprocas.

Ao mesmo tempo haveremos de considerar que muitas dessas espécies de vírus e bactérias têm uma larga história de convivência com transformações na história do planeta que os habilita a viver e sobreviver a situações muito diversas e, portanto, com mais larga adptação biológica que a própria espécie humana. Os casos recentes do vírus da Aids, do vírus Ebola, da pneumonia asiática (Sars) deveriam nos servir, definitivamente, de alerta, para não falarmos da doença da vaca louca (encefalopatia espongiforme bovina).

Uma situação nova pode ser recentemente experimentada entre os humanos com a pneumonia asiática que envolveu países tão diferentes e distantes entre si como China, Hong Kong e Canadá. É que antigamente as doenças ficavam restritas geograficamente e hoje, ao contrário, os deslocamentos mais intensos entre lugares torna o mundo mais vulnerável como um todo. A própria febre aftosa era, antigamente, mais circunscrita.

A simplificação provocada pelos agroecossistemas ao eliminar elos das complexas cadeias de fluxo de matéria e energia da vida dos ecossistemas por meio das espécies diversas acaba por expor a evolução da nossa própria espécie. Já está devidamente comprovada a relação entre desmatamento de áreas tropicais e crescimento de casos de malária, na medida em que o mosquito transmissor da doença não encontra mais os macacos de que se alimentavam na floresta e passa a encontrar nos humanos das áreas próximas ao desmatamento seu alimento.

A Agência de Proteção Ambiental dos Estados Unidos decidiu reprovar todos os alimentos transgenicamente modificados que não tenham sido considerados seguros para o consumo humano. Alguns pareceres indicavam os alimentos apenas para o uso de ração animal. A decisão foi tomada em resposta à má repercussão da retirada de produtos que continham o milho transgênico StarLink das prateleiras dos supermercados americanos. O milho StarLink, produzido pela empresa Aventis, havia sido aprovado apenas para consumo animal. Entretanto, traços do grão transgênico foram encontrados em produtos como os *taco shells*, e 44 pessoas que ingeriram o alimento se queixaram de reações alérgicas. Em relatório em dezembro de 2000, a EPA concluiu que, em 14 casos, as reações tinham relação com o consumo do milho transgênico. A proteína Cry9C, que integra a composição do grão, teria sido a responsável pelas reações. Ativistas do Greenpeace consideraram a decisão uma vitória e fizeram protesto na Europa contra a proibição desigual de transgênicos. Empresas sediadas na Grã-Bretanha não comercializam os produtos no país, mas os vendem no Leste Europeu (*Jornal do Brasil,* Ciência, 9/3/2001).

A Loblaw, maior cadeia de supermercados do Canadá (com 40% do mercado), enviou, em 2001, uma carta a todos os seus fornecedores de alimentos orgânicos, inclusive a Nature's Path, informando que já não era permitido colocar etiquetas de que eram *livres de transgênicos*, argumentando que não há como saber se o produto é autenticamente *livre de transgênicos*. A decisão mostra até que ponto o mercado está disposto a atender à demanda, bastando observar que, no Canadá, apesar de 70% dos alimentos vendidos conterem ingredientes transgênicos, mais de 90% dos canadenses dizem, segundo pesquisas, que querem etiquetas que lhes digam se os alimentos foram transgenicamente alterados. Na Europa, cadeias de supermercados, como a Tesco e a Safeway, etiquetaram suas próprias linhas de produtos como *livres de transgênicos* quando começaram os protestos contra os transgênicos (Klein, N.).

Assim, vemos, o debate está aberto em todo o lado, tanto na cidade como no campo. Embora existam, na Europa, "etiquetas nas prateleiras dos supermercados, um crescente apoio à agricultura orgânica, e os ativistas do Greenpeace parecem representar um ponto de vista tão generalizado que os tribunais os deixam livres quando arrancam cultivos geneticamente modificados", conforme afirma Naomi Klein, não é menos verdadeiro que esses mesmos tribunais, com frequência, mandem José Bové, um dos coordenadores da Via Campesina, para a cadeia. Enfim, transgênicos, produtos orgânicos, Monsanto, Via Campesina, McDonald's, José Bové, Agronegócio, zapatistas, agroecologia, MST fazem parte de uma mesma tensão contraditória onde se debate o futuro da humanidade.

O mais interessante de todo esse debate é que a questão agrária/agrícola se urbanizou e, assim, é a relação cidade-campo como um todo que está em discussão. Aquilo que parecia impossível, num mundo que se acreditava cada vez mais urbanizado e, inexoravelmente, urbanizando-se, vem ocorrendo nos últimos anos, isto é, a crescente importância das lutas camponesas, indígenas e de tantas populações que reivindicam o direito ao território, à sua cultura, os direitos coletivos e comunitários sobre o conhecimento acerca de cultivares e de remédios e que hoje se unificam diante da ameaça de ter a sua biotecnologia ancestral sendo poluída geneticamente por grandes corporações que, antes de tudo, visam aos seus próprios interesses e não aos da humanidade. Essas populações, até aqui vistas por muitos como atrasadas e condenadas à extinção, têm hoje importantes aliados nas grandes cidades. Afinal é o alimento que damos a nossos filhos que está correndo perigo, é a nossa reprodução que está em jogo.

O agro: negócio ou cultura? O enfrentamento crítico

Durante os anos 1970 e 1980 se desenvolveu um vigoroso movimento crítico com relação à dinâmica dessa revolução nas relações de poder por meio da tecnologia chamada de Revolução Verde. Desse movimento crítico saiu todo um movimento de agricultura alternativa, de agricultura orgânica e de agroecologia que consagrou expressões como agrotóxico e emprestou sentido negativo a toda a agroquímica. Deve-se registrar que esse movimento crítico contou com um forte componente técnico-científico que veio, em grande parte, de dentro do próprio campo agronômico. A liderança do engenheiro agrônomo gaúcho José Lutzemberger emprestara credibilidade aos críticos dessa revolução, pois ele sabia concretamente os males que causava, haja vista ter sido vendedor de agrotóxico e, por isso, ter acompanhado de perto o que se passava com seu uso. Portanto, é como se as lutas de classes se instaurassem de modo aberto em pleno campo técnico-científico.

O complexo oligárquico agroquímico acusou o golpe dessa crítica vinda sobretudo, mas não exclusivamente, do movimento ambientalista e encetou várias ações para tentar mitigá-la. Acompanhemos um pouco mais de perto essas ações, que vão nos esclarecer acerca de um conjunto de práticas que hoje vêm caracterizando as contradições do mundo rural. Destacamos entre elas:

1.1. Campanhas Publicitárias[1] — Preocupadas com a sua imagem pública, as empresas agroquímicas desencadearam campanhas em que, entre outras coisas, chamam de Defensivo Agrícola o que os seus críticos chamam de Agrotóxicos. Aqui, em pleno embate linguístico-ideológico dessa ofensiva publicitária, revelam-se as contradições dessa própria racionalidade técnico-produtiva. Observe-se, logo de início, que o uso da palavra *defensivo* procura inverter o significado, e aquele que é acusado de agressor do meio ambiente procura ser visto como defensor. O mais interessante é que o uso da expressão *defensivo agrícola* revela a lógica de guerra que subjaz a essas práticas e, por isso, precisa... defender-se. A pergunta que se poderia colocar é: defender-se de quem? Na verdade, a lógica de guerra de *combate* às pragas, *combate* aos insetos, *combate* às ervas daninhas, *combate* às pestes implica que há que se matar o inimigo, e para isso *inseticidas*, *herbicidas*, *pesticidas*, *praguicidas*, entre outros produtos que matam, e, sabemos, não só insetos, pragas, ervas daninhas, mas também pessoas, plantas, peixes e outros animais. *Combater* e *matar* são, assim, parte de uma lógica técnico-produtiva que se funda na ideia de *dominar*, e mais numa relação *contra* a natureza do que numa relação *com* a natureza, como sugerem a agroecologia e a agricultura orgânica como é comum a várias culturas indígenas, camponesas e de outras matrizes de racionalidade não ocidentais, que a racionalidade econômica mercantil procura desqualificar como improdutivas. Mais concretamente, a expansão do uso de insumos como o DDT e o agente laranja se deu após a Segunda Guerra Mundial e, sobretudo, depois do fim da guerra dos EUA contra o Vietnã, quando o uso do agente laranja, por exemplo, se generaliza particularmente no Terceiro Mundo.

1.2. Uso geograficamente desigual de insumos — As estatísticas recentes acusam uma diminuição importante do uso desses insumos de capital — fertilizantes, herbicidas, inseticidas, praguicidas — na Europa, nos EUA e no Canadá. Entretanto, a lógica moderno-colonial manifesta-

[1] Ou Campanhas de Esclarecimento ao Público, dependendo de que lado o leitor se coloque.

se também nesse caso com toda força, na medida em que o uso desses insumos se expande no mundo como um todo, sobretudo nos países pobres, como assinala o Relatório do PNUMA GEO-3.

A diminuição do uso desses insumos nos países hegemônicos no atual padrão de poder mundial e seu uso ampliado na América Latina, África e Ásia revelam, também, um limite das respostas às críticas que teimam em permanecer prisioneiras da mesma racionalidade econômica mercantil que comanda o modelo atual. Como pedir para as empresas do setor agroquímico que contribuam para a diminuição do uso do produto que fabricam?

Saliente-se, ainda, que as empresas do setor agroquímico têm suas sedes, na sua quase totalidade, nos países europeus, nos EUA e no Canadá, e, assim, essa geografia desigual do uso desses insumos no mundo revela o modo desigual como se valorizam os lugares, as regiões, os países e seus povos e suas culturas. E, insistimos, é preciso ver aqui a mesma lógica moderno-colonial que vem comandando o processo de globalização desde 1492. Há, como se vê, uma injustiça ambiental de fundo comandando a geopolítica mundial. Até mesmo as maiores fábricas de agroquímicos vêm se transferindo para os países pobres, tendo, inclusive, o acidente mais sério com milhares de vítimas ocorrido em Bhopal, na Índia, na fábrica da Union Carbide, em 1984. Há, até mesmo, um cálculo de que a indenização de uma provável vítima de contaminação na Ásia, na África, no Caribe ou na América Latina é um custo menor de que uma vítima na Europa, nos EUA ou no Japão.

1.3. Maior eficiência ecológica das técnicas — Além das medidas que procuram melhorar a imagem e contemplar um meio ambiente mais sadio, pelo menos no lado rico do planeta, o seu lado moderno, as empresas do setor agroquímico vêm procurando melhorar a eficência ecológica de suas próprias práticas reconhecendo, assim, a força dos argumentos de seus críticos. Com a simplificação dos agroecossistemas, mais aguda nas monoculturas, há uma dependência cada vez maior de insumos externos ao sistema, conforme já assinalamos. As biotecnologias de novo tipo, como a de transgênicos, podem oferecer cruzamentos genéticos que diminuam o impacto ecológico do uso de insumos, por exemplo. Podem, até mesmo, aumentar a eficência de uma espécie mais bem adaptada seja à seca seja à umidade e, com isso, melhorar as condições dos agricultores, inclusive, aumentando sua autonomia. Todavia, pode-se melhorar a eficência ecológica, aumentando o controle do mercado e diminuindo a autonomia do agricultor, como bem o demonstra a soja Roundup Ready e toda a linha chamada Terminator.

A questão não é, portanto, a de que não se possa obter menor impacto ecológico do uso de um ou de outro insumo, mas o de como fazê-lo nos marcos de uma racionalidade econômico-mercantil que teima em se manter e, com isso, impede que outras soluções baseadas em outras racionalidades mais complexas[2] possam ser encontradas ou, simplesmente, que outras matrizes de racionalidade possam se reproduzir.

Portanto, a questão para o atual modelo agrário/agrícola movido pela acumulação de capital não é simplesmente técnico-ecológica, mas sim como resolver a equação que combine a dimensão ecológica, de um lado, com a acumulação de capital de modo ampliado, de outro lado. Não é o pontecial produtivo da natureza que move essa lógica, mas sim como mitigar os impactos da vontade de acumulação, e assim a natureza é considerada desde que os marcos da racionalidade econômica mercantil sejam mantidos como *sine qua non conditio.*[3]

Assim, é preciso romper com um falso consenso que vem sendo construído entre a acumulação de capital, que tende para o ilimitado, e a problemática ambiental, que sempre requer que consideremos as condições naturais e seus limites. Assinalemos que esse consenso em torno, por exemplo, da ideologia do desenvolvimento sustentável não vem sendo construído a partir de uma análise preliminar do motivo pelo qual o atual modelo de desenvolvimento é considerado insustentável para que se bus-

[2]A lógica reducionista da simplificação está na base da moderna ciência ocidental. Ver Gonçalves, 1989, Leff, 2000; Funtowicz e de Marchi, 2001.

[3]O que se procura, aqui, é contribuir para superar o desafio ambiental e, para isso, não recusamos colocar em questão nenhuma das hipóteses para a sua análise e superação. Não há, do ponto de vista científico, nenhuma razão para não colocar em questão os agentes econômicos, a racionalidade econômica, enfim, o capital e seu agente, a burguesia.

que um modelo que seja sustentável. É como se um médico pudesse se satisfazer com os sintomas da doença para tentar curá-la, não lhe importando como teria a doença se constituído.

Há um *realismo político* que vem se colocando acima da necessidade de uma análise verdadeiramente crítica acerca das contradições socioambientais implicadas no desafio ambiental contemporâneo. Nesse caso, o que estamos chamando *realismo político* diz respeito a todo um conjunto de posições que se recusam preliminarmente a pôr em questão a dimensão econômica mercantil. Não vendo na conjuntura política atual como negar a dimensão mercantil, hoje francamante hegemônica, os que abraçam essa posição realista se recusam até mesmo a submetê-la a análise. Com isso, contribuem para aprofundar o problema que acreditam combater. É o que está presente no discurso, cada vez mais frequente, que diz ser preciso transformar a dimensão ambiental de constrangimento em oportunidade, como se fosse uma mera questão de querer. Veremos isso melhor adiante. O realismo político, em si mesmo externo à análise científica, nos impede, assim, de colocar a própria racionalidade econômica mercantil em questão, tanto quanto a dimensão política que está embutida na própria problemática ambiental do modelo agrário/agrícola.

Uma resposta dentro dessa lógica mercantil está presente no próprio exemplo da linha Roundup Ready e Terminator: o que se perde em termos capitalistas na venda do herbicida se ganha com o atrelamento da venda da semente. A expressão popular *poder econômico* precisa ser levada cientificamente mais a sério.

UM NOVO TIPO DE POLUIÇÃO, A POLUIÇÃO GENÉTICA

Já assinalamos que a diferença entre a nova e a antiga fase do desenvolvimento das relações de poder por meio da biotecnologia é (1) que se rompeu com a barreira natural de produzir organismos geneticamente modificados (OGMs) para, na atual fase, produzirem-se organismos transgenicamente modificados (OTMs), e (2) passa a ocorrer uma desapropriação/desqualificação do saber ancestral/atual ou, quando menos, uma separação entre o lugar que produz e o que usa o conhecimento, cada vez mais centralizado nos laboratórios científicos empresariais e nos países hegemônicos.

Assim, como não se sabia quais seriam os efeitos sobre a saúde humana e ao meio ambiente do uso do DDT, do ascarel, do césio, do bário, enfim, da ampliação e generalização do uso de todos os elementos da tabela periódica da química, além dos novos elementos sintéticos acrescidos a essa mesma tabela, ou ainda da energia nuclear e até mesmo do uso continuado de pílulas anticoncepcionais sobre o corpo da mulher, também não há pesquisas que assinalem os efeitos dos organismos transgênicos sobre a saúde humana e sobre o meio ambiente.

Os diferentes biomas do planeta não respondem da mesma forma às diversas ações que sobre eles se fazem. Cabe aqui distinguir uma diferença radical na relação com a natureza entre a biotecnologia histórica que nos deu os milhares de cultivares que a agricultura hoje dispõe em todo o mundo e a nova fase da biotecnologia transgênica. A tradição camponesa e das comunidades originárias do Tawantisuyo[4] e Anauac (hoje América) e da África e Ásia estabelecia um diálogo entre a cultura e a natureza, ou seja, uma seleção efetuada por um grupo humano era experimentada pela natureza, podendo ou não ser assimilada ou aceita. É como se a natureza pudesse opinar, desenvolvendo a níveis culturalmente considerados satisfatórios as sementes selecionadas. Eis a questão-chave, posto que os transgênicos laboratorialmente produzidos não estabelecem diálogos com a natureza *in situ*.

A complexidade da dinâmica de matéria e energia das regiões tropicais, sabidamente menos conhecida pela ciência ocidental[5], vê, com frequência, todo um sistema técnico-agrícola produzido a partir de uma

[4]Tawantisuyo corresponde a área limitada sobretudo pelos Quchua e aimara (Bolívia, Equador, Peru e parte da Colômbia); já o Anauc corresponde a área habitada pelos maias, astecas e outros povos do México e América Central, além de grande parte do Oeste do EUA tomados ao México, do Texas à Califórnia, entre 1845-1848.
[5]O que não quer dizer que não sejam conhecidas por meio de outras matrizes de racionalidade, como a dos indígenas e dos camponeses, por exemplo.

ciência natural pensada a partir de dinâmicas mais simplificadas das regiões frias e temperadas ser arrogantemente transplantado com consequências socioambientais danosas.

Sobre os efeitos ambientais dos organismos transgenicamente modificados, antes que formemos opiniões apressadas diante de um tema tão decisivo, é preciso considerar que estamos diante de um fenômeno rigorosamente muito recente. Sabe-se que nos EUA se consomem transgênicos somente a partir de 1994, quando foi liberado o *tomate longa vida*. A *soja RR* só foi liberada nos EUA em 1996, e só depois dessa data a *batata* e o *milho Bt*. Considerando-se que estamos mexendo com organismos que romperam barreiras naturais e que serão ingeridos continuamente, e assim vão fazer parte até mesmo do metabolismo do corpo humano, de fato, estamos diante de um tempo extremamente exíguo para afirmações definitivas. Àqueles que se colocam favoravelmente à liberação dos *organismos transgenicamente modificados* devemos lembrar essa dimensão temporal que está implicada em processos de evolução genética. Nesse caso, em particular, a lógica de curto prazo característica da razão econômico-mercantil, tão bem expressa na máxima *tempo é dinheiro*, não é uma boa companheira.

Observe-se que na máxima *tempo é dinheiro* o tempo *equivale* a dinheiro (tempo = dinheiro).[6] É preciso ter em conta que *equivaler* não é o mesmo que *ser*, e é exatamente isso que a expressão *tempo é dinheiro* insinua. Dizer que algo *equivale* não é o mesmo que dizer que tem o *mesmo valor*, e por isso diz-se que *equi*valem, isto é, que os termos comparados se equivalem *nas condições da comparação*. Assim, equivalência implica deslocamento de valor e de sentido para efeito de comparação

[6]É a mesma coisa que confundirmos a temperatura, enquanto medida de calor, com o calor, enquanto fenômeno físico. E aqui a questão torna-se particularmente palpável quando medimos a temperatura do nosso corpo e registramos febre. O conceito de febre, embora possa ter alguma relação com a sua medida, implica um avaliação qualitativa do que seja a vida e seu equilíbrio dinâmico. Não podemos superar a febre enquanto nos mantivermos no terreno da medida, para o que bastaria que se mergulhasse o termômetro, ou a pessoa, no gelo. A riqueza da água é que sacia a sede, e não seu equivalente em dinheiro. Quem quer saciar a sede sabe o que tem que fazer quando estiver diante de um pacote de dinheiro ou de um copo d'água, de uma fonte, de um rio.

(equi+vale), e, no caso específico que estamos tratando, isto é, do desafio ambiental contemporâneo, esse deslocamento de sentido tem implicações socioambientais particularmente significativas no caso dos *organismos transgenicamente modificados*. Isto porque é o tempo próprio da vida, e não o seu equivalente em dinheiro, que está implicado. Cada novo ser vivo transgenicamente modificado em laboratório vai estabelecer *in natura* relações necessariamente não controladas com os demais seres vivos, com todo o fluxo de matéria e energia, onde acaso e necessidade se fazem presentes. A análise científica e o conhecimento prático dessas relações devem ser experimentados, no sentido forte desse termo, isto é, devem ser objeto da experiência humana em sentido pleno, e não só de experiências restritas como as que se fazem em laboratório. E, aqui, sem dúvida, o tempo é senhor, se me permitem a expressão ambígua. Não podemos confundir a lógica das coisas com as coisas da lógica.

A *introdução de organismos transgenicamente modificados* (OTMs) na natureza exige, assim, tempo para saber seus efeitos. Entretanto, a questão da possibilidade de se separar ou não os *organismos transgenicamente modificados* da dinâmica do fluxo de matéria e energia natural e culturalmente existente se coloca como de extrema relevância de imediato, aqui e agora, independentemente dos seus efeitos na natureza, inclusive para a saúde humana (se é que se pode separar essa da natureza *tout court*).

Vários pesquisadores têm sido enfáticos com relação a essa questão, como o Prof. Rubens Nodari, da UFSC, que afirma "que não é possível ter os dois tipos de plantação no mesmo lugar, mesmo em plantas de autofecundação, como a soja. Veja o caso do México, que não planta transgênicos, mas já tem variedades de milho contaminadas pelos EUA. [...] Claro, não será no primeiro ano que ocorrerá a contaminação, mas depois de dez anos transportando a produção de dez milhões de hectares, aquele agricultor que quer produzir orgânico não poderá mais. Com o tempo tudo será contaminado".

É o que vêm experimentando os agricultores em todos os lugares onde tem havido plantações de *organismos transgenicamente modificados* (OTMs). Percy Schmeiser, de Saskatchewan, Canadá, em depoimento no

Fórum Social Mundial, disse: "Hoje, no Canadá, não temos uma única semente de canola que não seja contaminada — e isso aconteceu em cinco anos. Se trouxerem ao seu país a semente modificada, ela irá contaminar toda a sua produção: é impossível ter os dois lado a lado. Não vim ao Brasil dizer a vocês o que devem fazer, mas contar o que aconteceu conosco. Acreditamos no que as empresas disseram e agora estamos pagando por isso. Nós não temos mais escolha. Não deixem que isso aconteça com vocês", vaticinou.

Vários agricultores nos EUA e no Canadá, sobretudo aqueles que produzem orgânicos, vêm assinalando que suas plantações estão sendo contaminadas por organismos transgênicos. "Encontramos rastros no milho que tem sido cultivado organicamente durante os últimos 10 a 15 anos. Não há uma parede suficientemente alta para mantê-lo isolado", diz Arran Stephens, presidente de Nature's Path, empresa de alimentos orgânicos da Colúmbia Britânica (citado por Klein, N.).

O agricultor canadense Percy Schmeiser ficou famoso por ter sido processado pela empresa Monsanto, depois que sementes de canola transgênica voaram até sua plantação. O tribunal condenou-o a pagar à Monsanto 20 mil dólares, alegando que Schmeiser roubara suas sementes. "Fiquei realmente alarmado com a decisão judicial que disse que não importa como chega ao campo do agricultor, seja voando, seja por uma inundação, ou se entra na maquinaria agrícola, [a semente] não pertence ao agricultor. Pertence à Monsanto", disse Schmeiser[7] (Klein, N.).

Um dos casos de maior repercussão com relação à poluição genética é o do milho StarLink. O cultivo transgenicamente modificado destinado para animais e não apto, segundo a legislação, para consumo humano se misturou a grande parte da oferta de milho estadunidense depois que as zonas ao redor dos campos de cultivo que separavam esses cultivos se mostraram totalmente incapazes de conter o pólen transportado pelo vento. A empresa franco-alemã Aventis, dona da patente de milho StarLink,

[7]Em abril de 2001, a Monsanto recolheu 10% das sementes de canola transgênica que havia distribuído no Canadá, a partir de informes de que haviam sido contaminadas por outra variedade de semente modificada, ainda não aprovada para exportação (Klein, N.).

propôs uma solução: em vez de recolher o milho impróprio para consumo humano, por que não aprovar seu consumo para humanos? (Klein, N., in *Invisível guerra de los NGOs*).

Um grupo de agricultores orgânicos nos EUA considera a possibilidade de processar por perdas as empresas que produzem transgênicos, tamanha é a contaminação. Afinal, com a poluição genética, não há como garantir aos consumidores que querem alimentos livres de transgênicos que seus produtos são, verdadeiramente, livres de transgênicos.

Vários autores, em diferentes países, vêm acusando que há uma estratégia deliberada de *poluição genética* por parte das empresas que dominam a tecnologia de produção de organismos transgênicos. Na Argentina, por exemplo, os preços que se pagam pelo glifosato e pelas sementes transgênicas são "sensivelmente inferiores aos dos EUA ou da Europa, e a empresa Monsanto mostra uma maior flexibilidade em relação à defesa de seus direitos de propiedade sobre a procedência das sementes *RR*. Esta situação de *privilégio* é correntemente associada a uma estratégia comercial agressiva tendente a ganhar o mercado argentino, e a partir daí aceder em futuro próximo a outros países da região, como o Brasil e a Bolívia", conforme analisam Bacwell e Stefanni.

Naomi Klein também aponta na mesma direção — "com 35 países onde já há leis de etiquetação, ou onde estão em processo, poderíamos pensar que não resta outra alternativa à indústria de exportação agrícola que se inclinar ante a demanda e manter as sementes GM [*sic*] longe de suas contrapartes não alteradas e, no geral, distanciar-se dos cultivos controversos. Estaríamos equivocados. A verdadeira estratégia é introduzir tanta contaminação genética no sistema alimentício que cumprir com a demanda do consumidor de produtos livres de OGM [*sic*] pareça impossível. A ideia é, simplesmente, contaminar mais rápido do que os países podem legislar e logo mudar as leis para que se adequem à contaminação".

Essa estratégia, apontada por N. Klein ainda em 2001, parece estar se reproduzindo *ipsis litteris* no Brasil, onde, ao arrepio da lei, fez-se uma verdadeira invasão de sementes transgênicas no Rio Grande do Sul, em grande parte contrabandeada da Argentina, como assinalaram Bacwell e Stefanni, e com fortes indícios de que era do conhecimento da empresa

Monsanto, que, nesse caso, teria feito vistas grossas para o "roubo de suas sementes" e que lhes teria custado grandes investimentos.[8] Estamos diante de uma dupla moral, que, infelizmente, grassa.

Ao mesmo tempo que se põe em prática a estratégia do fato consumado, abre-se uma forte polêmica jurídica. Esclareça-se: é que, não estando os *organismos transgenicamente modificados* imersos no complexo processo de evolução das espécies *na natureza*, se está usando de um subterfúgio jurídico, o de *equivalência substancial*, para que eles sejam comercializados. Enfim, os *organismos transgenicamente modificados* são comercializados *como se equivalessem a substâncias* cujas dinâmicas naturais são razoavelmente conhecidas. Assim, nesse mundo comandado pela lógica da economia mercantil, vivemos entre o *desde que* e o *como se*, isto é, o ambiente deve ser preservado *desde que* seja compatibilizado com a lógica da economia mercantil, ou melhor, com a acumulação de capital, e seus efeitos são *como se* fossem outras substâncias cujo conhecimento já estivesse razoavelmente estabelecido.

[8]Uma polêmica decisão da Presidência da República do Brasil, em 2003, autorizou a comercialização, ainda que provisoriamente, da soja transgênica ilegalmente plantada no Rio Grande do Sul, o que colocou os produtores de soja não transgênica diante de dificuldades para garantir aos seus compradores de que sua produção não era transgênica.

Temporalidades e territorialidades em tensão

Um dos aspectos mais destacados nesse período de globalização neoliberal, que o geógrafo Milton Santos chamou muito apropriadamente de período técnico-científico-informacional, é a velocidade com que as transformações vêm se processando. O caso dos *organismos transgenicamente modificados* antes analisado nos ajuda a, concretamente, entender as profundas implicações jurídicas e políticas em curso.

Assinalemos, logo de início, que estamos imersos num tenso processo de controle do tempo, enfim, estamos diante de distintas temporalidades em tensão, com sérias implicações para o desafio ambiental contemporâneo. Há temporalidades que independem da intervenção humana, como as leis da termodinâmica (entropia), ou a sequência e duração dos dias e das noites e das estações do ano e que dizem respeito a questões fundamentais da vida como, por exemplo, a disponibilidade da energia solar (produtividade biológica primária líquida do planeta); há, ainda, aquelas temporalidades que, mesmo independentes da ação humana, decorrem dessa ação, como parece ser o efeito estufa, as poluições em geral e, tudo indica, a *poluição genética* provocada pela introdução de organismos que, tal como os elementos químicos sintéticos da tabela periódica, não são naturais, como os transgenicamente modificados.

Entretanto, é preciso um pouco mais de rigor na análise, sobretudo porque estamos diante de tensões que envolvem, além das temporalidades naturais, outras temporalidades inscritas e escritas pelos diferentes povos e suas culturas que, entretanto, terão que levar necessariamente as temporalidades naturais em consideração. Dizer que estamos diante de diferentes temporalidades inscritas e escritas pelos diferentes povos e suas culturas é dizer que se estabeleceram ao longo do tempo diferentes relações com o espaço, com a natureza, com a água, com a terra, com o ar, com o fogo e com a vida nas suas diferentes espécies e com seus diferentes tempos. Ao longo do tempo, diferentes hábitats e diferentes hábitos se constituíram conformando diferentes territorialidades por meio de muitas guerras, alianças e acordos que constituem a história de cada povo e da humanidade na sua diversidade. Tudo isso, cada povo, sua cultura, as diferentes territorialidades, assim como todo o acervo de acordos e alianças de paz e de guerra, constitui patrimônio de uma humanidade múltipla, diversa, plural. Aqui é preciso assinalar que, com a difusão por todo o mundo de um mesmo tipo de territorialidade — o Estado Territorial — e de um mesmo padrão de instituições imposto pela moderno-colonialidade com base na experiência europeia —, o sistema de três poderes de Montesquieu: o Executivo, o Legislativo e o Judiciário —, outras territorialidades não mutuamente excludentes e com outras modalidades de resolução de conflitos foram desqualificadas, como se os europeus tivessem encontrado a chave da essência e da natureza humana, levando, com isso, a um absurdo desperdício de experiências da humanidade.[1]

A velocidade das transformações em curso é, na verdade, impulsionada por uma temporalidade abstrata — a da acumulação do capital sob a forma dinheiro — que se quer acima de cada uma dessas distintas matrizes de racionalidade, com suas espacialidades e temporalidades próprias, inclusive das temporalidades e espacialidades que nos são independentes, como as naturais.

O desafio ambiental nos obriga a considerar essas distintas temporalidades e espacialidades, enfim, as distintas territorialidades que estão em tensão, impulsionadas por uma temporalidade, a do capital, com

[1]Vale registrar a ousada aventura de Boaventura de Souza Santos de tentar resgatar essas experiências num processo de produção coletiva de pesquisa jamais visto e que no Brasil está sendo publicado pela Record.

sua redução mercantil da economia, que pensa poder prescindir de sua materialidade. A natureza é *riqueza*, e não simplesmente *recurso*. Recurso, como nos ensinam os bons dicionários, é meio para se atingir um fim. Eis, no fundo, o que o desafio ambiental nos coloca: a natureza como riqueza, e não como recurso. Aqui reside, a nosso ver, o limite da razão econômica mercantil e a necessidade de se construir uma racionalidade ambiental tal como vem sugerindo Enrique Leff (Leff, 2004).

A temporalidade do capital, sobretudo nesse período técnico-científico e informacional, com sua velocidade em permanente *frenesi*, relativiza de tal forma a relação que cada povo e cada cultura estabeleceu com o espaço, com o tempo, com a natureza em geral e com sua manifestação em cada ser específico e por suas relações entre si, que termina por tornar obsoleto qualquer sistema de normas, antes mesmo que tenha sido assimilado por cada um dos que seriam responsáveis por estabelecê-lo. Se o *ethos* é o conjunto de valores partilhado em comum por um determinado grupo humano, o ritmo com que os valores são estabelecidos implica procedimentos diferenciados, inclusive de tempos que, via de regra, estão sendo atropelados, não há palavra mais apropriada, por uma lógica imperativa que se acha, ela mesma, o próprio tempo, daí *time is money*: tempo é dinheiro.

A questão jurídica se torna, por tudo o que estamos vendo, objeto de um intenso debate por todo lado, até porque se trata de estabelecer a norma legal em aberto conflito[2] de interesses cuja novidade, hoje, é a presença de novos protagonistas na luta política.

À democracia se coloca, assim, a necessidade, sobretudo, de discutir os tempos para que possamos debater seriamente a questão das territorialidades, que, enfim, é a questão das relações que homens e mulheres

[2]Nada melhor para expressar essa instabilidade generalizada quando se vê que cada vez mais se exige flexibilidade e, ao mesmo tempo, se exigem normas estabelecidas que possam servir de regras que permitam horizontes claros para investimentos. Todavia, como vimos, o período neoliberal começou com a ruptura unilateral de contratos pelos EUA, ao romper com o padrão-ouro de Bretton Woods no início dos anos 1970. E, ironia, a primeira experiência de um governo neoliberal no mundo se fez sob uma ditadura feroz, a de Pinochet no Chile após a derrubada do governo democrático e socialista de Salvador Allende.

socialmente estabelecem entre si e com a natureza num espaço-tempo determinado que, cada vez mais, implica a imbricação de diversas escalas. Afinal, é no espaço concreto que cada ser, com sua temporalidade, não só *está* como *é*.

Seria interessante considerar aqui não só as *atividades primeiras* da relação da sociedade com a natureza — a agricultura, a pecuária e os extrativismos vegetal (coleta), animal (caça e pesca) e mineral —, mas também as *atividades* que lhes seguem, *segundas* (indústria e serviços), impossíveis ecologicamente de se desenvolverem sem as *atividades primeiras* que lhes forneceriam a matéria primeira, daí dizer-se *matéria-prima*. Quanto mais as *atividades segundas* ampliem as necessidades de todos e quanto mais concentrada e desigualmente distribuídas espacialmente essas demandas — ver as diferentes pegadas ecológicas —, mais exigem que as *atividades primeiras* a elas se subordinem, e com isso estabelecem aquilo que A. Giddens chamou de desencaixe, que melhor seria chamar de des-envolvimento, implicando uma geografia do mundo moderno (e, sabemos, colonial) que tenha *povos e lugares primeiros* aos quais se impõem viver em função dos *povos e lugares segundos*, posto que estes não vivem a não ser pelo des-envolvimento dos primeiros, na medida em que têm que garantir que a matéria-energia necessária venha desses outros lugares. O atual desencaixe, para voltar a usar a expressão de Giddens, entre os lugares que detêm a tecnologia e os lugares que detêm a diversidade biológica e cultural atualiza o histórico e desigual padrão de poder moderno-colonial que está na base das tensões de territorialidades que se aguçam nesse período de globalização neoliberal.

A ideia de domesticação das espécies busca no fundo a segurança do alimento (energia) e do abrigo, enfim, o território e, com este, a questão política da liberdade, da justiça, da autonomia e da soberania. A tensão jurídica é só uma expressão dessas profundas contradições traduzidas nesse campo específico.

Alguns outros impasses políticos e ambientais do atual modelo agrotécnico de relações sociais e de poder

Estamos diante, pois, de um modelo agrário/agrícola que não só tende para a concentração fundiária e de capital como, pela exigência elevada de capital que coloca, impede a própria democratização do modelo, além de diminuir sensivelmente a mão de obra empregada e, também, a participação do trabalho na distribuição da renda nesse complexo produtivo como um todo. Na verdade, compensa-se a queda de preços dos produtos agrícolas com uma extrema concentração de capital, e, assim, um setor estratégico, como o da produção de alimentos, se desloca para as mãos de umas poucas empresas transnacionais. A produção de alimentos se coloca como um risco num setor da atividade humana cujo objetivo era exatamente o da segurança alimentar.

Os impasses desse modelo agrário/agrícola se apresentam nas diversas pontas em que se pode abordar a questão. Se a diminuição dos preços dos produtos agrícolas pode ser vista como positiva, por outro lado limita a possibilidade de agricultores que produzem com custos mais elevados acederem aos mercados.

GRÁFICO 20
Consumo de Carnes e Pescado de Ricos e Pobres no Mundo
— ONU 2002

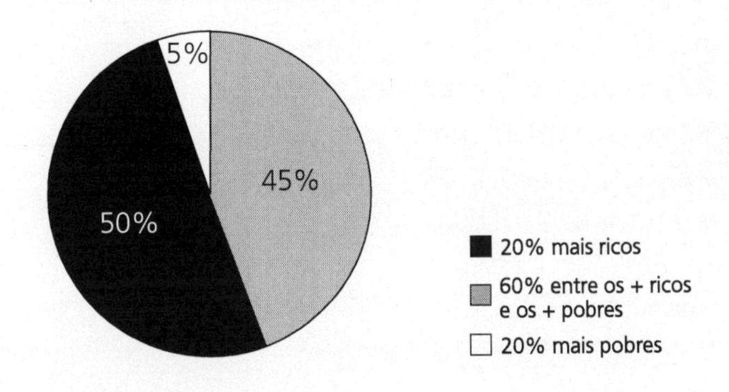

Os mercados se veem limitados para atingir os 2 bilhões e 800 milhões de pessoas no mundo que vivem com menos de US$ 2 diários, dos quais 1 bilhão e 200 milhões estão abaixo da linha da pobreza, isto é, com menos de US$ 1 diário, conforme nos informa o Programa das Nações Unidas para o Desenvolvimento (PNUD). Como baixar ainda mais os preços agrícolas para fazer com que esses quase 3 bilhões de habitantes possam, de fato, ser beneficiados por um modelo agrícola cujo aperfeiçoamento técnico já é capaz de um rendimento de 12 toneladas de grãos por hectare ou 12.000 litros de leite por vaca/ano, conforme assinala Marcel Mazoyer (Mazoyer, 2003).

Por mais que nos últimos anos se fale e se busque uma crescente liberação do comércio, o mercado internacional de produtos agrícolas não atinge mais do que 14% do total do consumo mundial, segundo a FAO. "O intercâmbio de produtos agrícolas básicos, ainda que seja importante em valor (mercantil) absoluto, só atinge unicamente uma pequena parcela da produção e consumo mundial: 10% dos cereais, por exemplo. Por conseguinte, os mercados internacionais de produtos agrícolas básicos não são mercados mundiais no sentido estrito da palavra, senão mercados residuais que tendem a ultrapassar a produção com excedentes dificilmente vendáveis" (Mazoyer, 2003). Isso significa que é no território nacional que se decide o problema da fome e da alimentação que, nesse caso, aponta na direção contrária ao processo de globalização, onde cada vez mais se fala de *commodities*. Assim, por mais que se tenha que combinar a articulação do plano nacional com o mundial, é no plano nacional que se deve colocar o foco da segurança alimentar.

Assim, há limites por cima e por baixo para que esse modelo se reproduza e se amplie. Talvez a própria mudança de nomes de agri*cultura* para agro*negócio*, como gostam de chamar o setor os seus próprios protagonistas, indique onde está o problema. No Brasil, durante o mês de junho, ocorrem festas religiosas geralmente associadas à colheita, sobretudo de milho. A expansão do agronegócio pela região Centro-Oeste do país, ocupando suas chapadas, tem feito dessa região a maior produtora de milho do Brasil. Entretanto, milhares de sertanejos no Nordeste e em Minas Gerais festejam efusivamente São João e São Pedro em Caruaru, Campina Grande, Sobral, Crato, Feira de Santana, Jequié, Montes Claros, entre tantos arraiás onde se comem canjicas, bolos de milho, curaus, quindins, pamonhas, milhos cozidos que se misturam na alegria de tantos empregos, namoros, danças e distribuição de renda implicados nessas festas. Ao que se sabe, nenhuma festa está associada às colheitas feitas com grandes máquinas e com tão poucos empregos no Centro-Oeste brasileiro, onde vem se jogando todas as fichas de um modelo de desenvolvimento no mais tradicional estilo moderno. Está aberto o espaço, pois, para a realização de uma festa-espetáculo onde uma empresa de eventos contrate artistas do *showbusiness*, como já se faz em Ribeirão Preto com a Agrishow, como é chamada a festa, ou em Barretos com a festa do Peão Boiadeiro, onde se vê uma enorme concessão simbólica à cultura dos EUA (na primeira, até mesmo pelo nome que se dá à festa — Agrishow). Ali muitos espectadores se farão presentes aplaudindo o que se passa no palco, não necessariamente tão ativos como montando barraquinhas, fazendo bandeirinhas, preparando seus doces e salgados ou dançando uma quadrilha. Com certeza, em Ribeirão Preto e em Barretos sempre há espaço para se montar uma barraca de cachorro-quente e para que se possa vender cerveja por aqueles que têm que reinventar a vida nas circunstâncias possíveis.

A cultura, vê-se, está associada à distribuição da riqueza no sentido forte da palavra, e não necessariamente ao negócio. Eis o contraste entre a agri*cultura* e o agro*negócio*. Mais uma vez, não se pode confundir riqueza com dinheiro.

O balanço que já se podia fazer da Revolução Verde, nos anos 1970, acusava que o mundo passara a viver uma situação nova e ambígua: pela primeira vez na história da humanidade a quantidade de alimentos ultrapassava as necessidades da humanidade e, como dizia Josué de Castro, a vergonha de nossa época não é que hoje exista a fome, e sim que hoje a fome conviva com as condições materiais para resolvê-la. Entretanto, a produção de alimentos vem sendo cada vez mais concentrada nas mãos de menos produtores, e em muitos lugares a implantação da Revolução Verde agravou os problemas da fome e acentuou os conflitos sociais, como é o caso da Somália (Shiva, 2001: 142) e mais recentemente do Malavi.

Talvez a principal lição dessa experiência é que não basta uma visão generosa a respeito da fome, que acredita que se trata de um problema técnico ou de distribuição, seja de renda ou dos próprios alimentos. Com a Revolução Verde, pode-se ver que a fome não se deve à falta de alimentos, e sim ao modo como os alimentos são produzidos. Atentemos, pois, para esse fato essencial: o modo *de distribuição* não é separado do *modo de produção*. Todo modo de produção é, ao mesmo tempo, um modo de produção da distribuição.[1] Talvez por tudo isso devamos ouvir com atenção o que dizem as mulheres chilenas em sua II Assembleia Nacional de Mulheres Assalariadas Temporárias da Agroexportação realizada em Valparaíso: "Necessitamos que o mundo conheça o verdadeiro custo que está por trás de uma uva, de um melão ou de um *kiwi*; não podemos permitir que chegue aos mercados do mundo o produto de nosso trabalho tornando vulneráveis os direitos trabalhistas, os direitos das mulheres. Esse custo tem nome, de Olívia, Maria, Nelly, Rosa, Flor, Carmen, e muitas outras, que significam jornadas intermináveis,

[1]Afinal, uma sociedade não organiza primeiro a produção para depois organizar a distribuição, como se fossem empresas num ciclo de produto. Na verdade, no próprio modo como se produz já está implicada a participação de cada um no resultado do processo de produção, e, assim, lá na produção, já está sendo produzido o modo de distribuição.

baixos salários, contratistas maltratadores, não pagamento de impostos, ausência de contrato de trabalho, exposição a praguicidas e enfermidades trabalhistas." São as "Mujeres Temporeras en Ruta a Valparaíso: Por aquí sale la fruta, por aquí salen nuestras demandas". Uma outra voz adentra o debate.

PARTE V A construção da geopolítica do neoliberalismo ambiental

Nota conceitual: a centralidade do conceito de território para enfrentar o desafio ambiental contemporâneo

O controle do território coloca-se como fundamental para garantir o suprimento da demanda sempre em ascensão por recursos naturais, apesar dos avanços assinalados dos *novos materiais*. A cientista social mexicana Ana Esther Ceceña assinala que, "se a tecnologia representa um dos pilares fundamentais na definição da competição internacional e para a construção da hegemonia, outro pilar de similar envergadura, ainda que de natureza muito distinta, é o território"[1] (Ceceña, 2001: 07). Assinalemos que a natureza com suas qualidades — a vida e os quatro elementos, terra, ar, água e fogo — é o que se oferece à *apropriação* da espécie humana, o que se dá por meio da cultura e da política. Tornar *própria* a natureza é, rigorosamente, se *apropriar* da matéria na sua espaço-temporalidade, conformando territórios diversos cujos limites, essência da política, resolvem temporariamente, como a história da geo*grafização* do mundo revela.

Falar de recursos naturais é falar de algo que, por sua própria natureza, existe independentemente da ação humana e, assim, não está disponí-

[1]Aliás, como já indicamos, um sistema técnico visa, sempre, a um maior controle no espaço e no tempo tanto da ação como dos seus efeitos. Sendo assim, a tecnologia não é algo que se coloque fora do território, ela o configura constituindo diferentes territorialidades. As relações sociais e de poder se fazem, também, por meio da tecnologia interna a essas relações.

vel de acordo com o livre-arbítrio de quem quer que seja. Logo, não é sem consequências políticas e ambientais que se aplica o princípio liberal da livre mobilidade dos fatores que está na base das teorias clássicas da economia,[2] no caso do acesso aos recursos naturais. Afinal, a mobilidade desses recursos quando explorados socialmente obedece às relações sociais e de poder. A acessibilidade aos recursos naturais, assim como o seu deslocamento, revelará a natureza das relações sociais e de poder entre os *do lugar*. As fronteiras, os limites territoriais, se colocam como fundamentais para entender as relações sociais e de poder, o que implicará relações de pertencimento e estranhamento (um *nós* e um *eles*), assim como relações de dominação e exploração através do espaço pela apropriação/expropriação de seus recursos.

O fundamento da relação da sociedade com a natureza sob o capitalismo está baseada na separação, a mais radical possível, entre os homens e mulheres, de um lado, e a natureza, de outro.[3] A generalização do instituto da propriedade privada, ao privar a maior parte dos homens e das mulheres do acesso aos recursos naturais, cumpre um papel fundamental na constituição do capitalismo. É interessante observar as implicações territoriais da propriedade privada na medida em que ela se constitui no eixo central da territorialidade moderno-colonial. É ela que está na base da constituição do Estado Territorial Centralizado, depois Estado-Nação, que é a forma territorial por excelência da sociedade moderno-colonial. É com base nela que se nega a diversidade de formas de apropriação (de propriedade) dos recursos naturais, mesmo no interior das fronteiras de um mesmo estado territorial. O Estado Territorial Moderno tende a ser monocultural. A colonialidade, vê-se, é mais do que o colonialismo. É

[2]Assinalemos que mesmo Karl Marx aceita esse princípio para conduzir sua análise do modo de produção capitalista, como não poderia deixar de ser para quem queria captar a dinâmica do capital. Afinal, a dinâmica do capital pressupõe a livre mobilidade dos fatores. A análise do capitalismo realmente existente mostrará nas suas formações sociais concretas como o território é fundamental para o controle dos recursos naturais e das populações, enfim, nas lutas de classes.

[3]Observe-se, portanto, que a separação homem e natureza não é somente uma questão de paradigma, embora o seja. Ela se inscreve no centro das relações sociais e de poder nas sociedades capitalistas. Enfrentar o desafio ambiental é, assim, mais do que mudança de paradigmas.

com base na propriedade privada que se instaura a ideia de territórios mutuamente excludentes que, como se vê, começa com uma cerca na escala do espaço vivido e se consagra pelo Direito Romano em escala nacional.

Além disso, como já salientamos, privar é tornar um bem escasso, e, assim, numa sociedade que tudo mercantiliza, um bem só tem valor econômico se é escasso. Assim, é o princípio da escassez, assim como a propriedade privada, que comanda a sociedade capitalista e suas teorias liberais de apropriação dos recursos naturais. Ocorre que a ideia de riqueza é o contrário de escassez, e aqui reside uma das maiores dificuldades da economia mercantil em incorporar a natureza como riqueza, como algo que é abundante, um bem comum. O desafio ambiental coloca-nos diante da necessidade de forjar novas teorias que tomem como base a riqueza e não a escassez. Enfim, exige que se vá para além do capitalismo.

É na medida em que se firma essa base, em que homens e mulheres estejam separados (expropriados) das condições naturais essenciais para a sua reprodução, que tornará cada qual vendedor de sua capacidade de trabalho e comprador de mercadorias.[4] A natureza, tornada propriedade privada, será objeto de compra e venda, e, assim, por todo lado, temos mercantilização.

Não será difícil, no interior de uma sociedade com esses fundamentos, confundir a riqueza, com sua expressão monetária, com as gravíssimas consequências ambientais já assinaladas. Ao mesmo tempo, há outras dimensões importantes para o desafio ambiental e que são específicas da relação com a natureza estabelecida pelas sociedades capitalistas: (1) separa-se quem produz de quem consome (quem produz não é o proprietário do produto) e: (2) a produção não se destina para o consumo direto dos produtores, (3) assim como *o lugar que produz* não é necessariamente o *lugar de destino* da produção.

[4]Homens e mulheres esses que, expropriados, vão passar a viver do salário. Salário é uma palavra que deriva de sal, que é aquilo que serve para conservar a carne. Assim, assalariado é aquele que vive para conservar a carne. Ou, ainda, proletários, isto é, aqueles que vivem para reproduzir a prole.

Assim, sob o capitalismo haverá, sempre, relações espaciais de dominação/exploração, tirando *dos lugares*, e mais, tirando *dos do lugar*, o poder de definir o destino dos recursos com os quais vivem. Dessa forma, é preciso não só agir localmente como agir regional, nacional e mundialmente, posto que é a sociedade e seu espaço como um todo que está implicada no desafio ambiental. Ao contrário do *slogan* — agir localmente e pensar globalmente —, tão difundido nas lides ambientalistas, que, como se vê, reduz a ação ao local. Quem agiria nas outras escalas? É, no mínimo, ingenuidade deixar de assumir a dimensão política que está implicada na relação entre as diferentes escalas, quando poderosos grupos operam em escalas supralocais, estimulando territorialidades sem governo.

O amplo desenvolvimento do capitalismo se expandindo por todo o mundo se deveu ao fato de ter conseguido revoluções sucessivas *nas relações sociais e de poder por meio da tecnologia*. A relação entre ciência e tecnologia e recursos naturais é mais íntima do que vem sendo destacada. Há um equívoco na abordagem dessa relação que deriva de se partir do pressuposto antropocêntrico de que a ciência e a tecnologia se desenvolvem para aumentar a dominação da natureza. Na verdade, o desenvolvimento da ciência e da técnica é, sempre, desenvolvimento do conhecimento humano acerca da natureza, inclusive da natureza dos humanos, e, assim, esse desenvolvimento sempre intensifica e aprofunda a relação com a natureza. Aliás, esse é o paradoxo de toda relação de dominação: afirmar, sempre, a importância do que é ou de quem é dominado. Afinal, só tem sentido dominar, com toda a energia que isso implica, se o que é dominado, sejam povos e suas culturas ou a natureza, é, de fato, importante. Deste modo, afirma-se o primado do que ou de quem é dominado, não do dominador. Afinal, o dominado poderá viver sem a dominação, enquanto o dominador jamais poderá viver sem o dominado. Essas revoluções proporcionaram, fundamentalmente, a separação entre o lugar de extração da matéria bruta, o lugar da transformação da matéria-prima (consumo produtivo) e o lugar do consumo conformando toda uma complexa logística de matéria e energia que materializa no espaço-tempo as relações sociais de poder entre os diferentes segmentos da sociedade em suas diferentes escalas: do lugar à região, ao Estado-nação em escala internacional e/ou mundial. Não teria o menor sentido aumentar tão amplamente a capacidade de extração e produção se a produção se destinasse diretamente aos que trabalham ou *aos do local* onde se dá a extração ou a produção.[5] A própria ideia de que o aumento da produção seja um objetivo a ser perseguido implica, necessariamente, que a produção não objetiva contemplar diretamente aqueles que produzem, pelo menos não na materialidade que está sendo produzida. Se a produção se destina à renda, o objetivo já não é o produto na sua materialidade, mas o dinheiro, e, assim, cria-se uma tensão entre o material e o simbólico (o dinheiro).

Deste modo, esse fato aparentemente banal está prenhe de consequências políticas e ambientais e coloca o território no centro da análise. Toda a questão passa a ser, portanto, quem determina o quanto, com que intensidade, por quem e para quem os recursos naturais devem ser extraídos e levados de um lugar para outro, assim como o próprio trajeto entre os lugares. Como se vê, é toda a questão política que está implicada no cerne do desafio ambiental, por meio do território.

O processo de produção, entretanto, não se resume às suas diferentes etapas — produção, distribuição, circulação e consumo — como comumente os economistas o veem. Há também os rejeitos — os efluentes sólidos, líquidos e gasosos —, cuja natureza físico-química está desigualmente configurada numa geografia desigual de rejeitos e proveitos nas suas diferentes escalas geográficas (nos lugares e entre os diferentes lugares, nos bairros e entre os bairros de uma cidade, nas regiões e entre as diferentes regiões no interior de um mesmo território nacional, enfim, entre os diferentes países. Como se vê, é a questão política e toda a geopolítica que está implicada no cerne do desafio ambiental, por meio do território.

[5]Relembramos que as primeiras grandes monoculturas modernas se desenvolveram nas colônias ibéricas da América nos séculos XVI e XVII, comandadas pelos europeus, com base no trabalho escravo e numa natureza pródiga, e que só foram monoculturas porque não se destinavam aos do próprio local da produção. Afinal, quem produz visando à reprodução da vida jamais faz monocultura.

Há, portanto, uma tensão permanente entre tecnologia e território, tensão essa que institui o padrão de poder mundial (Anibal Quijano) nas suas múltiplas relações de escalas imbricadas enquanto divisão territorial do trabalho (relação cidade-campo; intraurbana; interurbanas; intrarregionais; inter-regionais/nacionais e internacionais).

O capitalismo, desde o início de seu desenvolvimento, sempre dependeu da extração da matéria e da energia, inclusive da energia do próprio trabalho humano,[6] *nos mais diferentes recantos do mundo*. O colonialismo e o imperialismo foram os padrões de poder mundiais instituídos a partir de 1492 para garantir o deslocamento generalizado de matéria e energia necessárias à acumulação de capital.

Paradoxalmente, essa tensão política permanente se intensifica por meio do desenvolvimento tecnológico, o que só surpreende por se olvidar sistematicamente que a revolução tecnológica é, ela mesma, relação social e de poder. O desenvolvimento tecnológico, ou melhor, o desenvolvimento das relações sociais e de poder por meio da tecnologia, por sua própria natureza de tentar estabelecer controle sobre recursos, não se dá em todos os lugares e, ela mesma, redefine constantemente quais são os recursos naturais estratégicos.

Não podemos mais ignorar que as relações técnicas são parte das relações sociais e de poder e, assim, é mais que uma questão acadêmica. O desenvolvimento das técnicas sendo o desenvolvimento de algo que contém dentro de si relações de poder aprofunda as próprias relações de poder e suas contradições com seu desenvolvimento. Assim, ao se propor mais desenvolvimento tecnológico para superar os problemas, acabamos por agravar os problemas que se pretendia superar. Entretanto, longe de uma visão conservadora que se coloca contra o desenvolvimento tecnológico, o que pretendemos aqui é não descartá-lo, mas sim enfrentar o problema até aqui eludido, qual seja, que as relações técnicas são relações de poder para que o seu desenvolvimento seja ao mesmo tempo o desenvolvimento de outras relações de poder.

[6]Nos primórdios do desenvolvimento capitalista, na chamada acumulação primitiva do capital, essa exploração se deu da maneira mais brutal com a escravidão negra e a servidão indígena na América, com seus conhecidos efeitos na África.

O desenvolvimento de tecnologias busca, exatamente, superar essa limitação entre o poder cada vez maior de transformar a matéria e as qualidades diferenciadas com que a matéria se distribui na geografia dos lugares, das regiões, dos países, do mundo.[7] Paradoxalmente, o desenvolvimento tecnológico aumenta a dependência por recursos naturais, ao contrário do que pretende. Mesmo no período de globalização neoliberal, a reprodução do atual padrão de poder mundial continua tornando essencial o suprimento de recursos naturais, apesar da revolução (nas relações sociais e de poder por meio) da tecnologia.

Assim, há uma relação de imanência entre tecnologia e guerra, e pelo seu caráter estratégico são enormes investimentos em ciência e tecnologia. Entretanto, a garantia de que os recursos naturais estarão sob controle depende da política e, em última instância, da capacidade efetiva de exercer[8] o poder por vias militares. É o que se depreende ao ler os princípios estratégicos que norteiam a política externa dos EUA,[9] que afirma ser necessário "assegurar o acesso incondicional aos mercados decisivos ao suprimento de energia e aos recursos estratégicos" (item 3) e que, para isso, se deve procurar "garantir a liberdade dos mares, vias de tráfego aéreo e espacial e a segurança das linhas vitais de comunicação" (item 5).

O Departamento de Defesa dos EUA assinala ainda que vê seu próprio país "como a única nação no mundo que tem capacidade para projetar um poderio militar de envergadura planetária para conduzir com

[7]É o que pudemos constatar no exemplo da busca sistemática por parte dos EUA para superar a dependência do país do quartzo de alta pureza de que o Brasil detinha a maior reserva. Ele que é matéria-prima essencial ao desenvolvimento dos circuitos integrados da indústria eletrônica.

[8]Note-se que capacidade efetiva de exercer o poder de modo substantivo é *exército*. Note-se, aqui, que o verbo exercer está substantivado.

[9]"1) proteger a soberania, o território e a população dos Estados Unidos; 2) prevenir a emergência de hegemonias ou coalizões regionais hostis; 3) assegurar o acesso incondicional aos mercados decisivos ao suprimento de energia e aos recursos estratégicos; 4) dissuadir e, se necessário, derrotar qualquer agressão contra os Estados Unidos e seus aliados; 5) garantir a liberdade dos mares, vias de tráfego aéreo e espacial e a segurança das linhas vitais de comunicação" (*National Security Strategy for a New Century*. DOD, 1998, citado por Ceceña, 2001: 19).

efetividade operações militares de grande escala longe de suas fronteiras. Os Estados Unidos têm uma posição única [...] Para manter esta posição de liderança, os Estados Unidos devem contar com forças ágeis e versáteis capazes de enfrentar um amplo espectro de atividades e operações militares: desde a dissuasão e derrota de agressões em grande escala até a participação em contingências de pequena escala e o enfrentamento com ameaças assimétricas como o terrorismo" (A Estratégia de Segurança Nacional do Presidente, DOD, 1998).[10]

Não nos iludamos, todavia, como o faz um antiamericanismo ingênuo, achando que essa estratégia é exclusiva do Departamento de Defesa dos EUA. Ainda recentemente, em 1996, tornou-se público como departamentos de defesa de outros países hegemônicos atuam com a denúncia do governo da França de possível corrupção envolvendo a concorrência feita pelo governo brasileiro para a implantação do Sistema de Vigilância da Amazônia (Sivam), ganha pela empresa Raytheon, dos EUA. Na verdade, a disputa desse projeto entre França e EUA demonstra seus claros objetivos estratégicos de estabelecer o controle, por meio do conhecimento proporcionado pelo sistema de vigilância, dessa região estratégica tanto pelo seu potencial energético como de biodiversidade, como de água.

Já é lugar-comum entre os cientistas políticos, de Maquiavel a Gramsci, afirmar que as relações de poder não se esgotam no poder efetivo do seu exercício pela força (exército), embora esse poder efetivo faça parte, sempre, do jogo político. Daí falar-se, sempre, de *correlação de forças* nas análises de conjuntura. O controle de territórios pela via militar implica, sempre, um gasto de energia excessivo e, exatamente por isso, não pode ser prolongado.[11] Assim, outras estratégias de exercí-

[10]Observe-se que esse documento é de 1998 e, portanto, anterior ao governo de George W. Bush e aos atentados de setembro de 2001.

[11]Clausewitz, teórico da guerra, costumava dizer que a guerra é a continuação da política por outros meios. Deixa-nos, assim, com essa asserção, uma idéia fundamental para compreender a natureza política inscrita nas próprias relações sociais, na medida em que a política não deixa de ser a guerra desenvolvida por outros meios. Desde *O Príncipe,* de Maquiavel, pelo menos, as lutas sociais se colocam como chave para a compreensão da política.

Recursos Naturais e Presença Militar dos EUA na América Latina e no Caribe

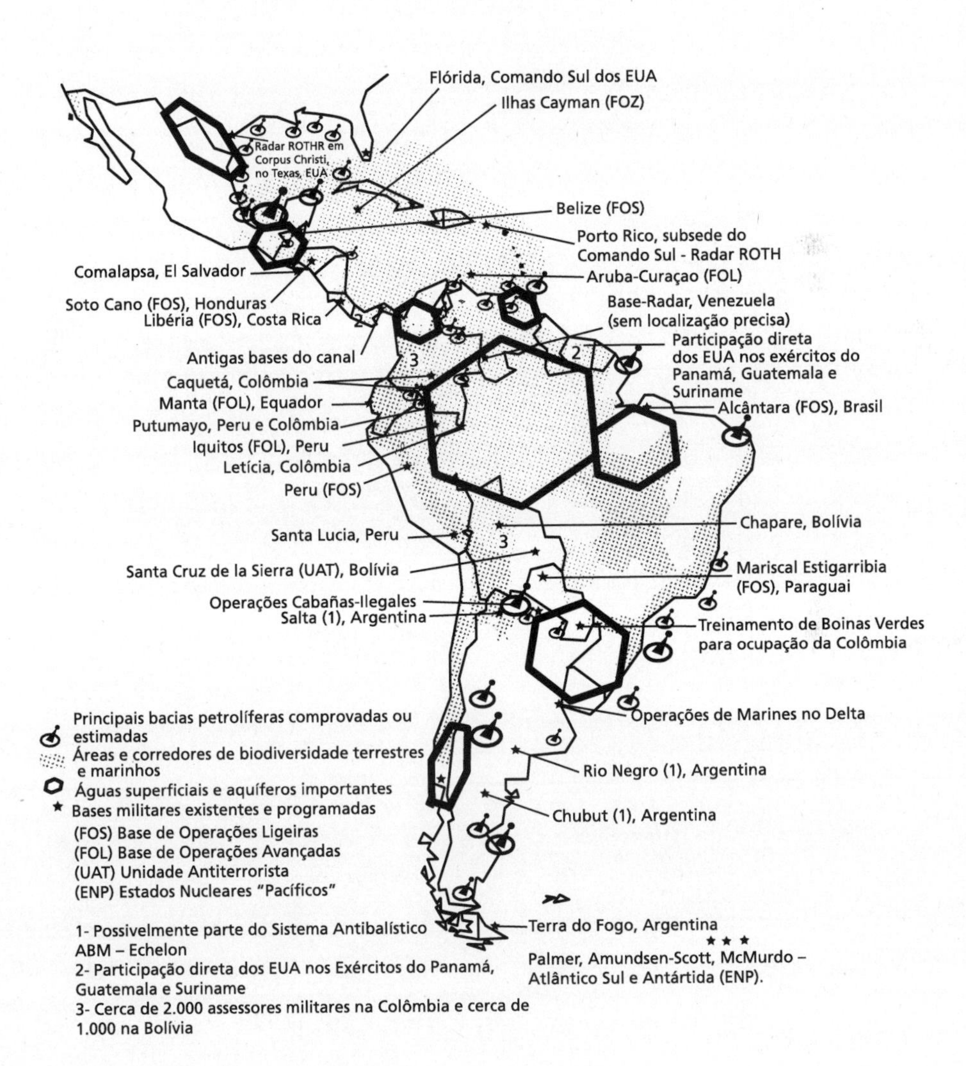

cio do poder são, sempre, postas em marcha para garantir o controle dos territórios considerados estratégicos para que o seu exercício seja, além de legal, legítimo.[12]

Nos marcos da atual revolução nas relações de poder por meio da tecnologia, três são os recursos naturais estratégicos, a saber: a energia,[13] em suas diversas fontes, a diversidade biológica[14] e a água.

A energia e a água vêm adquirindo uma importância cada vez maior, sobretudo com o desenvolvimento das indústrias químicas, de engenharia genética e eletrônica[15] e com a expansão do agronegócio. A exploração de minerais raros encontrados na natureza em proporções ínfimas, desagregados ou dispersos exige um consumo elevado de energia e de água para serem reunidos na proporção socialmente necessária induzida pela lógica da acumulação de capital e para serem tratados nas dimensões *nanoscópicas*, *finas*, *moleculares*, *atômicas* e *genéticas*.

E como o ciclo de produção não se esgota entre a produção e o consumo, enfim, com os *proveitos* de todo o esforço e criação do processo de trabalho há, sempre, *rejeitos* a serem tratados. Os rejeitos, a rigor, não são um problema enquanto (1) se mantenham dispersos e/ou (2) possam ser assimilados nos ciclos metabólicos da natureza num certo equilíbrio dinâmico no horizonte de vida considerado razoável pelas sociedades. Assim, Vida e História se encontram pela geografia política.

[12]A guerra dos Estados Unidos contra o Iraque demonstrou como se pode atualizar a velha política imperialista do *big stick*, contando, para isso, com recursos glamourizadores inimagináveis no passado como, por exemplo, uma mídia eficiente e patriótica.

[13]No caso da energia, além de considerarmos as suas formas tradicionais, é preciso incluir o alimento como tal. Por essa via todo o processo de domesticação de espécies — agricultura, pecuária, extrativismos (caça, coleta e pesca) — se torna estratégico, ainda mais com as tendências demográficas recentes onde, apesar da queda do crescimento demográfico generalizado, há um desigual crescimento entre as regiões e os países, uma tendência ao crescimento vegetativo negativo na Europa e no Japão, num contexto de aumento da polarização da riqueza entre as classes sociais, as regiões e os países. A questão, vê-se, não se coloca a partir da óptica de Malthus.

[14]Podemos dizer que a última fronteira sobre a qual o capital tem avançado é a do gene.

[15]A Califórnia tem sido a região de maior consumo de energia nos Estados Unidos. Ali também têm sido graves os problemas de abastecimento de água.

Essas questões estão hoje no centro do desafio ambiental e geopolítico contemporâneo na medida em que (1) o processo de urbano-periferização concentra populações; (2) o atual padrão de poder mundial distribui desigualmente os seus proveitos e os seus rejeitos; (3) rejeitos de novo tipo são introduzidos no ambiente — (a) os 26 elementos químicos sintéticos novos, além dos cerca de 65 elementos químicos[16] que, até 1945, não eram manipulados em menor escala (nanoscópica) e em maior volume por nenhuma sociedade e (b) os organismos vivos transgenicamente modificados (OTMs). Nesse último caso, o dos novos materiais, sobretudo os sintéticos e os OTMs, não sabemos, de modo minimamente razoável, como se comportarão no ambiente. Assim como fazia Mnesis, a deusa grega da memória, vários nomes ecoam nos convidando a tomá-los como referência: Bhopal (Índia), Seveso (Itália), Chernobyl (Ucrânia), Minamata (Japão), Tree Miles Island (EUA), glifosato, asbesto, amianto, ascarel, césio, DDT, estrôncio 90, bário, pentaclorofenato de sódio (pó da China), milho Starlink, vírus Ebola, HIV, Sars, dengue, Roundup Ready, Terminator, vaca louca...

Observemos que o que está em questão é a matéria na sua espaço-temporalidade: rejeito (lixo) concentrado em alguns pontos do espaço significa volumes de matéria não metabolizáveis numa escala de tempo razoável, mesmo quando orgânicos, e mais grave ainda quando se trata de rejeitos que implicam tempos de metabolização que se medem em milhares de anos, comprometendo as gerações de hoje e as futuras, como (1) o rejeito radiativo — o que fazer com o lixo hospitalar, com as pilhas e baterias dos celulares, transístores e relógios, com o rejeito nuclear?; (2) com os efeitos dos OTMs (organismos transgenicamente modificados) enquanto poluição genética — como se comportarão as espécies transgênicas modificadas que, como toda espécie de vida, se auto-organizam e, assim, se recombinam com outras espécies e ganham o mundo por si mesmas?; e (3) os rejeitos que se dispersam pelo ar cujos efluentes vão,

[16]O primeiro aviso em tempo de paz veio com o mercúrio na baía de Minamata, no Japão, em 1951.

no espaço e no tempo, muito além dos lugares onde são produzidos, seja como chuva ácida de efeito local, regional, planetário e transgeracional, seja como o efeito estufa ou como a destruição da camada de ozônio, ambos planetário e transgeracional. Como a dimensão do tempo é fundamental para se compreender o desafio ambiental contemporâneo, registre-se que a descoberta do DNA foi efetuada muito recentemente, em 1953. Entre essa descoberta e a manipulação transgênica propriamente dita se passaram 20 anos (1973), e sua introdução na paisagem e no nosso corpo como alimento nosso de cada dia se dá a partir de 1993-1994. Como se vê, são processos extremamente recentes quando consideramos o tempo de metabolização e de evolução das espécies.

Estamos diante, pois, de conflitos entre temporalidades distintas. Como o tempo não é algo abstrato, mas, ao contrário, se concretiza nos diversos tempos da matéria, é no espaço que esses conflitos de temporalidades se dão. Enfim, territorialidades em tensão. Na verdade, dizer que o tempo não é algo abstrato já significa um posicionamento diante das temporalidades em tensão no mundo contemporâneo, na medida em que o tempo do capital se quer um tempo de relógio e, assim, um tempo abstrato e indiferente à materialidade nas suas diferentes qualidades (espaço-temporais).

O capital não tem pátria, já ouvimos, e, assim, por meio da questão ambiental, o que se põe em debate é a natureza das relações sociais, culturais e políticas que estabelecemos com a natureza. São racionalidades distintas em conflito, sobretudo entre a racionalidade econômico-crematística levada ao paroxismo no capitalismo e as racionalidades ambientais, conforme sugere Enrique Leff.

Enfim, o que está em jogo no desafio ambiental contemporâneo é a configuração territorial que haveremos de estabelecer e, assim, é toda a geopolítica que está implicada. Ou, dito de outra maneira, o desafio ambiental se coloca no centro do debate geopolítico contemporâneo enquanto questão territorial, na medida em que põe em questão a própria relação da sociedade com a natureza, ou melhor, a relação da humanidade, na sua diversidade, com o planeta, nas suas diferentes qualidades.

A construção da geopolítica do desenvolvimento sustentável e seu neoliberalismo ambiental

Os anos 1990 podem ser apontados como aqueles em que a questão ambiental atinge maior visibilidade no cenário internacional e se constitui como um tema obrigatório na agenda política. Essa constatação é praticamente consensual, muito embora quase sempre seja destacada a institucionalização da problemática ambiental, processo que remonta a 1972, olvidando-se, assim, a tensa e intensa disputa que se dá no interior do campo ambiental e que esses próprios anos 1990 tornarão cada vez mais evidentes. Nesse sentido, não podemos perder de vista o papel exercido por certos protagonistas que, a princípio, não estavam previstos para entrar em cena, como os seringueiros da Amazônia brasileira, as populações indígenas milenares da América Latina e Caribe, da Índia, camponeses e afrodescendentes por todo o mundo que ganham um relevo cada vez mais significativo, sobretudo a partir dos anos 1980.

Assim, o debate ambiental começa cada vez mais a escapar dos ambientalistas estritamente falando. Entretanto, se o ambientalismo se expande para baixo, como acabamos de assinalar, também passa a interessar cada vez mais ao "andar de cima", sobretudo o setor empresarial e, entre esses, as grandes corporações transnacionais.

Para esse setor, em particular, a queda do muro de Berlim em 1989 e o colapso da URSS que se lhe seguiu foram importantíssimos, posto que contribuíram para afirmar a ideologia liberal, com a crítica ao Estado[1] se generalizando, inclusive com o uso amplo da expressão *não governamental*.[2]

É nesse contexto que ocorre o momento maior do debate ambiental — a Conferência das Nações Unidas para o Meio Ambiente e Desenvolvimento — a CNUMAD —, mais conhecida como Rio 92. Ali, todos os chefes de Estado do mundo se fizeram presentes, alguns constrangidos, como o presidente George Bush dos EUA, país que sairia da convenção sem subscrever os dois tratados considerados os mais importantes dos muitos ali discutidos e aprovados: a Convenção do Clima e a Convenção de Diversidade Biológica, o que dá bem conta do caráter estratégico tanto da questão energética como da diversidade biológica.

A Rio 92 assinalou, também, a primeira convenção internacional em que se reuniu um fórum paralelo, no Aterro do Flamengo, envolvendo entidades da sociedade civil organizada, movimentos sociais e ONGs, o que por si só indica a luta pela ampliação da participação democrática no mundo, o que assevera a avaliação acima feita de crise das instituições e, aqui nesse fórum paralelo, indica que a partir da sociedade se auto-organizando se busca superação.[3] Essa tensão, seja pela institucionalização,

[1]O discurso liberal conseguiu construir um verdadeiro senso comum que associa o socialismo ao Estado. Este é um dos desafios mais importantes de qualquer luta emancipatória que precisa escapar dessa armadilha que nos foi colocada pelo liberalismo, até porque, com a reforma do Estado empreendida nos marcos liberais onde este praticamente se desincumbe das questões sociais, a luta contra o liberalismo tende a ser vista como um luta em defesa do Estado e não por sua democratização e amplo controle social.

[2]É como se a crítica ao Estado saísse de uma dimensão puramente negativa, contra algo que se coloca acima de cada um, e estivesse ao alcance de todos por meio, por exemplo, da criação de uma entidade não governamental, sem burocracia — *é só querer*. O voluntarismo individualista é cada vez mais estimulado, ao contrário das lutas coletivas e comunitárias, como os sindicatos e vários tipos de associações, que passam a ser caracterizadas (na verdade, acusadas) como corporativas. Estranho caminho esse em que se acusa de corporativistas as lutas sociais de caráter coletivo e comunitário numa época onde é maior do que nunca o poder político das grandes corporações, sobretudo das transnacionais.

[3]Na Rio 92, de certa forma, se inaugura um espírito que vai ser apurado em fóruns contra o neoliberalismo, como os convocados pelos zapatistas (1996) e em Belém (2000), a grande manifestação de Seattle (1999) e, finalmente, o Fórum de Porto Alegre (2001, 2002 e 2003).

seja por sua liberalização no sentido empresarial e mercantil, seja por sua democratização e justiça social, atravessará toda a luta social no campo ambiental, desde então.

Assim, no mesmo momento em que se realizava a Conferência do Rio, tinham lugar as negociações da Rodada Uruguai do GATT (General Agreement on Tariffs and Trade). Em 1995, um ano após os zapatistas terem vindo a público, dando visibilidade aos olvidados durante 500 anos pelo sistema-mundo moderno-colonial mercantil (1994), o GATT se transforma em Organização Mundial do Comércio — OMC. Assim, desde 1995, a OMC tem se caracterizado por ser uma instituição internacional que prima pela abertura das fronteiras comerciais e, por esse meio, tem sido uma instância de afirmação dos interesses das grandes corporações transnacionais, que, sem dúvida, são as que mais se beneficiam das políticas de livre comércio, tornando, inclusive, as políticas ambientais em cada país muito mais difíceis.

A questão conceitual aqui é cristalina quando explicita a contradição entre meio ambiente e a lógica do livre comércio quando visto do prisma do conceito de território. O meio ambiente é o lugar onde não só se produz mas também onde se mora. Considere-se que todo processo de produção não só produz coisas a serem ususfruídas mas também rejeitos (fumaça, calor, rejeitos líquidos e sólidos) que não circulam entre as fronteiras, tal e como as mercadorias, como quer o livre comércio. Muitos dos rejeitos ficam e, assim, tornam-se parte do ambiente de quem fica no lugar, em benefício daqueles que só querem os proveitos que, geralmente, estão fora do lugar. O que se quer que circule livremente são os proveitos, e não os rejeitos. Eis a razão pela qual a legislação ambiental é sempre constrangida pela lógica do livre comércio. Por isso querem o fim dos territórios, como se pudesse existir uma sociedade ageográfica.

Ainda em 1992, sob a influência da Conferência do Rio, o industrial suíço Stephan Schmidheiny publica *Changing Course*, livro onde desenvolve toda uma visão que, dez anos mais tarde, em 2002, será vitoriosa em Johannesburgo (Rio + 10), conforme veremos adiante. Trata-se de uma visão que acredita que o mercado, se operado livremente, é o único meio concebível de alcançar o desenvolvimento sustentável, expressão que, cada vez mais, faz parte do *mainstream*. Ali, pode-se ler que os agentes principais de tal transição para um mundo mais sustentável deveriam ser as corporações multinacionais, as quais supostamente estenderiam princípios de administração da qualidade total e fixação de preços de acordo com os custos para acompanhar as preocupações ambientais.[4]

Assim, ante os avanços de múltiplos movimentos sociais que conseguiram imprimir ao debate um forte caráter social e de respeito à diversidade cultural, desencadeou-se uma ampla estratégia empresarial, com a ajuda de grandes organizações não governamentais, para que se condicionasse a busca de alternativas políticas aos marcos da ordem societária existente, ou seja, que se procurasse estreitar as soluções aos marcos do mercado, às regras do jogo do capitalismo, enfim, procurava-se retirar a iniciativa daquele protagonismo de ampla base popular e cultural, acreditando que o mercado é a única solução possível para qualquer problema, inclusive os ambientais.

O ideólogo Stephan Schmidheiny será, em grande parte, responsável pelos resultados da Conferência de Johannesburgo, não somente por sua elaboração doutrinária mas, também, pelo seu papel protagônico à frente do *Business Council for Sustainable Development*, instituição da qual fazem parte empresas como a Chevron Oil, Volkswagen, Mitsubishi, Nissan, Nippon Steel, S.C. Johnson and Son, Dow Chemical, Browning-Ferris Industries, ALCOA, Dupont, Royal

[4]Esses princípios não se aplicam somente a questões ambientais, vê-se hoje, e se estendem praticamente a todos os setores da vida social. Até mesmo a proteção social deve ser substituída pelo mercado ou por instituições que se baseiam na ideia de eficácia administrativa, como muitas organizações (não sem sentido chamadas) não governamentais se apresentam para substituir o Estado (Paoli, 2002). A ideia de eficiência empresarial é correlata à ideia do Estado incompetente (não-ao-estado) e essa desqualificação do Estado tem sido pretexto para que não se tenham políticas de direitos universais substituídas por práticas voluntárias. Dificilmente se veem entidades que apelam ao voluntariado — Fundação Roberto Marinho ou Instituto Ethos, entre tantas — lutando no Congresso para que se tenha políticas de caráter universal que garantam direitos, base da cidadania moderna. Houvesse direitos sociais...

Dutch Shell, Toyota, Enron, Boeing, BP Amoco, Ford, Daimler Chrysler, Texaco e General Motors.[5]

É claro que nenhum dos protagonistas implicados nas lutas sociais e políticas nesses anos 1990 sabia, a princípio, quais as novas instituições e mecanismos que haveriam de ser estabelecidos. Ainda hoje, as tensões diante da Convenção do Clima e da Convenção de Diversidade Biológica são uma demonstração inequívoca de que o jogo está longe de ser decidido. Nesse jogo, entretanto, os diferentes protagonistas em luta dispõem de condições políticas diferentes na correlação de forças extremamente desigual que vem sendo engendrada. Sem dúvida, são as grandes corporações transnacionais, as grandes organizações não governamentais e os gestores dos organismos multilaterais — Banco Mundial, Fundo Monetário Internacional e Organização Mundial do Comércio, sobretudo — os protagonistas que mais têm se beneficiado nesse período pós-Rio 92, enquanto os gestores dos Estados nacionais vêm perdendo influência e os movimentos sociais vêm tentando recuperar um poder de iniciativa, em grande parte toldados pelas organizações não governamentais que têm conseguido se inserir como as principais instituições mediadoras, substituindo os partidos políticos e outras instituições supralocais de mediação social e política.

Cris van Dam assinala que esses mecanismos se valem da ideia, que se torna hegemônica, de que há uma "inoperância e falta de imaginação dos governos, um caráter sempre piloto e microscópico das ONGs [...] ambas associadas à ideia de que o mercado pode lograr a conservação da biodiversidade através do manejo e aproveitamento sustentável dos recursos florestais, enfim, o que as políticas estatais não têm logrado: por um lado o Mecanismo de Desenvolvimento Limpo (MDL), que surge com o Protocolo de Kyoto e cujo objetivo é criar um mercado de

[5]Várias dessas empresas dão apoio, e algumas deram até membros para a atual administração George W. Bush, cujas posições com relação às questões ambientais são conhecidas. Várias dessas empresas estiveram envolvidas em escândalos de falsificação de balanços, sendo a Enron o caso mais conhecido. Esse conselho que substituiu o Global Coalition Climate tende ao mesmo destino deste. A retórica ambiental tem permitido a essas instituições evitarem o verdadeiro debate que coloca a economia mercantil como antagônica à sustentabilidade.

CO_2, no qual convergem as empresas que contaminam, geralmente situadas nos países do Norte, e os produtores florestais que sequestram carbono, geralmente situados nos países do Sul. E, por outro lado, os mecanismos de certificação florestal (MCF), que garantem a um consumidor "responsável" que os produtos que adquire provêm de um bosque ou plantação de acordo com critérios ecológicos, sociais e econômico-produtivos acordados" (van Dam, 2003).

Na verdade, tais mecanismos partem de uma idealização do funcionamento do mercado e do capitalismo com o que chamam de estratégias onde todos ganham — *win-win*.[6]

Em todos os fóruns internacionais onde se debate a questão ambiental, os anos 1990 marcam uma inflexão em direção à lógica mercantil, à lógica empresarial.

O interessante de todo esse debate é que ele se dá em torno de princípios éticos e políticos já consagrados, como os de justiça e direitos iguais (igualdade e equidade), em circunstâncias históricas marcadas por uma profunda desigualdade na geografia política mundial. E isso num contexto de enorme visibilidade diante das novas condições colocadas pela existência de meios de comunicação de massas, sobretudo pelo mais potencialmente democrático deles, que é a internet. Há, assim, uma enorme ampliação do que poderíamos chamar de espaço público que exige uma *democratização da democracia* (Boaventura de Sousa Santos, 2002), paradoxalmente num momento em que é maior o poder das grandes corporações transnacionais, inclusive de influenciar a opinião pública por meio das grandes empresas de comunicação, não só por meio dos noticiários, que F. Guatari chamou *produção capitalística da subjetividade* (do modo de vida), sobretudo nos intervalos comerciais. A tensão entre o interesse público e o privado ganha dimensões globais em cada lugar, em cada país.

Não podemos deixar de considerar que Acordos Multilaterais Ambientais (Convenção do Clima, Convenção de Diversidade Biológica, e os

[6]Jogo de palavras derivado de *winner*, vencedor, em inglês.

mecanismos MDL e MCF, entre eles) estão dando um novo desenho ao padrão de poder histórico do sistema-mundo moderno-colonial, onde a dívida externa dos países situados no polo dominado tem sido um instrumento de imposição dos interesses dos países situados no polo dominante e de suas empresas transnacionais, cada vez mais envolvendo grandes organizações não governamentais.[7]

Assim, nas negociações envolvendo a relação entre Estados, ONGs e setores empresariais de grande porte, sobretudo transnacionais, a dívida externa tem se mostrado um poderoso instrumento de pressão, onde credores (países e empresas transnacionais) e agências multilaterais como Banco Mundial, o FMI e a OMC, em destaque, conseguem impor condições, sobretudo visando ao livre comércio e ao des-*envolvimento* de comunidades, de regiões, de países.

Essa pressão começa com o simples e decisivo fato de a dívida externa ser contraída em moeda que os países devedores não emitem e, para obtêlas, têm que se submeter ao mercado externo vendendo a quem paga em dólares, ou outra moeda, os produtos que, não necessariamente, são prioritários para suas próprias populações. Assim, expressões como *dívida externa* vão sendo banalizadas, olvidando-se todas as implicações, inclusive políticas, que contêm. Afinal, quando se diz *dívida externa*, significa dizer que os países e os povos devem dedicar seus melhores esforços, suas melhores inteligências, além de seus melhores solos e subsolos para o exterior, o que, concretamente, implica que não são os produtores diretos nem os lugares em que vivem que estão sendo prioritariamente visados com a produção. Essas são as regras do jogo da geopolítica mundial que estão subjacentes aos mecanismos econômicos e que vêm conformando uma nova divisão ecológico-territorial do trabalho.

As instituições internacionais, com destaque para o Banco Mundial por suas iniciativas no campo ambiental, mas também o FMI e a OMC, têm procurado fazer com que a crise da dívida não se transforme em crise

[7]As 500 maiores empresas do mundo detêm o equivalente a 51% do produto mundial e empregam somente 1,6% da força de trabalho do planeta.

de crédito, para o que o meio ambiente tem sido um campo privilegiado, como veremos a seguir. Diferentes protagonistas vêm contraditoriamente contribuindo para instituir essa nova des-ordem geopolítica sob o signo do neoliberalismo ambiental. Assim, para além dos protagonistas que procuram se afirmar reproduzindo o histórico padrão de poder do sistema-mundo moderno-colonial há outros sujeitos/grupos/classes sociais/povos/etnias que se forjam por meio de *r-existência*[8] para afirmar outras relações e outros valores.

O LUGAR DOS ORGANISMOS MULTILATERAIS I: O PAPEL DO BANCO MUNDIAL

O Banco Mundial foi um dos principais alvos da crítica ambientalista durante os anos 1980 por seu fomento às condições gerais de produção para estimular o des-*envolvimento* na África, América Latina e Ásia, em particular, por seu estímulo à construção de hidrelétricas e construção de estradas para a expansão das fronteiras do mercado nos anos 1970 e 1980.

O Banco Mundial não permaneceu insensível às pressões que advinham da sociedade e, à sua maneira, passou a exercer um papel fundamental na contrução do desenho de uma ordem ambiental neoliberal, sobretudo nos anos 1990. Para isso, tem sido central o papel que exerce via Global Environment Facility, mais conhecido como GEF. No GEF, a ideologia neoliberal emana cristalina nas próprias palavras de seu diretor executivo, Mohamed T. El-Ashry, que, em 1998, afirmava que,

[8]R-existências porque são protagonistas que não só resistem, o que implicaria que somente reagem a ações de outros que, assim, são os que têm iniciativa e se apresentam como principais. Na verdade, as r-existências nunca são resistências somente, até pelo fato de que são ações cujos protagonistas trazem consigo muito de seus valores próprios e cuja iniciativa de quando e de como agir sempre depende do modo como avaliam por si mesmos, segundo seus valores, as circunstâncias. São ativos, por isso, *r-existem* mais do que resistem. Não olvidemos que protagonista é, rigorosamente em grego, aquele que luta para ser o princípio da ação. Daí é que vem príncipe, qual seja, aquele que tem a perrogativa da iniciativa, de ser o princípio da ação. O protagonismo, hoje, vai muito além d'O *príncipe* de Maquiavel e anda pelos assentamentos de sem-terra, anda fazendo piquetes com os *piqueteros* argentinos, bloqueando estradas com os indígenas e camponeses bolivianos, equatorianos e colombianos, ou fazendo empates com os seringueiros.

> trabalhando de perto com mercados energéticos dos países em desenvolvimento, testemunhamos uma mudança dramática no balanço relativo aos setores público e privado, confirmada por uma série de medidas. Dentre essas estão a participação declinante do setor público como porcentagem da atividade econômica e o crescimento dramático do investimento estrangeiro direto relativo a todas as formas de ajuda bilaterais e multilaterais. Fazendo um *ranking* com base no retorno econômico, as companhias privadas estão crescentemente desbancando os governos como os mais importantes agentes econômicos no mundo. Tal tendência ressalta a importância do setor privado como o motor criativo para o desenvolvimento tecnológico e como agente mais importante de transferência tecnológica. Numerosos estudos em diferentes partes do mundo, debruçados sobre setores econômicos diferentes, mostraram que a transferência tecnológica é hoje um subproduto de transações envolvendo companhias multinacionais [...]. *Nas nações em desenvolvimento, entretanto, as principais barreiras ao investimento do setor privado e à transferência tecnológica permanecem as tradicionais restrições à propriedade estrangeira, ausência de proteção à propiedade intelectual e políticas preferencais favorecendo empresas domésticas ou do setor público, entre outras [...].*

(El-Ashry, *apud* Nobre e Amazonas: 2002: 292. Os grifos são meus). É sob essa direção ideológica que o GEF vem operando.

O conflito entre o interesse público e o privado, entre o público e o mercantil, vem se dando até mesmo entre os organismos multilaterais. Nesse sentido, "é significativo que o Banco Mundial tenha expressado sua preocupação com respeito ao fato de que a abordagem do PNUD é excesivamente orientada em função dos governos, em lugar de estar sintonizada com a necessidade de assegurar que o investimento do GEF apoie inciativas do setor privado" (Porter et al. *apud* Nobre e Amazonas, p. 299).

A criação do Global Environment Facility sob a responsabilidade do Banco Mundial, ao contrário do Relatório Brundtland, onde houve participação dos diversos países e até mesmo audiências públicas em vários lugares, teve sua institucionalização de modo quase secreto, "sem participação pública, sem envolvimento de representantes legais dos diversos países, sem acesso às informações e sem discussão sobre possíveis alternativas ao modelo apresentado" (Nobre e Amazonas, 2002: 289 e Rich, 1994: 176-177). Diga-se de passagem que é sob a *responsabilidade técnica*[9] do GEF que as Convenções de Diversidade Biológica e de Mudança Climática Global estão sendo gerenciadas.

Registre-se que o STAP (Scientific and Technical Advisory Panel), órgão de aconselhamento técnico e científico do GEF, é formado por 12 cientistas escolhidos

> numa lista de aproximadamente quatrocentos especialistas (*roster of experts*) que avaliam criticamente as propostas de projetos. [...] No ano contábil de 1997, apenas 46 dos quatrocentos especialistas foram chamados a intervir, sendo que 25 deles provinham dos Estados Unidos e sete do Reino Unido. Vale mencionar o fato de que metade dos especialistas escolhidos nesse ano já tinha sido chamada no ano anterior, proporção que era ainda maior nos anos anteriores. Tanto o Banco Mundial como o Programa das Nações Unidas para o Desenvolvimento — PNUD — favorecem especialistas com que já trabalharam antes, de modo que, da lista de quatrocentos especialistas, pode-se dizer que, de fato, trinta deles são permanentes (Nobre e Amazonas, p. 301).

Assim, é uma visão fortemente influenciada por um determinado modo de produção de verdades, a racionalidade instrumental científica ocidental, sobretudo com os princípios da economia neoclássica e cada vez mais neoliberal, que vem comandando órgãos como o Banco Mundial, no caso por meio do GEF. As políticas ambientais se veem fortemente restringidas por essas condições colocadas diante do desafio ambiental contemporâneo que, assim, só podem ser implementadas *desde que* aceitem esses pressupostos.

Se no próprio corpo da sociedade as relações sociais e de poder cotidianas têm se colocado cada vez mais como assimétricas, como vimos constatando, o que se vê também nas instituições multilaterais, a hegemonia da

[9]Já sabemos o que significa *responsabilidade técnica*.

lógica monetária e financeira tende a ampliar essas desiguais e assimétricas relações sociais e de poder em vez de atenuá-las, contradizendo-as.

O LUGAR DOS ORGANISMOS MULTILATERAIS II: O PAPEL DO FMI

Há uma evidente relação não só entre a dinâmica geral do capitalismo e a tendência para a homogeneização das atividades de domesticação de plantas e animais, como, nos últimos anos, vem ocorrendo uma expansão desses agroecossistemas monocultores capitalistas em direção a áreas ricas em diversidade biológica. Para isso tem havido grande estímulo por parte das políticas de ajuste estrutural recomendadas por instituições internacionais, como o FMI, o Banco Mundial e, cada vez mais, a OMC.

Até muito recentemente, isto é, até os anos 1980, muitos autores assinalavam que grande parte dos problemas de investimento nos países situados na periferia do padrão de poder mundial se devia à saída de recursos financeiros, fruto de uma troca desigual entre produtos manufaturados *vis-à-vis* os produtos primários e, ainda, pelo pagamento de juros de empréstimos. Nos últimos anos, por influência de economistas monetaristas e liberais, em grande parte formados em universidades dos EUA, há uma tendência em localizar os problemas desses países no chamado déficit público, e, assim, toda a política tem sido no sentido de resolver esse problema mediante o corte de gastos públicos, geralmente em setores ligados a direitos sociais universais (saúde, educação, previdência social, por exemplo), diminuição dos serviços públicos propriamente ditos (inclusive aqueles ligados ao meio ambiente) e, por outro lado, políticas de juros altos ou com medidas cambiais que procurem favorecer a exportação, visando à entrada de dólares no país. Essas políticas conhecidas como de ajuste estrutural vêm, de diferentes maneiras, trazendo sérios danos ao meio ambiente e particularmente a perda de diversidade biológica com o incentivo à expansão da agricultura de exportação.

Diz Danielle Knight que, "nas Filipinas, os altos índices de perda de biodiversidade foram determinados pela exploração madeireira e as pressões demográficas". E, superando a conservadora visão malthusiana, que vê a população destituída de relações sociais e de poder, acrescenta: "De todos os modos, a densidade de população é, por sua vez, consequência de outros fatores históricos e socioeconômicos atuais, em especial da desigualdade entre os poderes político e econômico."[10] Em Cebu, a ilha filipina com maior densidade demográfica e com uma larga história de colonização, quase todo o hábitat natural foi perdido. "A concentração da propriedade da terra tem empurrado muitos camponeses pobres para terrenos marginais onde praticam uma agricultura destrutiva, baseada no corte e queima", apontou. E acrescenta Danielle Knight:

> Na Tanzânia, a pobreza e a falta de compromisso governamental para a proteção do ambiente estão fomentando a destruição de terras úmidas e de manguezais. Como os impostos são quase exclusivamente recolhidos pelos governos intermediário e central, as administrações locais carecem de fundos para melhorar a infraestrutura. A perda de biodiversidade na Tanzânia também tem sido fomentada por programas de ajuste estrutural prescritos pelo Fundo Monetário Internacional (FMI) como remédio para recuperar a estabilidade macroeconômica e promover o crescimento.

Acrescente-se que essa concentração de recursos nos níveis administrativos mais centralizados tem sido uma das exigências dessas políticas de ajuste estruturais recomendadas pelo FMI e Banco Mundial, que, por outro lado, procuram estimular organizações não governamentais a atuarem nos níveis locais com o apoio a pequenos projetos.

O documento ainda assinala que:

"Ao mesmo tempo que os câmbios políticos impulsionam a produção para exportação, se reduz o orçamento nacional e, portanto, há escassez de fundos para monitorar e fazer cumprir as leis que protegem os ecossistemas de manguezais na Tanzânia." A partir deste e outros casos estudados, o documento recomendou que os governos nacionais, responsáveis por corrigir as causas da perda de biodiversidade, reco-

[10]Para maiores detalhes, consultar www.tierramerica.net.

nheçam que existe um profundo conflito entre a busca do desenvolvimento econômico tal como se coloca hoje e a preservação da biodiversidade.

"É necessário criar novos processos nacionais para definir e resolver esses conflitos", insiste o documento, e também urge às instituições internacionais como o Banco Mundial e o FMI criar incentivos e não desalentar o desenvolvimento sustentável e a conservação da biodiversidade. Os tratados internacionais sobre ambiente se veem contrariados por grande quantidade de medidas negativas que conspiram contra o desenvolvimento sustentável, diz o informe. "Em primeiro lugar, a economia internacional é empurrada a adotar características globais que estão cada vez mais definidas por corporações privadas", assinala.

Ao mesmo tempo, agrega, "as nações se veem obrigadas a ceder seu papel como reguladoras de recursos a setores econômicos, enquanto os acordos comerciais formulados para reduzir as barreiras entre países são cada vez mais usados para evitar que os governos regulem produtos ecologicamente destrutivos".

A conclusão do documento não podia ser mais contundente. Nele pode-se ler:

> Se a comunidade internacional está verdadeiramente determinada a diminuir a perda de biodiversidade, então necessita fazer mais para compreender o impacto ambiental do sistema internacional de incentivos e levar esse sistema a um equilíbrio com os objetivos de desenvolvimento sustentável.

LIGAÇÕES PERIGOSAS I: O LUGAR DAS ONGS NA CONSTRUÇÃO DO NEOLIBERALISMO AMBIENTAL: O ICBG E A ESTRATÉGIA DOS EUA DE CONTROLE DA BIODIVERSIDADE

Em face da geografia política que o mundo de hoje nos oferece, onde o domínio da tecnologia está de um lado, nos países do polo hegemônico do padrão de poder mundial, e a diversidade biológica e cultural de outro,[11] na África, na Ásia, na América Latina e no Caribe, os Estados e as empresas do complexo químico-farmacêutico-alimentar, com sede no primeiro grupo de primeiros países, se lançam numa busca sistemática para controlar os recursos genéticos, assim como da energia e da água, conforme veremos adiante.

Para isso, a tríade Estado-Empresa-Ciência nos mostra como a especificidade de cada lado se complementa para garantir as estratégias de controle. A relação entre Estado e empresa permite pôr em prática estratégias de legitimação por meio de universidades usando, para isso, tanto mecanismos de pressão econômica como militar. A cientista social mexicana Ana Esther Ceceña tem salientado que "a articulação das decisões militares e os projetos de investigação da natureza ou de apoio ao desenvolvimento não é evidente. Só se percebe ao revisar os cruzamentos entre universidades e agências de investigação, o Departamento de Defesa, o de Energia e o de Saúde, assim como a composição dos diretórios ou conselhos de administração de organismos aparentemente não governamentais e/ou agências governamentais" (Ceceña: 2001: 22). É o que se depreende do programa estratégico envolvendo empresas e universidades constituído pelo governo dos EUA, visando ao controle da biodiversidade em escala mundial e, assim, garantir a primazia no campo da biotecnologia (remédios, sementes e bioquímicos em geral) — ICBG.

Trata-se do International Cooperative Biodiversity Group (ICBG), programa que vem contando, inclusive, com apoio de instituições multilaterais, como o Banco Mundial. O ICBG é coordenado pelo Technical Assessment Group (TAG), formado por três órgãos estatais dos EUA, a saber: Serviço de Agricultura Estrangeira (FAS), a Fundação Nacional

[11]A Europa e os EUA são de uma espantosa pobreza genética, em virtude das monoculturas que o desenvolvimento capitalista vem lhes impondo há séculos. Suas agriculturas, mais os EUA que a Europa, têm enorme dependência de sementes captadas em todo o mundo.

de Ciência (NSF) e o Instituto Nacional de Saúde[12] (NIH). Atente-se para a tríade — Agricultura, Ciência e Saúde.

O programa está organizado de forma a garantir o mais amplo controle possível por parte do Estado americano em benefício de empresas cujos proprietários são residentes no país. Tal programa se realiza por meio de programas associados divididos em três linhas estratégicas, a saber: 1. Conservação da Natureza; 2. Desenvolvimento Econômico; e 3. Descobrimento de Drogas Medicinais. Em todos os programas devem estar presentes empresas que, ao financiar parte das investigações, podem patentear os resultados das pesquisas. Observe-se que o componente jurídico está presente nas equipes interdisciplinares dos diferentes programas associados, visando a garantir a propriedade formal em favor das empresas.

Para garantir o controle político num setor de tamanha importância estratégica, qualquer que seja o programa associado, a instituição-líder só pode ser uma organização não lucrativa dos Estados Unidos. São elas que formulam os termos de referência para os diferentes programas associados dos quais podem participar instituições, lucrativas ou não, aí sim, de países diferentes. Destaque-se que todos os programas associados estão sendo desenvolvidos em países da América Latina, África e Ásia.

É interessante observar a sutileza na relação entre Estado e Empresa, assim como a geopolítica implicada no ICBG. Atentemos, antes de tudo, que a instituição líder de qualquer programa de pesquisa deve ser, além de estadunidense, uma instituição *não lucrativa*. Deste modo, o Estado procura garantir seu papel enquanto mediador entre as grandes corporações interessadas no campo. É importante sublinhar esse caráter de *projeto estratégico nacional* dos EUA, na medida em que o nacionalismo tem sido um dos principais alvos de críticas quando se tenciona praticá-lo

[12]O NIH é formado pelo Instituto Nacional do Coração, Pulmão e Sangue (NHLBI); pelo Instituto Nacional de Abuso de Drogas (NIDA); pelo Instituto Nacional de Saúde Mental (NIMH); pelo Instituto Nacional de Alergias e Enfermidades Infecciosas (NIAID), pelo Instituto Nacional do Câncer (NCI) e pelo Centro Internacional Fogarty (FIC), sendo que este último é o coordenador do Programa de Biodiversidade e, assim, na prática, o diretor do ICBG.

em favor dos interesses de outros países, sobretudo aqueles do polo dominado no padrão de poder mundial. Devemos observar, ainda, que, garantido o controle por uma entidade estadunidense, se podem estabelecer relações com grandes corporações mesmo de outros países, como é o caso da Molecular Nature Limited,[13] fundada em 1999, que é de Gales, na Grã-Bretanha (Gimenez: 2001: 176).

É preciso observar que essas investigações implicam investimentos elevados, e a relação entre Estado e Grandes Corporações se reveste, particularmente nesse caso, de um caráter estratégico central para ambos. As grandes corporações necessitam de segurança, sem o que não podem operar nos países onde estão as informações genéticas. O Estado, no caso os EUA, garante essa segurança não só pelo poderio militar incontestável, como pela pressão que a diplomacia dos EUA exerce para que se aprovem legislações favoráveis ao livre acesso aos recursos genéticos, como a leis que garantam barreiras de acesso por meio da propriedade[14] (propriedade privada intelectual, patentes). Por outro lado, essas investigações do ICBG, além de procurarem garantir o controle sobre esses recursos genéticos estratégicos, estão relacionadas com pesquisas sobre doenças tropicais, como as que se desenvolvem na Ásia e na África, que permitem, entre outras coisas, encontrar antídotos contra vírus e bactérias endêmicas de áreas tropicais que possam prejudicar uma eventual ação do exército dos EUA nessas áreas quando julgarem ameaçados seus interesses (Ceceña, 2001: 25). Observe-se que, no caso em que uma região estratégica seja considerada de risco do ponto de vista político, é o próprio exército dos EUA que assume diretamente o papel de instituição líder, como na Nigéria (Veja Quadro Institucional).

A dimensão geopolítica do ICBG ganha maior relevância quando observamos que, além de ser grande o montante de capital exigido para pesquisas nesse campo,[15] as políticas de ajuste estrutural recomendadas

[13]Empresa que surgiu da venda da gigante do ramo da biotecnologia Xenova Discovery Limited, fundada em 1987.

[14]Não esqueçamos que a propriedade privada priva.

[15]O que exclui a maior parte dos países da América Latina e Caribe, África e Ásia.

QUADRO INSTITUCIONAL DO ICBG

COORDENAÇÃO GERAL — TAG				
PAÍSES	**Instituição Líder**	**Instituição Associada A***	**Instituição Associada B****	**Empresas**
México — ICBG Maya	Universidade da Geórgia		ECOSUR	Molecular Nature Ltd. (Grã-Bretanha)
Panamá	Smithsonian Tropical Research Institute	Walter Reed Army Institute of Research; Conservation International; Gorgos Memorial Institute of Health in Panama; Nature Foundation in Panama; Honsen's Disease Center in Louisiana	Universidade do Panamá	Monsonia Co. (EUA)
Madagascar Suriname	Virginia Polythecnic Institute	Missouri Botanical Garden; Conservation International; National Center for Pharmaceutical Research in Madagascar		Bristol-Myers Squibb; Dow Elanco Agrosciences e Surinam's Medicine Distribution Co.
Camarões/Nigéria	Walter Reed Army Institute of Research	Universidade de Minnesota; Universidade de Utah; Smithsonian Institute; Bioresources Development and Conservation Program; Universidade Pace de New York; International Center for Ethomedicine and Drug Development in Nigeria; Universidade de Dschang em Camarões	Universidade de Jas	
Peru	Universidade de Washington	Missouri Botanical Garden	Universidade Gayetana Heredia e Universidade San Marcos	G. D. Searle & Co (subsidiária da Monsanto) (EUA)
Vietnã Laos	Universidade de Illinois		Instituto de Química do Vietnã	Glaxo Welcome (Grã-Bretanha)
México/Argentina Chile	Universidade do Arizona	Honsen's Disease Center in Louisiana	Universidade Autônoma do México; Instituto Nacional de Tecnologia Agrícola na Argentina; Universidade Pontifícia Católica do Chile	Wyeth-Ayerst Lab. e American Cyanamid Co.

Fonte: Revista *Chiapas* nº 12, p. 174.
*Instituições com sede em países hegemônicos.
**Instituições com sede nos próprios países onde se dão as investigações.

pelos organismos multilateriais vêm diminuindo, de modo significativo, a capacidade de investimentos em ciência e tecnologia naqueles países que, mesmo fora dos centros tradicionais de desenvolvimento científico, conseguiram montar estruturas de investigações importantes, como o Brasil, a Argentina, o México, entre outros. Uma das consequências mais graves dessa diminuição de verbas para pesquisa é a busca de financiamento por parte dos pesquisadores num verdadeiro mercado de varejo e, com isso, toda uma massa crítica de cientistas acaba se envolvendo com projetos cujos objetivos políticos estratégicos desconhecem. Deste modo, contribuem para reforçar as desiguais relações de poder que tanto caracterizam o mundo de hoje, como as implicadas nesse projeto do ICBG.

Os procedimentos das pesquisas no ICBG envolvem uma divisão do trabalho onde, quase sempre, (1) a coleta de informações e obtenção de extratos naturais pelas instituições associadas junto às comunidades camponesas, indígenas, quilombolas, pescadores e ribeirinhos, invariavelmente, (2) são enviadas às universidades estadunidenses para provas em laboratório e identificação de princípios ativos que possam levar (3) à obtenção de patentes e proteção legal para a comercialização dos produtos por parte das empresas associadas, todas dos EUA ou da Grã-Bretanha.

Estamos diante, pois, de um verdadeiro complexo industrial-científico de caráter estratégico, o que torna provável que a relação entre Estado e Grandes Corporações seja da mesma natureza da que assistimos recentemente entre o Estado e as grandes cadeias de comunicação na guerra dos EUA contra o governo do Iraque, quando essas empresas da mídia assumiram publicamente uma perspectiva pró-governamental. Afinal, ali também ficara evidente a imbricação dos interesses estratégicos do Estado com as grandes corporações do mundo das comunicações.

O ICBG: DIREITOS PATRIMONIAIS E INDIVIDUAIS SOBRE RECURSOS GENÉTICOS

O conhecimento científico tem sido invocado para legitimar programas como o ICBG, sobretudo em nome dos benefícios que estariam trazendo à humanidade. O campo da saúde se coloca como dos mais visados para legitimar essas pesquisas. Haveria uma ética sublime na cura e, muito embora a cura possa ser obtida a partir de diferentes matrizes de racionalidade, a racionalidade científica ocidental se apresenta como sendo a única com pretensão universal.[16]

É o que se vê numa das questões mais controversas implicadas na divisão de trabalho desigual estabelecida no escopo do ICBG, que diz respeito à obtenção de informações genéticas (acesso ao gernoplasma). A biopiratária vem operando sobretudo por meio daquilo que os cientistas chamam de *coleta ao azar*, prática em que o recolhimento das espécies vivas se dá sem nenhum critério prévio, aleatoriamente. Este é o sistema mais caro de coleta. Todavia, o que temos visto dominar, na prática, não é propriamente biopirataria, mas sim etnobiopirataria, posto que o que se recolhe são as informações sistematizadas pelas comunidades camponesas, indígenas ou de afrodescendentes. Não é a planta ou o animal que se leva simplesmente, mas sim a informação construída por um determinado povo por meio de sua cultura. Assim, falar de biopirataria é estar se olvidando dos prováveis direitos que teriam as populações que tradicionalmente teceram seus conhecimentos em íntima relação com os ecossistemas.

As razões invocadas para não se reconhecer direitos a essas populações vão desde (1) o fato de que a maior parte dessas populações não fez registro por escrito dos seus conhecimentos, (2) até o fato de que não se pode individualizar quem, nessas comunidades, detém o conhecimento e (3) mesmo entre as diferentes comunidades, qual delas deve receber ou (4) até mesmo entre os países que detêm conhecimentos similares, a quem se deve reconhecer os direitos de propriedade. Deste modo, o conhecimento dessas populações é apropriado e seus possíveis direitos são ignorados pelo simples fato de não fundarem suas relações

[16]Contraditoriamente, para esse conhecimento, que seria de interesse universal, não se admite que venha a se tornar patrimônio comum da humanidade, como frequentemente se insinua, para a riqueza em diversidade biológica de regiões como a Amazônia e a América Central e Caribe.

sociais, via de regra comunitárias, com base no indivíduo, e toda a rede discursiva e jurídico-política que daí deriva e que tem na propriedade privada individual seu eixo de sustentação, a que o Direito Romano dá a sistematização formal.

Já indicamos que o conhecimento se acha inscrito na língua de cada povo e, como toda língua, trata-se de uma construção social e, portanto, trata-se de um patrimônio comum e não plenamente individualizável. Só a ignorância dessa realidade pode levar ao ridículo do patenteamento de uma espécie viva como o cupuaçu, como se viu recentemente.

Os conflitos derivados de diferentes modos de apropriação da natureza têm sido cada vez mais frequentes, já tendo atingido, inclusive, o próprio ICBG. O Conselho dos Povos Indígenas Aguaruna e Huambisa, no Peru, se negou a firmar um convênio de cooperação "quando pediu uma cópia do contrato em espanhol, [e] o ICBG não o entregou porque supostamente não havia recursos suficientes [para a tradução]. A RAFI (Rural Advancement Foundation International) assegura que o projeto iniciou a coleta de amostras vegetais em 1995 sem que o Conselho Indígena Aguaruna e Huambisa tenha dado sua aprovação" (Gimenez, 2001: 184).

É interessante observar as condições contratuais propostas que revelam muito das verdadeiras intenções dos proponentes dessas investigações e como avaliam os diferentes participantes do projeto. Ainda segundo a RAFI, "a subsidiária da Monsanto doará à Universidade de Washington 15.000 dólares por um período de quatro anos, a ser utilizado para o benefício dos participantes na coleta. Também pagarão um prêmio de até 1% se o produto objeto da licença "*incorpora o extrato vegetal, o produto natural ou sintético, ou seu análogo, ou o isômero do mesmo presentes no dito extrato vegetal*". A metade desse 1%, ainda segundo Gimenez, será utilizado para reembolsar as instituições individuais pelos gastos que tenham realizado durante a coleta. O dinheiro restante se divide em quatro partes iguais, a serem repartidas entre os quatro participantes, um dos quais se denomina "comunidade ou povo indígena, ou outros colaboradores dentro ou fora da área de coleta, de quem se obteve a informação original que conduziu ao desenvolvimento de quaisquer patentes que cubram o produto objeto da licença" (Gimenez, *idem*: 185).

Esse projeto do ICBG realizado nos contrafortes andinos das selvas amazônicas do Peru, sob a direção do Dr. Walter Lewis, da Universidade de Washington, está centrado na busca de possíveis agentes virais, sobretudo contra vírus que afetem as vias respiratórias, o herpes, leveduras patogênicas e tuberculose. Em agosto de 2000, o projeto apresentou seus primeiros resultados, anunciando que 46% das 1.250 plantas examinadas apresentavam uma certa atividade que impede o crescimento do *Mycobacterium tuberculosis*, a bactéria que causa a tuberculose. Está em elaboração um novo medicamento, devidamente patenteado, cujas origens do conhecimento advêm das culturas das selvas andino-amazônicas peruanas[17] (Gimenez, *idem*, 185.)

Uma das principais controvérsias que se abre nos dias que correm tem sido sobre a propriedade intelectual do material genético. Têm sido sistematicamente ignorados os prováveis direitos que as populações tradicionais teriam recusando-se, simplesmente, que essas comunidades sejam entes jurídicos. Sendo assim, as empresas, unidades jurídicas (e de poder) que são, ficam à vontade para reivindicar direitos de propriedade sobre conhecimentos ancestrais de outros povos e culturas. A Organização Mundial sobre Propriedade Intelectual (OMPI[18]) avaliou, em 1995, em nada mais nada menos que 45 bilhões de dólares, o valor dos produtos farmacêuticos derivados da medicina tradicional comercializados no mercado internacional.

Também no México, como analisa Silvia Ribeiro, há tensões no programa do ICBG, no caso o ICBG Zonas Áridas. Como determinam as normas do ICBG, estabeleceu-se há uma década um contrato trilateral, financiado pelo governo dos EUA, entre o Jardim Botânico da Universidade Nacional Autônoma do México (UNAM), a Universidade do Arizona e a empresa Wyeth, a nona maior do mundo. O conflito se explicita quando se sabe que a Wyeth é uma das empresas que fazem parte da associação PhRMA (Pharmaceutical Research and Manufacturers of America), que

[17]Segundo a RAFI, 35% das plantas dessa região são usadas por outras comunidades em mais de um país.
[18]Visite o sítio http://www.wipo.int/spa/meetings/1999/folklore/docs/iptkr99-3s.doc.

procura exercer um pesado *lobby* junto a governos e organizações internacionais, como a Organização Mundial da Saúde e a OMC, buscando criar normas que fortaleçam seus direitos de barreira, como os de patentes. Segundo nos informa Silvia Ribeiro, na lista que remete anualmente ao Departamento de Comércio para que aplique a lei Special 301 dos Estados Unidos (represálias comerciais), propõe que o México esteja na "lista prioritária de países observados", graças, entre outras coisas, ao aumento de licenças de medicamentos genéricos. Segundo a PhRMA, que não se preocupa que suas companhias estejam ao mesmo tempo se alimentando dos recursos e conhecimentos "genéricos" dos povos indígenas do México, este país é "o maior mercado de farmacêuticos da América Latina, com um valor estimado de 6 bilhões de dólares em vendas durante 2002. É o único mercado dessa região que, segundo estimativas, crescerá em 2003" e, portanto, se lhe permite seguir com estas políticas, "terão um impacto devastador na indústria de investigação farmacêutica". Assim, uma empresa que faz parte de uma instituição tão poderosa como a PhRMA desenvolve pesquisas num país, onde inclusive se apropria dos conhecimentos das populações originárias, ao mesmo tempo que pressiona para que as leis sejam aquelas que protejam seus interesses de barreira (patentes). Considere-se, ainda, a gravidade de envolver instituições universitárias, inclusive mexicanas.

O argumento das empresas transnacionais para defender suas patentes é que devem recuperar os gastos de investigação e desenvolvimento de medicamentos. Entretanto, segundo dados do Programa de Nações Unidas para o Desenvolvimento, dos 1.223 medicamentos novos produzidos entre 1976 e 1996, somente 13 eram para enfermidades tropicais, e destes somente quatro foram produzidos pelo setor privado.[19] Um outro es-

[19]Foram as multinacionais farmacêuticas que redigiram o rascunho do capítulo sobre Aspectos de Propriedade Intelectual relacionados ao Comércio — ADPIC — (TRIPS) na Organização Mundial do Comércio (OMC), que procura estabelecer o sistema de patentes de seres vivos em todo o mundo. Com o uso desse instrumento, procuram combater a produção de medicamentos genéricos e, ainda, se apropriar dos recursos genéticos e dos conhecimentos coletivos, tanto dos povos indígenas como dos camponeses (consultar La cara humanitaria de la OMC in http://alainet.org/listas/info/alai-amlatina).

tudo, este realizado pelo Escritório de Avaliação Tecnológica dos Estados Unidos, que abarcou 25 anos de produção farmacêutica, mostrou que 97% dos produtos lançados no mercado não eram mais que cópias de remédios já existentes, com algumas mudanças cosméticas para prolongar o monopólio da patente quando a original estava por expirar. Dos 3% restantes, 70% haviam sido produzidos por laboratórios públicos. E dos remédios realmente novos produzidas pelo setor privado, a metade teve que ser retirada do mercado por causa de efeitos secundários que não haviam sido estudados previamente. Isso é o que vale a "pesquisa" das transnacionais farmacêuticas, conforme Silvia Ribeiro.

Na verdade, o núcleo do problema, como diz Silvia Ribeiro, é que as poderosas transnacionais do ramo farmacêutico — 10 empresas que controlam 58,4% do mercado mundial: Pfizer+Pharmacia, Glaxo Smith Kline, Merck & Co., Bristol-Myers Squibb, Astra Zeneca, Aventis, Johnson & Johnson, Novartis, Wyeth e Eli Lilly — lutam para que os remédios que existem no mundo sejam exclusivamente para venda em farmácias, com patentes devidamente estabelecidas que, pelas razões já aludidas, são monopolizadas por elas.[20] Para lograr isto que, diga-se de passagem, nada tem a ver com a saúde propriamente dita, vêm procurando derrubar vários obstáculos, como, por exemplo, desarmar os sistemas de saúde autônomos das comunidades locais para convertê-los em consumidores obrigatórios de produtos farmacêuticos comerciais: estima-se que 80% da população rural do mundo utiliza, sobretudo, plantas medicinais para cuidar da saúde.

Desde a introdução, em 1994, dos Aspectos de Propriedade Intelectual relacionados ao Comércio (ADPIC, em português, ou TRIP por sua sigla em inglês) previa-se que a aplicação das leis de patentes teria exceções por razões de saúde pública: nesses casos, seria permitido emitir *licenças obrigatórias* para fabricação nacional de remédios e realizar *importações paralelas* (comprar um produto, mesmo com patente válida no país, de outro país onde se vende mais barato).

[20]Relatório recente de 2005 da OMS (Organização Mundial da Saúde) dá conta de que Cuba tem na América, incluindo EUA e Canadá, os melhores índices de saúde.

Na Declaração de Doha emitida na reunião da OMC realizada em novembro de 2001, em função das pressões e protestos de países do Terceiro Mundo e organizações internacionais da sociedade civil, foram ratificadas as exceções que já existiam. Desde então, entretanto, as instâncias de negociação dos ADPIC (TRIPs) têm sido no sentido de piorar os termos existentes. Os países sedes das transnacionais farmacêuticas — Estados Unidos e a União Europeia, com leves variações, têm buscado reduzir o âmbito de aplicação das exceções, seja reduzindo o número de enfermidades aplicáveis, por exemplo, somente malária, tuberculose e Aids, seja, como fizeram ainda recentemente, declarando que a Sars, conhecida popularmente como pneumonia asiática, por ser uma pneumonia atípica, não poderia entrar nessas *exceções*; enfim, manipulando o termo "razões de saúde pública" que consta no documento oficial dos TRIPS para que só seja válido em situações de "extrema urgência", o que abre espaço para avaliações de ocasião. Ainda recentemente, os Estados Unidos declararam que somente o grupo de países "menos desenvolvidos", os 48 extremamente pobres segundo as Nações Unidas, poderia fazer uso do direito às exceções por razões de saúde pública.

O que está em jogo com a discussão sobre genéricos e patentes vai muito além de interesses particulares ou de qualquer país em particular, como sustenta Silvia Ribeiro. Vimos, com o próprio relatório do Tribunal de Contas dos EUA para o caso do remédio Taxol-paclitaxel contra o câncer, como o interesse público, que deveria predominar ainda mais num campo como o da saúde, vem sendo subvertido ao ser dominado por uma lógica empresarial, inclusive com o beneplácito do Estado. E aqui, estamos vendo, não é somente a questão econômica que está implicada. Trata-se, ainda, do direito das populações dos países do Terceiro Mundo de usar e produzir os remédios que suas populações necessitam, sem depender nem submeter-se aos ditames das multinacionais, e de parar o saque de recursos e conhecimentos indígenas e camponeses não aceitando o sistema de patentes, tal como vem sendo imposto.

O ICBG E AS ORGANIZAÇÕES NÃO GOVERNAMENTAIS

O quadro institucional do ICBG nos permite identificar, ainda, o envolvimento de entidades conhecidas como não governamentais. No caso do ICBG, essa denominação é, no mínimo, indevida, na medida em que se trata de um programa de clara natureza estratégica do Estado, no caso os EUA. Não é a primeira vez que se observam as relações íntimas entre entidades não governamentais e projetos estratégicos do governo dos EUA. Relembremos que o forte sentimento anti-imperialista, particularmente antiamericano, vigente na América Latina e Caribe no anos 1950 e 1960, fez com que o governo dos EUA se esmerasse em encontrar uma estratégia que garantisse sua hegemonia na região. Para isso, lançou o Programa Aliança para o Progresso, em inícios dos anos 1960, como contraestratégia diante da Revolução cubana, e o fez por meio de uma série de entidades religiosas com fins humanitários, como a Charitas.[21] Ali, pela primeira vez, se teve notícia de que um Estado, no caso os EUA, lançou mão de entidades não governamentais como parte de uma estratégia de caráter geopolítico.[22]

Para nos restringir ao campo ambiental, assinalemos que às vésperas da Rio 92 foi lançada pelo então presidente George Bush a Iniciativa para as Américas. Nela estava explicitada que toda a estratégia do governo dos EUA se faria por meio de entidades não governamentais, o que ensejou uma ampla reunião de vários movimentos sociais e outras entidades da América Latina e Caribe, realizada em Las Leñas, Argentina, onde, em resposta, se lançou a Iniciativa de los Pueblos contra aquela estratégia do governo dos EUA em colaboração com entidades *nem-tanto-não governamentais*.

A presença de entidades que se recobrem com o caráter de não governamental, como Conservation International, que aparece como parte do

[21]Não olvidemos que os primeiros sindicatos de trabalhadores rurais foram criados no Rio Grande do Norte por D. Eugênio Salles, com recursos da Aliança para o Progresso, para contrapor-se ao fortíssimo movimento das Ligas Camponesas de então.

[22]Aqui temos um belo exemplo de como o liberalismo não governamental pode estar a serviço de interesses poderosos e, ironia, estatais.

ICBG, obriga-nos a repensar esse caráter e a buscar uma melhor conceituação desse tipo de entidade. Mais correto seria chamá-las de organizações neo governamentais, na medida em que assinalam novas formas de relação do Estado com instituições da chamada sociedade civil. Afinal, pelo que se pode depreender do Quadro Institucional a seguir, não podemos continuar a chamar de não governamentais entidades que estão implicadas em programas de caráter geopolítico explícitos, como é o caso do ICBG.

Isso nos conduz a ficarmos alertas com relação a qualquer proposta de unidade de conservação ambiental, sobretudo em áreas de elevada diversidade biológica, que, como vimos, é quase sempre também de grande diversidade cultural, como são os casos da área onde pretendem implantar o Plano Puebla-Panamá ou na Amazônia, na medida em que podem comportar estratégias de controle de biodiversidade, sobretudo quando envolvem recursos provenientes dos países hegemônicos ou apoiados por instituições multilaterais, como o Banco Mundial, por exemplo. Essas áreas podem estar sendo protegidas, enquanto reserva de valor, como um verdadeiro latifúndio genético (Porto-Gonçalves, 2002).

Nenhuma entidade não governamental pode garantir efetivamente que seu projeto não esteja conformado por uma estratégia de controle da biodiversidade do planeta por parte de algum Estado e das grandes corporações que o financiam.

Há muitos e complexos interesses, até mesmo antagônicos, atravessando essa questão. Por tudo que vimos observando até aqui, podemos afirmar que o desafio ambiental contemporâneo está politizado de ponta a ponta. E, insisto, não devemos ver nessa politização algo negativo ou positivo do ponto de vista moral ou ético, mas sim que a política está implicada até a medula nas questões de que nos ocupamos. Assim, olvidar as implicações políticas inscritas no ambiente é não captar uma dimensão concreta que dele faz parte. Impossível, portanto, enfrentar o desafio ambiental contemporâneo sem considerar as suas complexas implicações políticas. Eis um desafio a mais que se apresenta a qualquer um que esteja envolvido com a questão ambiental hoje.

Os projetos do ICBG no mundo

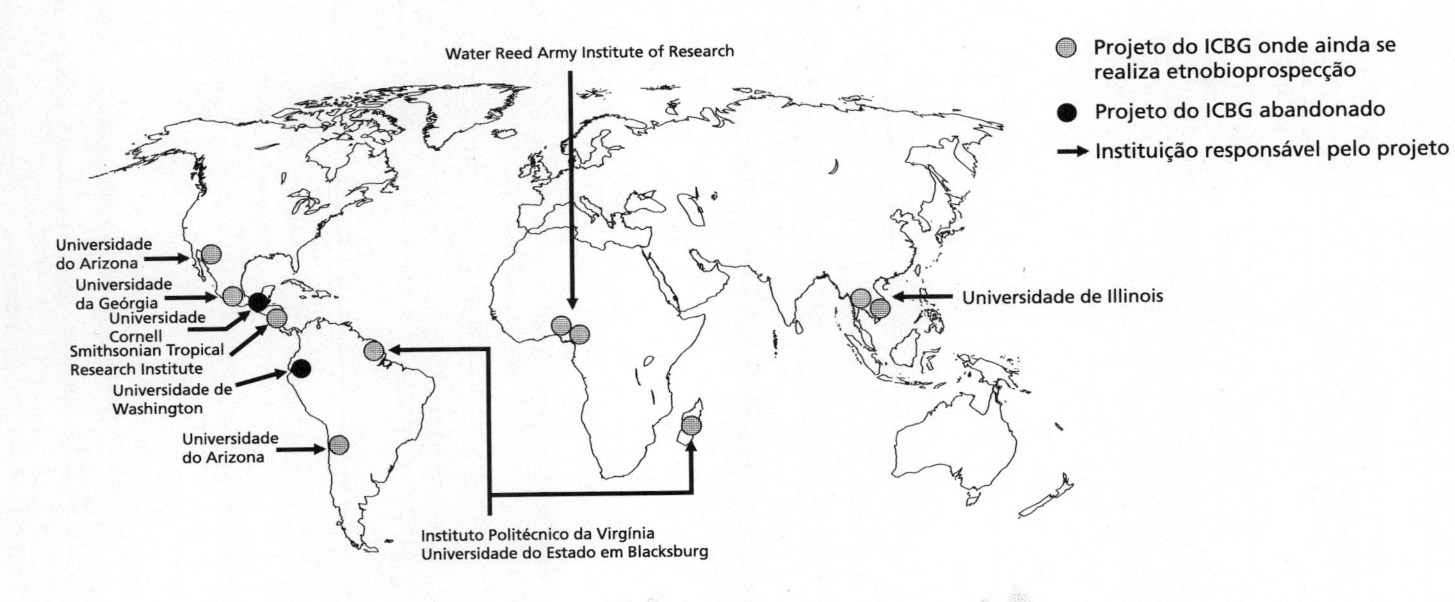

O meio ambiente como mercadoria I: o mercado de carbono e suas contradições

PARA ENTENDER O AQUECIMENTO GLOBAL

A vida tal como a conhecemos no planeta é possível, em grande parte, graças aos gases estufa. São os gases estufa (dióxido de carbono, metano, óxido nitroso, perfluorcarbono (PFC), hidrofluorcarbonos (HFC) e hexafloro de azoto, entre outros), que impedem que a energia solar que incide sobre a Terra se irradie completamente para além da atmosfera, contribuindo, assim, para que as temperaturas médias do planeta sejam as que conhecemos. Sem os gases estufa, essas temperaturas seriam, aproximadamente, 30°C menores do que são. Da energia solar[1] que incide sobre o planeta, aproximadamente 35,3% é refletida, sendo 31% pela atmosfera e 4,3% pela superfície da Terra; 64,4% é absorvida em aquecimento, sendo 14,3% no aquecimento da superfície terrestre, 32,7% no aquecimento dos oceanos e mares e 17,4% no aquecimento do ar. Do 0,3% restante, 0,2% impulsiona ventos, ondas e correntes marinhas e 0,06% é a energia necessária para a produção biológica primária líquida de biomassa.

Mudanças climáticas de grande envergadura já ocorreram no planeta sem a intervenção humana. Os geólogos e climatólogos assinalam que há

[1]Calcula-se em 1.380 watts a energia solar que, em média, incide sobre cada metro quadrado da Terra.

65 milhões de anos houve uma mudança climática global que teria sido provocada pelo impacto de asteroides contra a Terra. Essa mudança climática seria responsável, entre outras coisas, pelo desaparecimento dos dinossauros e, segundo alguns paleontólogos, teria proporcionado que alguns primatas descessem das árvores e se aventurassem nas savanas, o que teria originado o processo que levaria ao homem (hominização).

Uma outra mudança climática de alcance planetário, a última que conhecemos, teria ocorrido com o recuo da glaciação às posições das latitudes em que se encontram hoje as calotas polares. Durante essa última glaciação — a Würm, entre 18.000 e 12.000 anos atrás, a cobertura de gelo atingia a latitude aproximada de Paris e Nova York. Toda essa faixa da Terra era coberta de gelo, que, com o recuo se tornou líquida, acrescida da que também recuou no hemisfério sul, elevou as águas dos mares aos níveis atuais, cerca de 100 metros acima do nível de então. Podemos dizer que o contorno dos oceanos e mares atuais começou a ser efetivamente desenhado há cerca de 12.000 anos, assim como a atual configuração dos climas e dos ecossistemas, tal como os conhecemos, até, mais ou menos, 200 anos atrás, quando, com a revolução nas relações sociais e de poder por meio da máquina a vapor, o uso de combustíveis fósseis se generalizou. Os níveis atmosféricos de CO_2, estimados em 280 partes por milhão (ppm) antes da Revolução Industrial, subiram a 317 ppm em 1960. Entre 1960 e 1999, entretanto, esse índice passou para 368 ppm, isto é, acusou um aumento de 16% em somente quatro décadas.

Antes do século XVIII ocorreram várias mudanças climáticas, registradas por diversos historiadores, que, entretanto, tinham um caráter mais local, no máximo regional, sendo que muitas delas foram, até mesmo, apontadas como responsáveis pelo desaparecimento de determinados povos e civilizações. Há uma polêmica sobre essa questão envolvendo os maias na América Central.

Entretanto, a partir do século XVIII estaríamos diante de implicações planetárias, e não mais locais ou regionais. Assim, é o destino da própria espécie, e não mais o destino de uma ou de outra civilização, o que já seria motivo para preocupação. Um modelo de desenvolvimento desencadeado por alguns, no caso pelos europeus norte-ocidentais, modelo esse que hoje tem nos EUA seu maior êxito e que vem se impondo sobre todo o mundo. Assim, mais do que um problema ecológico específico de um lugar ou de um povo determinado, estamos diante de toda a geopolítica mundial e suas assimétricas relações de poder.

E aqui, insistimos, estamos diante de algo que é mais do que uma questão que pode ser resolvida por meios técnicos e científicos, como a promessa moderno-colonial quer, sempre, fazer crer. É que com o uso generalizado dos combustíveis fósseis se está devolvendo à atmosfera substâncias químicas que o próprio petróleo e carvão, enquanto fósseis, abrigam em seus corpos. Assim, o carbono, que com a ajuda da fotossíntese havia sido feito corpo vivo, depositado a grandes profundidades, submetido a enormes pressões e temperaturas durante um tempo que se conta em milhões de anos (tempo geológico), tornou-se carvão e petróleo que, hoje, explodimos (motor a explosão), devolvendo à atmosfera aquilo que dela havia sido retirado. Saliente-se que a retirada dessas substâncias químicas que ficaram mineralizadas no petróleo e no carvão, sobretudo o gás carbônico absorvido, diminuíram o efeito estufa, tornando possível as temperaturas aos níveis atuais e, deste modo, a evolução da vida tal como a conhecemos. A devolução dessas substâncias à atmosfera faz aumentar novamente o efeito estufa, alterando as condições da vida. Eis a situação atual.

As moléculas de carbono mineralizadas são energia, e, como nos ensinam os físicos, energia é capacidade de trabalho, enfim, capacidade de transformação de matéria. Assim, a natureza submetida ao capital, isto é, reduzida a *recurso natural*, é, como todo recurso, *meio* e não fim. É essa natureza-recurso-energia que, submetida a uma finalidade própria ao capital — a acumulação da riqueza na sua forma abstrata (dinheiro) —, vai permitir um aumento exponencial da capacidade de trabalho, ou melhor, um aumento fantástico de transformação de matéria numa mesma unidade de tempo abstrato — ano, mês, dia, hora, minuto, segundo — e, assim, criar a ilusão de crescimento ilimitado de produtos materiais numa mesma unidade de tempo abstrata. Afinal, produzem-se cada vez mais coisas *concretas* numa mesma unidade de tempo *abstrata*. A ciência moderno-colonial está fortemente ancorada nas matemáticas. Como já dissera

Galileu Galilei, "a linguagem da natureza está escrita em linguagem matemática". Entretanto, se a ciência moderna também nos enviou à *physis*, enfim, à Física para que evitássemos a Metafísica, resta-nos tentar encontrar na natureza, por exemplo, o postulado de que todo número elevado a zero é igual a um. Ainda não se encontrou essa prova, que, entretanto, é fundamental à lógica matemática. Aliás, a bem da verdade, essa prova é inencontrável, até porque se trata de um postulado. Não confundamos, entretanto, as coisas da lógica com a lógica das coisas, e aqui está boa parte do imbróglio sociambiental contemporâneo sob o capitalismo. Eis a contradição da relação capitalista com a natureza levada ao paroxismo.

O capital, ao se apropriar dessa energia, está se apropriando de todo um tempo de trabalho que remete ao tempo geológico e submetendo-o a uma lógica do curto prazo, que é sua lógica. Assim como todo trabalhador, sob o capitalismo, produz uma riqueza maior do que lhe é restituída sob a forma de salário, enfim, produz numa fração da unidade de tempo da jornada de trabalho total o equivalente ao seu próprio valor (o salário, nessa sociedade), sendo o sobretrabalho a mais-valia, o capital também se apropria de todo um tempo materializado na energia fóssil, que não tem como restituir porque não é tempo abstrato, mas tempo do ser, tempo das coisas na sua materialidade. Eis a tensão entre produção de mais-valia e a problemática ambiental que a questão energética resume. Na verdade, estamos diante da questão da irreversibilidade do tempo na concretude da matéria que, cientificamente, é expresso nas leis da termodinâmica (entropia e degradação da matéria-energia). Entre um tempo e o outro, as leis da entropia, o aquecimento global, a desagregação da matéria — lixo — e seus tempos de vida que se contam em meias-vidas que envolvem centenas e milhares de anos na sua concretude material (urânio, césio etc.).

Embora o conhecimento sobre a matéria torne possível um maior domínio sobre ela e, assim, que se explore mais e melhor suas potencialidades, *o conhecimento sobre a matéria não produz a matéria enquanto tal*. O conhecimento sobre o carbono não produz o carbono, matéria produzida pela própria natureza. O mesmo pode ser dito da água, do ferro, da fotossíntese, da energia solar, enfim. É essa evidência que nos permite dizer que nenhum país ou sociedade alguma, seja ela qual for, produz petróleo, ou ferro, ou o que nasce por si próprio — *natura*. Na verdade, somos extratores, e se tivéssemos uma consciência desses nossos limites e nos assumíssemos como tais, com certeza estaríamos mais próximos de encontrar uma solução para o desafio ambiental contemporâneo. Afinal, quando dizemos que somos *produtores* de petróleo, passa-se a ideia, equivocada, de que fomos nós que o fizemos, que nós é que o produzimos, enquanto ao dizer que somos *extratores* acusamos nossa limitação diante de algo que não fazemos.

O geólogo François de Chadénèdes levou às últimas consequências a ideia de atribuir um valor monetário à natureza em seu artigo *A produção de petróleo da natureza*. Seu cenário demonstrava que esse processo envolvia tempo e energia cósmica, que, se calculado do mesmo modo que se calcula o preço usual da eletricidade no varejo, estabeleceria que o custo de um galão de petróleo seria superior a um milhão de dólares. (Richard Buckminster) Fuller tirou a conclusão necessária: "Junte tal informação à descoberta de que aproximadamente 60% das pessoas empregadas nos Estados Unidos estão trabalhando em tarefas que não estão produzindo nenhuma contribuição para a vida" (e que) "a maioria dos americanos vai trabalhar de automóvel, provavelmente gastando em média quatro galões por dia. [...] Desse modo, [concluiremos que] cada um está gastando em média quatro milhões de dólares do Universo cósmico-físico real por dia sem produzir nenhuma riqueza que contribua para a vida do Universo físico e que possa ser creditada no sistema de contabilidade expresso no metabolismo energia-tempo, que governa eternamente a regeneração do Universo" (Fuller *apud* Santos, L. G., p. 37-38).[2]

Foi Lorde Keynnes quem, indagado sobre os tempos longos, e olhe que sobre o tempo longo em termos históricos e não geológicos, dissera, dando de ombros, que "no futuro estaremos todos mortos". Assim, não há lugar, sob a lógica do curto prazo, para as gerações futuras. Eis a he-

[2]Fuller, B. R. *The Critical Path*, Nova York, St. Martin's Press, 1981, pp. XXXIV e 262-263. Citado por Santos, Laymert Garcia dos, *Tecnologia, natureza e a "redescoberta" do Brasil*, in Araújo, H. R. de, *Tecnociência e Cultura*, Estação Liberdade, São Paulo, 1998.

rança de nossos avós, com a agravante de que, diferentemente deles, sabemos que nos últimos 20 anos tivemos os 14 anos mais quentes da história do planeta, desde que se passou a medir as temperaturas de modo sistemático, em 1860. E, mais, herança de nossos avós que transferimos a nossos filhos e netos, na medida em que os gases estufa demandam um tempo próprio para se dissipar, de cerca de 80 a 100 anos. Assim, embora devamos concordar com Keynnes que no futuro toda geração estará algum dia toda morta, o que tornou possível que pudéssemos viver o fato de termos herdado da geração anterior, como *bonni patres familiae*, como dissera em bom latim Karl Marx, as condições naturais para tal.

Assim, nossos filhos e netos poderão nos condenar por não tomarmos as medidas que *sabemos* necessárias, exigência que não podemos fazer a nossos avós. Afinal, eles não sabiam o que estavam fazendo. A ideologia de viver o aqui e o agora que tanto se estimula com um individualismo levado às últimas inconsequências não é sem efeitos. Um desses efeitos, pelo menos, o estufa, nos obriga a retomar o sentido ético de nossas práticas de modo menos abstrato, ou seja, de modo político.[3]

Assim, há uma diferença radical entre a geração de nossos avós e a nossa, essencial do ponto de vista ético-político. Afinal, pode-se dizer que as gerações passadas não sabiam dos efeitos, estufa e outros, de seus atos. O mesmo não se pode dizer da nossa geração. Isso significa que é de uma outra racionalidade que carecemos, que, por tudo que analisamos até aqui, necessariamente deverá ser uma racionalidade ambiental que, como tal,

[3]Devemos tomar cuidado com o constante apelo à ética que tanto temos visto ultimamente. Evitemos aqui o maniqueísmo que também vem tomando conta do debate, como se ao chamar a atenção para alguma questão significasse que se está colocando contra a outra. Ou seja, o fato de atentarmos para os cuidados com os constantes apelos à ética não quer dizer que não a contemplemos. Entretanto, o que se quer dizer é que a ética que vem sendo tão instigada é uma ética individual, procurando que cada um leve em conta os possíveis efeitos de seus atos. Ora, esse tipo de valorização da ética é fortemente despolitizador, e o que aqui conclamamos é para um sentido ético da *praxis* política. Lembremos que ética e *ethos* (conjunto de valores e sentidos partilhados em comum) não se excluem, ao contrário se exigem reciprocamente. Afinal, o mais Narciso dos Narcisos precisa do outro olhando para ele. Nem Narciso pode prescindir do outro, embora o faça de modo a negá-lo, como um certo individualismo fóbico vem fazendo (ver Porto-Gonçalves, 2002, Bogotá).

deve estar fundada em outras matrizes de racionalidade e, sobretudo, deve devolver a economia às suas origens, inclusive etimológica, enquanto modo de administrar a casa, a morada, o *oikos* (Eco+nomos) e, assim, deixar de ser conduzida pela lógica mercantil.

Afinal, "as políticas da globalização econômico-ecológica põem de manifesto a impotência do conhecimento para compreender e solucionar os problemas que têm gerado suas formas de conhecimento do mundo; o discurso do crescimento sustentável levanta uma cortina de fumaça que vela as causas reais da crise ecológica. Assim, ante o aquecimento global do planeta, se desconhece a degradação entrópica que produz a atividade econômica exercida sob a racionalidade econômica, cujo último grau de degradação é o calor, e tenta negar a origem antropogênica do fenômeno ao qualificar seus efeitos como *desastres Naturais*" (Leff, Boege, Argüeta, Porto-Gonçalves 2002).

O AGRAVAMENTO DO AQUECIMENTO GLOBAL E ALGUMAS CONTRADIÇÕES DAS GRANDES CORPORAÇÕES

> Ondas de calor extraordinárias, imensos incêndios florestais motivados pela seca, tormentas fortes, precipitações torrenciais e inundações catastróficas. Uma crescente onda de eventos climáticos extremos está assolando o planeta. Nos primeiros 11 meses do ano de 1998 o mundo perdeu quase 90 bilhões de dólares com danos relacionados com o clima, mais da metade que o recorde previamente estabelecido somente dois anos antes, dano econômico esse maior, em um só ano, que em todos os anos da década de 1980 juntos.[4]

O texto em epígrafe, de 1998, bem poderia ser republicado em 2003, quando uma nova onda de calor atingiu a Europa e a América do Norte, sendo responsável por mais de 11.000 óbitos somente na França e, ainda, por uma pane no sistema de distribuição de energia, provocada provavel-

[4]Abramovitz, Janet N. and Dunn, Seth, *Record Year for Weather-Related Disasters*, Worldwatch Institute, Vital Signs Brief 98-5, November 27 1998.

mente por aumento do consumo em face das elevadas temperaturas, que levou ao blecaute a região urbano-industrial mais importante do planeta, os Grandes Lagos no nordeste dos EUA e sudeste do Canadá, fenômeno que, depois, se reproduziria na Inglaterra.

Ou ainda poderia ter sido escrito na temporada de furacões de 2005, que nos revelou, mais uma vez, que os países de Primeiro Mundo não escapam dos efeitos dos impactos ambientais globais, como vimos no caso do furacão Katrina e suas terríveis consequências, sobretudo em Nova Orleans, ainda que, também ali, foram os negros e os pobres os mais atingidos, ainda que a tragédia não tenha se restringido a esses grupos sociais.

Em 1990, mais de 2.000 climatologistas de todo o mundo, trabalhando sob os auspícios do Painel Intergovernamental sobre Mudança Climática das Nações Unidas — PICC, concluíram que a superfície da Terra havia se reaquecido durante o século XX. À época havia evidências suficientemente claras para concluir que este aquecimento global tinha a contribuição da intervenção humana no processo.

A evidência de um papel humano no aquecimento global ganhou destaque em 1995 com a publicação do segundo informe científico do PICC, aprovado por 157 países,[5] que afirma que "o balanço da evidência sugere uma discernível influência humana sobre o clima global". A Dra. Jane Lubchenco, ex-presidente da Sociedade para o Progresso da Ciência dos EUA, destacou: "Nas últimas décadas, os seres humanos se converteram em uma força da natureza."

Nesse mesmo ano, um outro estudo publicado na revista *Nature*[6] expôs argumentos ainda mais consistentes de que o aquecimento global tem fortes implicações ligadas a causas históricas recentes da humanidade.

O ano de 1998 foi registrado como o mais quente até hoje, superando o recorde estabelecido apenas um ano antes. Cada um dos 18 meses medidos entre 1997 e outubro de 1998 estava entre os mais quentes

[5]*Climate Change 1995 — The Science of Climate Change, Contribution of Working Group I to the Second Assessment Report of the Intergovernmental Panel on Climate Change*, Cambridge University Press.

[6]*Nature*, v. 382, July 4 1996, p. 39-46.

registrados até agora, um fato tão pouco provável estatisticamente que John Topping, presidente do Instituto Climatológico, compara à probabilidade de acertar 18 vezes consecutivas na loteria. Cada um dos últimos 20 anos tem sido mais quente que a média global a longo prazo e, com o recorde de 1998, os 10 anos mais quentes do século ocorreram todos desde 1983, sete deles na última década.[7] Relembremos que em fins dos anos 1980 a revista *Time* elegera o Planeta Terra como personalidade do ano, exatamente pelo calor excessivo.

Há uma farta documentação que certifica a existência desse fenômeno — diminuição da espessura e da área das calotas polares e de glaciares,[8] aumento do nível das águas dos oceanos e mares[9], exposição de extensas áreas de solos antes permanentemente gelados (permafrost),[10]

[7]Ver Global Surface Temperature — Highest by a Wide Margin According to WMO Annual Statement on the Global Climate, December 17, 1998, World Meteorological Organization webpage (http://www.wmo.ch/index.html). Ver também National Climatic Data Center, Climate of 1998 through October... Past 18 Months have either tied or broken that month's previous record. Consultar, ainda, http://www.ncdc.noaa.gov/ol/climate/research/1998/oct/oct98.html#months.

[8]Conforme *Climate Change 1992: The Supplementary Report to the IPCC Scientific Assessment*, Report Prepared for the IPCC by Working Group I, Cambridge University Press, p. 158;

[9]Conforme *Climate Change 1995 -The Science of Climate Change*, p. 29-30; *Science*, v. 278, November 14 1997, p. 1251-6; *Nature*, v. 387, June 26, 1997, p. 897-900; *Nature*, v. 379, January, 25 1996, p. 328-30; *Large Antarctic ice shelf disintegrating*, Environmental News Network, April 17, 1998; *Nature*, v. 391, February 19, 1998, p. 778-80.

[10]Glenn Juday, *Observed Climate Change in Alaska: The Early Consequences of Global Warming*, US Global Change Research Program Seminar Series, Dec. 8, 1997. A fusão do permafrost causa preocupação pela liberação de gases estufa que ficavam confinados no solo quando estes estavam gelados. Medições feitas no norte do Alasca, em princípios dos anos 1970, mostraram que os solos da tundra absorviam mais CO^2 do que liberavam. Vinte anos mais tarde, medições na mesma região mostraram que os solos da tundra liberavam mais CO^2 do que absorviam, conforme a revista *Nature* (*Nature*, v. 361, Feb. 11, 1993, p. 520-3). Esta é *uma questão* de extrema importância e que tem sido pouco ou nada destacada: o carbono contido no permafrost da tundra setentrional corresponde a um terço de todo o carbono que flutua na atmosfera, segundo o biólogo da Universidade de Michigan, George W. Kling, que trabalha em uma pesquisa da Fundação Nacional para as Ciências sobre uma extensão de tundra de 8.100 quilômetros quadrados no norte do Alasca. "Nossos últimos dados mostram que o Ártico já não é um nicho seguro para o carbono. Em alguns anos, a tundra adiciona tanto ou mais carbono à atmosfera do que o que lhe tira. O que preocupa é o que se passará no futuro à medida que aumenta o aquecimento global, e a fusão do permafrost expõe mais deste carbono enterrado ao liberá-lo para a atmosfera." George W. Kling, *Carbon Balance in Arctic Regions: The Role of Lakes and Streams*, American Geophysical Union, December 18, 1996, national meeting, p. 257.

além de uma série de outros fenômenos que, muito provavelmente, estão associados ao aumento da temperatura global. Neste último caso, assinalemos o aumento no registro de tufões e furacões, assim como trombas-d'água, que vêm assolando sobretudo a América Central e o Caribe, com consequências catastróficas como as deixadas pelo furacão Mitch em 1998 e a tragédia de Vargas, na Venezuela, em dezembro de 1999, e o Katrina em 2005.

Em torno desses fatos têm-se revelado as limitações das instituições, a começar pela credibilidade que esses próprios fatos deveriam merecer. Para esse descrédito contribui tanto o sensacionalimo dos meios de comunicação como a falta de credibilidade das instituições que deveriam proteger o meio ambiente. Nos EUA, essas instituições vêm sendo frequentemente acusadas de alterar pareceres técnicos, como recentemente apontado sobre o relatório do efeito estufa em denúncia feita por um técnico do próprio órgão. Ainda está bem viva na memória a longa pendência judicial, que durou décadas, entre o interesse público e a indústria do tabaco, para provar a relação entre o fumo e o câncer. Hoje sabemos que as empresas tinham pesquisas que indicavam que era positiva e forte essa relação. [Ver capítulo sobre a politização da ciência].

O entrecruzamento dos interesses de grupos econômicos poderosos com as decisões políticas que devem visar ao interesse público e sua capacidade de agir junto ao poder judiciário contratando bons advogados, cujos custos são transferidos aos preços, e de influenciar os meios de comunicação de massas tem trazido sérias implicações para a democracia. Enfim, pelo simples fato de serem grandes, esses grupos econômicos têm poder suficiente para influir amplamente no destino de todos e de cada um e, como vemos, no destino do planeta.

Com isso, as contradições entre democracia e capitalismo se mostram evidentes na medida em que os grandes grupos são o resultado natural da própria concorrência que, paradoxalmente, negam com a sua existência enquanto grandes grupos oligopólicos. Em agosto de 1997, segundo Lester Brown, "poucos meses antes da Conferência de

Kyoto sobre Mudança Climática, a Coalização Global do Clima lançou uma maciça campanha de publicidade dirigida a impedir que os Estados Unidos aprovassem algum acordo para reduzir de forma importante as emissões de dióxido de carbono. Este grupo, de que faz parte algumas das mais poderosas multinacionais e associações empresariais implicadas com os combustíveis fósseis (Royal Dutch Shell, Dupont, British Petroleum, Ford, Daimler Chrysler, Texaco, General Motors, entre outras), concentrou seus esforços em uma série de anúncios de televisão com o intento de confundir e assustar os estadunidenses [...] entre outras coisas assinalando que '*pagarão 50 centavos mais por cada galão de gasolina*', ainda que não houvesse nenhuma proposta para semelhante imposto. A campanha do chamado Clube do Carbono teve êxito [...]" e o governo dos EUA, então sob a presidência de Bill Clinton e Al Gore, não se associou aos esforços internacionais para estabilizar o clima global.

O desgaste dessa posição foi grande, ao ponto dessa Coalização sofrer séria divisão interna, inclusive com a saída de várias empresas, que se uniram a um outro grupo, o Business Environmental Leadership Council, fundado pelo Centro Pew sobre Mudança Climática Global, que no ano 2000 já reunia 21 grandes empresas, entre elas a Toyota, a Enron, a Boeing, a BP Amoco, a Shell, a Dupont, a Ford, a Daimler Chrysler, a Texaco e a General Motors. Esta nova entidade declara aceitar "a visão da maioria dos cientistas de que se conhece o bastante sobre a ciência e os impactos ambientais da mudança climática para que adotemos as ações para afrontar suas consequências".

Embora o governo dos EUA, ao fim do mandato Clinton-Gore, tenha reconhecido formalmente que há uma relação entre a queima de combustíveis fósseis e o aquecimento global, validando, deste modo, todo o esforço desenvolvido por milhares de cientistas e ativistas em todo o mundo, ainda assim o governo Clinton não subscreveu o Protocolo de Kyoto, o que dá bem a medida do poder desses grandes grupos empresariais que, ao determinar a base da matriz energética mundial centrada nos combustíveis fósseis, garantem a hegemonia política estadunidense por meio dessa base tecnológica.[11]

Em 2001, o presidente George W. Bush explicitou esse poder quando se recusou a subscrever o Protocolo de Kyoto e, mais do que uma questão pessoal, essa medida explicitava a contradição inerente entre a dinâmica da acumulação do capital e o desafio ambiental, sobretudo quando se vê entre seus apoiadores explícitos. Inclusive, na guerra pelo petróleo contra o Iraque, muitas das empresas que abandonaram a Coalização Global do Clima fundaram o *Business Environmental Leadership Council*, entre elas se destacando a Enron e a Boeing, que, como sabemos, além de produzir aviões é uma das maiores empresas do complexo industrial militar.

A Convenção do Clima saída da Conferência Rio 1992 e o seu desdobramento no Protocolo de Kyoto são um verdadeiro teste sobre a possibilidade do capitalismo com seus poderes, inclusive e principalmente o poder econômico, tal e como estão constituídos, para fazer frente a esse desafio global. Mais do que uma questão de comprovação científica do componente fossilista implicado na mudança climática global atualmente em curso, o que parece estar razoavelmente estabelecido, o que está em jogo, no fundo, são as implicações ecológicas da opção política econômico-mercantil até aqui hegemônica. Vejamos isso um pouco mais de perto.

O MECANISMO DE DESENVOLVIMENTO LIMPO (MDL) E SUAS CONTRADIÇÕES

As emissões de CO_2, excluindo outros gases estufa, aumentaram globalmente 9%, entre 1990 e 2000, e, nos Estados Unidos, cresceram o dobro dessa taxa, segundo Lester Brown. A tabela a seguir nos mostra, de modo mais detalhado, tanto os efeitos de todo um conjunto de medidas e polí-

[11]Da energia global consumida no planeta hoje, 85% provém de fontes fósseis, a saber, petróleo, cerca de 40%, e gás e carvão, 45% (Caputo, 2003).

ticas adotadas como, também, os limites do atual quadro político-institucional para assumir as responsabilidades que se evidenciam enquanto desafio ambiental.

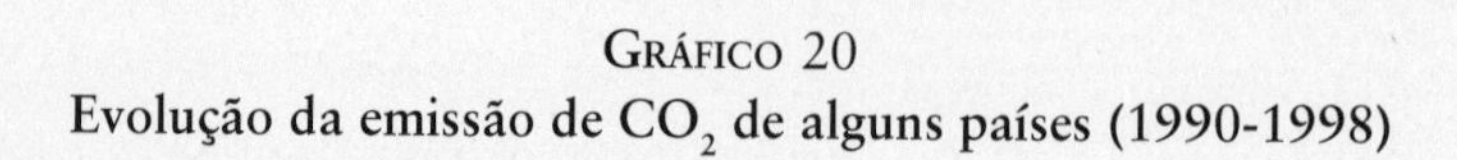

GRÁFICO 20
Evolução da emissão de CO_2 de alguns países (1990-1998)

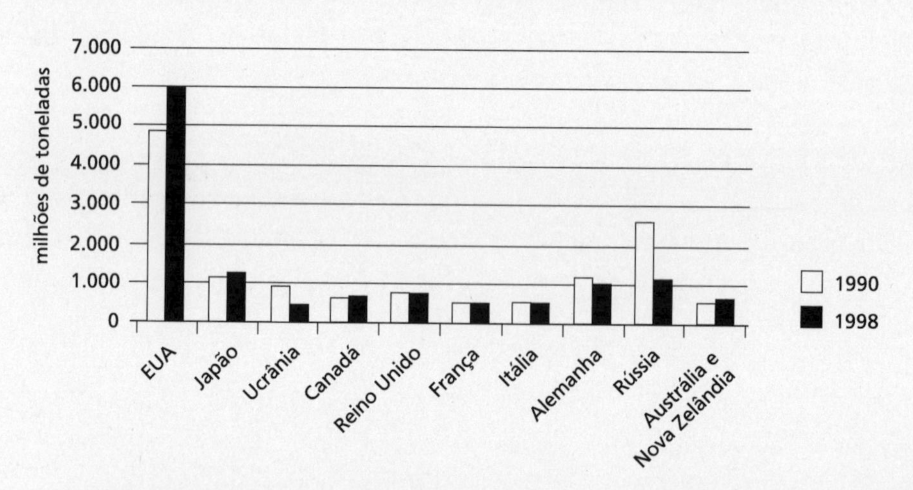

Mesmo tendo em vista os tímidos índices contidos no Protocolo de Kyoto, tímidos diante da própria Convenção do Clima de 1992, podemos observar que nenhum país conseguiu atingir as metas previstas, com as honrosas exceções da Noruega, Suíça e Luxemburgo. Os países que mais diminuíram não o fizeram por nenhuma política deliberadamente voltada para esse fim. O resultado foi fruto da debacle social, econômica e política que atingiu a Europa Oriental,[12] no maior exemplo de regressão histórica jamais vista no período moderno, salvo para regiões subnacionais específicas.

[12] Os dados sobre a Alemanha são fortemente influenciados pela unificação do país e, consequentemente, pelo fechamento de inúmeras indústrias na parte oriental.

TABELA 18
Evolução das Emissões de Gases Estufa e os Compromissos com o Protocolo de Kyoto — 1990-1998

PAÍS	1990*	1998	VARIAÇÃO 1990-1998 (%)	Diminuição prevista no Protocolo de Kyoto/%
Estados Unidos	4.888,8	5.953,9	+ 21,0	-7,0
Japão**	1.129,4	1.225,8	+ 08,5	-6,0
Austrália	493,3	519,9	+ 08,0	+ 5,4
Nova Zelândia	51,5	51,5	+04,8	0
Canadá	572,6	670,4	+17,1	-6,0
Rússia***	2.648,1	1.122,4	-57,6	0
Ucrânia	867,1	386,2	-55,5	0
Bulgária			-48,8	0
Rep. Tcheca			-23,2	0
Estônia			-37,4	0
Hungria			-19,6	0
Polônia			-29,6	0
Letônia			-96,0	0
Lituânia			-26,1	0
Romênia			-39,9	0
Eslováquia			-30,8	0
Alemanha	1.175,1	986,3	-16,1	21
Reino Unido	762,7	694,8	-08,9	12,5
França	494,2	488,9	- 01,1	0

*Milhões de toneladas equivalentes.

**Dados de 1997.

***Dados de 1996.

TABELA 15
Evolução das Emissões de Gases Estufa e os Compromissos com o Protocolo de Kyoto — 1990-1998 (*cont.*)

Espanha			+26,8	S/d
Mônaco			+28,4	S/d
Suécia			+31,8	S/d
Finlândia			+29,6	S/d
Itália	492,9	517,9	+05,1	–6,5
Áustria			+09,7	
Bélgica			+07,4	
Luxemburgo			–24,5	
Dinamarca			+09,5	
Grécia			+18,0	
Irlanda			+18,1	
Holanda			+08,4	
Portugal			+17,3	
Islândia			+04,7	
Mônaco			+28,4	
Noruega			–09,4	
Suíça			–02,2	

O sentido geral das medidas e políticas até aqui adotadas, cujos pífios resultados o quadro anterior demonstra, é o de diminuir as responsabilidades políticas de caráter universal, de que o Estado tem sido historicamente o guardião, e apelar para soluções voluntárias, focalizadas e de mercado. Talvez o fato mais significativo dessa política seja o papel crescente das chamadas organizações não governamentais nessa década que, deste modo, revelam por seu nome mais do que tem sido efetivamente considerado, isto é, seu caráter de negar os governos (não+governamentais), com as honrosas exceções daquelas organizações que têm atuado exatamente no sentido de que existam políticas públicas de caráter universal.[13]

O caso do Leste Europeu é emblemático para demonstrar, definitivamente, que o dilema entre desenvolvimento e natureza é real nos marcos do pensamento (e da prática) moderno-colonial e seu produtivismo antropocêntrico. Embora já tenhamos nos alongado bastante sobre a questão, cabe-nos destacar que, também, no Leste Europeu, o bem-estar alcançado, que não foi pequeno a julgar pelas condições de habitação, saúde, esporte e educação até 1989,[14] se fez à custa de um enorme desperdício de recursos naturais e de poluição. Lá, também, desenvolvimento foi sair do envolvimento,[15] foi des-*envolvimento*, foi *dominação da natureza*.

O fim das políticas públicas de caráter universal que ali havia não melhorou o ambiente no sentido complexo do conceito, apesar da drástica diminuição da emissão de CO_2 que a tabela anterior assinala. Ao contrário, a degradação ambiental assumiu ali dimensões dramáticas do ponto de vista social, e até mesmo moral,[16] conforme explicita o aumento da prostituição de jovens.

[13]A rigor, nesses casos não caberia a designação de não governamental, que fica mais por conta da hegemonia neoliberal em vigor do que diz respeito às práticas dessas entidades que operam na luta por direitos. A confusão conceitual é bem sinal dos tempos.

[14]Para se ter uma ideia do relativo sucesso das políticas que ali se implantaram, a Hungria era conhecida, até o fim da segunda guerra europeia, em 1945, como o país do um milhão de mendigos.

[15]Insisto na associação entre ambiente e envolvimento, aquilo que nos envolve.

[16]Aliás, deveríamos prestar mais atenção a todo o vocabulário que constitui a rede discursiva do ambientalismo, fortemente impregnado de expressões de caráter moralista. Ambiente *degradado, degenerado, deteriorado* (inferior, pior). Poluição, por exemplo, vem de poluir, sujar, mas também de poluir, ejacular. A língua espanhola é, nesse caso, mais explícita. Entretanto, não olvidemos que em português im*poluto* é puro.

GRÁFICO 21
Consumo de Energia de Ricos e de Pobres no Mundo — ONU 2002

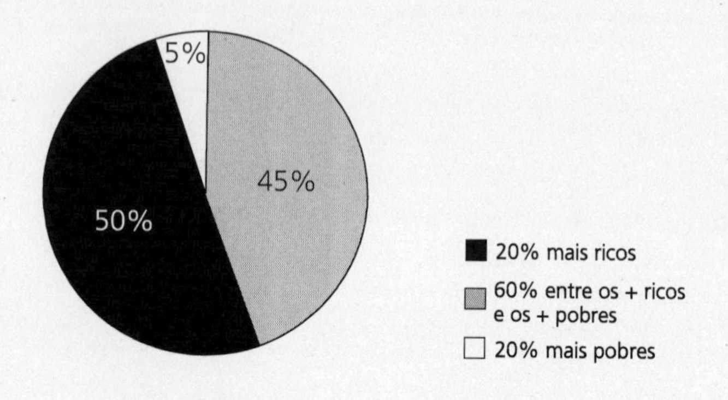

As dificuldades para a entrada em vigor e para a efetiva implementação do Protocolo de Kyoto têm posto de manifesto as resistências da ordem econômica para internalizar os custos ambientais e ajustar-se às normas de sustentabilidade ecológica para limitar as emissões de gases de efeito estufa e frear o avanço do aquecimento global do planeta. A proposta do Protocolo de Kyoto foi possível sob um mínimo denominador comum que logrou concertar vontades dos governos, mas que reduziu seus alcances e diluiu seus objetivos. Ao enfatizar a comercialização de direitos de emissões, o Protocolo de Kyoto oferece um salvo-conduto aos países do Norte, que, em vez de reduzir suas emissões de CO_2 e de gases de efeito estufa, as compensam transferindo seus custos a países, como os da Europa Oriental, que se encontram abaixo de suas cotas e que por sua situação econômica não estariam em condições de incrementar suas emissões.

Na medida em que se afirma a convicção de que o efeito estufa tem causas históricas e que é um desafio real a ser enfrentado, um aceso debate vem se fazendo em torno da questão, onde a lógica mercantil vem tendo que enfrentar aqueles que apostam em políticas públicas e mecanismos de regulação que não sejam exclusivamente os de mercado.

Vejamos um pouco mais de perto como vem se dando essa disputa e os efeitos das políticas que vêm sendo implementadas em torno da questão da mudança climática global.

GRÁFICO 22
Emissão de Co_2 Segundo a Renda Per Capita

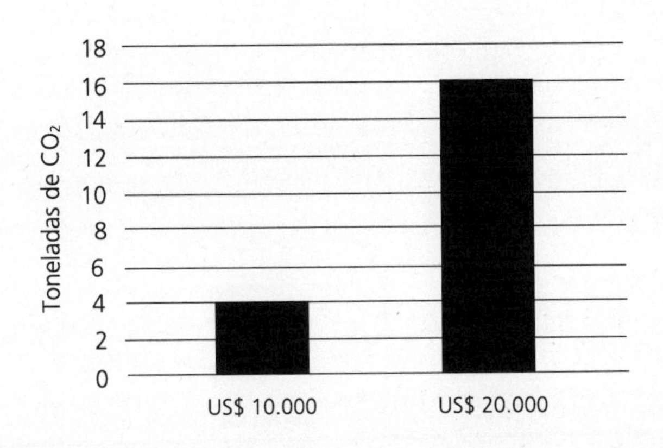

Os maiores responsáveis pela emissão de gases de efeitos estufa são os países desenvolvidos, que, por sua vez, construíram seu processo de desenvolvimento com base numa matriz energética fossilista, base essa que, a rigor, não pode ser estendida aos países menos desenvolvidos, sob pena de agravar o problema do aquecimento global. Foi diante dessa preocupação com a desigualdade de origem entre os países, em grande parte fruto do sistema-mundo moderno-colonial, que se chegou à formulação do princípio de que o problema é comum mas as responsabilidades são diferenciadas. Os EUA vêm tentando envolver todos os países com iguais responsabilidades, alegando que o problema seria de todos. Trata-se, na verdade, de uma posição que visa muito mais a manter e a obter maiores vantagens, na medida em que as condições dos países para participar igualmente são, sabidamente, desiguais.

Conforme salientamos em outro lugar (Leff, Argüeta, Boege e Porto-Gonçalves, 2002), "a equidade frente ao problema do aquecimento global se coloca também em termos dos níveis de redução das emissões e das cotas respectivas entre países e entre pessoas. A redução proporcional por países, como fora colocado desde o início na Convenção de Mudança Climática, estaria aceitando como base deste esforço global as desigualdades históricas e condenando os países em desenvolvimento, como a

China e a Índia, ao subdesenvolvimento. Frente a isto, Agarwal e Narain (1991) propuseram uma distribuição ecológica por habitante — a qual estaria favorecendo os altos índices demográficos desses países — e a formação de um Fundo de Desenvolvimento Limpo" constituído por recursos de multas ou taxas que seriam aplicadas aos países ricos pelo excesso de emissões ou sobre o consumo de combustíveis fósseis acima de um teto a ser convencionado. O Brasil foi um dos principais proponentes desse Fundo, que, a princípio, contou com o apoio de alguns países europeus.

Segundo Luiz Pinguelli Rosa, "este Fundo se destinaria ao desenvolvimento sustentável dos países do Terceiro Mundo de modo a evitar emissões excessivas. Em resposta à proposta brasileira [...] foi criado o Mecanismo de Desenvolvimento Limpo, a fim de que empresas dos países ricos possam fazer investimentos no Terceiro Mundo para evitar emissões, ficando com os créditos como forma de cumprir parte dos compromissos do Protocolo de Kyoto". A proposta do Mecanismo de Desenvolvimento Limpo, tal como feita pelos EUA, de simples emissão de certificados negociáveis no mercado, foi matizada no seu espírito meramente mercantil com a introdução de um componente que obriga a que, nas negociações, se leve em conta algum objetivo de desenvolvimento local, além de simplesmente diminuir a emissão de gases de efeito estufa "não ficando apenas um negócio entre empresas" (Pinguelli, 2002).[17]

Na realidade, "nenhuma destas opções oferece uma solução à morte entrópica do planeta gerada pela racionalidade econômica dominante, que induz a um crescimento inelutável da entropia. A busca de uma solução efetiva para a sustentabilidade e para a equidade deve considerar seriamente (1) a necessidade de desconstruir a racionalidade econômica e (2) a construção de uma racionalidade ecotecnológica fundada no *princípio de produtividade neguentrópica*", conforme vem insistindo

[17]Mais adiante veremos que, sob o pressuposto de igualdade entre livres negociadores no mercado se escondem relações de poder onde os interesses dos mais fortes se impõem, inclusive, com a anuência dos mais fracos em circunstâncias históricas bem concretas e eticamente condenáveis.

Enrique Leff (Leff, 1994, 1995 e 2000 e Leff, Argüeta, Boege e Porto-Gonçalves, 2002).

A geopolítica do desenvolvimento sustentável vê com otimismo a solução das contradições entre economia e ecologia ao propor, ainda, a reconversão da biodiversidade em coletores de gases de efeito estufa (principalmente dióxido de carbono), com o qual se exime de responsabilidades os países industrializados pelos excedentes de suas cotas de emisões, enquanto se induz uma reconversão ecológica dos países do Terceiro Mundo.

Em relação à diluição dos objetivos do Protocolo de Kyoto e o MDL, Ignacy Sachs afirmou que "bem mais grave, pelas suas implicações éticas e práticas, é a instituição de um mercado de *direitos de poluir* sob o pretexto de que esta seria a maneira de reduzir os custos da operação. Em vez de despoluir no lugar onde poluem, os poluidores passarão a comprar os direitos de poluir daqueles que estão abaixo de suas cotas e se dispõem a vendê-la a um preço inferior ao que teria custado a despoluição *in loco* [...] Penso que os países membros da ONU tomaram a decisão equivocada ao instituir os indultos ambientais que dão aos países ricos a possibilidade de continuar as suas trajetórias ambientalmente insustentáveis em vez de promover uma mudança radical nos seus estilos de desenvolvimento e padrões de consumo".

"A atribuição de preços à captura de carbono pelas reservas de biodiversidade dentro do MDL funciona como um verdadeiro subterfúgio que permite aos países que excedem sua pegada ecológica transferir o montante equivalente a algum país rico em biodiversidade, cuja flora e solos supostamente sequestrariam o excesso de gases emitidos pelas indústrias do país industrializado a preços de '*dumping*' [...] porque, como afirma Martínez Alier, os países pobres vendem barato seus *serviços ambientais*. Neste sentido é questionável a efetividade do Protocolo de Kyoto, já que o 'valor de uso como sumidouro' da biodiversidade seguramente não fará reduzir substancialmente as emissões de gases de efeito estufa que o império da racionalidade econômica seguirá gerando [...]".

Mais alucinante ainda resulta imaginar a captação direta pelos bosques da Costa Rica do excedente de carbono da Holanda — que desta maneira paga a ultrapassagem de sua pegada ecológica — através do arbitrário valor que adquire no mercado de certificados de emissões de gases de efeito estufa (Leff, Argüeta, Boege e Porto-Gonçalves, 2002).

Sobre a premissa do "valor total da biodiversidade", que restringe seu valor à sua função de absorção de carbono e à oferta de suas riquezas cênicas, estas estratégias de revalorização da natureza se justificam mediante sofisticados cálculos do valor da biodiversidade baseado na atribuição de preços da captura de carbono e as taxas de desconto que conformam os modelos do neoliberalismo ambiental (Pearce y Moran, 1994).

Como se vê, estas transações não se estabelecem através de um valor e preços equitativos de captura de carbono, senão do poder negociador desigual entre as partes envolvidas. Posto que os países pobres vendem barato suas funções de captura de carbono — da mesma maneira que o fazem com o petróleo, com os recursos estéticos e com as riquezas genéticas que abrigam suas reservas de biodiversidade —, os países do Norte encontram uma saída fácil para o cumprimento de compromissos formais que não significam a efetiva redução de suas emissões. Este mecanismo de intercâmbio desigual oferece um salvo-conduto para eximir os países do Norte de sua dívida ecológica (Leff, Argüeta, Boege, Porto-Gonçalves, 2002).

Ao contrário da ideia de que no mercado se encontram livres negociadores, um dos pilares do pensamento liberal, o que se vê são relações de poder assimétricas conformando as relações sociais e de poder.

O mecanismo de desenvolvimento limpo (MDL), que busca induzir a restauração ecológica da economia, se baseia, assim, em enganosas certezas científicas sobre a capacidade de absorção (captura, sequestro) de carbono por parte das atividades agrícolas e as reservas de biodiversidade, sobre a funcionalidade das taxas de desconto e a eficácia do mercado para a reconversão das terras para os fins de sustentabilidade. As estratégias "*win-win*" do MDL muitas vezes se traduzem em projetos e ações "*lose-lose*". O reflorestamento de 75.000 hectares nas regiões andinas do Equador com eucaliptos e pínus. "[...] ao plantar pínus nos páramos, cujos solos têm muita matéria orgânica, se desprende mais carbono que o que eles absorveriam: uma solução *lose-lose*" (Martínez Alier e Roca, 2000: 46).

A tendência de atribuir ao mercado a capacidade de resolução de questões que são de interesse público teve seu ponto culminante em Johannesburgo em 2002, onde o texto aprovado sobre a questão energética, da forma como foi escrito, "não compromete nenhum país a fazer algo concreto a curto e médio prazos, contraria a Agenda 21, adotada na Rio-92, e todos os esforços da Convenção de Clima e seu Protocolo de Kyoto".[18] (Born, 2002).

"O fracasso de um entendimento global para fazer convergir efeitos das ações nacionais e internacionais na implementação de regimes mundiais de desenvolvimento sustentável — revelado em Johannebsurgo pela tendência a medidas voluntárias, isentas de metas, desonerando governos no estabelecimento de políticas públicas — é fato gravíssimo. Tal fracasso facilita iniciativas unilaterais e hegemônicas dos EUA, exacerbadas depois dos atentados de 11 de setembro, para a imposição de políticas e procedimentos no planeta.

Fragiliza-se a ONU como espaço multilateral, potencialmente em abertura para a sociedade civil, em favor da OMC, com regras fortes e sanções para aqueles que não seguirem a sua cartilha liberal de conduzir o mundo como uma mera feira de trocas". A avaliação de Rubem Born[19] não podia ser mais contundente.

O LOCAL E O GLOBAL, O AGORA E O AMANHÃ: PARA ALÉM DAS DICOTOMIAS

A constituição do sistema-mundo moderno-colonial nos revela que a devastação dos recursos naturais e a violência contra as culturas de diferen-

[18]Ainda segundo Rubem Born, "o representante da União Europeia declarou que retirava a proposta de incluir a referência ao ano de 2010 no texto sobre energia negociado entre representantes do G-77 (grupo dos países em desenvolvimento mais China), União Europeia e o Juscanz (bloco composto por Japão, Estados Unidos, Canadá, Austrália e Nova Zelândia. [...] Representantes de nações industrializadas e exportadoras de petróleo aplaudiram o *acordo*, aos olhos atônitos dos demais".

[19]Membro da coordenação da delegação para a Rio+10 do Fórum Brasileiro de ONGs e Movimentos Sociais para o Desenvolvimento e Meio Ambiente.

tes povos sempre estiveram presentes nas escalas local e regional, sobretudo quando observamos o que se passa no lado colonial na África, na América Latina e Caribe e na Ásia. Esses verdadeiros ecocídio, etnocídio e genocídio sentidos em escala local e regional foram resultado de ações globais nos marcos do colonialismo e do imperialismo.

Até muito recentemente, as informações do que se passava nesses locais e nessas regiões ficaram limitadas no seu debate público e confinadas a círculos restritos de denúncias nos diferentes padrões de poder mundial que se sucederam conformando o atual sistema-mundo moderno-colonial — o colonialismo e o imperialismo. Já no pós-guerra, no período também conhecido como guerra fria, com o processo de descolonização, a denúncia de que o sistema moderno tinha uma outra cara, colonial — de devastação, de destruição, de miséria e de injustiça —, ganha o debate público, ainda que fortemente marcado pelo caráter etnocêntrico, mais especificamente eurocêntrico, que denunciava o subdesenvolvimento e sinalizava na direção de que esses países e povos deveriam se industrializar e urbanizar, enfim, que deveriam se europeizar e norte-americanizar. Foi com base numa avaliação dessa ordem — de que todos tinham *direito ao desenvolvimento* — que o Banco Mundial e outros organismos internacionais passaram a colocar em prática todo um conjunto de políticas de *ajuda ao desenvolvimento* a partir dos anos 1970. Em nenhum momento se considerou que a situação vivida por aqueles povos e regiões se devia, fundamentalmente, ao fato de terem sido submetidos aos desígnios dos europeus (e depois dos EUA e Japão) e que, portanto, a experiência de desenvolvimento europeu era impossível de se reproduzir nessas áreas e entre esses povos, pelo simples fato de lhes faltar o lado colonial que constituiu aquele lado moderno, assim como pelo fato irredutível de serem esses povos outros, diferentes.

Ainda hoje, em que pese a forte e contraditória presença dos meios de comunicação de massas, o que se passa em escala local e regional, e mesmo nacional, situado no polo dominado da geografia política do sistema-mundo não é veiculado, apesar de sua gravidade. Assim, vivemos uma *Idade Mídia*, que, em certo sentido, mais parece a Idade Média na medida em que a mediação se faz de modo extremamente seletivo e unilateral, obscurecendo determinados fenômenos e iluminando outros, dos quais, talvez, o caso mais emblemático seja o da Venezuela, pelo menos desde a Revolução Bolivariana (1999). Tomamos a Venezuela em conta não só porque é um país que caminha na direção contrária à crise de participação popular que se vê na maior parte dos países[20] como, também, por sua importância no jogo da geopolítica do petróleo, enfim, por sua importância estratégica em qualquer política séria com relação às mudanças climáticas globais.[21]

Essa observação é fundamental para entendermos o que está se passando em escala local, regional e mesmo nacional nas áreas em que há exploração de petróleo. Ali podemos constatar que, antes mesmo das mudanças climáticas globais, o impacto socioambiental é enorme.

Já assinalamos os múltiplos esforços que vêm sendo feitos no sentido de forjar instrumentos regulatórios em escala global — a Convenção do Clima, o Protocolo de Kyoto, o Mecanismo de Desenvolvimento Limpo, o Mecanismo de Certificação Florestal, a Convenção de Diversidade Biológica, o Tratado de Florestas, entre os que diretamente dizem respeito às mudanças climáticas globais. Consideremos, entretanto, que a escala que se privilegia para análise não é neutra. Ao contrário, a sobre-exposição da escala global nos dias que correm é, na verdade, a expressão da afirmação da hegemonia dos protagonistas que operam nessa escala. É assim que os organismos multilaterais, as grandes organizações não governamentais e as grandes corporações transnacionais se tornam expressões familiares e banais em nosso quotidiano, como se fossem naturais. Afinal, são as questões colocadas por esses protagonistas que acabam pautando o debate. A Aldeia Global é, assim, editada.

[20]Sobretudo no chamado Primeiro Mundo, onde a apatia e a abstenção nos processos eleitorais é hoje visível. Já na Venezuela, ao contrário, vem ocorrendo um enorme protagonismo popular.

[21]Pelo mesmo motivo, poderíamos considerar a posição pública tomada pelas grandes empresas de comunicação dos EUA, CNN à frente, de submeter o noticiário durante a guerra de invasão do Iraque ao Departamento de Defesa dos EUA, ele que era parte interessada no que haveria de ser noticiado e, mais, diretamente comandado por políticos ligados às grandes corporações do petróleo (D. Chenney e D. Ramsfeld, para não falarmos da família Bush).

Antes de o efeito estufa se tornar o problema global que é, a vida de muitas localidades e comunidades do mundo, sobretudo na América Latina e Caribe, na África e na Ásia, já se transformou num verdadeiro inferno. E aqui dois fatores contribuem para essa dissociação entre o local e o global, além do já anteriormente apontado. (1) O efeito estufa não se dá na mesma escala espaço-temporal em que se dá a exploração do petróleo: seus efeitos se fazem sentir num outro tempo, de até um século depois de sua emissão; (2) a dissociação entre os lugares de extração-transformação do petróleo e os lugares de consumo. Assim, entre o tempo presente de exploração do petróleo, quase sempre tenso e de risco, e o tempo futuro, do efeito estufa, há um modo de vida do conforto proporcionado por essa energia, modo de vida que legitima e torna aceitável *esse-preço-que-se-paga-pelo-progresso*, que, todavia, é desigual quando considerado geográfica, social e etnicamente. Vê-se claramente as marcas do sistema-mundo moderno-colonial nessa geografia desigual dos proveitos e dos rejeitos, do conforto e do drama, dos riscos e dos benefícios da energia. Talvez o sucesso e a fantasia estimulados quotidianamente nos horários nobres das TVs em todo o mundo, com o patrocínio das grandes empresas de petróleo e/ou automobilísticas, e toda a sedução do modo de vida individualístico, do qual o automóvel é seu maior exemplo, nos ajude a entender esse silêncio interessado sobre o que se passa nos lugares onde se dá a extração e nas rotas dos oleodutos do petróleo.

O quotidiano das populações desses lugares de exploração ou por onde passam oleodutos muito raramente é reportado e mediado. A Aldeia Global pouco as conhece, a não ser quando alguma tragédia as acomete, e essas populações e suas comunidades são noticiadas enquanto vítimas. Dificilmente essas populações são notícia quando atuam enquanto protagonistas em defesa de seus direitos ou na invenção de novos direitos. Para serem visíveis, as populações desses lugares cada vez mais vêm bloqueando estradas ou bloqueando os caminhos que levam a alguma reunião de algum fórum global (OMC, FMI, Banco Mundial, G-7+1).

A recente Guerra do Gás na Bolívia só ganhou as manchetes dos jornais no mundo após o massacre de mais de 70 pessoas em El Alto, em outubro de 2003, após mais de 90 dias de ampla mobilização em todo o país contra a exportação pelo Pacífico desse recurso que hoje é a principal fonte de divisas do país, após a completa falência da exploração do estanho. Aliás, o caso boliviano deveria ser considerado emblemático dos desafios a serem enfrentados para superar os graves problemas socioambientais contemporâneos, na medida em que a Guerra do Gás em 2003 foi, na verdade, a culminância da Guerra da Água desencadeada em Cochabamba em 2000, e da ampla mobilização com vários mortos em fevereiro de 2003, contra a proposta de corte de salários feita pelo FMI e Banco Mundial. Ali, na Bolívia estão presentes todos os elementos e protagonistas do desafio ambiental contemporâneo — de um lado, os organismos multilaterais, as grandes corporações transnacionais e seus aliados nacionais e, de outro, a resistência de camponeses, indígenas, operários, donas de casa, ambientalistas e outros setores populares. A clivagem histórica do sistema-mundo moderno-colonial se atualiza enquanto conflito.

Entretanto, para além dos conflitos de alta intensidade, para usar a expressão dos senhores da guerra, um mapa dos conflitos de baixa intensidade, mas nem por isso menos trágicos e intensos, deixa-nos ver que o impacto causado pela atual matriz energética, mormente no que diz respeito ao petróleo, produz danos ambientais locais sérios numa dimensão onde o ambiental se mostra para além do ecológico.

Nos lugares onde é rica a presença de petróleo, a militarização ou a guerra aberta está presente por todo lado, desde os contrafortes andino-amazônicos do Equador e da Bolívia, ao delta do Níger na Nigéria, à fronteira andina entre a Venezuela e Colômbia, ao Cáucaso e ao Oriente Médio. Há uma forte ligação entre as guerras, os agentes que produzem o efeito estufa e a tragédia quotidiana, sobretudo para as populações dos lugares que têm a desventura de ter petróleo em seu subsolo.

Eis o destino a que se veem lançados diferentes povos como os ogoni, no delta do Níger, na Nigéria, país responsável pela produção de 2 bilhões de barris de petróleo por dia. Ali, mais do que o efeito estufa que a combustão do petróleo dali retirado certamente vai provocar, a maioria da população não tem acesso aos serviços básicos, vive sob forte repressão policial e está envolvida em conflitos onde as explosões de oleodutos já mataram mais de 2 mil pessoas até o ano 2000, segundo informações do Movimento pela Sobrevivência do Povo Ogoni (MSPO) e o Conselho da Juventude Ijaw.

Não é muito diferente a situação na Província de Cabinda, em Angola, sobretudo depois que o país se tornou independente de Portugal e o controle das jazidas passou a ser disputado por diferentes grupos políticos locais com diferentes apoios de corporações globais. Angola produz 785.000 barris de petróleo por dia e, juntamente com a Nigéria, se coloca como o segundo maior país produtor da África Subsaariana. Entretanto, 14,9% do seu PIB é destinado para gastos militares para combater "movimentos rebeldes", num país que tem 80% da sua população vivendo abaixo da linha da pobreza, segundo o *Human Development Report*. A destruição do país com minas por todo lado é a expressão já, aqui e agora, do ambiente trágico em que vivem populações miseráveis em lugares que fornecem o combustível para um modo de vida que, além de produzir efeito estufa, silencia sobre esses dramas de populações sem futuro ou com futuro sob condições literalmente mutiladas.

O mesmo pode ser observado na Colômbia, ao longo dos 780 km de extensão do oleoduto Caño Limón-Coveñas, atravessando Sucre, Bolívar e Arauca, onde, além da poluição provocada por derramamentos *acidentais* de petróleo, são frequentes os atentados contra a exploração por parte da multinacional estadunidense Occidental Petroleum, que administra o oleoduto em conjunto com a estatal Ecopetrol. Avalia-se que 65% das reservas de petróleo na Colômbia estão em territórios indígenas, e essa é uma das razões da intensificação dos conflitos e da resistência indígena contra a expropriação dos seus territórios.

Em 2002, os EUA destinaram uma verba suplementar de 98 milhões de dólares somente para proteger esse oleoduto. Recentemente o governo colombiano (2003) decretou duas Zonas de Reabilitação e Consolidação, onde exerce um controle policial-militar maior, em Sucre, Bolívar e Arauca, no norte do país. Os territórios dos indígenas U'Wa foram atingidos por essa nova demarcação em Arauca, e neles a Ecopetrol, empresa estatal de exploração de petróleo, se encontra em atividade em substituição à Occidental Petroleum (Oxy), que os indígenas haviam impedido de operar em seus territórios no início dos anos 1990, após uma ampla mobilização e articulação internacional. Os indígenas acusam a Oxy de estar por trás da Ecopetrol.[22] (Ver mapa "recursos naturais e presença militar dos EUA na América Latina e Caribe.)

Segundo Camilo González Posso, "as zonas de reabilitação foram criadas mais com o propósito de defender os interesses da Occidental do que para proteger a população. A estratégia é, segundo ele, equivocada, e só foi implementada para justificar a militarização da região". Segundo a Ouvidoria Pública e a Procuradoria Geral da Colômbia, essas regiões têm se caracterizado pelo "crescimento da violência, com aumento de atentados, por restrições à liberdade de imprensa e aos direitos humanos e pelo aumento da sensação de insegurança entre a população" (FSP, 16/6/2003: p. A-15).

Também no sul do México, o governo vem procurando manter *manu militari* o controle territorial de amplas zonas, riquíssimas em diversidade biológica e recursos naturais, inclusive petróleo, só formalmente governadas por autoridades civis onde é grande a atuação dos zapatistas. Agentes paramilitares conservam sua impunidade e seguem atuando, assim como programas de desenvolvimento social continuam respondendo a uma lógica de combate aos insurgentes — *"para tratar de ganar nuevas clientelas en comunidades de influencia rebelde"*[23] —, buscando romper a resistência civil das comunidades sob o argumento de que o governo não pode renunciar a suas responsabilidades de levar o progresso a todos os rincões do país. Com a proposta de criação da Reserva de Biosfera de Montes Azules, setores ligados à biotecnologia, à exploração florestal e à conservação ambiental vêm empreendendo uma ofensiva para desalojar as comunidades de seus territórios e de seus conhecimentos.

[22]Ver Boaventura de Sousa Santos, 2002. Consultar, ainda, entrevista de Héctor Mondragón, assessor do Consejo Nacional Campesino, concedida à Revista *Focus* 2004 no sítio www.barcelona 2004.or/cat.

[23]Conforme Luiz Hernández Navarro em *La Jornada*.

A VENEZUELA: DEMOCRACIA, MÍDIA E PETRÓLEO

A instabilidade política das áreas ricas em petróleo envolve muitas vezes a realidade política de países como um todo, sempre que governos se apresentem fora do controle dos interesses das corporações que controlam essa fonte de energia em escala mundial, como recentemente observamos com a invasão do Iraque[24] e a enorme pressão que vem sofrendo o governo Hugo Chávez Frias na Venezuela, ou quando movimentos populares conseguem impor restrições políticas à sua exploração, como na Colômbia.

A Venezuela merece um lugar de destaque a esse respeito, haja vista ser um país que, nos últimos anos, vem sendo alvo de uma sistemática campanha abertamente conduzida pelos meios de comunicação de massas que propugnam pela derrubada do governo. Ali, as grandes redes de televisão, em particular, se transformaram em verdadeiros partidos políticos de oposição depois da Revolução Bolivariana iniciada em 1999. Ao contrário do Iraque, onde o governo Sadam Hussein foi caracterizado como ditatorial,[25] na Venezuela todo o processo tem sido conduzido dentro dos mais rigorosos marcos formais da democracia liberal. A chamada Revolução Bolivariana ganhou consistência institucional democrática com a eleição de uma assembleia constituinte e de um novo parlamento,

[24]Em grande parte fruto da avaliação equivocada pelo governo Sadam Hussein da correlação de forças políticas em 1991, sobretudo num mundo recém-submetido à hegemonia monopolar dos EUA. Ao invadir o Kwait, em retaliação ao roubo de petróleo iraqueano por parte de empresas que operavam a partir daquele país, viu cair sobre si a ira do império americano. Essa operação mereceu da mídia ocidental uma leitura muito afim com a do Departamento de Defesa dos EUA, como sendo uma expansão do governo de Sadam Hussein, que, com a invasão, controlaria as maiores reservas de petróleo do mundo, as do Kwait e as do Iraque.

[25]Seja lá o que isso signifique no jargão político estadunidense, haja vista o governo da Arábia Saudita, para ficarmos com um país vizinho ao Iraque, não merecer a mesma caracterização. Aliás, deveríamos ouvir com mais atenção a observação de E. Said, que nos chama a atenção para o modo bastante vago com que tratamos várias expressões que estão no centro do debate político contemporâneo, como essa de regime democrático.

onde as velhas oligarquias políticas e sindicais perderam a hegemonia política formal. Registre-se o caráter inovador da constituição venezuelana, que combina vários mecanismos de democracia direta (plebiscito, referendo popular, planejamento participativo) com os da democracia representativa, o que não é pouco em uma região de fortes tradições clientelísticas e patrimonialistas como a América Latina. A Venezuela é um país extremamente dependente de suas exportações de petróleo e, por isso mesmo, de grande interesse estratégico e, por isso, a atual oposição política vem contando com apoio político externo (ver a tentativa de golpe de 11 de abril de 2002). O *lockout* que paralisou a empresa de petróleo estatal PDVSA durante meses foi feito por iniciativa de seus dirigentes executivos, e não dos trabalhadores operacionais que, dois meses antes da paralisação, haviam firmado um acordo trabalhista com o governo, o que indica que não se estava exatamente diante de uma greve de trabalhadores. Aliás, a paralisação da PDVSA nos dá sinais dos novos tempos em que vivemos, na medida em que se deu a partir do bloqueio ao governo do acesso aos computadores da empresa. Sem o controle dos computadores, as vendas ficaram paralisadas, assim como todo o controle de saída e entrada de navios, tornando caótico o trânsito nos portos, gerando uma grave crise de abastecimento, até mesmo de gasolina para o próprio país. A superação da crise só foi possível por meio da contratação de jovens *hackers* para recuperar o controle e o acesso ao sistema informático e, ainda, da ajuda do governo brasileiro, enviando um navio para garantir o abastecimento de Caracas.

O silêncio sistemático da mídia sobre as grandes manifestações de apoio ao *processo democrático bolivariano* dá conta dos enormes interesses que se voltam para a Venezuela e, para o que aqui nos interessa mais de perto, para que compreendamos a instabilidade das populações dos lugares e países que têm o infortúnio de ter petróleo em seu subsolo.

O meio ambiente como mercadoria II: o mercado da fotossíntese e suas contradições

Um dos setores mais visados pela crítica ambientalista nos anos 1980 foi, sem dúvida, o da exploração florestal. Embora fossem múltiplas as razões imediatas da devastação das florestas, a (1) elevação da diversidade biológica à condição de recurso estratégico e (2) a preocupação construída em torno do aquecimento global contribuíram, e muito, para que a proteção das florestas se tornasse uma questão de interesse global.

Em torno da questão das florestas vem se desenvolvendo, desde 1993, um mecanismo específico — o de Certificação Florestal —, onde uma aliança estratégica entre grandes organizações não governamentais, com destaque para o World Wildlife Fund (WWF), Greenpeace e Friends of Earth; os grandes grupos empresariais do setor florestal, estes em torno da International Timber of Tropical Organization (ITTO), e, por fim, os organismos multilaterais, em particular o Banco Mundial, vem sendo construída. Para que não reste dúvida a respeito deste quadro de alianças que está se configurando no setor, observemos que uma dessas entidades de certificação florestal, o Forest Stewardship Council (FSC), limita explicitamente a participação do Estado "*à sua mínima expressão*" (Van Dam, 2003). "Os governos ou suas agências provavelmente são as únicas entidades que estatutariamente não podem fazer parte do FSC, no intento, diz-se, de resguardar sua independência e sua autonomia. Não existe, contudo, a mesma salvaguarda com respeito à indústria da madeira e às empresas certificadoras, dois setores econômicos que têm demonstrado ter uma grande capacidade de *lobby* sobre o FSC, afetando reiteradamente sua independência" (Counsell, 1997, Johansson et al, 2001 *apud* Van Dam, 2003).

Queremos insistir aqui, em particular, em que a exclusão do Estado enquanto regulador de recursos naturais revela no setor florestal, melhor do que em qualquer outro setor, até que ponto pode chegar o liberalismo mercantil enquanto ideologia. Afinal, foi no setor florestal que o Estado talvez tenha conseguido suas melhores tradições de êxito no tratamento dos recursos naturais, onde se deu mesmo o início da preocupação técnica com a sustentabilidade, como já salientamos.[1]

O Mecanismo de Certificação Florestal (MCF) não pode ser compreendido fora do contexto geopolítico que se configura ao longo dos anos 1990 do que, talvez, seja, junto com o MDL, os exemplos mais emblemáticos do neoliberalismo ambiental.

No caso do setor florestal, desde 1993 várias organizações ambientalistas do Norte, como as indicadas, vêm fazendo alianças com o setor madeireiro e, até mesmo, com o setor siderúrgico, onde se consome muita madeira como carvão vegetal, na suposição de que ganhariam todos (*win-win*), a saber:

1. os consumidores, que já não se sentiriam mais culpados em sua conscência ambiental por sua demanda crescente de produtos florestais;
2. as indústrias, que já não se sentiriam acusadas de ecocídio e se livrariam de boicotes dos consumidores;
3. as organizações ambientalistas, que já não poderiam ser mais acusadas de ser contra o mercado e de não terem "soluções viáveis", do gênero "*desde que*", como já assinalamos;

[1]A preservação das florestas é, desde o século XVIII, pelo menos na Alemanha, objeto de políticas sistemáticas por parte do Estado, regulando seu uso e manejo.

4. os países *doadores* (sic)[2], que não teriam mais que gastar dinheiro com o que chamam de governos incompetentes e corruptos[3] e que não conseguem barrar o desmatamento;
5. os países pobres, suas empresas e suas comunidades teriam, agora, um mercado internacional que reconheceria seus esforços de conservação e manejo florestal; e, *por supuesto*,
6. ganhariam as florestas e a biodiversidade do planeta (Van Dam, 2003).

É grande, todavia, a distância entre esse capitalismo assim idealizado e o capitalismo realmente existente. Mergulhemos, pois, nos procedimentos desse mecanismo de certificação florestal por meio do qual a lógica mercantil passa a imperar em mais um setor.

O MECANISMO DE CERTIFICAÇÃO FLORESTAL (MCF): ENTRE A TEORIA E A PRÁTICA

A certificação florestal, em especial a que promove o Forest Stewardship Council (FSC), "é um procedimento que implica uma avaliação por parte de um certificador independente, [...] que dá lugar a um selo ou etiqueta que informará ao consumidor que a madeira (ou outro produto) que está adquirindo provém de um bosque certificado" (von Kruedener, 2000 *apud* Van Dam, 2003). Uma vez certificado, o produtor pode usar o selo em suas negociações comerciais durante cinco anos, no caso do FSC, ainda que sujeito a monitoramento anual para verificar que segue cumprindo com os padrões. Para certificar-se, um produtor florestal, seja uma em-

[2]A expressão *países* doadores já os coloca numa posição privilegiada, *desde que* não se leve em consideração o fluxo de capitais entre os países ricos e pobres, que os colocariam como recebedores.

[3]Membros do Fórum Brasileiro Movimentos Sociais e de ONGs cobraram dos representantes do governo alemão, durante a Rio 92, que esse país mudasse a legislação que permite às empresas germânicas abaterem do imposto de renda o dinheiro gasto em corrupção no Terceiro Mundo. Não temos notícia de como evoluiu esta reinvindicação. A própria existência de paraísos fiscais é um mecanismo internacional que, comprovadamente, tem funcionado como um canal de fluxo de dinheiro sujo, seja da corrupção, seja do narcotráfico, seja do comércio de armas.

presa ou uma comunidade, contrata e paga a uma das certificadoras. Constitui-se, assim, um novo mecanismo de intermediação que exclui o Estado da regulação do setor e joga todas as suas cartas no mercado. Não podia ser mais liberal.

A certificação é, assim, um mecanismo baseado na existência de um nicho de mercado que, diga-se de passagem, foi criado a partir de movimentos sociais e procura deslocar ou complementar outras ferramentas e políticas que também tentam promover o manejo florestal, como as exigências de planos de manejo e aproveitamento florestal ou os estudos de impacto ambiental que fazem parte da legislação de quase todos os países, exigências legais e políticas públicas, quase sempre instituídas como respostas a demandas postas pelos movimentos sociais.

Segundo nos informa Cris van Dam, existem dois sistemas internacionais de certificação florestal, que competem entre si — o Forest Stewardship Council (FSC), que certifica 100% dos bosques e plantações na América Latina (Eba'a Atyi e Simula, 2002), e o Pan-European Forest Certification Council (PEFCC), além de vários sistemas nacionais como os existentes nos Estados Unidos, no Canadá, na Malásia, no Brasil e na Indonésia, entre outros países.

Desde 1993, quando se cria o primeiro sistema de certificação florestal, o FSC, tem sido grande o crescimento da área de florestas e plantações certificadas: em menos de 10 anos foram certificados 109 milhões de hectares de florestas e plantações em todo o mundo até janeiro de 2002. Esse número é quatro vezes maior que em 2000 e o dobro de 2001.[4] Segundo o WWF, em 2001 esses dados representam 18% de um total de 600 milhões de hectares, que seria a superfície que estaria produzindo madeira industrial para diferentes necessidades nos próximos 20 a 30 anos em todo o mundo (citado por Bass, 2001 *apud* Van Dam, 2003). Esta superfície florestal certificada, entretanto, é desigualmente distribuída entre os países e as regiões do mundo, a saber: mais da metade está

[4]Por esses dados, o convênio WWF-Banco Mundial, que havia se proposto alcançar a cifra de 200 milhões de hectares certificados em 1998, em 2005 está num caminho muito promissor.

localizada na Europa; cerca de 40% nos EUA e Canadá; 3% na África; 3% na América Latina; e 2% na Ásia do Pacífico. O mais interessante é que, em 1996, a África, a Ásia do Pacífico e a América Latina detinham 70% da superfície total de bosques certificados (Eba'a Atyi e Simula, 2002). É preciso destacar que, no início, "a certificação florestal foi concebida não só como instrumento para frear a deterioração ambiental, mas também como um ferramenta para o desenvolvimento socioeconômico das populações da floresta, as comunidades rurais pobres e os povos indígenas", como assinala Van Dam (Van Dam, 2003).

Os dados acima que indicam o avanço desigual da área certificada pelo mundo, com sua expansão recente maior sobretudo nos países ricos, nos mostra como *o capitalismo realmente existente* é muito diferente das intenções propaladas. Retenhamos que o discurso que afirma que mecanismos como o MCF visam a mais do que evitar a deterioração ambiental traz a marca do contexto em que foram proferidos, então sob forte influência de movimentos sociais lutando por direitos. Não olvidemos a força moral e política que dava suporte à forte presença dos seringueiros e das populações indígenas na Rio 92, que à época, inclusive, ensejaram a Aliança dos Povos da Floresta. O deslocamento do papel, diga-se de passagem, insubstituível dos próprios protagonistas pelas regras de mercado, só com o tempo viria demonstrar, conforme veremos, que não passa de falácia. Entretanto, esse deslocamento para o mercado tem conseguido desmobilizar aqueles movimentos sociais que, mais adiante, se veem tendo que reinventar suas estratégias de lutas por direitos em circunstâncias distintas, nem sempre com a mesma qualidade das oportunidades criadas anteriormente.

Esta desigual apropriação dos benefícios econômicos da certificação se deve em parte, como assinalam Thornber, Plouvier e Bass (1999), ao fato de que a certificação é um mecanismo de mercado e, como tal, compartilha suas vicissitudes estruturais como, por exemplo, o fato de produzir necessariamente vencedores (*winners*) e perdedores (*losers*). Entretanto, longe de leis gerais de mercado que aqui se expressariam, é preciso ver que há contradições específicas que são produzidas pelos próprios sistemas e processos desenvolvidos pelos mecanismos de certificação florestal. Vejamos:

OS RESULTADOS PRÁTICOS DO MCF

Assinalemos que o setor florestal, diferentemente do mercado de produtos orgânicos, por exemplo, é fortemente oligopolizado e controlado por empresas dos países ricos. No caso do MCF, todos os custos de manejo e conservação recaem sobre o produtor, e não sobre os consumidores, que, assim, não têm que pagar um "preço justo" por esse esforço de manejo. Entre os produtores, a certificação tem beneficiado as grandes empresas e concessionárias, especialmente os grandes capitais investidos em plantações eufemisticamente chamadas de reflorestamento.

Os custos do próprio processo de certificação e de seu monitoramento estão fortemente associados à escala do produtor. São custos em grande medida fixos, o que implica um custo relativo maior quanto menor seja o tamanho do estabelecimento a certificar. Dois autores, De Camino e Alfaro (1998), com base em um levantamento em seis bosques nativos na América Central, apontam custos crescentes que vão de US$ 0,45 por hectare, para um estabelecimento médio de 36.000 hectares, a US$ 10,66 por hectare para um estabelecimento médio de 750 hectares, somente para a certificação inicial. Assim, o estabelecimento menor paga 24 vezes mais por hectare que o estabelecimento maior. O custo anual de verificação é idêntico em todos os casos (US$ 2.000), o que implica um custo médio por hectare de US$ 0,055 no caso do estabelecimento de 36.000 hectares e de US$ 2,66, no caso do estabelecimento de 750 hectares, um custo de verificação 48 vezes maior para o menor produtor. Francisco Chapela[5] situa em 1.000 hectares o tamanho mínimo de propriedade abaixo do qual não é rentável a certificação de uma unidade de manejo florestal no México. Como custos para uma comunidade, assinala um mínimo de US$ 4.000 para a avaliação quinquenal, e ao menos US$ 1.200 para as inspeções anuais, sendo que, no México, 80% das unidades de manejo têm menos de 60 hectares.

É interessante observar, ainda, que "das onze certificadoras hoje afiliadas ao FSC, dez são dos países do Norte, com altos custos de infraestrutura

[5]Intervenção na Conferência Eletrônica "Certificación Forestal, Equidad y Participación", citado por Van Dam, 2003.

e salariais. A única do Sul, na África do Sul, só está autorizada a certificar em seu próprio país. Trata-se de empresas consultoras que têm custos altos por estarem radicadas nos países do Norte, com profissionais do Norte, altos gastos de viagem e um grande trabalho de *marketing* para captar potenciais clientes" (van Dam, 2003). Algumas das certificadoras têm representações na América Latina, mas os custos não parecem diminuir significativamente, até porque acaba por se constituir um mercado internacional para os profissionais da área[6] cujos valores dos serviços prestados são como *commodities*, isto é, os parâmetros são dados pelo mercado internacional, o que nos países pobres tende a prejudicar ainda mais os menores produtores, e, assim, contribuem para agravar ainda mais as iniquidades sociais, que são históricas.

GRÁFICO 23
Área de Floresta Natural Certificada pelo FSC
Segundo o Tamanho das Propriedades

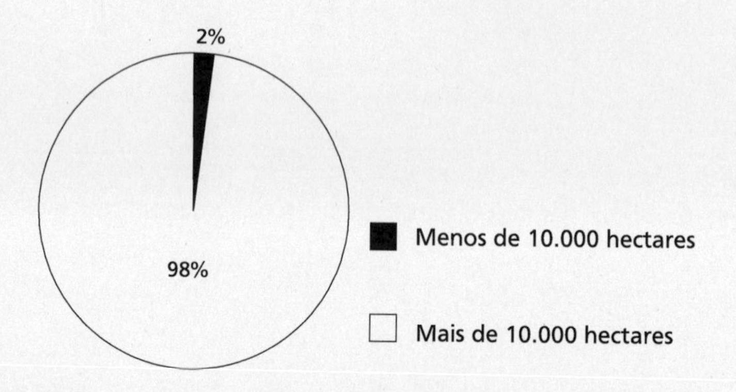

[6]Foi notado por Cris van Dam que, na elaboração de padrões realizada pelas Iniciativas Nacionais na América Latina do FSC, os profissionais, especialmente os engenheiros florestais e os biólogos, parecem ter exercido um papel decisivo e tenderam "*a complementar as normas gerais do FSC com normas adicionais ainda mais exigentes, em seu afã de legitimar seu papel frente ao FSC (e ser mais papistas que o Papa)*". Relembremos que os principais cientistas envolvidos nos projetos do Mecanismos de Desenvolvimento Limpo do GEF — Global Envirnment Facility, sob a tutela do Banco Mundial, são também, em sua quase totalidade, do Primeiro Mundo.

Tudo isso contribui para que se conforme aquilo que vários pesquisadores vêm chamando colonialidade do saber e do poder, isto é, um conjunto de conceitos e valores produzidos numa província específica do mundo, a Europa e demais países desenvolvidos, que impõe ao mundo seus padrões provinciais como se fossem universais. No caso das políticas do setor florestal, que ora nos interessa mais de perto, podemos ver como as consequências sociais e ecológicas dessa pretensa universalização são por demais tendenciosas e nefastas.

Destaque-se o fato de no MCF não se fazer distinção entre florestas e áreas plantadas, considerando-se ambas como florestas. E, ainda, não se faz nenhuma distinção entre florestas temperadas e florestas tropicais, como se fossem iguais as condições de manejo. Ora, como o mercado valoriza determinadas espécies e não outras, as áreas plantadas com as espécies demandadas tendem a dominar a paisagem, estimulando as monoculturas, o que, se não é tão grave nas regiões temperadas e boreais, sabidamente regiões de baixa diversidade biológica e onde as populações em sua quase totalidade já foram praticamente expulsas, é extremamente grave nos países tropicais, que se caracterizam pela enorme riqueza em diversidade biológica e cultural que abrigam e produzem.

Assim, além das dificuldades maiores de manejo das florestas tropicais, em grande parte porque os próprios parâmetros são etnocêntricos, a certificação e o mercado só reconhecem e pagam por alguns poucos produtos da floresta, em particular a madeira, e algumas poucas espécies. Os demais benefícios ambientais que proporciona um bosque tropical bem manejado (conservação da biodiversidade, paisagem, proteção do solo e regulação hídrica, produtos não madeiráveis etc.) não são valorizados.

Vários pesquisadores, assim como algumas redes, como o World Rainforest Movement (Movimento Mundial pelas Florestas), fazem críticas à aliança que vem sendo tecida entre outras grandes ONGs mundiais (WWF, Greenpeace, Friends of Earth) e as empresas madeireiras e de certificação, e vêm assinalando insistentemente que as plantações florestais não devem ser consideradas florestas, procurando chamar a atenção para as consequências que derivam do fato de incluir numa mesma classificação coisas tão distintas.

Gráfico 24
Área Certificada Segundo a Natureza
das Propriedades

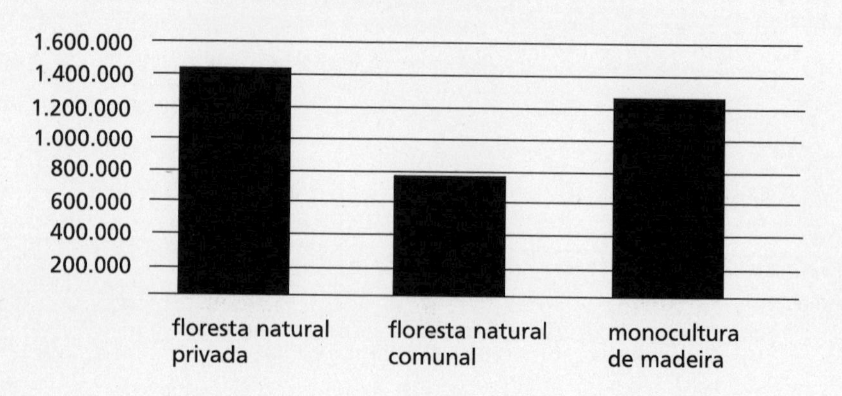

Como assinala Van Dam, as plantações são muito mais simples de manejar e aproveitar que os bosques nativos. E acrescenta: as plantações se fazem com um número muito pequeno de espécies — em geral com uma só — cujo comportamento é muito conhecido; seu manejo e aproveitamento foi desenhado ao planificar a plantação e se fará em forma simples através de podas, raleamentos e provavelmente uma tala rasa ao fim do ciclo. Tudo isso faz com que a certificação de uma plantação seja muito mais simples e menos custosa que a de um bosque nativo: não nos chama a atenção, portanto, que representando só 5% das áreas florestais aproveitáveis em nível mundial (Thornber, Plouvier e Bass, 1999), na América Latina, (...) representam 36% das áreas certificadas. E, destas, 97,5% são constituídas por empresas com mais de 5.000 hectares de plantações, o que nos dá a indicação de que se trata de grandes corporações de monoculturas indevidamente chamadas florestas, para quem o custo de certificar-se é insignificante. Isso coincide com a apreciação de Thornber, Plouvier e Bass (1999), que veem como estas plantações, muitas delas de origem transnacional e com mercados já desenvolvidos no Norte, estão desproporcionalmente favorecidas com a certificação em relação aos bosques nativos.

Esta forma de tomar como equivalentes florestas nativas e plantações através de padrões quase iguais de certificação[7] termina sendo, em realidade, uma forma de discriminação contra os países e os habitantes de bosques nativos, para quem um "bom" manejo florestal significa um esforço muito mais significativo e um custo muitíssimo maior. Para isso contribui também o discurso "verde", que assinala para o consumidor que comprando produtos com base em madeira de plantações está ajudando a diminuir a pressão sobre os bosques nativos, com a mensagem subliminar de que todas as madeiras se equivalem e que as madeiras tropicais são perfeitamente substituíveis por produtos similares com base em pínus, eucaliptos e salicáceas. Aqui novamente podemos ver como os objetivos das organizações ambientalistas coincidem com os da indústria da madeira" (Van Dam, 2003. Ver também Freris e Laschefski, 2001).

O World Rainforest Movement se pergunta como é possível que ainda hoje se insista

> em chamar "bosques" às plantações e em atribuir-lhes os mesmos benefícios sociais e ambientais que as florestas (quando) as plantações de árvores em grande escala geram, comprovadamente, pobreza, aumentam as desigualdades, afetam a segurança alimentar, esgotam os recursos hídricos e os solos, e reduzem drasticamente a diversidade biológica, para mencionar somente seus efeitos mais evidentes (citado por Van Dam. Ver, ainda, o sítio http://www.wrm.org.uy).

Da mesma forma, a certificação não leva em conta os múltiplos usos, valores e sentidos que a floresta têm para os povos indígenas e comunidades rurais, que vão muito além de uma eventual produção para o mercado, práticas e valores culturais esses que, historicamente, são responsáveis pela existência destas mesmas florestas ainda hoje. A certificação de florestas comunais, percebida por muitos como uma opor-

[7]No caso do FSC, só o Princípio 10 se aplica apenas às plantações, os outros nove são idênticos tanto para plantações como para bosques nativos.

tunidade de novos mercados para as comunidades indígenas e camponesas, também pode ser vista como a imposição desta ideia dominante de mercantilização da natureza, uma forma de violência cultural e econômica (Leff, 2001).

Há, ainda, uma série de outros cálculos que devem ser feitos para o produtor satisfazer as exigências de um bom manejo florestal.

> Aqui se agregam questões de escala, os maiores custos por distância ou inacessibilidade, mas fundamentalmente os custos associados à contratação de profissionais para dispor do plano de manejo e aproveitamento, os custos para fazer frente aos altos padrões exigidos quanto à segurança e higiene; o armazenamento, transporte e manejo de agroquímicos; o pagamento de todos os encargos sociais estipulados pela legislação, para nomear algumas das exigências, as quais se mostram inviáveis para os donos de pequenos bosques e para comunidades indígenas e camponesas sem a capacidade empresarial nem o capital necessários para lograr este manejo (Van Dam, 2003).

GRÁFICO 25
Monoculturas de Madeira em Propriedades Privadas Certificadas pelo FSC Segundo o Tamanho das Propriedades

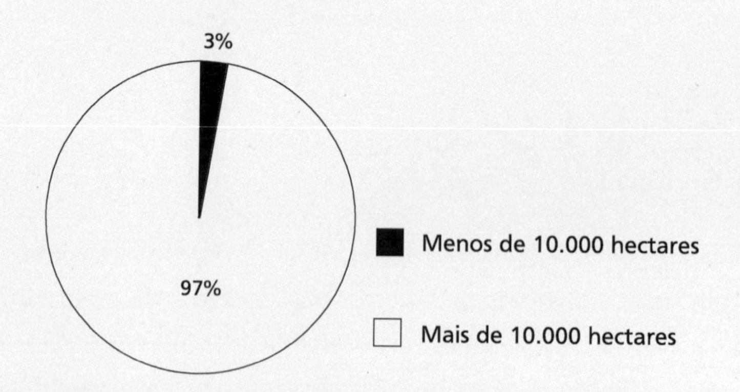

GRÁFICO 26
Área Certificada Segundo o Tamanho dos Estabelecimentos

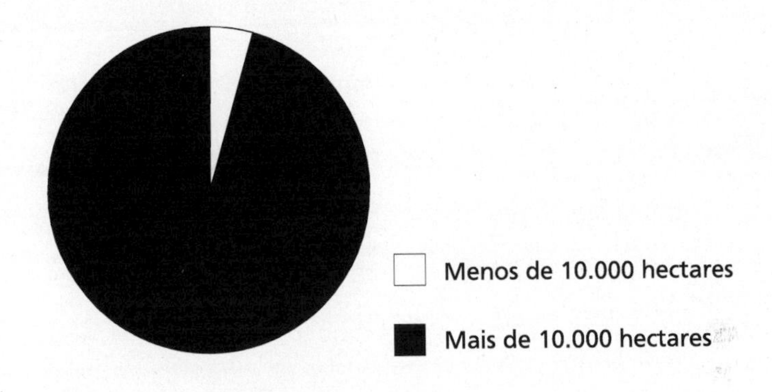

GRÁFICO 27
Área de Floresta Comunal Certificada pelo FSC
Segundo o Tamanho das Propriedades

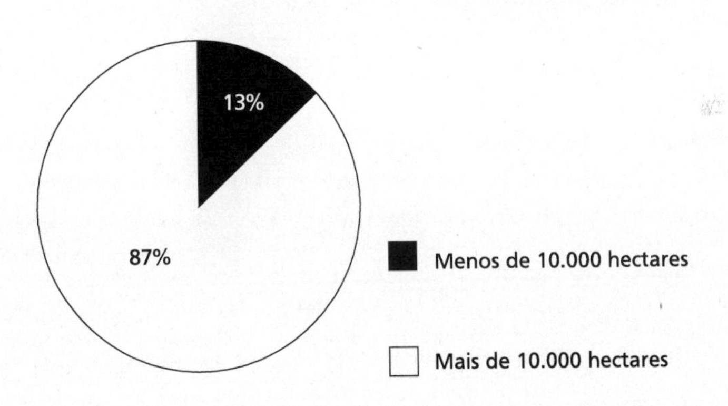

Deste modo, são as próprias regras de mercado instituídas pelo MCF que vêm se constituindo na verdadeira razão pela qual vem crescendo a participação dos ricos, tanto os países como os produtores, na área total certificada nos últimos anos, conforme vemos. Como assinalou muito bem Cris van Dam,

> os próprios produtores florestais nos países ricos não só não têm colocado obstáculos para se certificarem como, rapidamente, compreenderam as vantagens relativas de fazê-lo: por um lado, os padrões exigidos pela certificação são similares aos que previamente lhes eram exigidos por suas legislações nacionais, o que significa que não devem fazer inversões importantes adicionais para obter a certificação e, por outro lado, a certificação os favorece ao mesmo tempo que se converte em uma barreira não alfandegária para os produtores de madeira tropical (favorecendo o uso de madeiras de bosques temperados e boreais), e uma barreira para a pequena e média empresa, como demonstram vários estudos (Thornber, Plouvier e Bass, 1999, Scrase, 2000, Wenban-Smith et al., 2001, Higman e Nussbaum, 2002), já que ambos devem investir consideravelmente mais para alcançar os padrões exigidos (Van Dam, 2003).

Diante desse quadro se pode compreender os dados que seguem, em si mesmos enfáticos. As cifras específicas do FSC, que, até junho de 2002, certificara uma área de mais de 28,5 milhões de hectares, mostram as mesmas tendências mundiais: 80% dessa área está nos países ricos. Somente três países — Suécia, Polônia e Estados Unidos — concentram 60% da superficie mundial certificada. 423 certificados outorgados, ou seja, 11,5% do total, são comunais, o que significa dizer que 49 comunidades camponesas ou povos indígenas, com seus 874.066 hectares de terras certificados, correspondem a 3% do total da superfície certificada. Do total de área de florestas comunais certificados pelo FSC, mais de 85% estão em somente dois países, México (502.656 ha) e Guatemala (245.350 ha). Em contrapartida, as unidades de mais de 100.000 hectares, públicas ou privadas, que são 57 no total (13,5% do total das Unidades de Manejo Florestal certificadas), possuem 80,5% do total da superfície certificada (Van Dam, 2003).

TABELA 19
Tipos de Floresta e Plantações Certificadas pelo FSC na América Latina (junho 2002)

PAÍS	Floresta Natural Privada		Plantação Privada		Floresta Comunal		Total
	–10.000 ha	+ 10.000 ha	–5.000 ha	+ 5.000 ha	–10.000 ha	+ 10.000 ha	
Argentina	0	0	3.892	24.764	0	0	28.656
Belize	0	95.800	0	0	0	0	95.800
Bolívia	0	927.263	0	0	0	0	927.263
Brasil	12.184	333.025	4.857	806.394	900	0	1.157.360
Chile	0	0	2.014	247.082	0	0	249.096
Colômbia	0	0	0	20.056	0	0	20.056
Costa Rica	9.052	0	17.998	58.936	0	0	85.986
Equador	1.341	0	0	20.000	0	0	21.341
Guatemala	0	64.869	2.242	0	25.621	219.729	312.461
Honduras	0	0	0	0	13.868	0	13.868
México	0	0	0	0	60.731	441.925	502.656
Nicarágua	3.500	0	0	0	0	0	3.500
Panamá	0	0	1.263	7.120	0	0	8.383
Uruguai	0	0	0	62.004	0	0	62.004
Total	26.077	1.420.957	32.266	1.246.356	101.120	661.654	3.488.430
	0,75%	40,73%	0,92%	35,73%	2,9%	18,97%	100.0%

Fonte: FSC (junho 2002), dados processados por Cris van Dam (2003).

Na América Latina, o processo não tem sido diferente: em somente três anos a superfície certificada cresceu 350%, e em 2002 tinha-se 3,5 milhões de hectares de florestas e plantações certificadas. Entretanto, salvo nos dois casos já assinalados do México e Guatemala, a maior parte dessa área está em mãos de empresas privadas de grande extensão: 40,73% são florestas naturais privadas de mais de 10.000 hectares; 35,73% são plantações privadas de mais de 5.000 hectares. Se excluímos o México e a Guatemala, estas cifras são de 50,72% e 46,62%, respectivamente, o que significa que, no resto de América Latina, mais de 97% da área certificada pertence a unidades de manejo florestais com mais de 5.000 hectares. E há países, sobretudo no Cone Sul, onde temos o predomínio quase absoluto das plantações de pínus e eucaliptos certificadas: 100% da área no caso da Argentina; 70% no Chile e no Uruguai; 89% no Brasil e, ainda, 93% na Costa Rica, e, no Equador, 93% são plantações homogêneas certificadas como reflorestamento.

GRÁFICO 28
Consumo de Papel de Ricos e de Pobres no Mundo — ONU 2002

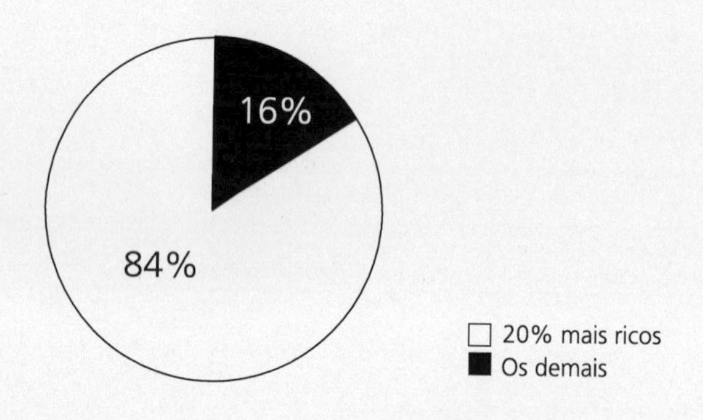

Vários são os estudos que já assinalam os efeitos concretos da aplicação do MCF diretamente para as comunidades camponesas e indígenas. Segundo Robinson (2000), "as comunidades não podem pagar as reavaliações anuais, já que suas margens de lucro são tão baixas e a certificação não se tem provado com benefícios tangíveis. [...] Em outubro de 2000, 21 *ejidos* e 7 comunidades indígenas mexicanas tinham aproximadamente 850.000 hectares de bosque certificados. Isso significa que em menos de dois anos cerca de 350.000 ha (41%) desses bosques perderam sua certificação". Há, ainda, o caso muito citado das comunidades chiquitanas de Lomerío, na Bolívia, que já não figurava na lista de operações certificadas pelo FSC em junho de 2002, deixando aquele país sem área comunal certificada (Markopoulos, 1998).

O mesmo sucedeu na Costa Rica com a Associação San Migueleña de Conservação e Desenvolvimento (Asacode), a única comunidade cujo bosque contava com a certificação do FSC. É interessante assinalar que essa associação, em 2000, três anos após ter sido certificada, não havia vendido um só peça como madeira certificada (Van Dam, 2003).

A certificação, enfim, só é funcional para uma pequena porção das florestas nativas do planeta e para o grosso das plantações, mas não pode contribuir para a conservação e o manejo sustentável daqueles bosques mais degradados; ou com espécies florestais de pouco valor para o mercado; ou distantes dos mercados; ou em mãos de populações pouco interessadas ou impossibilitadas em inserir-se em mercados competitivos (Van Dam, 2003). Deste modo, muitos são os autores que afirmam não haver evidências de que a certificação tenha impulsionado melhores práticas de manejo e haja contribuído para diminuir o desmatamento (Counsell, 1996; Thornber, Plouvier e Bass, 1999; Markopoulos, 1999). "Um impacto potencialmente perverso de padrões mínimos de manejo florestal exigentes e de altos custos de certificação", assinalam Thornber, Plouvier e Bass (1999), "é que produtores impossibilitados de satisfazer esses padrões podem prover madeira ou operar em áreas onde não se lhes exige a certificação em lugar de mudar drasticamente sua forma de manejo. Ou, pior ainda, podem mudar para outros usos do solo" (citado por Van Dam, 2003).

Assim, quanto maiores as exigências de manejo colocadas pela certificação, piores são seus efeitos: 1. para os países mais pobres; 2. para os países com alta diversidade biológica e cultural, como os tropicais, por seus custos mais elevados de manejo; 3. para as comunidades indígenas e de afrodescendentes que não operam a partir de parâmetros individualizados, nem de acumulação como os empresariais; 4. para os produtores familiares e os camponeses e, enfim; 5. nem para as próprias florestas e a biodiversidade, conforme prometia mais essa estratégia *win-win* que, assim, se mostra também *lose-lose*. Nem todos ganham, como mostram os dados abaixo registrados depois de 10 anos de experiência desse mecanismo de certificação florestal, parte do acervo do neoliberalismo ambiental.

A julgar pela evolução da taxa de "mudança na cobertura florestal" na década de 1990, tanto no mundo como um todo, de menos 0,22 %, como na América do Sul, onde alcança quase o dobro, ou seja, menos 0,41%, vemos que os resultados das políticas de conservação de florestas têm sido medíocres. Vejamos:

GRÁFICO 29

Avanço do Desmatamento de Áreas Florestais (em %)

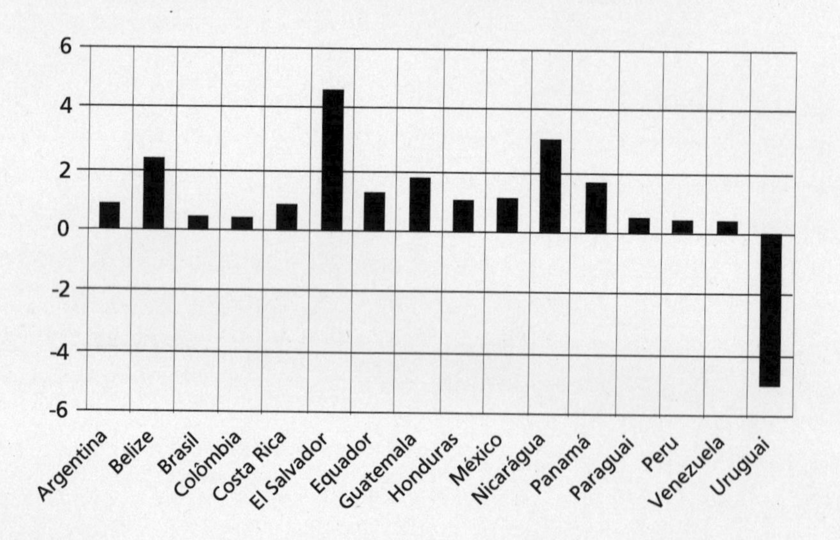

Enfim, como concluem Thornber, Plouvier e Bass, 1999, "aquellos que pueden sacar el mejor provecho (de la certificación) son aquellos a quienes menos les cuesta". Não se pode exigir que o mercado faça aquilo que não é da sua natureza, isto é, contribua para a justiça social, a diversidade cultural e uma sociedade sustentável, a não ser como ideologia.

O meio ambiente como mercadoria III: a troca da dívida externa por natureza e suas contradições

Já vimos que um dos princípios que vêm comandando a geopolítica mundial, onde tem sido fundamental o papel dos organismos multilaterais, é o de se evitar que a crise da dívida se torne uma crise de crédito. Para isso, a questão ambiental vem tendo um papel decisivo enquanto moeda de troca. Na verdade, por meio desses vários mecanismos, tanto o MDL como o MCF, o que se vê é, no fundo, a troca da dívida por natureza. Pouco antes da Rio 92, a proposta de troca de dívida por natureza foi abertamente colocada em pauta, assim como amplamente criticada por razões éticas e políticas.

O mecanismo de troca de dívida por natureza à época consistia em comprar títulos da dívida externa dos países do Terceiro Mundo no mercado a preços baixos, até porque esses países mostravam enormes dificuldades em saldá-los, e trocá-los pelo valor de face na compra de áreas a serem destinadas à conservação ambiental nos países devedores. Assim, estabelece-se um sistema de dupla moral, onde um mesmo título tem dois valores dependendo das condições do negociador: o mercado internacional não paga mais do que uma fração do valor de face do título da dívida externa, que, entretanto, deve ser aceito pelo valor de face pelos países devedores, mediante a venda de áreas para preservação.

À época, os críticos dessa proposta propunham que houvesse uma auditoria ambiental da própria dívida externa, para o quê o caso brasileiro se tornava emblemático. Afinal, grande parte da desvastação que se produziu sobre a Amazônia, por exemplo, se fez com o aval e financiamento do Banco Mundial e outros organismos multilaterais, dos bancos privados internacionais, que não pouparam financiamento a governos que, inclusive, não tinham o aval da própria população por serem regimes ditatoriais. Deste modo, o aval ambiental para a troca de dívida externa por natureza sancionava todo o caráter antidemocrático que estava subjacente a toda aquela devastação e injustiça social posta em prática pelas mesmas instituições que agora se revestem de preocupações ambientais.

Estamos diante, pois, de uma verdadeira chantagem ambiental que fez com que vastas áreas de alguns países, com destaque para a Costa Rica, fossem destinadas à preservação da natureza inaugurando-se uma lógica que, via conservação da biodiversidade e plantio de bosques artificiais, incrementa a capacidade de captura das emissões excedentes dos países do Norte, incapazes por si mesmos de reduzir sua pegada ecológica. A biodiversidade adquire, assim, um papel econômico meramente passivo — por sua capacidade de absorção de carbono — no balanço das emissões de gases de efeito estufa e nos processos de mitigação do aquecimento do planeta (Leff, Argüeta, Boege, Porto-Gonçalves, 2002). Entretanto, a Costa Rica, segundo dados da FAO, teve em 10 anos (1990-2000) uma taxa de evolução de desmatamento (–0,80%) duas vezes maior que a média da América do Sul (–0,41%) e quatro vezes maior que a média mundial (–0,22%).

Como todo mecanismo imposto, seja a troca de dívida por natureza de modo explícito, seja por meio do MDL ou do MCF, terá as consequências que por fim acabam por se impor, sendo a mais decisiva delas a de, simplesmente, não atingir os próprios objetivos que diz perseguir, pelo fato essencial de se fazer apesar e à revelia das populações e por acreditar, sobretudo, nas boas intenções autoproclamadas pelos “países doadores”, organismos multilaterais, grandes organizações não governamentais e grandes grupos empresariais transnacionais. A questão ambiental vai se tornando um grande negócio, inaugurando-se um verdadeiro neoliberalismo ambiental.

A GEOGRAFIA DESIGUAL DOS PROVEITOS E DOS REJEITOS: A NOVA DIVISÃO ECOLÓGICO-TERRITORIAL DO TRABALHO SOB O NEOLIBERALISMO

Uma divisão ecológico-territorial do trabalho vai, assim, se conformando onde temos, de um lado, os países industrializados que mantêm seu estilo de desenvolvimento com pegadas ecológicas que tornam impossível sua extensão a outros povos e regiões e, de outro lado, países e regiões com populações vivendo em condições sub-humanas que veem grandes extensões de suas terras se transformando em unidades de conservação ambiental, (1) como se fossem, rigorosamente, lixeiras que limpam a sujeira lançada à atmosfera pelos países do Primeiro Mundo; ou (2) como se fossem reservas de valor de germoplasma para o futuro, verdadeiros *latifúndios genéticos*.

Ou, ainda, como se pode observar, com a transferência de empresas industriais e agrícolas altamente poluidoras ou altamente exigentes de matérias-primas, energia, terra e fotossíntese. Há, assim, uma nova geografia mundial dos proveitos e dos rejeitos que se contrói por meio da assimilação do ambiental ao ideário neoliberal e ao primado do mercado. Observemos o mapa a seguir.

Estamos diante, assim, de significativa mudança na geografia da indústria da bauxita-alumínio. Contribuíram para isso (1) o aumento dos preços da energia provocado pelo segundo choque do petróleo em 1979 — a indústria da bauxita-alumínio é muito sensível a isso porque é altamente consumidora de energia e água; (2) o modo como as classes empresariais e a classe política a elas ligada veem as populações fora da Europa e dos Estados Unidos e (3) o modo como as classes dominantes nos países que recebem essas indústrias cuidam do território e da qualidade de vida de suas populações. Assim, diante (1) das pressões dos ambientalistas nos seus países e (2) do aumento dos preços da energia, rapidamente trataram de transferir suas indústrias para a América Latina, Oriente Médio e para o Canadá, e, neste país, para as regiões tradicionalmente habitadas por populações indígenas. Nessa estratégia, os grandes grupos empresariais contam com o apoio ativo das elites dominantes dos próprios países em desenvolvimento, que, assim, em nome do des-*envolvimento*, atraem para

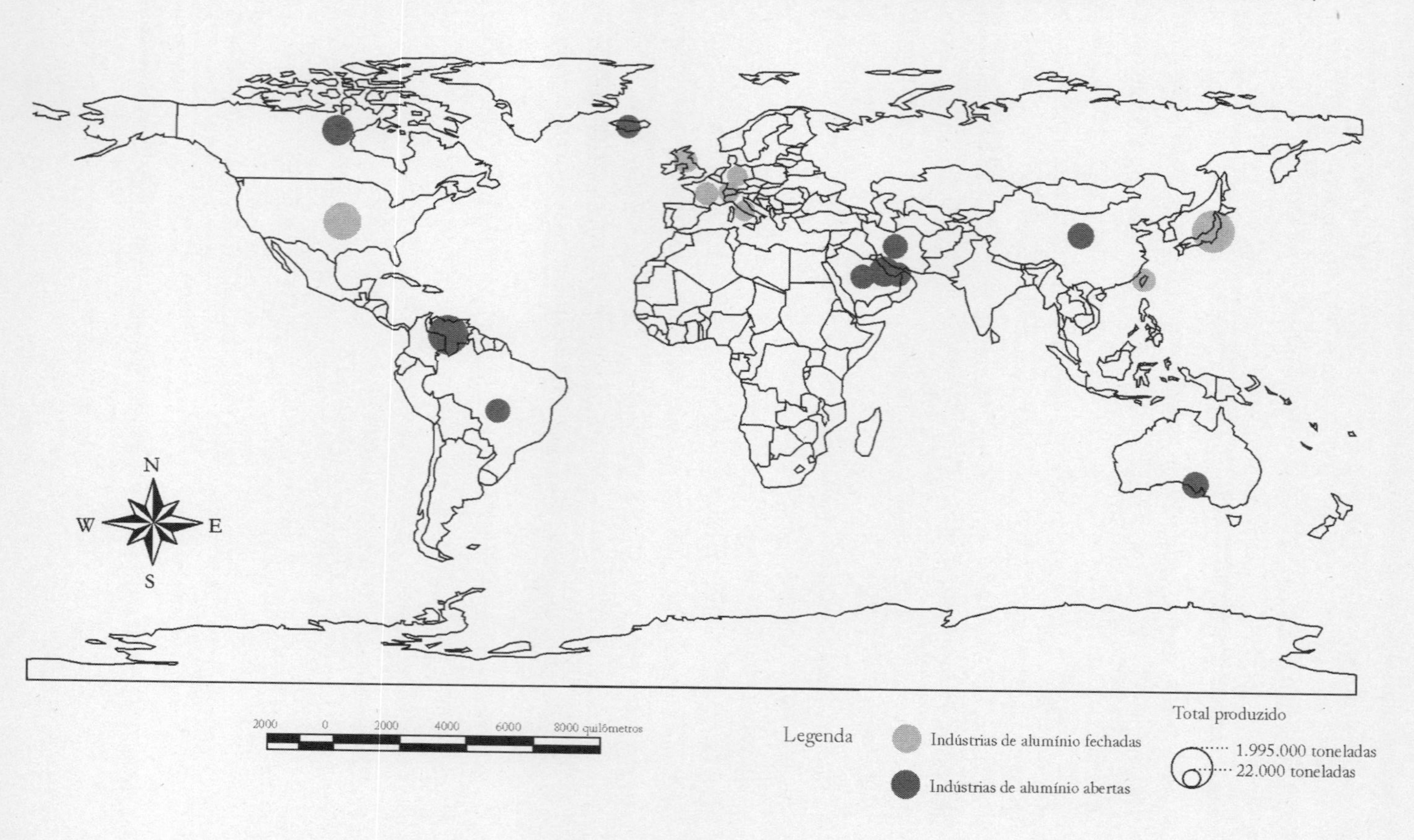
Geografia dos Proveitos e dos Rejeitos
Mudança na distribuição da indústria do alumínio no mundo
Indústrias fechadas e indústrias abertas entre 1981 e 1988 (em toneladas)
N
W
E
S
2000
0
2000
4000
6000
8000 quilômetros
Legenda
Indústrias de alumínio fechadas
Indústrias de alumínio abertas
Total produzido
1.995.000 toneladas
22.000 toneladas

seus territórios aquilo que as populações dos países desenvolvidos já não querem mais para si.

Importante que se considere, ainda, o papel das agências multilaterais, como o Banco Mundial, além dos grandes bancos privados internacionais, como protagonistas dessa redivisão internacional do trabalho, dos seus proveitos e dos seus rejeitos, ao financiarem hidrelétricas, estradas e aparelhamento de portos para exportação do alumínio puro.

Considere-se que, para cada tonelada de alumínio produzida são deixadas 5 toneladas de rejeitos altamente poluidores sob a forma de uma lama vermelha na região onde se dá o processo que transforma bauxita em alumina e esta em alumínio.[1]

A mesma lógica pode ser observada na transferência de indústria de papel e celulose para o Terceiro Mundo, sobretudo para os países tropicais. São indústrias altamente poluidoras, que, além disso, se beneficiam (1) de terras abundantes e mais baratas, (2) da maior incidência da radiação solar, enfim, da fotossíntese abundante nas regiões tropicais, onde sua matéria-prima tem crescimento mais rápido e, assim, obtém uma rendimento físico por hectare muito maior que nas regiões temperadas e, mais ainda, (3) relativamente próximos ao seu consumo produtivo. Os rejeitos ficam por aqui, assim como a perda de diversidade biológica e, no caso brasileiro, perda também de diversidade cultural, posto que este processo vem atingindo populações camponesas de culturas variadas (caboclos amazônicos, geraizeiros (habitantes das Gerais), caatingueiros, quilombolas (populações remanescentes de quilombos) e comunidades indígenas. Exporta-se, assim, somente o proveito — o papel e a celulose,

[1]Cabe registrar alguns dos grandes grupos empresariais que estiveram envolvidos nessa grande operação de redistribuição dos proveitos e rejeitos da indústria da bauxita-alumínio. São eles: *Mitsubishi Light Metals*, *Mitsui Aluminium*, *Nippon Light Metal*, *Showa Aluminium Ind.*, *Chiba*, *Sumitomo* e *Sumukei Aluminium* (Japão); *Alcoa*; *Alusine* (Conalco), *Kaiser*, *Revere* e *Reynolds* (EUA); *Pechiney* (França); *Aluminio Italia* e *Italimpianti* (Itália); *V. A .W.* (Alemanha-Áustria); *Alusuisse* (Suíça), *British Aluminium* (Inglaterra), *Shell* (Holanda); *Alcan*, *Albrás*, *Alunorte*, *Brown Boveri*, *Companhia Vale do Rio Doce* (grupos transnacionais que operam no Brasil, no caso, associando capitais brasileiros a grupos americanos, canadenses, holandeses e japoneses), entre outros.

— pronto para a indústria gráfica, editorial e de embalagens na Europa, nos Estados Unidos, no Japão e no Canadá.[2] Ainda no caso brasileiro, cabe destacar que, em Minas Gerais, grandes monoculturas de eucaliptos e *pinnus alba* e *elliotis* foram implantadas em terras públicas — os chamados Gerais — mediante concessões de amplas áreas a grandes grupos empresariais para produzirem carvão vegetal, principalmente, que é consumido produtivamente nas siderurgias da região e exportado como aço fino. Assim, verdadeiros latifúndios produtivos com monoculturas de espécies para a indústria celulósica ou de carvão vegetal (várias espécies de pínus, gmelina e de eucalipto) existem hoje em Laranjal do Jari, no Amapá, e Monte Dourado, no Pará, ligada ao Projeto Jari; no Quadrilátero Ferrífero e no norte de Minas Gerais (região de Montes Claros); no Espírito Santo e norte do Rio de Janeiro, que ensejou, inclusive, a expressão *deserto verde*, pelo empobrecimento genético e desequilíbrio hídrico que provocam. O mesmo também pode ser observado no Chile, contra o que vêm se posicionando os índios mapuche.

Muitas dessas indústrias capturam o discurso e o financiamento para o sequestro de carbono e, até mesmo, se apresentam com selo verde, como vimos. Não podia ser maior a inversão de papéis e como, em nome da questão ambiental, gravíssima em si mesma, vêm se criando novos campos de acumulação de capital que, como estamos vendo, agravam ainda mais o problema que, no discurso, dizem resolver.

Essa lógica de distribuir desigualmente os rejeitos e os proveitos atinge as barras da imoralidade no caso do lixo radiativo. Nesse caso, os valores que se consagram numa sociedade que se deixa levar pelos princípios liberais e pela lógica mercantil mostra um outro ângulo, igualmente perverso, das suas contradições ambientais. É que, sendo os rejeitos aquilo que num dado processo de uso se mostra sem valor, tendem a ser colocados nos lugares também sem valor, ou que se desvalorizam porque ali foram colocados os rejeitos e, sendo lugares desvalorizados, tendem a ser

[2]O novo ambientalismo brasileiro emergiu exatamente contra essas empresas de papel e celulose, contra a implantação da indústria norueguesa Borregaarde (hoje Riocel) às margens do rio Guaíba em Porto Alegre (1969-1970).

habitados por pessoas igualmente desvalorizadas e sem grande poder de pressão, pelo menos a princípio. É o que se pode constatar nos Estados Unidos, onde os bairros negros foram identificados como as áreas mais perigosas quanto a depósitos de material tóxico. Essa espécie de racismo ambiental se reproduz à escala internacional, com a deposição de lixo tóxico em países igualmente pobres, muitas vezes mediante pagamento por esses *serviços* prestados à qualidade de vida dos ricos, tanto nos países do Norte como do Sul. Note-se que os EUA não são signatários da Convenção da Basileia, que regula internacionalmente o fluxo do lixo tóxico.

Há, no mesmo sentido, trajetórias de risco onde, preferencialmente, se deslocam navios petroleiros ou que transportam materiais tóxicos que, como vimos, são cada vez mais usados, com as nanotecnologias, química fina, eletrônica e similares. São rotas que evitam passar nos lugares de *Primeiro Mundo*, até porque os custos de indenização seriam maiores, pois são lugares mais caros e de gente que, exatamente por isso, têm meios de exercer pressão e cobrar caro pela eventual contaminação do lugar onde moram.

A rota da costa de Portugal e da Galiza vem sendo vítima de sucessivos *acidentes ecológicos* provocados por navios petroleiros e outros que transportam produtos químicos. Em 1976, em La Coruña, tivemos o derrame de petróleo pelo navio petroleiro *Urquiola*; em 1987, em Fisterra, o *Buque Cason* espalhou material tóxico; em 1992, em La Coruña novamente, novo derrame feito pelo navio petroleiro *Mar Egeo*; e, em 2002, o navio *Prestige* derramou petróleo em praticamente todo o litoral da Galiza. Retenha-se a informação que nenhum desses navios eram protugueses ou galegos. Saliente-se, ainda, que o lixo tóxico inglês é lançado em fossas oceânicas na costa da Galiza.

Esses lugares e trajetos não são escolhidos por razões exclusivamente técnicas, ou, quando técnicas, entra nas considerações o preço da terra, que, na geografia do mercado, é diferencial — nem todos os lugares valem a mesma coisa, e, assim, é *tecnicamente* mais barato passar determinadas rotas por determinados lugares cujos preços, até para casos de indenizações, são mais baratos (ver mais adiante o Movimento de Justiça Ambiental iniciado enquanto Racismo Ambiental).

O mesmo pode, ainda, ser identificado na confortável posição de algumas ONGs que operam a partir dessa mesma lógica da colonialidade, conforme denunciam os pesquisadores do Grupo de Reflexão Rural da Argentina, que discordam "publicamente de certas campanhas de Greenpeace Argentina a favor do *biodiesel*, que parecem priorizar certas equações energéticas, mas que não levam em conta o modelo agrário e o tipo de sementes com que se fabricaria esse combustível vegetal. De fato, vários municípios do sul da província de Santa Fé, no coração do domínio biotecnológico, embarcaram no projeto de *gasoil verde* que fecha absolutamente com o modelo. O negócio das transnacionais está na venda de insumos, de glifosatos e de sementes OGMs, e também na apropriação do território, mas as sojas transgênicas têm problemas de comercialização. Por outro lado, é evidente que cultivos industriais destinados ao *biodiesel* só se justificariam com uma agricultura de grande escala onde não houvesse maiores objeções ao uso de transgênicos, dado que não seriam os grãos destinados para a alimentação. Assim cultivaríamos soja ou girassol para produzir combustíveis, que por sua vez usaríamos para cultivar soja e girassol, com o que faríamos combustível etc. etc. Cremos que estas razões são mais que suficientes para não insistir na campanha do *biodiesel*, ao menos desde posições que se querem ecologistas" (Rulli, J. E. *Biotecnologia e Modelo Rural* — Argentina. Fonte: FAO, 2002 (www.fao.org).

Desta maneira, a mercantilização da natureza sob a nova geopolítica econômico-ecológica aprofunda as diferenças entre países ricos e pobres sob os princípios do *desenvolvimento sustentável*. A nova globalidade justifica as vantagens comparativas entre os países mais industrializados e contaminantes e os países pobres que revalorizam sua capacidade para absorver os excessos dos países ricos e oferecem os recursos genéticos e ecoturísticos de suas reservas de biodiversidade. As diferenças entre países centrais e periféricos já não se dão somente pela pilhagem e superexploração visível dos recursos, mas ficam camufladas sob as novas funções atribuídas à natureza nas estratégias de apropriação de bens e serviços ambientais do planeta (Leff, Argüeta, Boege, Porto-Gonçalves, 2002).

Neste campo de controvérsias e busca de opções, o predomínio desta estratégia de valorização mercantil da natureza acaba por excluir outras alternativas de manejo produtivo da biodiversidade, como a recusa de populações indígenas a submeter o valor de suas florestas à função de captura de carbono. Neste sentido, os povos indígenas representados no Primeiro Fórum Internacional dos Povos Indígenas sobre Mudança Climática, celebrado em Lyon, na França, em setembro de 2000, expressaram sua oposição à inclusão de sumidouros de carbono sob o "mecanismo de desenvolvimento limpo" porque, segundo eles, "significa uma forma reduzida de considerar nossos territórios e terras para captação ou liberação de gases de efeito estufa, o que é contrário à nossa cosmovisão e filosofia de vida. A inclusão de sumidouros provocará ademais uma nova forma de expropriação de nossas terras e territórios e a violação de nossos direitos, que culminaria em uma nova forma de colonialismo [...] cremos que [o MDL] é uma ameaça pela contínua invasão e perda de nossas terras e territórios e a apropriação delas através do estabelecimento ou privatização sob novos regimes de áreas protegidas [...] Nos opomos rotundamente à inclusão de sumidouros, plantações, plantas de energia nuclear, mega-hidrelétricas e de energia do carvão. Ademais nos opomos ao desenvolvimento de um mercado de carbono que ampliaria o alcance da globalização", diz o documento.

Contra os latifúndios genéticos, a Coordenação das Organizações Indígenas da Bacia Amazônia (Coica), se posiciona de modo bastante explícito. Sebastião Haji Manchineri, coordenador geral da Coica, afirma que "os diversos interesses sobre os recursos estratégicos existentes na Amazônia: urânio, petróleo, níquel, zinco, cobre, ouro, recursos genéticos, entre outros, têm feito desta vasta região um lugar propício para a geração de conflitos e têm criado figuras e conceitos para determinar adjetivos para a natureza sob a figura de áreas protegidas, como parques nacionais, reservas florestais, faunísticas, ecológicas etc., estabelecendo novos impactos em nossos territórios, superpondo falsos interesses de conservação que limitam nossos direitos territoriais sem levar em conta nossa existência desde tempos imemoriais. Nenhuma destas figuras representa garantia de proteção verdadeira aos 197.513.647 hectares,[3] já que são absorvidas por interesses de exploração mineira, petroleira, madeireira, colonização e turismo. Como exemplo no Parque Nacional Yasuní (Equador) onde ocorreu recentemente o genocídio do povo Tagaeri, precisamente pela instigação permanente dos traficantes de madeira.

"Por outro lado, os planos de manejo das áreas protegidas não têm levado em conta de maneira adequada a existência dos habitantes locais, forçando-os a migrar para outros espaços onde já existem outros atores sociais.[...] Para nós ainda é mais complexo, considerando as práticas habituais de assistencialismo, divisão, cooptação para justificar os supostos acordos ou consultas às comunidades, povos e organizações. Como forma de superar estes conflitos é indispensável assegurar as garantias de nossos territórios como meio de proteção da natureza, que deve ser respeitada e apoiada pelos atores, principalmente os governos, porque é a melhor garantia de fazer conservação com a presença da vida humana, como somos os povos indígenas. Só assim se poriam em prática as declarações de princípios da Conferência da Terra, a Agenda 21, o Convênio sobre a Diversidade Biológica, o Fórum Intergovernamental sobre Florestas, entre outros instrumentos internacionais de maior relevância em matéria ambiental. Nos casos em que se superpõem áreas protegidas sobre nossos territórios, se devem reconhecer nossa preexistência e os direitos ancestrais, inclusive, antes da adoção de qualquer norma legal reconhecendo o uso e o manejo dos recursos naturais existentes nos territórios indígenas, assim como a mesma responsabilidade de coadministração com a participação de nossas próprias instituições de governo local.

[3]Os 197.513.647 hectares de áreas protegidas na Amazônia estão divididos da seguinte forma: Bolívia, 4.338.000; Brasil, 116.150.140; Colômbia, 24.217.703; Equador, 2.248.426; Peru, 15.110.378; Suriname, 574.000; Venezuela, 18.613.000; Guiana Francesa, 8.180 e Guiana, 8.082.

Concentração de Diversidade Biológica Amazônica

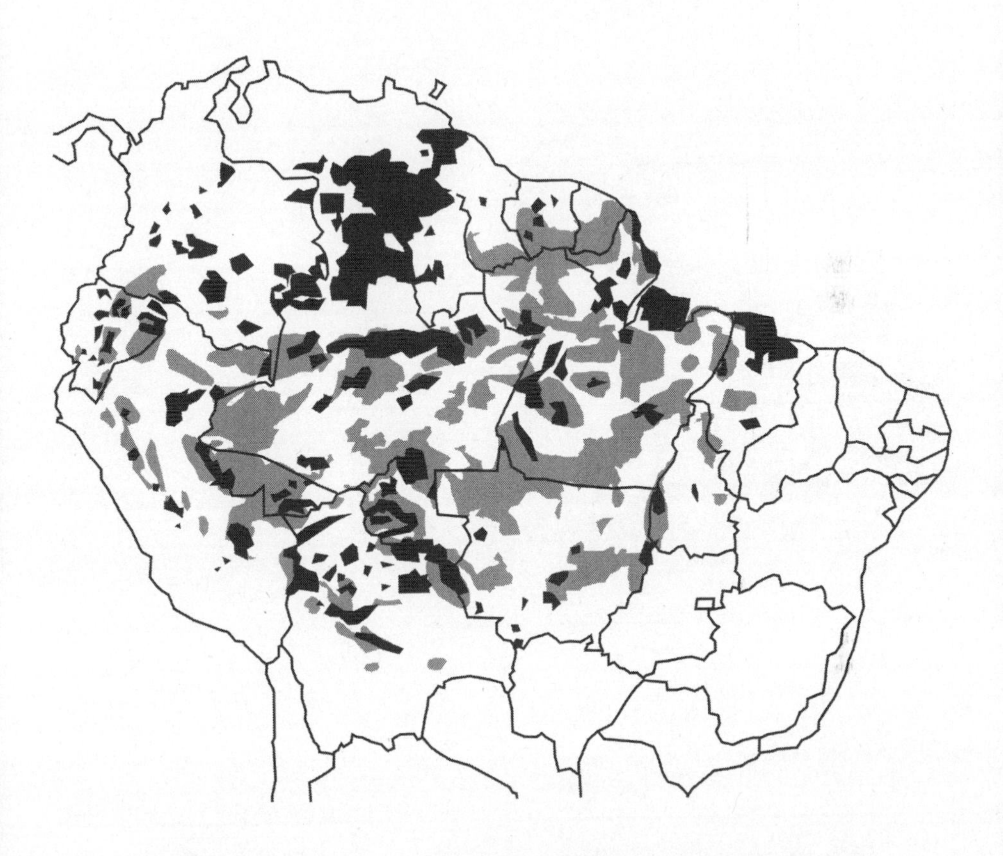

Áreas Prioritárias de Conservação de extrema importância

Unidades de Conservação e Áreas Naturais Protegidas na Amazônia

Fonte: Efraín Hernández, 2005, a partir de informações do Ministério do Meio Ambiente, do Seminário de Macapá, 1999, e *The Manaus Workshop,* 1990. Não foram consideradas as áreas das terras indígenas.

Diversidade Linguística da Amazônia

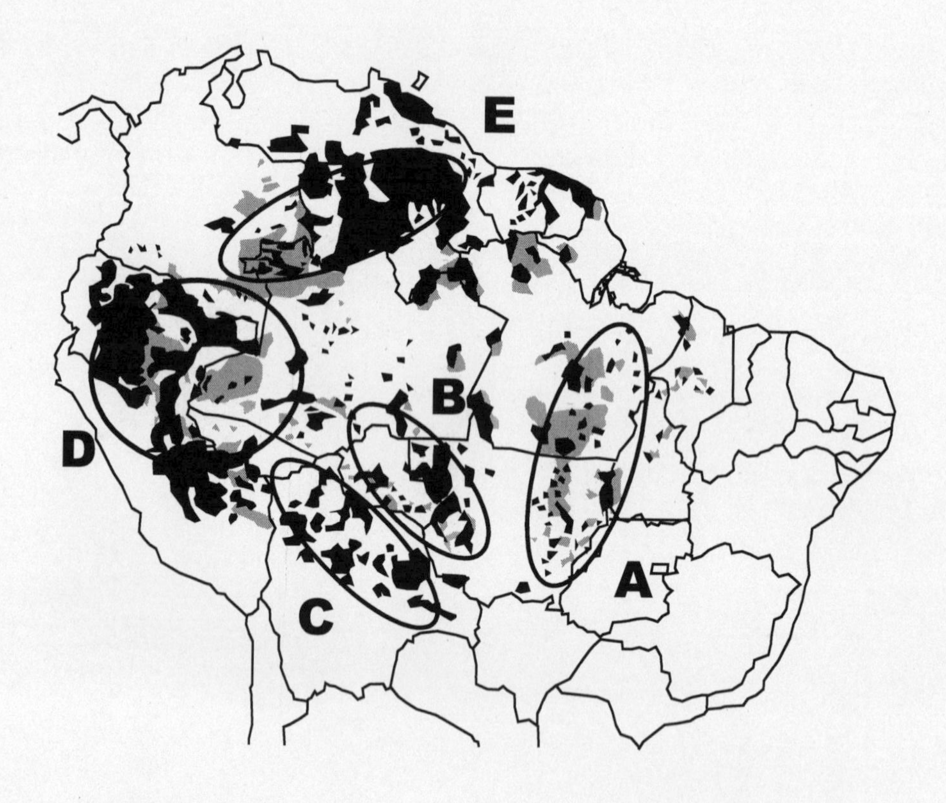

■ Diversidade Linguística

■ Terras e Reservas Indígenas

Regiões aproximadas de alta concentração de famílias linguísticas

Fonte: Efraín Hernández a partir de informações de grupos linguísticos amazônicos em Queixalós, 2000; *Ethnologue* 2002; FUNAI e regiões de alta concentração de número de famílias linguísticas em Aryon D. Rodrigues, 2000.

Regiões de Alta Concentração de Riqueza Biológica e Cultural na Amazônia

A Ferradura da Riqueza Biológica Amazônica

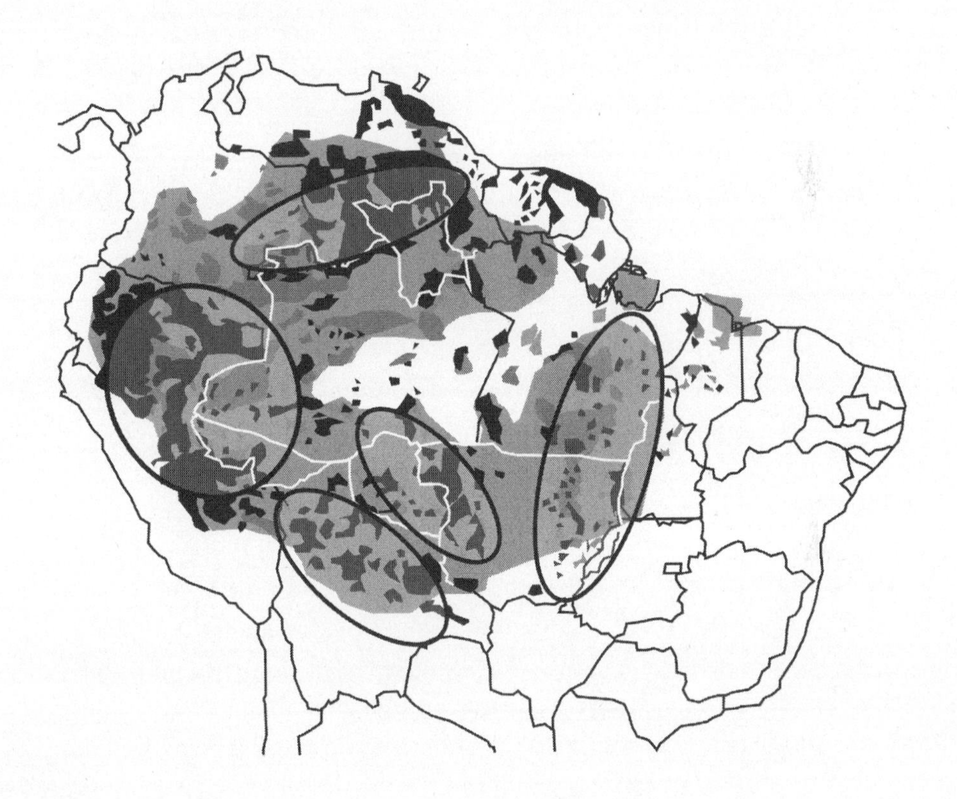

Área Aproximada da Ferradura de Concentração de Riqueza Biológica

Regiões de alta concetração de Riqueza Biológica e Cultural na Amazônia elaborado a partir da sobre posição do Mapa A – Concentração de Diversidade Biológica Amazônica – sobre o Mapa B – Distribuição Linguística Amazônica. Não foram consideradas as áreas prioritárias de Conservação.

Fonte: Efraín Hernández, 2005.

"Pelo visto, esta relação de áreas protegidas/territórios indígenas tem gerado desencontros e é necessário a implementação de planos de ação práticos e respeito a nossa existência como povos em nossa diversidade [...]".

Sebastião Manchineri resume a posição da Coica em quatro pontos:

"1. A preeminência de nossos direitos territoriais sobre qualquer figura de proteção, assim como o livre acesso e controle dos recursos naturais existentes.
2. A proibição de todo tipo de atividades extrativas externas nas áreas protegidas já declaradas.
3. Eliminação de superposição de áreas, em particular aquelas que afetam nossos territórios, e garantia dos benefícios econômicos pelos serviços ambientais.
4. A participação direta de nossas organizações representativas na tomada de decisões políticas, jurídicas e outras que nos afetam."

OUTROS CAMINHOS — A JUSTIÇA AMBIENTAL[4]

A constituição do movimento por justiça ambiental teve como marco a experiência concreta de luta inaugurada em Afton, no condado de Warren, na Carolina do Norte, em 1982. Ao tomarem conhecimento da iminente contaminação da rede de abastecimento de água da cidade, caso fosse nela executado o plano de instalação de um depósito de policlorinato de bifenil, os habitantes do condado organizaram protestos, deitando-se diante dos caminhões que para lá traziam a perigosa carga. Com a percepção de que o critério racial estava fortemente presente na escolha da localização do depósito daquela carga tóxica, a luta radicalizou-se, resultando na prisão de 500 pessoas. Afton era composta de 84% de negros, o condado de Warren, de 64%, e o estado da Carolina do Norte, de 24%. Em face das evidências

[4]Editado a partir do artigo de Henri Acselrad, com o mesmo título.

da política ambiental discriminatória, estreitaram-se as convergências entre o movimento dos direitos civis e dos direitos ambientais.

Nascido de lutas de base contra iniquidades ambientais em nível local, o movimento conseguiu elevar a noção de justiça ambiental à condição de ponto central da luta pelos direitos civis, induzindo a incorporação da desigualdade ambiental na agenda do movimento ambientalista tradicional.

Em resposta às práticas correntes de tecnificação das políticas ambientais, o movimento de justiça ambiental estruturou suas estratégias de resistência recorrendo de forma inovadora à produção de conhecimento próprio sobre os indicadores de desigualdade ambiental. Momento crucial desta experiência foi a pesquisa realizada em 1987, sob os auspícios da Comissão de Justiça Racial da United Church of Christ, que mostrou que "a composição racial de uma comunidade é a variável mais apta a explicar a existência ou inexistência de depósitos de rejeitos perigosos de origem comercial em uma área". Evidenciou-se então que a proporção de residentes que pertencem a minorias étnicas em comunidades que abrigam depósitos de resíduos perigosos é o dobro da proporção de minorias nas comunidades desprovidas de tais instalações. O fator raça revelou-se mais fortemente correlacionado com a distribuição locacional dos rejeitos perigosos do que o próprio fator baixa renda. Pois, embora os fatores raça e classe de renda estejam fortemente interligados, a raça dos moradores mostrou-se um indicador potente de onde os resíduos tóxicos são depositados. Foi a partir desta pesquisa que o reverendo Benjamin Chavis difundiu a expressão "racismo ambiental" para designar "a imposição desproporcional — intencional ou não — de rejeitos perigosos às comunidades de cor". Dentre os fatores explicativos de tal fato alinham-se a disponibilidade de terras baratas em comunidades de minorias e suas vizinhanças, a falta de oposição local por fraqueza organizativa e a carência de recursos políticos nas comunidades de negros e imigrantes, a falta de mobilidade espacial das minorias em razão da discriminação residencial e a sub-representação das comunidades não brancas nas agências governamentais responsáveis por decisões de localização. Ou seja, fez-se evidente que forças de mercado e práticas discriminatórias das agências governamentais concorrem para a produção das desigualdades ambientais.

A partir de 1987, organizações de base começaram a discutir mais intensamente as ligações entre raça, pobreza e poluição, e pesquisadores iniciaram estudos sobre as ligações entre problemas ambientais e injustiça social, procurando elaborar os instrumentos de uma "Avaliação de Equidade Ambiental" que qualificasse socialmente as tradicionais avaliações de impacto. Neste novo tipo de avaliação, a pesquisa participativa envolveria como coprodutores do conhecimento os grupos sociais ambientalmente em desvantagem, viabilizando uma integração analítica entre processos biofísicos e processos sociais. Postulava-se assim que aquilo que os trabalhadores, grupos étnicos e comunidades residenciais sabem sobre seus ambientes é parte do conhecimento relevante para a elaboração não discriminatória das políticas ambientais.

Considere-se, ainda, o grande esforço que o movimento de justiça ambiental vem fazendo no sentido de que não se transfira para o Terceiro Mundo a injustiça ambiental que se configura nos EUA. Afinal, como vimos, há uma geografia desigual dos proveitos e dos rejeitos conformando o sistema-mundo moderno-colonial, o que coloca na ordem do dia o movimento por justiça ambiental.

LIGAÇÕES PERIGOSAS II: O CONTRADITÓRIO PAPEL DAS ONGS

Toda a retórica discursiva ambiental em torno da mudança climática global fica seriamente comprometida quando se vê como agem as grandes corporações do mundo do petróleo, as instituições multilaterais que lhes dão apoio, como o Banco Mundial e, até mesmo, grandes organizações não governamentais. Pelo poder que detêm essas instituições podemos dizer que, apesar do discurso, elas são responsáveis, na prática, por colocar todo o destino do planeta em risco, sobretudo quando vem à luz o que ocorre com as populações dos lugares e das regiões em que essas grandes corporações do petróleo mais diretamente exercem sua ação e sobre as quais deixam suas marcas concretas de derramamento de óleo e de sangue. Não há nenhum exagero retórico nessa expressão, como nos deixa ver o caso de Ken Saro-Wiwa, líder do povo ogoni executado junto com mais oito companheiros na Nigéria em 1995, onde há denúncias e indícios fortes de envolvimento da multinacional Shell e a própria ação, no mínimo equivocada, de algumas grandes organizações internacionais, conforme veremos adiante.

Ainda recentemente, no ano 2000, o Banco Mundial aprovou empréstimos no valor aproximado de 200 milhões de dólares somente para o projeto do oleoduto Chade-Camarões, área onde atuam a Exxon Mobil e a Chevron. O Banco Mundial, ao mesmo tempo que continua dando apoio a esses grandes e gigantescos projetos, vem procurando assimilar, à sua maneira, as duras críticas que lhe foram dirigidas, sobretudo pelos ambientalistas, nos anos 1970 e 1980 por seu apoio à construção de grandes barragens, estradas e outras grandes obras de infraestrutura para a expansão do desenvolvimento. O Banco Mundial vem mantendo um Programa de Pequenos Projetos (PPP) de ajuda a pequenas comunidades, tido como muito bem-sucedido mas que se mostra extremamente limitado quando se faz um balanço dos créditos que o Banco Mundial continua dando aos grandes projetos de infraestrutura e a esses pequenos projetos. Talvez o maior sucesso do Programa de Pequenos Projetos do Banco Mundial seja o de arrefecer as contradições geradas pelos próprios projetos de desenvolvimento que, na outra ponta, contam com o apoio do banco por meio do seu programa de apoio dos grandes projetos.

No caso da questão ambiental, especificamente, grande parte dos recursos para as políticas para o meio ambiente nos países pobres vem do Banco Mundial e outras instituições multilaterais. Essas instituições vêm estimulando fortemente a participação de organizações não governamentais a pretexto de que esses países não dispõem de recursos suficientes para cuidar do desenvolvimento e ainda do meio ambiente, ou porque os governos são tidos como incompetentes e corruptos (eis a colonialidade do poder rediviva), e, por isso, devem ser substituídos pelas organizações não governamentais, cujo financiamento se faz segundo a agenda do Banco Mundial e outros organismos internacionais. Insisto na precisão neoliberal da expressão não governamental, posto que é significativa do universo ideológico em que opera.

Um bom caso para ser estudado é o da Funbio, uma organização não governamental estimulada pelo Banco Mundial, que lhe dá suporte institucional e financeiro, cujo objetivo é aplicar a Convenção de Diversidade Biológica nos diferentes países, nesse caso o Brasil. Atente-se para o formato institucional e de poder dessa ONG, que tem representantes de empresas e do governo mas não é do Estado.[5] Eis o desenho que vem tomando o neoliberalismo ambiental, sobretudo a partir da segunda metade dos anos 1990.

Novas expressões e práticas políticas vêm sendo recentemente introduzidas no léxico político, como as parcerias (*partnerships*, *partenariat*) onde se estabelecem alianças produtivas que, como salientam o colombiano Javier Marín e o mexicano Enrique Leff, constituem negociações de interesses nos marcos de uma "*abismal desigualdade de poderes*" (J. Marín). Um dos casos mais patéticos dessas parcerias pode ser encontrado entre os indígenas huaorani, no Equador, que concederam à transnacional italiana Agip Oil autorização para construir uma plataforma de petróleo, estender um oleoduto e extrair o petróleo da província norte-oriental de Pastaza em troca da empresa entregar "*a cada una de las seis comunidades Huaorani, un aula escolar, un curso de salud, una radio, una batería con panel solar, 50 kilos de arroz, 50 de azúcar, dos cubos de grasa, una bolsa de sal, un silbato de juez y dos balones de fútbol, 15 platos, 15 tazas y un armario con 200 dólares en medicinas, en una única partida*".[6] Esse exemplo de parceria entre comunidade e setor produtivo está longe de ser exceção, quando se vê a desproporção entre os recursos que o Banco Mundial destina ao seu Programa de Pequenos Projetos (PPP) e às suas práticas de apoio a grandes projetos (PGG).

O caso dos indígenas huaorani é emblemático para que compreendamos o deslocamento neoliberal que vem se operando na política global sobre e para essas comunidades e seus lugares e regiões. Relembremos

[5]Considerando-se o caráter estratégico da biodiversidade, é, no mínimo, estranho que esse desenho político-institucional não venha merecendo maiores atenções críticas.

[6]Marín R., Javier 2003 — *"Las huellas territoriales de la intervención desarrollista"*, In Revista *TRAZA*. Colômbia — 18 de abril, 2003.

que, ainda nos inícios dos anos 1990, essas mesmas comunidades huaorani lutavam contra 22 companhias petroleiras transnacionais que também contavam com a proteção militar do Estado equatoriano e que, à época, "os Huaorani do Equador lograram mobilizar organizações ambientalistas nacionais e internacionais contra a planejada explotação petroleira da DuPont-Conoco Oil Company em território indígena. A campanha da organização Huaorani, que contou com o apoio da organização internacional indígena SAIIC (Oaklanda Ca) e do Sierra Club Legal Defense Fund (dos EUA), teve êxito e a companhia petroleira cancelou as operações em território indígena. As organizações de indígenas amazônicos peruanos obtiveram um êxito parecido, com o anúncio do cancelamento, em setembro de 1991, do contrato da companhia petroleira Texas Crude, de Houston, Texas, com o governo peruano para a exploração da região de Pacaya Samiria no Amazonas indígena (Varese)".

Como se vê, desde a segunda metade da década de 1990 há um deslocamento da atuação de algumas grandes organizações não governamentais não só com relação ao mercado, como também em relação à ação das corporações multinacionais e do próprio Banco Mundial, quando muitas passam a pôr em prática uma visão acerca dessas instituições muito diferente daquela que a maior parte das organizações populares vinha mantendo até então.

No *Le Monde Diplomatique* de maio de 1998, o então secretário-geral de Anistia Internacional afirma que as instituições financeiras internacionais e as sociedades transnacionais "devem utilizar sua influência para tratar de pôr fim às violações dos direitos humanos cometidas pelos governos e pelos grupos armados de oposição nos países onde operam". Depois de indicar que o silêncio das grandes empresas não é neutro, o secretário-geral da Anistia Internacional assinala que enquanto o mundo fazia campanha para evitar a execução de Ken Saro-Wiwa[7] e mais oito ogonis na Nigéria, em 1995, sua ONG exortava a companhia petroleira Shell a intervir, mas que a empresa se negara alegando que não podia intervir na política interna nigeriana. O secretário-geral da *Amnesty*

[7]Os familiares de Ken Saro Wiwa estão processando a Shell ante um tribunal de Nova York por cumplicidade no assassinato do líder ogoni.

International se referia à Shell "como uma empresa muito influente na Nigéria, que podia interceder com todo seu peso ante o governo do país" e, assim, atribuindo um papel político de defesa dos direitos humanos a empresas que sempre se caracterizaram por apoiar governos que estavam no banco dos réus com relação aos direitos humanos (*The role of Shell in Ogoni*, www.mosopcanada.org/text/Sheel).

Nesse mesmo artigo, a *Amnesty International*, anunciando sua aproximação com as grandes corporações multinacionais, afirma que havia elaborado uma "*lista de controle*" para ser incorporada aos códigos de conduta das empresas. No ponto 2 — Segurança — dos "Princípios de Direitos Humanos da *Amnesty International* para as sociedades (empresas)", diz que "o pessoal de segurança empregado ou contratado (pelas empresas) deveria estar formado de maneira apropriada. Os procedimentos deveriam estar em conformidade com os Princípios Básicos para o uso da força e das armas de fogo pelos funcionários encarregados de fazer cumprir a lei", sem que sequer a ONG se pergunte o que significa reconhecer a privatização do uso da força e a legitimação das milícias privadas das sociedades transnacionais, como bem comentara Alejandro Teitelbaum.

Em um outro artigo, publicado em dezembro de 2000 também no *Le Monde Diplomatique*, são relatadas as campanhas da *Amnesty International* e *Human Rights Watch* para convencer as grandes sociedades transnacionais a "*assumir responsabilidades econômicas e sociais de conformidade com seu poder e sua influência*". Ali se informa que a Anistia Internacional encontrou uma nova fórmula — "*human rights is the business of business*" — e que "*decidiu estender a mão às multinacionais, consideradas neste assunto como aliadas*" e que "*tem desenvolvido uma política de encontros e de intercâmbio de ideias com vistas a chegar a um objetivo comum*". Estes intercâmbios devem estar sendo facilitados em boa parte pelo fato de, à época, o responsável pelo "Grupo Negócios" da *Amnesty International* no Reino Unido ser um ex-funcionário da Shell, segundo informa o mesmo artigo.[8]

[8]Roland-Pierre Paringaux, "De la complicité avec les dictatures au 'capitalisme éthique'. Business, pétrole et droits humains", in *Le Monde Diplomatique*, dezembro, 2000, p. 4 e 5).

Já indicamos como várias ONGs vêm se associando aos projetos governamentais estadunidenses de controle da diversidade biológica mundial (ver ação do ICGB — International Cooperative Group of Biodiversity) e como vastas regiões de elevadíssima biodiversidade vêm sendo reservadas como unidades de conservação ambiental de uso indireto, que chamamos latifúndios genéticos, muitas vezes expulsando populações originárias ou seculares de afrodescendentes e camponeses, como na Amazônia e na América Central (casos da Reserva da Biosfera de Montes Azules, no Sul do México, e no Parque Nacional do Jaú, no rio Negro, na bacia amazônica brasileira).

Não olvidemos, ainda, das já também mencionadas tentativas de fazer selos verdes, cujos balanços, depois de 10 anos de experiência, revelam claramente que são os grandes proprietários, as grandes empresas e as ONGs certificadoras que vêm se beneficiando desses empreendimentos, haja vista, até mesmo, o abandono dessas certificações por parte de muitas comunidades antes induzidas por ONGs a aceitar projetos para sua implementação (Cris van Dam).

Por toda essa nova configuração nas relações sociais e de poder da geopolítica mundial envolvendo a problemática ambiental se vê que as organizações não governamentais estão cada vez mais implicadas nos conflitos e não necessariamente mais do mesmo lado em que se encontravam nos anos 1970 e 1980, como o caso dos huaorani demonstrou.

No Brasil, enquanto os movimentos camponeses, como o dos seringueiros, conseguiram inventar uma unidade de conservação em que as populações originárias, ou que construíram suas culturas em íntima relação com a natureza, detêm o controle da gestão dos recursos naturais, como a reserva extrativista, outras unidades de conservação vêm sendo propostas, *flexibilizando* esse princípio de defesa da natureza pelas próprias populações, com muito sangue, suor e lágrimas, conquistado pelos camponeses, indígenas e afrodescendentes.

Nas novas unidades de conservação que vêm sendo propostas, as populações originárias e locais perdem a primazia no controle e gestão dos seus próprios recursos naturais, que passam a ser feitos por empresas e ONGs em nome do "*uso racional dos recursos naturais*", conforme as unidades recém-criadas de Floresta Nacional e de Reserva de Desenvolvimento Sustentável. Não há como não se ver nessa expressão — uso racional dos recursos naturais — também um forte componente etnocêntrico, quer dizer, marcado pela colonialidade do saber e do poder, haja vista ser considerado como racional aquele uso que se faz com base no saber técnico-científico convencional. Resta, sempre, a ironia de ver que as regiões de maior biodiversidade, por exemplo, são aquelas que ficaram historicamente à margem de uma nacionalidade desse tipo.

Há, ainda, as Reservas Particulares de Patrimônio Natural (RPPN), que vêm proporcionando, no Brasil, aos grandes latifundiários legitimarem a iníqua apropriação de terras e, por consequência, de águas e de biodiversidade, na medida em que não mais se questiona o fato de grandes extensões de terras estarem sendo apropriadas de modo privado e, assim, privando grande parte da população do acesso aos recursos naturais. O pressuposto é que essas terras, ao se transformarem em Reserva Particular de Patrimônio Natural (RPPN), podem prestar "serviços ambientais" à sociedade como um todo. Resta explicar por que esse objetivo de prestar serviço ambiental deva ser realizado sem que haja uma democratização do controle e gestão dos recursos naturais e, ainda, por que são as populações originárias, camponesas e afrodescendentes, aquelas que não têm suas práticas culturais voltadas para o valor de troca,[9] que vêm sofrendo restrições colocadas por um discurso (com as práticas daí decorrentes) que se apresenta em nome do "*uso racional dos recursos naturais*". Mais uma vez, é interessante observar que seja no período em que mais se avançou na proposta de gestão comunitária de recursos naturais (reservas extrativistas) que propostas como essa de Reserva Particular de Patrimônio Natural, assim como as de Florestas Nacionais ou Reservas de Desenvolvimento Sustentável, tenham vindo à baila.

Assim, não é natural como diferentes modos de apropriação da natu-

[9]Sabemos que o dinheiro como expressão quantitativa tende, enquanto tal, para o ilimitado e, assim, tende a pressionar os limites da natureza, sobretudo a entropia (efeito estufa, camada de ozônio, lixos variados) e a produtividade biológica primária (erosão genética com a perda de diversidade biológica).

reza — comunitários, coletivos ou comunais — vêm se transformando em propriedade privada e, mais ainda, em propriedade privada capitalista. O paradoxo é que, apesar da leitura apressada e liberalmente interessada de *A Tragédia dos comuns*, de Garret Hardin, o fato concreto é que nessas comunidades, onde se encontram as maiores reservas de diversidade biológica do planeta, reinam, quase absolutas, as práticas de uso comum, comunitário ou coletivo dos recursos naturais.

Entretanto, mais do que uma avaliação teórica de um analista das contradições socioambientais com que nos defrontamos, as novas relações implicadas nesse contexto de neoliberalismo ambiental vêm sendo claramente percebidas pelas próprias populações envolvidas. Assinalemos, pela lucidez, como toda essa complexa rede de interesses contraditórios foi captada pelos indígenas organizados em torno da Coica (Coordenadoría de las Organizaciones Indígenas de la Cuenca Amazónica), que de 7 a 11 de abril de 2003, se reuniram em Quito, Equador, com mais de 400 delegados. Em suas resoluções, declaram "o objetivo de pressionar aos distintos atores para que os direitos dos Povos Indígenas, presentes em distintos instrumentos jurídicos nacionais e internacionais, sejam levados à prática.

"Frente à incursão de empresas extrativas nos territórios ancestrais indígenas, a Coica os declara espaços de paz e desenvolvimento para a sobrevivência dos Povos Indígenas. Por isso, exige dos governos que reforcem a demarcação e legalização destes territórios, que declarem alguns deles zonas intangíveis, que revisem os contratos com estas empresas, que formulem políticas e estratégias que respeitem os direitos coletivos dos Povos Indígenas.

"Por outro lado, os indígenas amazônicos ratificarão sua decisão de desenvolver-se como *atores independentes, com uma agenda própria que responda a suas próprias prioridades. Por isso, exigem que, qualquer ator que estabeleça relações com os povos e organizações indígenas, considere e se adapte à Agenda Indígena Amazônica e não imponha programas que representam outros interesses* (os grifos são meus).

"Considerando que *os projetos que desenvolvem algumas instituições com os Povos Indígenas muitas vezes beneficiam mais as primeiras que os últimos*, os dirigentes da Coica resolveram estabelecer mecanismos de monitoramento e avaliação dos recursos que cheguem a favor dos Povos Indígenas. Também se comprometeram a lutar para que estes recursos não alimentem a burocracia de certas Ong's e aclararam que estas não estão autorizadas a arrecadar fundos em seu nome, se não garantirem a participação direta na gestão, implementação e avaliação dos projetos". A clareza não podia ser maior.

O meio ambiente como mercadoria IV: as contradições da mercantilização da vida e outros caminhos

Desde a constituição do sistema-mundo moderno-colonial, em 1492, que a degradação dos recursos naturais e culturais vem tomando dimensões planetárias, como se pode observar com a devastação de grande parte da Mata Atlântica, onde estava o pau-brasil, assim como com o genocídio das populações originárias tanto na América como na África.[1]

É importante registrar esse caráter planetário da devastação socioambiental desde o início do processo de formação do mundo moderno-colonial. Muito embora os efeitos mais imediatos dessa devastação tenham ficado restritos inicialmente às regiões coloniais, esses efeitos locais e regionais foram o resultado de ações globais das metrópoles europeias, que, assim, estão implicadas, desde o início, nessas práticas devastadoras. Há, deste modo, uma dívida ecológica histórica que continua sendo atualizada na medida em que, ainda hoje, essa mesma estrutura moderno-colonial está presente na geopolítica do sistema-mundo que, assim, nos

[1]Na América Central e no Caribe o desmatamento adquiriu suas maiores proporções exatamente na parte do Pacífico, isto é, na parte que foi pacificada, que, em linguagem colonial, quer dizer conquistada. A maior parte da cobertura vegetal remanescente na região está no Caribe, e não à toa a região é chamada como tal. É porque no lado oposto ao Pacífico estão os caribes, índios que conseguiram, aliados à floresta, resistir à pacificação.

conforma. Tudo indica que para superar o desafio ambiental que daí decorre haveremos de agir e pensar local e globalmente, e não agir localmente e pensar globalmente, como nos vêm recomendando.

Desde a Revolução Industrial, com o uso de combustíveis fósseis, aumentou-se a capacidade de exploração dos recursos naturais não só dos próprios países industrializados, como das regiões e dos povos dos rincões mais afastados do planeta. Já em fins do século XVIII, começam as preocupações com a preservação da vida, na Alemanha, com o início da moderna engenharia florestal, e na segunda metade do século XIX, nos EUA, com os primeiros parques nacionais.[2]

Desde 1945, a partir da experiência nuclear de Hiroshima e Nagasaki, a humanidade passou a conviver com uma situação inteiramente nova, qual seja a possibilidade de extinção da vida no planeta. Em 1953, a biologia consegue um grande avanço com a descoberta do DNA, abrindo novos horizontes para o conhecimento da própria vida.

A partir do fim da Segunda Guerra Mundial, todos os elementos naturais da tabela periódica da química passaram a ser explorados, assim como 26 novos, sintéticos, criados pelo homem, foram adicionados aos 90 conhecidos. Um processo semelhante vem ocorrendo no campo da biologia, onde novas formas de vida vêm sendo criadas por meio da engenharia genética, com os organismos transgênicos.

A partir de então os laboratórios das grandes corporações capitalistas do complexo químico-farmacêutico, de sementes, alimentos e bebidas, se inscrevem como protagonistas no processo de evolução da vida. Nesse processo de evolução, a natureza já tinha 4,5 bilhões de anos de experiência na *fabricação* e *melhoramento* de moléculas, assim como diferentes povos com suas múltiplas culturas já vinham, num longo processo histórico, desenvolvendo a domesticação e seleção de espécies, além da

[2]Portanto, registremos, já temos mais de dois séculos de experiência de preservacionismo e de conservacionismo, com a engenharia florestal alemã e os parques nacionais. Tanto o conservacionismo, como o preservacionismo, ainda hegemônicos nas lides ambientalistas, operam sem questionar os marcos das relações sociais e de poder capitalistas. Eis sua maior limitação.

Etnobiopiratataria nas Américas

Cerca de 83% da bioprospecção e da etnobiopiratataria no mundo estão concentradas na biodiversidade terrestre dos povos da periferia. Outros 11% são realizados nos mares e oceanos internacionais, e somente 6% são levados a cabo nos países no Norte.

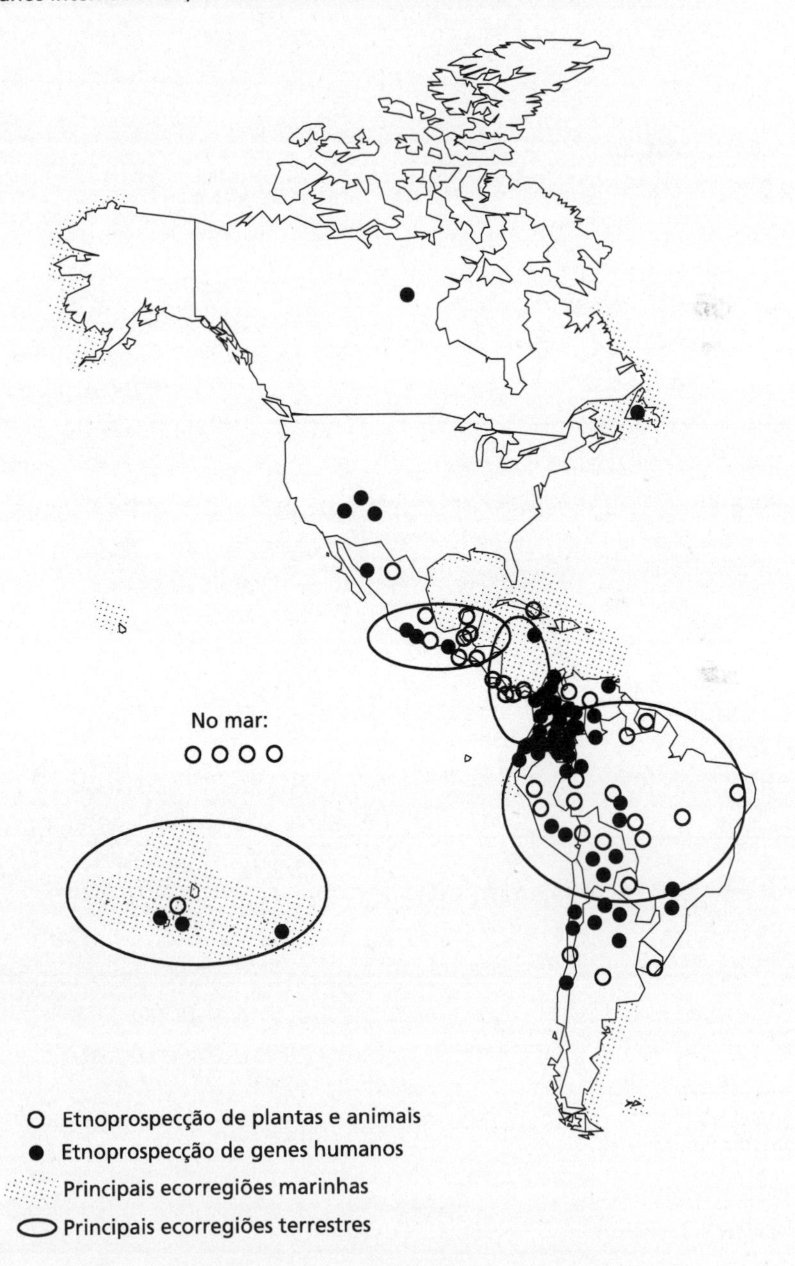

biotecnologia. Esses povos com suas múltiplas (agri)culturas nos legaram milhares de cultivares dos quais se destacam os cereais em que repousaram as grandes civilizações, como o milho, o trigo, o arroz, a mandioca, e, ainda, os vinhos, as cervejas, os saquês, as tequilas, as cachaças, as vodcas, os uísques, entre tantas criações biotecnológicas que caracterizam as culturas camponesas, indígenas e outras que poderíamos denominar como culturas originárias.

Considere-se que muitos dos vírus e das bactérias existentes têm uma longuíssima história de convivência com as mais diversas variações climáticas, que, muitas vezes, remontam a milhões de anos, o que lhes oferece condições de sobrevivência excepcionais. Assim, mais do que tentar combater essas espécies, com a lógica do contra, da dominação e da guerra, enfim, da luta contra a natureza — "*combate à pragas*" e "*combate às doenças*" —, deveríamos buscar o melhor modo de com elas conviver — lógica do viver com —, como parece nos ensinar a agroecologia. Todo país deve, por prudência, sempre manter em alerta seu sistema público de controle epidemiológico mesmo que, aparentemente, nada esteja acontecendo no momento, haja vista que, a qualquer momento, um vírus ou uma bactéria pode, por razões eventuais, se fazer ativo e acionar condições de reprodução que podem prejudicar a saúde humana. Afinal, convivemos com espécies muito mais bem adaptadas ao planeta do que a nossa.

Segundo estima o Global Biodiversity Assessment (PNUMA, 1995), o planeta teria cerca de 13.620.000 espécies vivas, das quais somente 1.750.000 estariam inventariadas. Entre as espécies já descritas haveria 270.000 plantas, 4.300 mamíferos, 9.700 aves, 6.300 répteis, 4.200 anfíbios, 19.000 peixes, 72.000 fungos (que se acredita serem 1.500.000), 1.085.000 artrópodes (950.000 insetos descritos, ainda que seu número deva ultrapassar 8.500.000), 5.000 vírus e outras 4.000 bactérias, uma ínfima parte dos mais de 400.000 vírus e 1.000.000 de bactérias que se acredita existirem.

Restariam, hoje, cerca de 51,9% das terras emersas[3] sem alteração

[3]Uma área cerca de 10 vezes a do Brasil, ou seja, 90 milhões de quilômetros quadrados.

prejudicial à reprodução dos hábitats tradicionais do planeta. Entretanto, essas áreas ficam reduzidas a cerca de 27% do total das terras emersas se excluirmos as áreas desérticas, rochosas e sob gelo, que são, de um ponto de vista agrícola, estéreis.

Assim, muitos dos ativos biológicos capazes de curar doenças têm deixado de existir antes que, sequer, os conheçamos. E mais, com o avanço sobre novas áreas que se tornam fronteiras agrícolas, é a própria evolução da diversidade biológica que se interrompe por meio de monoculturas, conforme vimos.

As regiões tropicais são as mais ricas em diversidade biológica — o Brasil tem cerca de 55.000 plantas raras, a Colômbia 45.000, o México e o Peru 20.000 cada um e a Venezuela, Bolívia e Equador entre 15.000 e 20.000 cada um (World Resources, 1992-1993). O Peru tem cerca de 1.642 espécies de aves, o Brasil 1.567; de anfíbios, o Brasil tem 485 e o Peru 233 (Estrada, 1995 *apud* Ceceña, 2001: 11). É comum afirmar-se entre os especialistas que em apenas 1 (um) km^2 na Amazônia existem mais espécies vivas do que em toda a zona temperada do planeta. Portanto, os países tropicais jogam um papel central na geopolítica mundial que se desenha, sobretudo, a partir do momento em que o germoplasma se torna objeto de disputa entre atores com poder desigual na cena internacional. Afinal, a diversidade biológica do planeta é mais rica exatamente na faixa intertropical, enquanto as grandes corporações do ramo da biotecnologia estão localizadas nos EUA, na Europa Norte-ocidental e no Japão. A quantidade de ativos biológicos que desconhecemos é enorme, e, por isso, verdadeiras cruzadas têm sido empreendidas às regiões menos exploradas da biosfera.

Temos, assim, uma situação geopolítica que abre perspectivas novas para as populações das regiões de grande diversidade biológica e cultural como os países andino-amazônicos (Peru, Equador, Colômbia, Bolívia e Venezuela, além dos amazônicos Brasil e Suriname e do andino Chile, sobretudo no Sul do Chile); da América Central, em particular do Sul do México ao Panamá; do Sul e Sudeste Asiático (Índia, Vietnã, Laos); dos arquipélagos da Micronésia, Polinésia e da Oceania (Austrália, Nova Zelândia e Papua-Nova Guiné); da África Centro-ocidental (Nigéria e

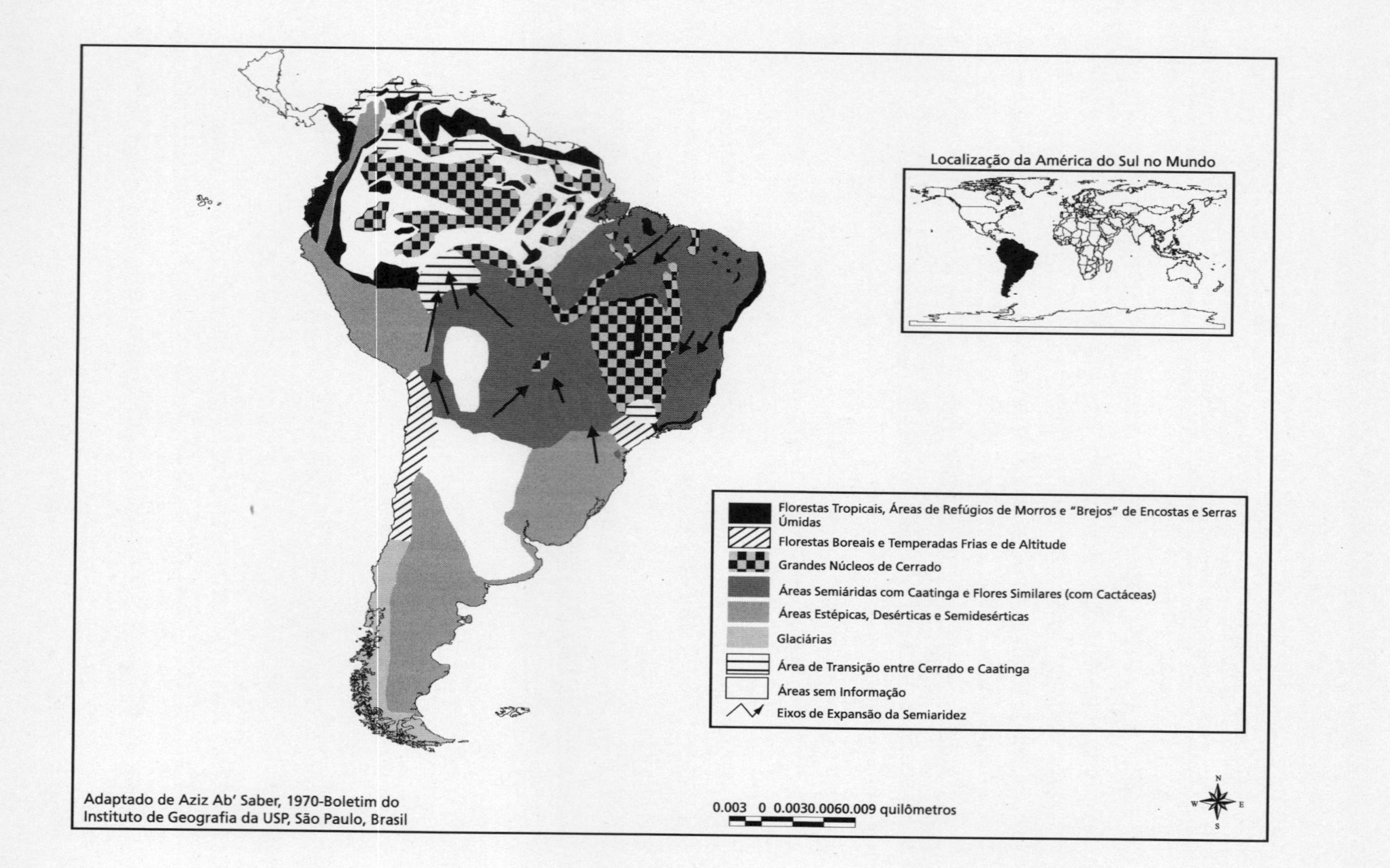
Localização da América do Sul no Mundo
Florestas Tropicais, Áreas de Refúgios de Morros e "Brejos" de Encostas e Serras Úmidas
Florestas Boreais e Temperadas Frias e de Altitude
Grandes Núcleos de Cerrado
Áreas Semiáridas com Caatinga e Flores Similares (com Cactáceas)
Áreas Estépicas, Desérticas e Semidesérticas
Glaciárias
Área de Transição entre Cerrado e Caatinga
Áreas sem Informação
Eixos de Expansão da Semiaridez
0.003 0 0.0030.0060.009 quilômetros
N
W
E
S
Adaptado de Aziz Ab' Saber, 1970-Boletim do
Instituto de Geografia da USP, São Paulo, Brasil

Camarões, por exemplo); assim como da África Sul-oriental (Tanzânia, Moçambique, Malavi e Madagascar).

É preciso sublinhar que há uma outra ordem de complexidade que se instaura na evolução das espécies cerca de 12.000 anos atrás, com o fim da última glaciação. A partir daí, as evoluções natural e cultural constituem um só processo imbricado. Ao contrário da sugestão que nos deixa o Gênesis, de que o homem teria encontrado uma paisagem natural já delineada por Deus para que viesse ocupá-la, os homens e mulheres interagiram com o quadro climático e botânico contribuindo para a própria evolução das espécies e dos biomas que hoje conhecemos.

A América do Sul tinha seu território coberto, até cerca de 12.000 anos, principalmente por estepes e savanas (cerrados), inclusive a própria Amazônia. A Mata Atlântica, à época, estava reduzida a uma área muito menor que aquela que seria encontrada pelos invasores europeus no fim do século XV.

A exuberância tropical atlântico-andino-amazônica-caribenha-pantaneira e chaquenha se formou de 12.000 anos para cá, período em que já havia presença humana nessas áreas. Luzia, como foi batizado o crânio de mulher mais antigo do Brasil, habitara os cerrados das Minas Gerais cerca de 11.000 anos atrás. Assim, as próprias populações devem ser consideradas partícipes da conformação desses ecossistemas. O cacau, por exemplo, que muitos consideravam nativo da Amazônia brasileira, não o é. Ele é originário do México, tendo sido inclusive bebida sagrada entre os astecas, e sua introdução na Amazônia se deveu ao povoamento indígena.

As revoluções neolíticas ocorreram depois da última glaciação em múltiplos lugares: há 11.000 anos em Santa Elena, litoral sul do Equador, como o indicam pesquisas recém-divulgadas na revista *Nature*, e, entre 10.000 e 8.000 anos, às margens do Tigre e do Eufrates, na Mesopotâmia.

Advirta-se, contra a perspectiva evolucionista que ganhou o senso comum, que as práticas agrícolas e de criação de animais conviveram ao lado da caça, da coleta e da pesca, e não, simplesmente, a substituíram. Aliás, a coexistência entre áreas agricultadas associadas a pastagens e áreas relativamente protegidas — os santuários ecológicos[4] — parece ter sido a prática mais comum na história da humanidade. Assim, ainda que a prática agrícola e de pastoreio sempre implique redução da diversidade biológica pela eleição de algumas plantas e animais, enquanto foi possível a convivência[5] da agricultura e da pecuária com o extrativismo — caça, coleta e pesca — a diversidade biológica do planeta esteve assegurada.

Eis um desafio de enorme importância a ser enfrentado na medida em que em vastas regiões do planeta, como os cerrados brasileiros, por exemplo, ainda é grande a extensão de áreas onde populações camponesas, quilombolas e indígenas combinam agricultura com extrativismo do pequi, do babaçu, da carnaúba, do baru, da fava-d'anta (de onde provém a rutina, substância química de amplo uso na indústria farmacêutica), além de outras plantas medicinais, oleaginosas e frutíferas. Aliás, sublinhe-se, regiões que, por diversas razões — seja porque são montanhosas e acidentadas, seja porque são alagadas, seja porque são cobertas com florestas densas —, ficaram à margem do desenvolvimento capitalista e, por isso, serviram de refúgio para populações que procuravam se manter livres da dominação colonial, regiões essas que são, hoje, áreas onde se encontra um enorme patrimônio de diversidade biológica.

Deste modo, todo o legado de riqueza de diversidade biológica que a humanidade hoje dispõe tem as diferentes culturas como parte de sua constituição, como assinalam Darel Posey, William Ballée, Vitor Toledo, Eckart Boege e Vandana Shiva, entre outros. Muitos autores vêm assinalando que a perda de diversidade biológica mantém uma forte correlação com a diminuição do número de línguas no planeta (Toledo, 2000). Afinal, é por meio da linguagem que se dá a mais fundamental das apropriações da natureza — dar nome próprio é se apropriar. A linguagem de cada povo contém o conhecimento acerca de cada ecossistema, e, assim, a diversidade de lín-

[4]A expressão santuário ecológico será apropriada pelos biólogos quase sempre omitindo seu caráter antropológico.

[5]Muitas vezes, ali e acolá, o equilíbrio dos ecossistemas foi rompido, fazendo com que alguns povos, até mesmo algumas civilizações, encontrassem dificuldades para se reproduzir, como parece ter ocorrido entre algumas comunidades maias.

guas traz consigo as diversas formas de apropriação da diversidade biológica com que cada fração da humanidade convive há milhares de anos. A diversidade cultural é, assim, o maior dos patrimônios que a humanidade legou, e a diversidade biológica, embora construída por um processo complexo que transcende essas diversas culturas, não pode ser preservada prescindindo da contribuição dessas populações.

Um dos maiores desafios que haveremos de enfrentar é o de superar uma leitura estreita do devir civilizatório, que só vê civilização onde haja uma grande pirâmide, uma grande muralha, uma grande construção feita, quase sempre, para registro individualístico de algum potentado que por esse meio quis se eternizar.[6]

É preciso, definitivamente, reconhecer a fantástica riqueza cultural que os diferentes campesinatos (inclusive o europeu, basta lembrar de seus vinhos e queijos), as diferentes culturas indígenas, as diferentes culturas aborígenes, as diferentes culturas africanas, as diferentes culturas asiáticas e outras em todo o mundo guardam, ainda hoje, e que se acham inscritas na terra (agri+cultura). São essas culturas que nos legaram todo um patrimônio sob a forma de múltiplos hábitos alimentares que podemos saborear, saberes que nos legaram muitos dos chás e remédios com que nos deleitamos e curamos. Essas diferentes matrizes de racionalidade são, com certeza, inspiração para a busca de uma (múltiplas) racionalidade(s) ambiental(is) [Leff, 2004].

Enquanto existirem múltiplas culturas selecionando e aperfeiçoando variedades de plantas, maior é a segurança genética da humanidade como um todo. Nos altiplanos andinos, a mais de 3.000 metros de altitude, os camponeses e indígenas manipulam de 600 a 800 variedades de milho e de mandioca. Ainda hoje, muitas das principais plantas de que se alimenta a humanidade foram domesticadas pelos ameríndios: a batata (*Solanum tuberosum*), originária do Peru, onde são conhecidos mais de 7.000 cultivares, e que é erroneamente chamada de batata-inglesa; a mandioca (*Manihot esculenta*) e a macaxeira (*Manihot dulcis*); o milho (*Zea mays*), base da

[6]Devo essa reflexão ao filósofo mexicano José del Val.

alimentação humana e animal em todo o mundo; a batata-doce (*Ipomoea batatas*); o tomate (*Lycopersicum esculentum*); feijões e favas, como o amendoim (*Arachis hypogaea*); frutas como o cacau (*Theobroma cacao*), o abacaxi (*Ananas sativus*), o caju (*Anacardium occidentale*), o mamão (*Carica papaya*), o ingá (*Inga spp.*) e muitas outras; amêndoas como a castanha-do-pará (*Bertholletia excelsa*); plantas estimulantes como o guaraná (*Paullinia cupana*), a erva-mate (*Ilex paraguariensis*), o fumo (*Nicotina tabacum*); plantas medicinais como a ipecacuanha (*Cephalis ipecacuanha*), de que se extrai o cloridato de emetina; a copaíba (do gênero *Copaifera*), usada contra afecções das vias urinárias; a quinina (do gênero *Chinchona*), que até 1930 era o único antimalárico disponível; até plantas de largo emprego industrial como a borracha (*Hevea brasiliensis*), ainda não totalmente substituída pela sintética, sobretudo no uso de luvas cirúrgicas e de preservativos de melhor qualidade; a palmeira carnaúba (*Copernicia sp.*), de que se extrai cera e a palha; o timbó (*Theprosia sp.*), que contém ingrediente de DDT — a rotenona —, usado como inseticida, na medicina sanitária e na agricultura; além das plantas manufatureiras que os indígenas cultivavam ou utilizavam em estado silvestre como o algodão (*Gossipium spp.);* o caroá (*Neoglaziovia variegata*), espécie de bromélia que usavam para fazer fio e tecido; e a piaçaba (*Leopoldinia piassaba*), de largo uso em vassouras, escovas, capachos (Porto-Gonçalves, 2001).

TABELA 20

Erosão Linguística por Continente

Continente	**Línguas**	**%**	**Línguas em extinção**
Ásia	2.197	32%	55
América	1.013	15%	161
África	2.058	30%	37
Oceania	1.311	19%	157
Europa	230	3%	7
Mundo	**6.809**	**100%**	**417**

Fonte: Barreda, 2003, a partir de *Ethnologue*; www.etnologue.com.

À medida que a humanidade vai ficando restrita a algumas poucas variedades genéticas, disseminadas por amplas áreas do planeta através de monoculturas, maiores são os riscos que todos corremos. A homogeneização cultural — *mono*culturas — diminui a flexibilidade que a nossa própria espécie desenvolveu se adaptando aos mais diferentes ambientes, tanto como conformando-os. Os exemplos da perda da colheita da batata na Irlanda, em 1846, do milho nos EUA, em 1970, ou do trigo na Rússia, em 1972, deveriam nos servir de alerta contra a erosão genética, pois mostram a necessidade de preservar variedades nativas, inclusive para criar novas variedades melhoradas e mais resistentes.

Segundo a World Watch (http://worldwatch.org.mag), o trigo cultivado no Canadá tem genes provenientes de 14 países, e os genes dos pepinos dos EUA procedem da Birmânia, Índia e Coreia, genes adquiridos sem nenhuma contrapartida econômica. O milho tem sua origem no Sul do México e, transferido gratuitamente aos EUA, serve de fonte para toda a manipulação transgênica, que, hoje, é vendida, inclusive, para o próprio México, que paga *royalty* por uma invenção que teve origem entre seus povos originários.

Assim, vemos as implicações da lógica mercantil quando tenta impor a sua temporalidade às múltiplas temporalidades que caracterizam cada povo e cada região, com sua (agri)*cultura* homogeneizante contra as diferentes (agri)culturas que a humanidade desenvolveu até aqui. O tempo do *time is money*, vê-se concretamente, tenta submeter todos os povos e lugares ao mesmo tempo do relógio, olvidando que cada espécie, cada bioma, cada cultura, tem seus próprios tempos.

A DIVERSIDADE BIOLÓGICA: ENTRE A SOBERANIA NACIONAL E A POPULAR (E ÉTNICA) NUM CONTEXTO DE GLOBALIZAÇÃO NEOLIBERAL

Estamos hoje imersos num debate, ainda em aberto, para regular o destino de nosso patrimônio genético entre, de um lado, os Acordos sobre Aspectos dos Direitos de Propriedade Intelectual relacionados com o Comércio (TRIPs por sua sigla em inglês), que buscam legitimar e legalizar os direitos das empresas por cima das provisões aos direitos de indígenas, camponeses e agricultores inscritos na Convenção de Diversidade Biológica (CDB) saída do Rio de Janeiro em 1992 e, de outro, no Tratado Internacional sobre Recursos Genéticos para a Alimentação e Agricultura.

O Tratado Internacional sobre Sementes e Direitos dos Agricultores, primeiro tratado internacional do século XXI, aprovado em 3 de novembro de 2001, estabelece um sistema multilateral para o acesso ao germoplasma de 35 gêneros de cultivos básicos para a alimentação (entre eles milho, trigo, arroz, feijões e aveia) e 29 espécies de forrageiras, as quais não poderão ser patenteadas nem reclamadas sob nenhuma forma de propriedade intelectual. Estabelece, ainda, os direitos do agricultor de conservar, utilizar, intercambiar e vender sementes conservadas em seu próprio estabelecimento, assim como o direito à proteção dos conhecimentos tradicionais sobre as sementes e a participar na distribuição dos benefícios derivados da utilização destes recursos.

Devemos registrar que os EUA se recusam a assinar a CDB, tanto quanto o Protocolo de Kyoto. A pressão que vêm exercendo as grandes corporações transnacionais, sobretudo dos EUA, sobre os recursos genéticos é tão forte que assistimos, até mesmo, ao espetáculo ridículo, como no Brasil, de regular com medidas *provisórias* um bem que é *estratégico*.

Nesse aspecto é preciso estar atentos para a verdadeira vitória de Pirro que pode se tornar o fato de a CDB reconhecer, como no seu artigo 6, aos Estados nacionais o direito de "cada parte contratante... elaborar estratégias, planos e programas nacionais para a conservação e a utilização sustentável da diversidade biológica". Isto porque, em face da ampla mobilização de camponeses e indígenas, entre outros, para que se reconheçam os seus direitos comunitários e coletivos sobre o seu conhecimento ancestral, os Estados nacionais podem ser, mais uma vez, chamados a cumprir o seu papel soberano de suprimir os direitos desses povos e comunidades e, em pleno exercício da soberania, negociá-la com grandes corporações transnacionais, como vêm fazendo historicamente. Basta acrescentar que em fevereiro de 2001, em Cancún, no México, foi constituído o Grupo de Países Megadiversos, de que atualmente fazem parte a Bolívia, o Brasil, a China, a Colômbia, a Costa Rica, o Equador, as Filipinas, a Índia, a Indonésia, o Quênia, a Malásia, o México, o Peru, a África do Sul e a Venezuela, grupo esse que vem sendo sistematicamente consultado pelos organismos internacionais, como a OMC e Banco Mundial, e tudo vem sendo decidido pelo governo sem a preocupação de consultar os 45% da população que convive com essa megabiodiversidade para saber o que acham das propostas em curso.

A soberania, vê-se, haverá de ser pensada com democracia, onde o direito à igualdade não suprima o direito à diferença dessas populações. Insistimos, a soberania pode ser exercida pelos "de cima" para os "de cima" alegando "razões de Estado". A recente recusa do parlamento mexicano, quase por unanimidade, não reconhecendo o Acordo de San Andres, que vinha sendo negociado com os zapatistas e acompanhado com atenção por toda a opinião pública mundial, merece um posicionamento mais atento de todos aqueles que acreditam na importância da diversidade cultural e sabem do seu enorme significado para a evolução da vida e para a sustentabilidade do planeta como um todo. Ali estava sendo debatido exatamente esse direito à diferença e, também, a um direito diferente que reconheça o direito ao território, ao conhecimento comunitário, coletivo e patrimonial. Não olvidemos que as populações originárias, camponesas e de afrodescendentes encontraram na questão ambiental uma ponte que lhes permitiu articular seus interesses específicos aos interesses maiores da humanidade e do planeta, sobretudo ao associarem a diversidade biológica à diversidade cultural. Para isso, estabeleceram alianças e conseguiram se fazer presentes enquanto protagonistas das relações internacionais, quebrando o monopólio dos "de cima" nesse plano. Isso tem ensejado sérias críticas de setores nacionalistas que, nesse período de globalização neoliberal, vêm perdendo terreno. Como nesse período vêm aumentando os níveis de injustiça social e ambiental, está aberta a possibilidade de retomada de ideologias nacionalistas, o que vai exigir muita clareza do contexto político para que se enfrente, de fato, o desafio ambiental. Afinal, pode estar em curso, novamente, uma aliança das mais tradicionais entre as velhas classes dominantes, que, sempre, em nome da soberania nacional, venderam o chamado patrimônio nacional. O aprendizado político que novos sujeitos sociais conquistaram ao se fazerem presentes na cena internacional (povos indígenas, afrodescendentes, campesinatos) está colocando novos desafios a esses mesmos sujeitos, como o de buscar, no plano nacional, novas relações que conformem políticas públicas que, como vimos, não se fazem à escala internacional. Aqui reside um dos principais desafios, que é não mais excluir a escala nacional no debate que, conforme estamos vendo, nos últimos anos, sobretudo, fala do global e do local, ignorando a mediação nacional. Sabemos, hoje, que esse "esquecimento" não era ingênuo, tanto quanto sabemos que o Estado nacional comporta em seu bojo enormes contradições que haverão de ser superadas.

Ainda que com as limitações apontadas, a CDB abre espaço para reconhecer o protagonismo de indígenas, afrodescendentes e camponeses que, todavia, não dispõem nos diferentes contextos nacionais senão de parcos trunfos políticos.[7] Por outro lado, as propostas que vêm sendo engendradas nos Aspectos Relacionados com o Comércio de Propriedade Intelectual (TRIPS, por sua sigla em inglês) da Organização Mundial do Comércio (OMC) são abertamente privatistas e empresariais. Observemos com atenção o quadro comparativo CDB-TRIPS/OMC que segue.

[7]Tem sido nos marcos da escala mundial que esses grupos sociais vêm procurando se tornar visíveis e, assim, afirmar e inventar direitos novos, como demonstraram os seringueiros e indígenas na sua Aliança dos Povos da Floresta. Mais recentemente, nos anos 1980, iniciando na Nicarágua com os miskitos e no Brasil com os sem-terra (MST), e sobretudo nos anos 1990 com os zapatistas no México, os quíchua e aimará na Bolívia, Equador, Peru e sul da Colômbia e com os mapuche do Sul do Chile, os indígenas e camponeses vêm assumindo um papel protagônico nos diferentes contextos nacionais. É do fortalecimento desses grupos sociais nas diferentes escalas das relações sociais e de poder, sobretudo na escala nacional, que todo esse patrimônio de diversidade biológica, cujos cuidados são de interesse de toda a humanidade, poderá ser efetivamente usado e conservado na sua riqueza. Assim, é de novas teias de relações sociais e de poder, enfim, de novas territorialidades, que devemos cuidar de instituir.

TABELA 21
Comparação entre Direitos e Obrigações na CDB e nos TRIPS-OMC

CDB	TRIPS* – OMC	Conflito
O acesso aos recursos biológicos deve estar condicionado ao consentimento mútuo prévio informado dos países de origem. Também requer participação e aprovação das comunidades locais.	Não existe nenhuma disposição que obrigue ao consentimento prévio informado para o acesso aos recursos biológicos que possam ser protegidos pelos DPIs.	A CDB outorga aos Estados capacidade jurídica para enfrentar a biopiratraria ao requerer o conhecimento informado. Os TRIPs, ao ignorar esta prerrogativa, incentivam a etnobiopiratraria.
Os Estados têm direitos públicos soberanos sobre seus recursos biológicos.	Os recursos biológicos têm que estar sujeitos a direitos privados de propriedade intelectual. A concessão de licenças obrigatórias de interesse nacional em ser restringida.	A soberania nacional supõe que os países têm direito de proibir Direitos de Propriedade Intelectual sobre seres vivos. Os TRIPs desestimulam este direito ao requerer a concessão de DPIs sobre micro-organismos GMs, procedimentos não biológicos e patentes e/ou proteção *sui generis* sobre obtenções vegetais.
A utilização ou exportação de recursos biológicos, assim como de seus conhecimentos tradicionais, inovações e práticas relevantes no emprego da diversidade, deve dar-se com base na divisão equitativa dos benefícios.	É preciso conceder patentes em todos os campos da tecnologia. Em função disso, o uso e a exploração dos recursos biológicos devem ser protegidos por Direitos de Propriedade Intelectual. Não se prevê nenhum mecanismo para que os benefícios sejam compartilhados entre o titular da patente de um país e o doador do material biológico de outro país.	A CDB estabelece uma base legal para que os países em desenvolvimento possam reivindicar participação nos benefícios.
Os Estados são obrigados a promover a conservação e o uso sustentável da biodiversidade como preocupação comum aos direitos de toda a humanidade.	A proteção de saúde pública e a segurança alimentar, assim como os interesses públicos em geral, ficam sujeitos aos interesses privados dos titulares dos DPIs, segundo o dispositivo nos TRIPs.	A CDB privilegia o interesse público e o bem comum em relação à propriedade privada. Os TRIPs privilegiam a propriedade privada.

*TRIPS — Aspectos de Propriedade Intelectual Relacionados com o Comércio (por sua sigla do inglês).

Por isso, insistimos na importância do aprofundamento da democracia, de modo que os mais diferentes sujeitos possam protagonicamente se fazer presentes na cena política, onde justiça social e ambiental se faça no reconhecimento concreto do direito à diferença.

O meio ambiente como mercadoria V: as contradições entre a teoria e a prática

"PARA ENTENDER O SIGNIFICADO DA ÁGUA"

A disputa pela apropriação e controle da água vem se acentuando nos últimos anos, mais precisamente na segunda metade dos anos 1990. Se tomarmos tanto *O Nosso Futuro Comum*, relatório da Comissão Brundtland, assim como os diversos documentos e tratados saídos da Rio 92, inclusive a Agenda XXI e a Carta da Terra, para ficarmos com as referências mais importantes do campo ambiental nos últimos 20 anos, chega a ser surpreendente o tratamento extremamente tímido reservado à água, se comparamos com o destaque que vem merecendo na última década, a ponto de ser apontada como a razão maior das guerras futuras.

Apesar desse súbito e recente interesse pela água, isso não quer dizer que o tema já não fosse um problema sentido havia muito tempo por parcelas significativas da população, sobretudo entre os mais pobres. Uma rápida olhada sobre o cancioneiro popular brasileiro já seria o bastante para sabermos disso: "*Lata d'água na cabeça/ Lá vai Maria/ Lá vai Maria/ Sobe o morro e não se cansa/ Pela mão leva a criança/ Lá vai Maria*". Tudo parece indicar que enquanto a água foi um problema somente para a maioria mais pobre da população o assunto se manteve sem o devido destaque. Ou, quando foi considerado um tema politicamente relevante, o foi de uma perspectiva de instrumentalização da miséria alheia, como no caso das oligarquias latifundiárias do semiárido brasileiro com a famosa "indústria da seca", assim como, também nas cidades, não foram poucos os "políticos de bica d'água" que, populisticamente, se constituíram por meio da miséria dos sem-água, parte, na verdade, de um quadro geral dos sem-direito.

Hoje, a questão da água não se apresenta mais como um problema localizado, manipulado por oligarquias latifundiárias regionais ou por políticos populistas. Esses antigos protagonistas, que durante tanto tempo manejaram a escassez de água, intermediando secas e bicas, estão sendo substituídos no controle e gestão desse recurso por novos e outros protagonistas. Entretanto, o mesmo *discurso da escassez* vem sendo brandido, acentuando a gravidade da questão, agora em escala global. O fato de agora se manipular um discurso com pretensões de cientificidade, e que invoca o *uso racional dos recursos* por meio de uma gestão técnica, nos dá, na verdade, indícios de quem são alguns dos novos protagonistas que estão se apresentando, no caso, os gestores com formação técnica e científica.

O novo *discurso da escassez* nos diz que; embora o planeta tenha três de suas quatro partes de água, 97% dessa área é coberta pelos oceanos e mares e, por ser salgada, não está disponível para consumo humano; que, dos 3% restantes, cerca de 2/3 estão em estado sólido nas geleiras e calotas polares e, assim, também indisponíveis para consumo humano; deste modo, menos de 1% da água total do planeta seria potável, num discurso de escassez de tal forma elaborado que, ao fim, o leitor já está com sede. É interessante comparar essa construção discursiva de escassez de água com as estatíticas que demonstram que somente 0,06% de toda a energia solar que incide sobre a Terra é efetivamente transformada em himanã, em vida. Todavia, como não há no horizonte perspectiva de transformar a radiação solar em mercadoria, ainda não vemos o discurso da escassez se fazendo sobre raios solares. No caso da água, essa estatística, ao tentar dar precisão científica ao discurso da escassez, comete erros primários do próprio ponto de vista científico de onde procura retirar sua legitimidade. Afinal, a água doce que circula e que está disponível para consumo humano e ainda permite toda sorte de vida que o planeta conhece é, em grande parte, fruto da evaporação dos mares e oceanos — cerca de 505.000 km^3, ou seja, uma camada de 1,4 metro de espessura evapora anualmente dos oceanos e mares, que, embora sejam salgados, não transmitem o sal na evaporação. Informe-se, ainda, que 80% dessa água evaporada dos oceanos e mares precipita-se sobre suas próprias superfícies. P. H. Gleyck (Gleyck, 1993) avalia que dos 119.000 km^3 de chuvas que caem sobre os continentes, 72.000 km^3 se evaporam dos lagos, das lagoas, dos rios, dos solos e das plantas (evapotranspiração) e, assim, 47.000 km^3 anualmente escoam das terras para o mar, "dos quais mais da metade ocorre na Ásia e na América do Sul, e uma grande proporção em um só rio, o Amazonas, que leva mais de 6.000 km^3 de água por ano" aos oceanos (GEO-3: 150). Assim, a água disponível para a vida é, pelo menos desde o recuo da última glaciação entre 12.000 e 18.000 anos atrás, a mesma desde então até os nossos dias, com pequenas variações.[1] Se maior não é a quantidade de água potável é porque, na verdade, maior não pode ser, a não ser, como indicamos, pela regressão das calotas polares e dos glaciares fruto de mudanças climáticas planetárias produzidas por causas complexas e, muito recentemente em termos da história do planeta, pela matriz energética fossilista pós-Revolução Industrial.

[1]Aliás, a água doce disponível sob a forma líquida depende, fundamentalmente: (1) da radiação solar exercendo o trabalho de evaporação-condensação-precipitação e da sua distribuição segundo as latitudes; (2) da conformação geológica e pedogenética que condiciona o armazenamento nos aquíferos e lençóis freáticos; e (3) do relevo, que condiciona o escoamento, configurando as bacias hidrográficas que, por sua vez, ensejam dinâmicas hídricas locais e regionais. Sublinhe-se que essas dinâmicas hídricas locais e regionais estão imbricadas na dinâmica global do planeta, que, por sua vez, está condicionada não só pela radiação solar mas, também, por mudanças climáticas globais que, cada vez mais, contam entre suas causas não mais aquelas exclusivamente naturais — ver o efeito estufa e a atual mudança climática global.

TABELA 22
Água em Circulação no Mundo
Água que Circula na Atmosfera por Evaporação dos Continentes (em Km^3)

Europa	5.320	7,1%
Ásia	18.100	24,4%
África	17.700	23,8%
América do Norte	10.100	13,6%
América do Sul	16.200	21,8%
Oceania	4.570	6,1%
Antártida	2.310	3,1%

Conforme se vê, a Ásia, a África e a América do Sul contribuem com exatos 70% da água que circula por evaporação por todo o planeta cuja função é fundamental para o equilíbrio climático global.

Assim, por um desses caminhos tortuosos por meio dos quais a vida e a história transcorrem, temos, hoje, uma quantidade maior de água doce sob a forma líquida em virtude do efeito estufa e o consequente aumento do aquecimento global do planeta com o derretimento das calotas polares e glaciares.

Todavia, apesar desse aumento da água doce disponível, estamos diante de um aumento da escassez de água em certas regiões com a ampliação significativa de áreas submetidas a processos de desertificação, conforme a ONU vem acusando. Vimos observando, ainda, uma incidência cada vez maior de chuvas torrenciais e de secas pronunciadas, com calamidades extremas como inundações e incêndios florestais que não mais atingem somente as populações mais pobres e mais expostas a riscos ambientais maiores, mas também áreas nobres com suas mansões sendo queimadas, seja na Califórnia, seja no Mediterrâneo, com incêndios incontrolados cada vez mais frequentes em função de elevações térmicas acompanhadas de baixíssimos índices de umidade relativa do ar. Tudo indica que estamos imersos num complexo processo de *desordem ecológica*, que, mesmo diante de maior quantidade de água doce disponível sob a forma líquida, está produzindo um aumento da área desertificada e do número de localidades submetidas a estresse hídrico, inclusive em muitas das grandes cidades do mundo. Enfim, é de uma *desordem ecológica* global que estamos falando, e não simplesmente de escassez de água, como vem sendo destacado.

É preciso sublinhar, entretanto, que embora estejamos diante de uma desordem ecológica global, particularmente visível quando abordada a partir da água, seus efeitos estão longe de serem distribuídos igualmente pelos diferentes segmentos e classes sociais, pelas diferentes regiões e países do mundo, assim como estão muito desigualmente distribuídos os meios para lidar com a questão. Não bastassem esses efeitos, há um outro, pouco debatido mas de proporções igualmente graves, que diz respeito ao fato de que outras diferentes formas de lidar com a água desenvolvidas por diferentes povos e culturas em situações muito próprias estão impossibilitadas de serem exercidas, até porque essa desordem ecológica de caráter global produz desequilíbrios locais de novo tipo, cujas dinâmicas hídricas estão longe de constituir um padrão que possa servir de referência para as práticas culturais. Esse problema vem sendo acusado por populações camponesas em diferentes regiões e lugares no Brasil, que não mais conseguem fazer as previsões de tempo com a mesma precisão que faziam há não mais de 30 anos (anos 1970). Assim, diferentes culturas e, com elas, diferentes modos de se relacionar com a natureza também vão sendo extintos e, com eles, todo um enorme acervo de conhecimentos diversos de como lidar com as dinâmicas naturais.[2]

A atual disputa pelo controle e gestão da água, parte da crise política, revela, também, a crise da racionalidade instrumental hegemônica na ciência da sociedade moderno-colonial. No caso da água, a própria natureza líquida da matéria parece escapar àqueles que tentam aprisioná-la às especialidades com que nossa departamentalizada universidade forma, conforma e deforma seus profissionais. A água, afinal, não cabe naquela simplificação típica dos livros didáticos, e que comanda o imaginário dos cientistas, em que uma superfície líquida submetida à radiação solar transforma-se em vapor e, depois, em nuvens que se condensam e precipitam,

[2]Aqui também a diversidade ecológica e a diversidade cultural parecem caminhar juntas.

dando origem a rios e lagos e outras superfícies líquidas que, submetidas à radiação solar..., enfim, o ciclo da água. Ciclo abstrato porque ignora que aquele que desenha o ciclo da água, assim como aquele que está desaprendendo o que não é o ciclo da água, é um ser humano que contém em seu corpo, em média, mais de 70% de água. Quando transpiramos ou fazemos xixi, estamos imersos no ciclo da água. O ciclo da água não é externo a cada um de nós, passando por nossas veias materialmente e não só literalmente — nosso sangue é, em 83%, água. E não só: quando nos sentamos à mesa para comer deveríamos saber que o cereal, a fruta e o legume não só contêm em si mesmos água, como também todo o processo de sua produção agrícola envolveu um elevado consumo de água. A agricultura é responsável pelo consumo de 70% da água de superfície no planeta. Assim, é todo o sistema agrário-agrícola que está implicado no "ciclo da água". O mesmo pode ser dito dos pratos de cerâmica ou de metal, dos talheres de aço inoxidável ou de alumínio que, para serem produzidos, exigem um elevadíssimo consumo de água, além de lançarem resíduos líquidos em altíssima proporção no ambiente. Em todo o mundo a indústria é responsável pelo consumo de 20% da água superficial. Todo o sistema industrial se inscreve, assim, como parte do "ciclo da água" e, deste modo, vai se mostrando toda a complexidade da relação sociedade-natureza implicada no ciclo da água, muito longe dos especialistas formados no simplificador paradigma atomístico-individualista-reducionista que, embora seja visto como parte da solução é também parte do problema (Porto-Gonçalves, 1989). Deste modo, o sistema agrário agrícola e todo o sistema industrial se inscrevem como parte do ciclo da água, e se desequilíbrio há com relação à água ele deve ser buscado nas complexas relações sociedade-natureza, que manifesta, também no sistema hídrico, suas próprias contradições.

É sempre bom lembrar que a água é fluxo, movimento, circulação. Portanto, *por* ela e *com* ela flui a vida, e, assim, o ser vivo não se relaciona com a água: ele é água. É como se a vida fosse um outro estado da matéria água, além do líquido, do sólido e do gasoso — estado vivo. Os cerca de 8 milhões de quilômetros quadrados relativamente contínuos de floresta ombrófila, em grande parte fechada, no Brasil, Bolívia, Colômbia, Equador, Guianas, Peru, Suriname e Venezuela, com suas 460 toneladas de biomassa por hectare em média, são, em 70%, água e, assim, se constituem num verdadeiro "oceano verde" de cuja evapotranspiração depende o clima, a vida e os povos de extensas áreas da América Central e do Sul, do Caribe e da América do Norte e do mundo inteiro.

Deste modo, a água não pode ser tratada de modo isolado, como a racionalidade instrumental predominante em nossa comunidade científica vem tratando, como se fosse um problema de especialistas. A água tem que ser pensada enquanto território, isto é, enquanto inscrição da sociedade na natureza, com todas as suas contradições implicadas no processo de apropriação da natureza pelos homens e mulheres por meio das relações sociais e de poder.

O ciclo da água não é externo à sociedade, ele a contém, com todas as suas contradições. Assim, a crise ambiental, vista a partir da água, também revela o caráter de crise da sociedade, assim como de suas formas de conhecimento.

O LUGAR DA ÁGUA NA DESORDEM ECOLÓGICA GLOBAL

O malthusianismo, como se sabe, exerce ainda uma forte e nefasta influência no debate ambiental e, como já salientamos, faz parte de um discurso do medo, do pânico, em nome do quê se tenta convencer os outros da validade de suas propostas, quase sempre o controle da população. Também com relação aos recursos hídricos, a mesma cantilena é aduzida, como se os problemas derivassem do crescimento da população. Entretanto, e aqui mais uma vez, a questão parece ser mais complexa do que esse reducionismo, até porque, se a população mundial cresceu três vezes desde os anos 1950, a demanda por água cresceu seis vezes, segundo nos informa o diretor da Agência Nacional de Águas do Brasil, Sr. Jerson Kelman. No Canadá, entre 1972 e 1991, enquanto a população cresceu 3%, o consumo de água cresceu 80%, segundo a ONU (GEO-3). Considerando-se o nível de vida da população canadense, os dados acima, quando comparados com o crescimento da população mundial e a demanda global por água, vemos claramente que é o crescimento exponencial de populações com o nível de vida europeu e norte-americano que está aumentando a pressão sobre esse e outros recursos naturais de modo insustentável. Assim, a demanda por água cresce mais que o crescimento demográfico, indicando que devemos buscar em outro campo as razões do desequilíbrio hidrológico.

A urbanização se coloca como um componente importante dessa maior demanda por água. Um habitante urbano consome em média três vezes mais água do que um habitante rural, assim como, já o vimos, a pegada ecológica, água incluída, entre os habitantes do Primeiro Mundo e os do Terceiro Mundo é extremamente desigual. Segundo Ricardo Petrella, "um cidadão alemão consome em média nove vezes mais água do que um cidadão na Índia" (entrevista à Agência Carta Maior durante o I Fórum Alternativo da Água em Florença, 2003).

Além disso, as cada vez maiores aglomerações urbanas exigem captação de água a distâncias cada vez maiores, para não nos referirmos à energia que por todo lado implica mudar o uso e o destino (e os destinatários, não nos esqueçamos) da água, não só quando é produzida enquanto hidrelétrica, como também nas termelétricas e nas usinas nucleares, onde a água é amplamente utilizada para fins de resfriamento das turbinas. Segundo a ONU, somente nos últimos 50 anos, entre 40 milhões e 80 milhões de habitantes, quase sempre camponeses e populações originárias, foram atingidos por inundação de suas terras para fins de construção de diques e barragens (GEO-3: 151). Dos 227 maiores rios do mundo, 60% foram barrados por algum dique nesse mesmo período e, ainda em 1998, estavam sendo construídos nada menos que 349 diques com mais de 60 metros de altura em diferentes países do mundo, em grande parte financiados pelo Banco Mundial. Roberto Melville e Claudia Cirelli nos esclarecem todo esse processo quando nos dizem que

> os blocos capitalista e comunista em que estava dividido o mundo até pouco tempo tinham muitos pontos de controvérsia ideológica, mas ambos coincidiam em sua admiração pelo desenvolvimento técnico e com-

Megaprojetos Hídricos e Corredores de Desenvolvimento

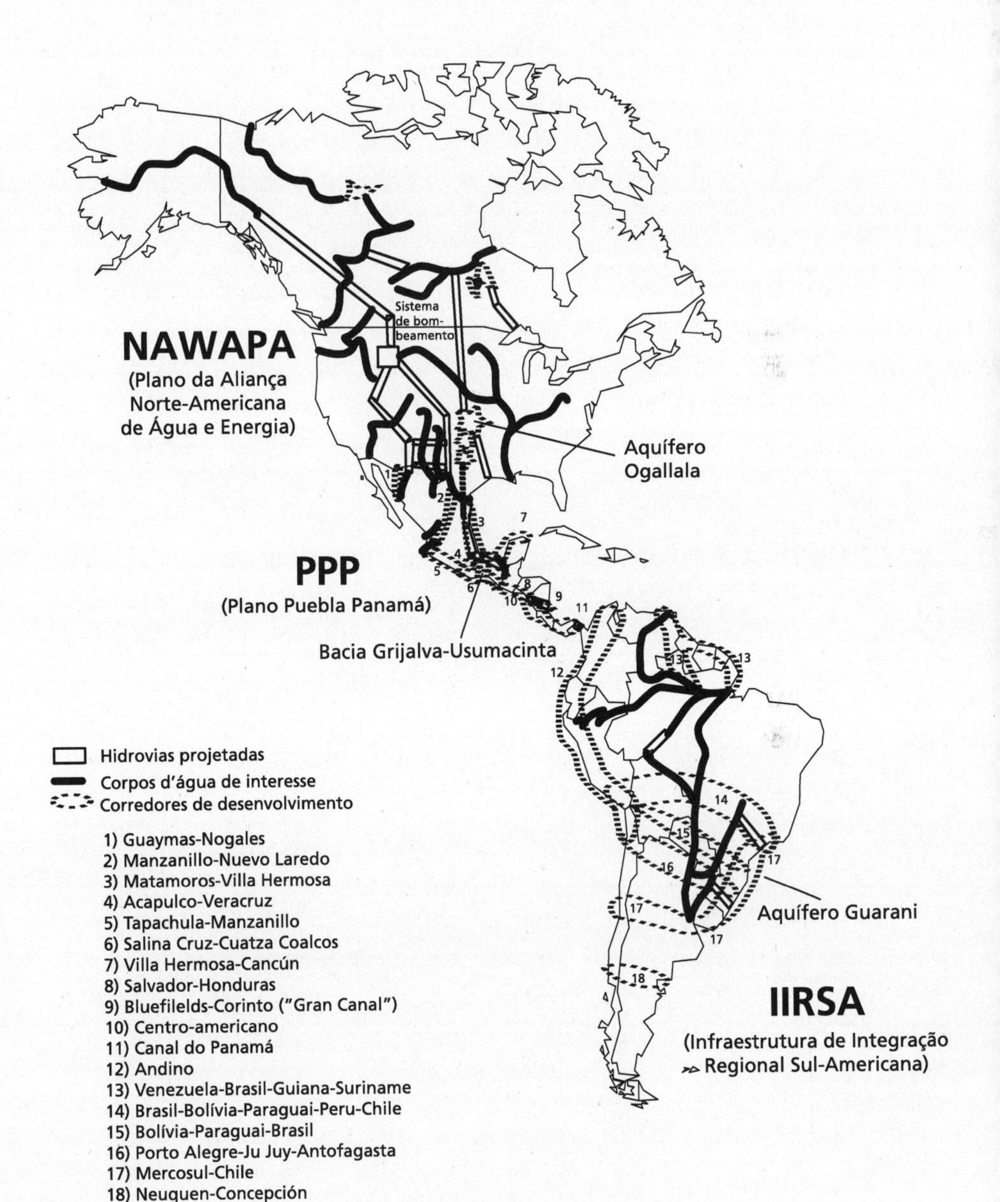

> petiam para mostrar avanços nesse terreno. Sob esta mentalidade se empreenderam projetos em grande escala, com armazenamentos de água atrás de represas de concreto, com dispositivos para geração de energia, controle de inundações e derivados para a irrigação agrícola. Podemos assinalar alguns exemplos destas obras monumentais. Nos Estados Unidos, a represa Hoover no rio Colorado, ou a cadeia de represas construída na bacia do rio Tenessee. Na União Soviética, o projeto Dnipropertovsk na Ucrânia representou um vigoroso impulso para a industrialização socialista. Mais tarde, ambas as potências difundiram seus modelos sociopolíticos e de desenvolvimento tecnológico em suas respectivas áreas de influência. No rio Nilo, a União Soviética fez replicar sua capacidade tecnológica na construção da represa de Assuan (no Egito). No México, com apoio financeiro internacional, a Comissão Federal de Eletricidade construiu a represa Chicoasén, uma das 10 maiores represas do mundo. (*La crisis de la água*. In http://www.memoria.com.mx, 9 de junho de 2000).

No Brasil, foi construído um complexo sistema nacional integrado de energia com base na construção de grandes hidrelétricas, que contou com apoio do Banco Mundial. Urubupungá, binacional Itaipu, Balbina, Tucuruí e Xingó são alguns dos grandes projetos com enorme impacto socioambiental por todo lado.

O crescimento da população urbana e da industrialização, com a consequente expansão da economia mercantil que o acompanha e impulsiona,[3] está impondo mudanças significativas no modo de organização do espaço em todo o mundo. As monoculturas passam a predominar nas paisagens rurais, visando a abastecer os centros urbanos, tanto no interior dos diferentes países como para garantir o fluxo de matéria entre os países, fluxo esse sobretudo dirigido aos países hegemônicos, sem o que os valores de uso concreto não podem ser produzidos, e o usufruto da rique-

[3]O espaço urbano é o *locus* por excelência da economia de mercado. Afinal, o ambiente urbano torna praticamente impossível a chamada *economia natural*, isto é, aquela que não requer a mediação mercantil. Assim, a economia gerada pela expansão da população urbanizada introduz a mediação do ilimitado nas relações sociedade-natureza por meio do dinheiro. A tensão entre o simbólico, o dinheiro e a materialidade do mundo se instaura enquanto questão ambiental.

za tangível, implicado num estilo de vida consumista tão ciosamente induzido pelos meios de comunicação de massas, não pode ser praticado. Não sem razão, a irrigação e a captação de águas subterrâneas se generaliza, tanto para fins agrícolas como de abastecimento urbano-industrial, com o uso crescente em todo o mundo, sobretudo nos últimos 30 anos, de bombas a *diesel* e de poços artesianos. A tabela a seguir nos indica que o consumo doméstico, sobretudo urbano, já rivaliza com o uso agrícola com relação à captação de águas subterrâneas (37% contra 38%), e, se acrescentarmos o uso industrial, vemos que já ultrapassam de longe o uso agrícola, com 62% (doméstico + industrial) contra 38% do uso agrícola que, como se vê, é de 61% no que concerne às águas superficiais. O problema da água, literalmente, se aprofunda e, como se viu, se alastra, na medida em que a produção de monoculturas para fins de alimentação e de matérias-primas agrícolas e pecuárias para fins industriais se expande espacialmente consumindo mais terras, mais águas, mais solos.

TABELA 23
Consumo de Água no Brasil (em %)

Consumo	Superficial	Subterrânea
AGRÍCOLA	61	38
INDUSTRIAL	18	25
DOMÉSTICO	21	37

Assim, numa outra escala geográfica, agora global, a lógica industrial volta a se encontrar com a água, relação que esteve presente já nos inícios da Revolução Industrial com a máquina a vapor (d'água). Ali, o carvão viera substituir a madeira no aquecimento da água, haja vista a escassez de madeira para esse fim. Pouco a pouco os motores foram se transformando e se tornando mais eficientes em termos energéticos sem, entretanto, deixar de consumir água. Afinal, maior eficiência energética implica maior capacidade de transformação da matéria e, com isso, maior consumo de água, maior dissipação de energia sob a forma de calor (segundo princípio da termodinâmica) e, nas turbinas, concretamente, maior necessidade de água para resfriamentos. Com isso, a maior eficiência que se obtém numa escala micro, ao se generalizar, torna possível a maior transformação global da matéria e, assim, acelera a transformação global da natureza, do que o efeito estufa e as mudanças climáticas globais são uma demonstração, assim como a desordem ecológica global que vimos assinalando. Deste modo, as soluções encontradas em escala micro para resfriar as turbinas, ou o termostato que desliga automaticamente a máquina quando atinge certo grau de aquecimento, não são transplantáveis para a escala do planeta como um todo e não podem amenizar o aquecimento global provocado pelo efeito estufa. Como se vê, a água flui por meio da agricultura, da indústria, do nosso estilo de vida, e a pressão sobre seu uso está longe de ser explicada pelo crescimento da população, simplesmente, como quer a matriz malthusiana de pensamento.

Hoje, com o motor a *diesel* se busca água no subsolo e, com isso, introduz-se no nosso léxico cotidiano novas expressões como aquíferos, posto que as águas superficiais e mesmo os lençóis freáticos já não se mostram suficientes, pelo menos na hora e no lugar desejados. Cada vez é maior o saque aos aquíferos e, deste modo, introduz-se um componente novo na injustiça ambiental generalizada no mundo e em cada país com a expansão da racionalidade econômico-mercantil engendrada pelo capitalismo. Afinal, a captação de água à superfície era, de certa forma, mais democrática na medida em que a água estava ao alcance de todos, literal e materialmente. Com a captação de águas nos subterrâneos, os meios de produção, as bombas a *diesel*, se tornam *sine qua non conditio*, e como nem todos dispõem desses meios a injustiça ambiental ganha novos contornos por meio do desigual acesso aos recursos hídricos.

Nos anos 1990, na América do Norte, 50% de todo o consumo dos habitantes foi obtido em águas subterrâneas, segundo a ONU (GEO-3). Na China também é cada vez maior a proporção de águas captadas subterraneamente.

Se, de um lado, com a irrigação podemos aumentar a área de terras para a agricultura, é preciso considerar os vários lados dessa prática. Cerca de 20% dos solos irrigados no mundo estão hoje salinizados e, assim, impraticáveis para a agricultura (GEO-3). Em Madras, na Índia, a captação de águas subterrâneas levou a um rebaixamento de tal ordem do lençol freático que as águas salgadas avançaram pelo subsolo cerca de 10 quilômetros continente adentro, trazendo sérios problemas de abastecimento (ONU-GEO-3).

Consideremos, ainda, que essa expansão generalizada da economia mercantil vem avançando sobre áreas como manguezais e outros *humedales*, áreas riquíssimas do ponto de vista das cadeias alimentares da vida, assim como sobre áreas florestais que, como vimos com o exemplo da Amazônia, abrigam enorme quantidade de água em si mesmas. Essas áreas, em particular as florestas tropicais, cumprem um papel importantíssimo para o equilíbrio climático global pela umidade que detêm e, assim, contribuem para que as amplitudes térmicas, as diferenças entre as temperaturas máximas e as mínimas diárias e anuais, não aumentem ainda mais como vem ocorrendo, em grande parte pelo próprio desmatamento.

Retomemos, aqui, uma tese analisada que assinala que, com a aplicação aos próprios meios de transportes do princípio da máquina a vapor, o deslocamento da matéria se tornou possível numa proporção que não mais dependia dos ventos e das calmarias, das marés e correntes marinhas, nem tampouco dos braços escravos que moviam as embarcações com seus remos e velas. Com isso, a injustiça ambiental se generaliza ainda mais, na medida em que as matérias, ao se deslocarem no sentido geográfico que as relações sociais e de poder determinam, escrevem uma geografia desigual dos proveitos e dos rejeitos. Afinal, a água circula não só pelos rios, pelo ar, com as massas de ar, ou pelos mares e correntes marinhas, mas também sob a forma social de mercadorias várias — tecidos, automóveis, matérias-primas agrícolas e minerais —, enfim, sob a forma de mercadorias tangíveis, e só assim podemos entender o desequilíbrio hidrológico impulsionado pela lógica de mercado generalizada. Afinal, para se produzir um quilo de qualquer grão, seja de milho ou de soja, se demandam, com as atuais técnicas agrícolas, 1.000 litros de água. Um quilo de frango consome 2.000 litros de água.

Fixemos a imagem de um caminhão frigorífico em plena Rodovia Transamazônica transportando frango produzido em Chapecó, Santa Catarina, para termos uma ideia do custo energético e hídrico desse frango para a sociedade brasileira e o planeta como um todo. E isso para não falar do que significa para as populações locais dos lugares que importam esse frango que, por essa lógica, não servem nem para criar galinha. A racionalidade econômico-mercantil não poderia ganhar um exemplo mais radical de ineficiência ambiental global. Não olvidemos que quando exportamos frango para a Europa e Oriente Médio, e o fazemos até mesmo de avião, estamos exportando energia e água. Não é demais repetir: 1 quilo de frango consome 2.000 litros de água. Quando essas regiões estiverem implicadas em algum estresse hídrico, como soem estar cada vez mais, como recentemente esteve Santa Catarina, devemos ter em conta as limitações de qualquer especialista para dar conta dessa problemática que, embora se manifeste em cada local de modo específico, está, na verdade, submetida a um processo global de desenvolvimento desigual mas combinado, como estamos vendo.

Basta se multiplicar por mil os milhões de toneladas de grãos de milho, de soja, de girassol para sabermos a quantidade de água que está sendo importada pelos países para onde as relações sociais e de poder dirigem o fluxo dessas matérias. O mesmo raciocínio pode ser feito com o alumínio, o papel, a celulose. As indústrias e plantações altamente consumidoras de água, ou que nela lançam muitos rejeitos, como são os casos das indústrias de papel e celulose ou de bauxita-alumínio, vêm transferindo, desde os anos 1970, para os países ricos — energia, minerais, solos, sol, água —, exportando o proveito e deixando os rejeitos. A ideologia do desenvolvimento abençoa essa lógica, para o que muito vêm contribuindo os organismos multilaterais (FMI, Banco Mundial e OMC) com suas políticas de ajuste, fomento, ajuda e apoio.

Um exemplo concreto pode nos ajudar a fixar a tese central: a separação do minério de cobre numa jazida implica abandonar cerca de 99,5% da matéria revolvida como rejeito. Relembremos que, cada vez mais, trabalha-se com *minerais raros*, e o nome traz em si mesmo a proporção do que é útil e do que é rejeito. Separar os minerais raros exige água e energia em proporções enormes, e, assim, a revolução nas relações sociais e de poder implicada na nanotecnologia com sua desmaterialização e transmaterialização, conforme assinalamos no capítulo, implica mais água e energia por todo lado. A água é por todo lado um meio amplamente usado e, diferentemente de qualquer *commoditty*, é insubstituível. Pode-se melhorar a eficiência de seu uso, mas não se pode prescindir dela. Daí todo o significado de se considerar a vida como um outro estado da água e de tomar a sociedade com todas as suas contradições como parte do ciclo da água.

No Brasil, o avanço do agronegócio, sobretudo no Planalto Central, com suas chapadas extensas e planas, não teria o sucesso econômico de curto prazo que vem obtendo não fossem desenvolvidas as técnicas de captação de água em grandes profundidades que tornaram possível agricultar aquelas regiões antes ocupadas pelos cerrados[4] e pelas populações que trataram as chapadas por gerais — terras que pertencem a todos.

Quase sempre se vem destacando a inegável contribuição da Embrapa (Empresa Brasileira de Pesquisa Agropecuária) no desenvolvimento de sementes e de todo um pacote tecnológico para a expansão do agronegócio nos cerrados. Recusemos aqui o mau raciocínio do *ou isso ou aquilo* e chamemos a atenção para o fato de que sem a água nenhum cultivo é possível, e esse se constituía num dos principais fatores limitadores do cultivo nas chapadas do Planalto Central. O sucesso que vem obtendo esse modelo agrário-agrícola deverá ser mais bem avaliado num tempo outro, médio e longo, e não somente sob a lógica do curto prazo para saldar a dívida eterna. O aumento de áreas abandonadas pelo cultivo por desequilíbrio ecológico, como formação de ravinas e vossorocas, perda de solos por erosão, são maus indícios da insustentabilidade desse modelo. Não olvidemos que os cerrados, onde hoje reina o agronegócio, her-

[4]Jogou ainda um papel importante nesse avanço do agronegócio o fato dessas regiões de chapada estarem, até muito recentemente, nos anos 1970, em grande parte com um uso extensivo para fins de pastagens para gado e para fins de extrativismo (de pequi, de baru, de fava-d'anta, entre tantas espécies), num sistema de uso da terra que combinava uso familiar da terra, no fundo dos vales, com uso comum das chapadas conhecidas em muitos lugares como *gerais*. O fato de serem terras de uso comum, *gerais*, muito facilitou a grilagem, quando não a concessão pelo Estado para os grandes empresários em detrimento dos camponeses, quilombolas e indígenas que, hoje, vêm se mobilizando para recuperar seus direitos a essas terras e aperfeiçoar seu modo de vida em condições menos limitadas do que aquelas a que vêm sendo submetidos. Afinal, na tradição do direito romano, terra que não tem *um* dono não tem dono, e, com isso, ignoram-se as diferentes modalidades de apropriação coletiva, comunitária e de uso comum dos recursos naturais muito mais generalizadas no Brasil do que se tem admitido, como bem destacam Alfredo Wagner, Nazareno de Campos e Porto-Gonçalves, entre outros.

daram as maiores reservas hídricas do país, bastando observar que é de lá que partem importantes rios para diferentes bacias hidrográficas brasileiras. No dizer de Guimarães Rosa,[5] o cerrado é "uma caixa-d'água". Um dos conflitos ambientais mais intensos vividos nessas regiões do Planalto Central está relacionado com a questão da água, não pela sua escassez, haja vista ser abundante, mas sim pelos conflitos de classe por apropriação e expropriação de terras e de águas. Ali, a água captada nas chapadas pelos pivôs centrais[6] rebaixa o lençol freático, fazendo secar rios, lagoas, brejos e "*pantamos*", onde toda uma rica e diversificada (agri)cultura camponesa se desenvolve historicamente.

O exemplo dos cerrados (savanas) do Planalto Central brasileiro é um caso emblemático das implicações socioambientais das demandas por água que se vêm colocando em todo o mundo com a expansão da economia mercantil nesse período neoliberal. A água, como se infiltra em tudo — no ar, na terra, na agricultura, na indústria, na nossa casa, em nosso corpo —, revela nossas contradições socioambientais talvez melhor que qualquer outro tema. Afinal, por todo lado onde há vida há água. Atentemos, pois, que a vida deve ser entendida para além de sua dimensão estritamente biológica, posto que a água está presente na sociedade por todo lado — na agricultura, no artesanato e na indústria. Nosso modo de comer, mesmo nas cidades, está em grande parte condicionado pelo modo como nossos alimentos são produzidos nos campos; nosso próprio abastecimento depende de barrar rios e mudar o destino e os destinatários da água (inclusive, para fins de energia). A questão da água, vê-se, urbaniza o debate sobre o sistema agrário-agrícola e, por meio da questão ambiental, põe em xeque todo o estilo de vida alimentado por um modo de produção que o estimula para acumular riqueza virtual — dinheiro —, com isso pondo em risco a riqueza da água, da terra, do solo, da vida, na sua concretude.

[5]Uma leitura possível do título da obra maior de Guimarães Rosa — *Grande sertão: veredas* — dá conta dessa unidade na diversidade de paisagens que compõem os cerrados: o grande sertão, os gerais, sendo as chapadas e veredas onde os camponeses têm suas casas nas baixadas nos fundos de vales.

[6]Inclusive com baixíssima eficiência no seu uso, haja vista o enorme desperdício de, avalia-se, 70% perdido por evaporação.

O CERRADO E A AMAZÔNIA: A QUESTÃO DO (DES)EQUILÍBRIO HÍDRICO

Devemos votar um particular interesse ao equilíbrio hídrico que está sendo rompido com todo esse processo de moderno-colonização agrário/agrícola, sobretudo em duas áreas que não só são vizinhas, como ecologicamente complementares — o cerrado e a Amazônia. Registremos que as duas maiores áreas continentais alagadas de todo o planeta estão adstritas aos cerrados — o Pantanal brasileiro-boliviano-paraguaio e a área de cerca de 2 milhões de hectares do rio Araguaia, ambas ameaçadas por pressões para construção de hidrovias e pelo agronegócio.

A Amazônia sul-americana, com uma extensão de terras de cerca de 800 milhões de hectares, abriga em suas florestas aproximadamente 460 toneladas de biomassa por hectare. Consideremos que essa biomassa é, em média, 70% formada por água. Estamos, pois, diante de um verdadeiro oceano verde que oferece, por evapotranspiração, grande parte das chuvas que vão circular por vastas regiões da América do Sul e do Caribe, para não falar de sua contribuição na dinâmica climática global (retendo na própria biomassa energia e água em grande extensões de terras). Assim, temos a floresta amazônica abrigando em seu próprio corpo um volume significativo de água, assim como os contrafortes andino-amazônicos e os também vizinhos Planalto Central Brasileiro e Sistema Parima ou Guiano, estes com seus amplos cerrados dispondo das cabeceiras da maior parte dos afluentes do rio Amazonas, da bacia do Paraná-Paraguai e da totalidade dos rios que formam a bacia do Orenoco, na Venezuela. A riqueza hídrica aqui implicada é enorme, e todo o seu regime vem sendo alterado pela simplificação extrema provocada pelo modelo agrário-agrícola que vem se expandindo contra essas regiões e, também, pela exploração petrolífera, sobretudo nos contrafortes andino-amazônicos.

ÁGUAS: ENTRE O INTERESSE PÚBLICO E O PRIVADO

Embora tenhamos destacado inicialmente que documentos importantes recentes, como *O Nosso Futuro Comum* ou mesmo a Agenda XXI e a Carta da Terra, não contemplavam com a devida ênfase a problemática da água, é importante sublinhar que o tema havia merecido, ainda em 1977, uma Conferência patrocinada pela ONU — Conferência de Mar del Plata —, que levou a que, em 1980, fosse instituído o Decênio Internacional de Água Potável e Saneamento Básico. Uma leitura atenta das preocupações ali arroladas nos mostra que havia uma ênfase na ação dos governos na gestão da água e, sobretudo, na garantia do abastecimento por meio da construção de infraestruturas — diques e barragens — para fins de ampliação das áreas a serem irrigadas e de energia para o desenvolvimento. O documento da ONU analisado a seguir acusa a guinada ocorrida no debate recente acerca da água e, sobretudo, não deixa dúvidas sobre os interesses específicos que estariam, hoje, cultivando o discurso de escassez e da repentina descoberta da gravidade do problema da água na segunda metade dos anos 1990.

Vejamos o diagnóstico que os técnicos da ONU fazem do sistema de gestão que ontem estimularam e que hoje criticam e se propõem a superar.

> A Comissão sobre o Desenvolvimento Sustentável (CDS) informou que muitos países carecem de legislação e de políticas apropriadas para a gestão e o aproveitamento eficiente e equitativo dos recursos hídricos. Apesar disso, "se está avançando no exame de legislações nacionais e promulgação de novas leis e regulamentos" (GEO-3: 156). Logo a seguir demonstram "preocupação acerca da crescente incapacidade dos serviços e organismos hidrológicos nacionais, especialmente nos países em desenvolvimento, para avaliar seus próprios recursos hídricos. Numerosos organismos têm sofrido redução em redes de observação e pessoal, apesar do aumento da demanda de água. Tem sido posta em marcha uma série de medidas de intervenção, como o Sistema Mundial de Observação do Ciclo Hidrológico (WHYCOS, por sua sigla em inglês) que se implementou em várias regiões (GEO-3: 156).

Como se pode observar também no caso da água, mais uma vez é brandido, sem a menor cerimônia, o argumento da incapacidade dos governos dos *países em desenvolvimento* para avaliar seus próprios recursos hídricos, numa nova versão da velha colonialidade característica dos velhos modernizadores. Em nenhum momento, observe-se, há qualquer comentário sobre as políticas de ajuste estrutural recomendadas pelos próprios organismos multilaterais e que bem seriam as responsáveis pela "redução em redes de observação e pessoal, apesar do aumento da demanda de água", para ficarmos com as próprias palavras do documento.

Pouco a pouco o deslocamento político que se dá na segunda metade dos anos 1990 vai tornando mais claros os interesses em jogo.

> Muitos e diferentes tipos de organizações cumprem uma função no que concerne às decisões sobre políticas relativas à água, desde os governos nacionais até os grupos comunitários locais. De todo modo, no transcurso dos últimos decênios, se tem posto cada vez mais ênfase tanto em aumentar a participação e responsabilidade de pequenos grupos locais como em reconhecer que às comunidades corresponde jogar um papel preponderante nas políticas relativas à água [...].

Assim, o Estado nacional, que, a princípio, já fora considerado como um entre os "muitos e diferentes tipos de organizações", é, logo a seguir, completamente descartado em benefício dos "pequenos grupos locais" e das "comunidades". Assim, em nome dos pequenos, dos pobres e das comunidades, novos interesses procuram se legitimar ética, moral e, sobretudo, politicamente.[7] Para isso, contam com entidades muito mais flexíveis que o Estado, como as organizações (não sem sentido muito adequadamente chamadas no ideário neoliberal) não governamentais.

É preciso levar-se em conta o contexto específico da América Latina para que entendamos a força que esse discurso adquire entre nós, sobretudo quando se sabe que, além da pobreza generalizada, a região exibe os

[7] Não olvidemos que também eram os pobres os invocados pelos políticos, então chamados de populistas e oligárquicos, com a "indústria da seca" e a "bica d'água".

maiores índices de desigualdades sociais do mundo. Agregue-se a isso o fato de, nos anos 1970 e 1980, a região ter ficado submetida, salvo raras exceções, a regimes ditatoriais, quase sempre sob tutela militar. Os apelos por justiça social e democracia vindos dos movimentos populares foram deslocados para políticas de corte neoliberal, onde a crítica ganhou destaque mais em direção à negação do Estado do que a um aprofundamento da democracia. Ao contrário, a liberalização aprofundou a crise histórica da democracia na América Latina, o que levou um dos mais importantes cientistas sociais da região, o peruano Anibal Quijano, a cunhar expressões como des-democratização e des-nacionalização para assinalar que o povo detém hoje menos que outrora a prerrogativa da soberania. O mais interessante de todo esse processo, e fundamental para compreendermos a crise atual, inclusive com relação às novas e desastrosas políticas de gestão das águas, é que os mesmos organismos internacionais que apoiaram as políticas de Estado, legitimando governos ditatoriais desenvolvimentistas, de gravíssimas consequências socioambientais, são os que, no momento de democratização, apoiam políticas que diminuem a importância do Estado e incentivam a iniciativa empresarial e das organizações não governamentais.

Esses novos gestores assestam uma dura crítica ao papel do Estado também na questão específica da gestão das águas dizendo que

> os responsáveis pela planificação sempre supuseram que se satisfaria uma demanda em crescimento dominando ainda mais o ciclo da água mediante a construção de mais infraestrutura e que a ênfase posta no abastecimento de água, combinado com uma débil aplicação dos regulamentos, limitou a eficácia da ordenação dos recursos hídricos especialmente nas regiões em desenvolvimento. Os responsáveis pela adoção de políticas agora mudaram as soluções [...] e entre essas medidas se contam *melhorar a eficácia no aproveitamento da água, políticas de preços e o processo de privatização* (GEO-3: 151).

É interessante observar a desfaçatez desse discurso, que parte de técnicos dos próprios organismos que antes desencadearam essas políticas. Sem nenhuma avaliação criteriosa dos próprios organismos de que fazem parte, acabam, entretanto, por explicitar os princípios e os interesses em jogo, a saber: 1. dos gestores técnicos para "melhorar a eficácia no aproveitamento da água"; 2. do princípio da água como *bem econômico* com as "políticas de preços"; e 3. dos empresários interessados no "processo de privatização". Não podiam ser mais claros.

Às páginas 156-7 desse mesmo documento da ONU pode-se ler, como se fora a conclusão desejada, que

> o setor privado começou recentemente a expandir suas funções na ordenação dos recursos hídricos. O decênio da década de 1990 foi testemunha de um rápido aumento no índice e grau de privatização dos sistemas de condução de água anteriormente administrados pelo Estado. As empresas privadas administradoras de água se ocupam cada vez mais de prestar serviços às cidades em expansão ao fazer-se encarregadas de organismos públicos para construir, possuir e operar parte ou inclusive todo o sistema municipal. Do mesmo modo, tem aumentado a preocupação com a garantia do acesso equitativo à água ao setor pobre da população, financiar projetos e compartilhar riscos da melhor maneira possível (GEO-3: 156-7).

O mundo da água privatizada está sendo dominado amplamente por grandes corporações (ver adiante), que vêm atuando no sentido de que um novo modelo de regulação seja conformado em escala global. Salientemos que, até aqui, não há um modelo pronto de regulação, até porque são muitos os problemas que vêm se apresentando.

Várias têm sido as propostas de privatização das águas, todas baseadas numa ampla desregulamentação pela abertura dos mercados e supressão dos monopólios públicos, sob a pressão dos técnicos do Banco Mundial e do FMI, políticas essas que vão desde: (1) privatização em sentido estrito, com a transferência pura e simples para o setor privado com a venda total ou parcial dos ativos; (2) transformação de um organismo público em empresa pública autônoma, como bem é o caso da ANA (Agência Nacional da Água) no Brasil; ao (3) PPP (Parceria Público Privado), modelo preferido pelo Banco Mundial.

As dificuldades para se estabelecer um sistema de regulação podem, ainda, ser vistas na sucessão de entidades que, em pouco tempo, vêm se alternando no sentido de se chegar a um formato que possa garantir "a superação dos obstáculos aos investimentos em água".[8] Em 1994, por iniciativa de alguns governos (França, Holanda e Canadá, entre outros) e de grandes empresas, com destaque à época para a Suez-Lyonnaise des Eaux, uma das maiores do mundo no setor, foi criado o Conselho Mundial da Água. Segundo nos informa Ricardo Petrella, em 1996 esse Conselho se atribuiu o objetivo de definir uma "visão global sobre a água" de longo prazo, que serviria de base a análises e propostas visando a uma "política mundial de água". Nos últimos anos tem sido o Banco Mundial o principal promotor do Conselho Mundial da Água, que ensejou a criação da Parceria Mundial pela Água (GWP, por sua sigla em inglês — Global Water Partnership), que tem como tarefa aproximar as autoridades públicas dos investidores privados. O GWP é presidido pelo vice-presidente do Banco Mundial, e como os trabalhos desse organismo não têm se mostrado plenamente satisfatórios criou-se, em agosto de 1998, outro órgão, a Comissão Mundial para a Água no Século XXI.

Embora não haja ainda um modelo claro de regulação, um princípio vem sendo sistematicamente perseguido: o da liberalização, que acredita que a alocação ideal de recursos (bens e serviços materiais e imateriais) requer a total liberdade de acesso aos mercados local, nacional e, sobretudo, mundial.[9]

Segundo Ricardo Petrella,

> por ocasião da IV Conferência Geral da OMC em Doha, em novembro de 2001, sob a eficaz pressão do European Service Forum (Fórum Europeu de Serviços) — que reuniu as principais empresas europeias, tais como

[8]Aproprio-me, aqui, literalmente, do título de um painel do Congresso Anual de Desenvolvimento Econômico patrocinado pelo FMI e pelo Banco Mundial, onde estiveram reunidos representantes de governos de 84 países com corporações e instituições financeiras internacionais (ver Maude Barlow em "O Ouro Azul" em www.canadians.org).

[9]É o que vêm propondo não só os novos teóricos da justiça social e da democracia, como vários seguidores de John Rawls, mas também alguns intelectuais e cientistas progressistas, como o Prêmio Nobel de economia Amartya Sem, conforme nos diz Ricardo Petrella.

Suez, Vivendi, bancos, seguradoras e telecomunicações —, os representantes da União Europeia conseguiram fazer aprovar, algumas horas antes do fechamento oficial das negociações, um dispositivo autorizando a inclusão de "indústrias do meio ambiente" (que englobam os serviços de água) entre os setores que podem ser objeto de liberalização dentro do Acordo Geral sobre o Comércio de Serviços — AGCS.

No capítulo sob título "Comércio e Meio Ambiente", aprovado nessa mesma reunião, pode-se ver no artigo 31, inciso 3, que se exige "a redução ou, conforme o caso, a eliminação dos obstáculos tarifários e não tarifários aos bens e serviços ambientais", entre os quais a água. Segundo essa lógica, qualquer tentativa de controle de exportação da água para fins comerciais passa a ser ilegal. O artigo 32 tem por objetivo impedir os países de apelarem para obstáculos não tarifários, como as leis de proteção ambiental.[10] Na ALCA, esse mesmo princípio vem sendo proposto pelos EUA. É com base nele que várias empresas vêm processando governos sempre que esses, alegando o interesse público, ferem os interesses comerciais das grandes corporações. A Sun Belt, empresa estadunidense da Califórnia, processou o governo da Colúmbia Britânica, província do Canadá, que suspendera a exportação de água para os EUA pelas consequências que estava trazendo para o abastecimento de sua própria população. A alegação da empresa é que o governo da Colúmbia Britânica violara os direitos dos investidores do Nafta e, por isso, reivindicava a indenização de U$S 220 milhões como reparo de seus prejuízos, no que foi bem-sucedida judicialmente. A empresa estadunidense Bechtel, expulsa da Bolívia no ano 2000 pelos péssimos serviços que prestara por sua subsidiária Águas del Tanuri, em Cochabamba, tentou processar o governo boliviano através de uma empresa especificamente criada para isso na Holanda. Na verdade, a Bechtel buscava se aproveitar de um tratado bila-

[10]Definiu-se, ainda, que cada Estado membro da OMC deve submeter as solicitações de liberalização que espera dos outros membros. As formuladas pela União Europeia, até aqui, principalmente para o Canadá, Estados Unidos, Austrália, Nova Zelândia, Egito e África do Sul, insistem sobre a liberalização dos serviços de água (ler o correio de informação do ATTAC nº 338, do dia 7 de junho de 2002 jornalattac.org).

teral entre os governos da Bolívia e da Holanda que estabelece fórum internacional para a resolução de conflitos entre esses países. A tentativa não obteve êxito, pois o governo da Holanda cassou o registro de conveniência da empresa estadunidense. O exemplo, por si mesmo, revela os interesses contraditórios entre Estados nacionais e o que as empresas visam, no caso, sobretudo, a rentabilidade dos seus negócios.

Observe-se que é um novo território, global, que está sendo instituído, ensejando as condições para que se afirmem protagonistas que operam em escala global — os gestores globais, as grandes corporações transnacionais e grandes organizações adequadamente chamadas não governamentais no ideário neoliberal. Cada vez mais, muitos dos técnicos dos próprios organismos nacionais são contratados em parceria com o Banco Mundial e outros organismos internacionais e, assim, órgãos que seriam de planejamento se tornam simplesmente de gestão, posto que perdem o caráter estratégico inerente ao planejamento, haja vista ser esse definido em escala global, enfim, na escala em que operam as grandes corporações e, ainda, as grandes organizações não governamentais.[11]

Deve-se ter em conta que, além das resistências de todo tipo a essa política de novas formas de controle e gestão por meio da privatização e liberalização, há também interesses empresariais em disputa que ainda não conseguiram conformar claramente suas divergências.

Há, também, questões relativas à própria doutrina jurídica, até porque não há grande tradição de apropriação privada de recursos que são fluidos, líquidos, cujos limites não são tão claros e distintos, como é a terra, cuja tradição jurídica está ancorada no Direito Romano. As cercas não são aplicáveis ao ar e à água nem às fronteiras entre os Estados. Afinal, a água exige uma perspectiva que vá além da propriedade privada individual, e nos chama a atenção, talvez melhor do que qualquer outro tema, para o caráter público, exigindo um sentido comum que vá além do

[11]O fato de cada vez mais se falar de gestão não nos deve fazer esquecer a necessária relação entre planejamento e gestão, haja vista o primeiro, o planejamento, ser mais estratégico e político, e o segundo, a gestão, ser mais técnico-operacional. Cada vez mais o planejamento tem se deslocado para os organismos multilaterais.

individualismo possessivo tão cultivado e estimulado pela lógica de mercado. Eis parte do grande desafio colocado pela problemática ambiental, haja vista apontar para questões que transcendem a propriedade privada, este outro que se acreditava ter sobrevivido sem maiores consequências à queda do muro de Berlim, em 1989. Afinal, questões como as da poluição do ar e da água, que, como vemos, não se restringem à escala local ou regional, exigem referências de direito distintas do Direito Romano, direito sobretudo (dos proprietários e) da propriedade privada, e que foi pensado para a terra e não para a água e o ar (para não dizer da vida, conforme vimos no debate sobre a propriedade intelectual sobre material genético).

A LIBERALIZAÇÃO E A PRIVATIZAÇÃO DA ÁGUA: ENTRE A TEORIA E A PRÁTICA

1. A transnacionalização e maior concentração de capital no campo dos recursos hídricos

A liberalização e a mercantilização vem ensejando uma nova dinâmica à "conquista da água". Trata-se, segundo Ricardo Petrella, "da integração entre todos os setores no contexto da luta pela sobrevivência e pela hegemonia no seio do oligopólio mundial. Cada um desses setores — água potável, água engarrafada, bebidas gaseificadas, tratamento de esgotos — tem, no momento, seus protagonistas, suas especialidades, seus mercados, seus conflitos". A Nestlé e a Danone, por exemplo, são as duas maiores empresas do mundo em água mineral engarrafada e, junto com a Coca-Cola e a Pepsi-Cola, tornaram-se concorrentes das empresas de tratamento de água graças ao desenvolvimento e comercialização de uma água dita de síntese, purificada, apresentada como mais sadia do que a das torneiras.

As empresas francesas Vivendi Universal, com faturamento de cerca de 12,2 bilhões de dólares em 2001, e a Suez-Lyonnaise des Euax, com faturamento de 9 bilhões de dólares no mesmo ano, vêm disputando ou se associando, conforme o caso, para ter o controle da água potável das torneiras com a gigante alemã RWE (e sua filial inglesa Thames Water), com a Biwwater, a Saur-Bouygues, a estadunidense Bechtel, Wessex Water (Enrom).

Segundo Franck Poupeau, analista do *Le Monde*,

> no mercado da água, os dois gigantes franceses e suas inúmeras filiais vêm assinando contratos de privatização muito lucrativos há quinze anos. Os sucessos da Suez-Lyonnaise des Eaux (China, Malásia, Itália, Tailândia, República Tcheca, Eslováquia, Austrália, Estados Unidos) não devem fazer esquecer os da Générale des Eaux (hoje Vivendi), com a qual a Suez-Lyonnaise se associa às vezes, como em Buenos Aires, em 1993. Nos últimos dez anos, a Vivendi instalou-se na Alemanha (Leipzig, Berlim), na República Tcheca (Pilsen), na Coreia (complexo de Daesan), nas Filipinas (Manila), no Cazaquistão (Alma Ata), mas também nos Estados Unidos, com suas filiais Air and Water Technologies e US Filter.

A lógica mercantil capitalista, por seu turno, vem mudando o destino da água, assim como os seus destinatários. É o que se pode ver durante a crise provocada pela seca de 1995 no Norte do México, quando o governo cortou o fornecimento de água para camponeses e fazendeiros locais para garantir o abastecimento para as indústrias controladas em sua maioria por capitais estrangeiros (Barlow, M. in "Ouro Azul". Consultar www.canadians.org).

Lester Brown também vem assinalando o desvio de água obedecendo à lógica da lucratividade. É ele quem nos oferece cálculos que nos dizem que, na Índia, uma tonelada de água pode gerar um lucro de US$ 200 na agricultura e de US$ 10.000 na indústria. Não deve nos causar surpresa, portanto, quando, aceita essa lógica de mercantilizar a água, se beneficie a água para o destino (e o destinatário) industrial, aliás como vem ocorrendo nos EUA, conforme o próprio Lester Brown, que nos informa que fazendeiros estão preferindo vender a água para industriais, pois assim obtêm maior lucro. Como observou um morador de Novo México após a água de sua comunidade ser desviada para o uso da indústria de tecnologia de ponta: "A água flui morro acima para o dinheiro." (Barlow, Maude, "Ouro Azul". Consultar www.canadians.org).

Pode-se dizer, em benefício da dúvida quanto às boas intenções dos que estão propondo essas políticas, que esses são efeitos não desejados da sua aplicação. Todavia, são efeitos reais cujas consequências estão sendo, sobretudo, agravar a injustiça ambiental. Afinal, a admissibilidade de que usemos a quantificação para efetuarmos cálculos mercantis, tão bem ancorada nos fundamentos da ciência ocidental moderna (e colonial), ao se abstrair da materialidade concreta do mundo, deixa escapar as relações mundanas que não se deixam aprisionar por essa lógica matemático-mercantil, e, assim, a lei da oferta e da procura que funciona tão bem no papel não se mostra desse modo no mundo das coisas tangíveis, e o capitalismo realmente existente não se mostra, sobretudo quando se o considera do prisma ambiental, um bom alocador de recursos. Até porque a alocação de recursos naturais não depende da dinâmica societária, e quando essa dinâmica se inscreve nessa alocação de recursos deveria ter em conta, sempre, que está imersa em sistemas complexos que não se deixam aprisionar por lógicas lineares, mesmo que multivariadas.

Ricardo Petrella captou bem o significado da apropriação privada desse recurso que flui por todos os seres vivos quando nos diz: "A privatização das águas é, na verdade, a aceitação da privatização de um poder político. [...] Dessa forma, a iniciativa privada se transforma no detentor do poder político real, ou seja, do poder de decidir sobre a alocação e distribuição da água." (Ricardo Petrella em entrevista concedida à Agência Carta Maior, durante o I Fórum Alternativo Mundial da Água em Florença.)

2. *A qualidade dos serviços — aumento da injustiça ambiental e dos conflitos*

O discurso da qualidade foi um dos principais argumentos invocados para toda a política de liberalização e privatização dos serviços de abastecimento e tratamento de água, cuja melhoria e ampliação estaria o Estado impossibilitado de fazer por falta de recursos para investimentos.[12]

[12]Relembremos que são enormes as quantias de dinheiro enviadas dos países pobres para os ricos a título de pagamento da dívida externa, como vimos.

Entretanto, longe da tão apregoada superioridade da gestão privada, a Suez, a Vivendi, a Thames Water (RWE) e a Wessex Water (Enrom) foram classificadas pela Agência de Proteção Ambiental do Reino Unido entre as cinco maiores empresas poluidoras em três anos consecutivos (1999, 2000 e 2001). Em Buenos Aires, onde a Suez é gestora das concessões, 95% das águas residuais da cidade é vertida no rio da Prata, provocando danos ambientais cujos reparos são pagos com recursos públicos.

Em várias localidades os conflitos vêm se acentuando em virtude da má qualidade dos serviços e do aumento dos preços das tarifas. Segundo Franck Poupeau, do *Le Monde*,

> as multinacionais da água [...] em alguns casos foram obrigadas a retirar-se de países da América do Sul e a pedir indenização junto a instâncias internacionais. Em 1997, em Tucumán (Argentina), a população iniciou um movimento de "desobediência civil" contra uma filial da Vivendi, recusando-se a pagar as contas de água por conta da deterioração da qualidade da água e do aumento em mais de 100% das tarifas. A Companhia Geral das Águas tinha obtido o direito de privatizar as concessões dos serviços de água e esgoto da província em 1993. Mas o súbito aumento do preço dos serviços de água e esgoto, de 104%, em média, provocou o protesto dos consumidores da província: Os primeiros a se organizarem foram os pequenos vilarejos do interior da província, na região de produção de cana-de-açúcar, onde já existe uma longa tradição de luta. No início, sete cidadezinhas formaram uma Comissão de Coordenação e criaram a Associação de Defesa dos Consumidores de Tucumán.
>
> O governo da província começou por apresentar um pedido de sanções contra a empresa após a descoberta de elementos contaminados na água encanada. Diante do boicote de pagamento, primeiramente a Générale des Eaux ameaçou os consumidores com a suspensão dos serviços e, em seguida, tentou renegociar o contrato para, finalmente, retirar-se, recusando-se a cumprir as obrigações contratuais. Então passou a atacar os consumidores de Tucumán junto ao ICSID (International Center for Settlement of Investment Disputes), organismo do Banco Mundial que se

pronunciou favoravelmente à província. A partir daí, uma mudança de governo retirou dos consumidores a sustentação legal do boicote aos pagamentos. (Poupeau, F. *Le Monde*)

Também em La Paz, o bairro mais pobre da cidade, El Alto, que teve papel destacado no movimento que, em outubro de 2003, derrubou o governo de Gonzalo de Lozada, nos dá uma clara demonstração das consequências de se estabelecer uma regra universal de regulação que desconsidera as práticas de gestão comunais, muitas das quais, na Bolívia, originárias da cultura Aymara Quéchua. Com a privatização, retirou-se daquelas populações o controle dos seus recursos, com o consequente aumento dos preços, impedindo-se, assim, o acesso dos mais pobres à água. Desde que a distribuição da água passou a ser administrada pela empresa francesa Lyonnaise des Eaux, através do Consórcio Águas del Illimani, seus preços aumentaram 600% (de 2 bolivianos para 12) e o preço pela instalação, que era de 730 bolivianos antes da privatização, passou a 1.100 bolivianos, e a água abundante não está acessível para a população.

Em 2000, em Cochabamba (Bolívia), ocorreu um conflito intenso que ficou conhecido como a Guerra da Água e que ensejou, assim, como em Tucumán, na Argentina, novas formas de gestão democrática com ampla participação protagônica da população, ali conhecido como Cabildo Abierto (ver Revista no. 2 do Observatório Social da América Latina). Cabe, nesse caso, destacar um componente original do *affair* Cochabamba, onde o consórcio liderado pela empresa estadunidense Bechtel obteve a concessão mediante um expediente jurídico inusitado: uma cláusula de confidencialidade. É surpreendente que uma concessão pública seja feita com um expediente que proíba sua divulgação. Até aqui, conhecia-se o argumento da *razão de Estado* para se garantir o sigilo de algumas informações e decisões que se consideravam estratégicas para o Estado. Entretanto, uma cláusula de confidencialidade para não revelar os termos de uma concessão de exploração de serviços de água mostra o quanto não se pode transportar para o espaço público as regras da empresa privada, onde o direito do proprietário está protegido e acima do interesse público.[13]

Caberia destacar, ainda, no Brasil, o caso do Riachão, afluente do rio Pacuí, na bacia do São Francisco, no município de Montes Claros, norte de Minas Gerais, onde a falta de água vem se agravando com a implantação de pivôs centrais por parte de grandes proprietários irrigantes. Na região, o conflito vem se acentuando pela expansão de várias monoculturas empresariais, de eucaliptos, *Pinnus alba* e *Pinnus elliotis* para fazer carvão vegetal ou matéria-prima para a indústria de celulose. Nessa mesma região, o movimento camponês lançou, no município de Manga, em 1996, um tipo de manifestação que desde então se repete em todo o país — a Romaria das Águas. O movimento ganhou uma radicalidade tal que lançou mão de uma manifestação até ali inusitada — a greve de sede. Lembremos que na greve de fome o manifestante se mantém vivo muitos dias se alimentando de água, o que não acontece na greve de sede. A importância da água não podia ser manifestada de modo mais contundente.

As resistências à mercantilização e à privatização da água vêm se tornando cada vez mais frequentes em todo o mundo. Em vários casos o processo foi interrompido: Cochabamba e La Paz (Bolívia), Montreal, Vancouver e Moncton (Canadá), em Nova Orleans, na Costa Rica, na África do Sul, em várias regiões da Índia, da Bélgica, em várias municipalidades da França que voltaram a ter serviços públicos de água administrados diretamente pelo Estado ou por meio de autogestão, como em Cochabamba, Bolívia. Vários conflitos foram registrados ainda nas Filipinas, no Senegal, em Mali, na Alemanha, no Brasil, na Argentina, em Burkina-Fasso, em Gana e na Itália.[14]

[13]Sublinhemos, de passagem, que grande parte do problema ambiental se deve exatamente ao segredo comercial que protege o proprietário de não revelar as substâncias e os processos com que opera, expondo, antes de tudo, o trabalhador a conviver com substâncias que, depois, são lançadas como resíduos sólidos, líquidos e gasosos no ambiente. A falta de democracia no interior das empresas, nas fábricas e fazendas é, de fato, o maior dos empecilhos para que o ambiente seja cuidado desde a produção e não a partir dos seus efeitos.

[14]Depois do segundo Fórum Social Mundial de Porto Alegre foi criada a Coalizão Mundial contra a Privatização e a Mercantilização da Água, no dia 23 de maio de 2002, em Créteil, pelos representantes de cerca de trinta organizações vindos da Malásia, Índia, Gana, Marrocos, França, Itália, Suíça, Espanha, Canadá, Estados Unidos, Brasil, Bolívia, Argentina, Equador e Chile.

Cresce por todo lado, por meio das lutas pela reapropriação pública da água, a compreensão de quais são os verdadeiros interesses que vêm se movendo em torno do atual debate por novas formas de gestão e controle da água.

> As empresas multinacionais de água estão conseguindo cada vez mais o controle das águas do mundo. Os organismos financeiros internacionais seguem fomentando a expansão internacional dessas empresas, e os acordos internacionais de livre comércio lhes permitirão exercer ainda maior influência no setor da água. Não obstante, essas empresas sempre têm posto seus interesses de lucro privado acima das necessidades da população, e os organismos financeiros internacionais e as instituições que regem o comércio até agora não têm garantido que as privatizações da água não prejudiquem os povos e o ambiente (Amigos da Terra — "Sed de Ganancias". Consultar o sítio www.foei.org').
>
> "Vender água no mercado aberto não atende às necessidades de pessoas sedentas e pobres", nos diz a canadense Maude Barlow. "Pelo contrário, a água privatizada é entregue àqueles que podem pagar por ela, tais como cidades e indivíduos ricos e indústrias que usam água intensivamente, como as de tecnologia de ponta e agricultura" (Barlow, Maude, "Ouro Azul". Consultar www.canadians.org).

As denúncias em relação à privatização da água referem-se, quase sempre, às consequências socioambientais decorrentes da integração das economias locais a um mercado que se quer nacional e mundialmente unificado, o que, cada vez mais, vem implicando não somente uma orientação da produção para o comércio exterior, mas também a intensificação da exploração dos recursos naturais. Maude Barlow mostrou como

> os países reduzem as taxas locais e as normas de proteção ambiental para permanecer competitivos. [...] Os governos ficam, então, com uma capacidade fiscal reduzida para recuperar as águas poluídas e construir infraestruturas para proteger a água; ao mesmo tempo, torna-se mais difícil regulamentarem a prevenção de poluições posteriores.

A GUERRA DA ÁGUA JÁ ESTÁ EM CURSO

Cada vez mais ouvimos o argumento de que a água será a razão das guerras futuras. Com isto, olvidamos a guerra atual, que se dá pelo seu controle.

Estamos, desde já, imersos numa guerra mundial envolvendo a água, mas não uma guerra no estilo clássico, com exércitos se enfrentando ou com bombardeios. Não, a guerra pelo controle e gestão da água vem sendo disputada na Organização Mundial do Comércio, discutida no Fórum Econômico de Davos, nas reuniões do Banco Mundial e do Fundo Monetário Internacional, onde se decide um novo "código das águas", que quer torná-la uma mercadoria, e, para isso, é preciso primeiro privar os homens e mulheres comuns do acesso a ela. Sem privatização não há mercantilização no sentido capitalista. Mas as decisões feitas nesses fóruns da globalização do dinheiro não podem prescindir da materialidade concreta da água para mover a agricultura, a indústria, as cidades, a vida. Assim, há que concretamente se apropriar da água nos lugares onde ela está e onde soem estar as populações com outros usos da água para a vida. Assim como as guerras não se ganham com bombardeios, embora gerem pânico e horror, há que se fazer presente no território de onde a água não pode ser abstraída, porque ela atravessa toda a sociedade e seus lugares. Daí, em todo lugar onde há tentativa de se apropriar da água há resistência.

A guerra global pelo controle da água tem especificidades ligadas à sua própria natureza. A água não é uma *commodity*, como se vem tratando tudo a partir do momento em que se torna hegemônica essa mentalidade mercantil, liberal e privatista. Observemos o que diz Jerson Kelman, diretor da ANA:

> A água bruta não é uma *commodity*, como o petróleo, uma vez que não existe um mercado disposto a consumir grandes quantidades de água a um preço que compense os custos de transporte. Nem tampouco se prevê o surgimento desse mercado, porque a maior parte do consumo de água doce do mundo se consome na irrigação.

> Para que se tenha uma ideia de quanta água é necessária para produzir alimentos, posso dar o seguinte exemplo: para produzir um quilo de milho são necessários mil litros de água. Um quilo de frango, cerca de dois mil litros. Vamos imaginar uma pessoa com pouca criatividade culinária que coma diariamente 200g de frango e 800g de milho. É só fazer as contas para concluir que essa pessoa come cerca de 1.200 litros de água por dia, uma quantidade de água 500 vezes maior do que a que bebe. Naturalmente, esse cidadão não poderia pagar pela água que come o mesmo que paga pela água que bebe.
>
> [...] Uma coisa é o comércio internacional de água mineral, que pode atingir altíssimos preços unitários, mas que ocorre em escala relativamente modesta, apenas para atender às necessidades de beber. Outra coisa seria o comércio a granel de água bruta, como insumo agrícola. Devido à grande quantidade consumida *per capita*, não seria sustentável que os preços unitários fossem muito elevados. E como custa muito caro transportar água, o que faz mais sentido é exportar alimentos, e não água. Esta é, aliás, a grande vocação do Brasil (EA, ano 12, nº 1, janeiro/abril de 2003: p. 12).

Assim como Lester Brown já havia assinalado as diferentes lucratividades possíveis com a mesma quantidade de água, maior na indústria que na agricultura, por exemplo, vemos aqui a que pode levar esse mesmo raciocínio — água para exportação se sobrepondo à água para consumo humano direto, e, tudo indica, serão os conflitos sociais que advirão entre a lógica privatista e liberal e a de uso comum que decidirão as novas regulações da água.

Assim vê-se como está sendo decidida a guerra global da água. Os governos, como salientou Maude Barlow, diminuem as tarifas para serem competitivos, e o preço da água necessária para produzir *commodities* é subestimado, até porque seria impossível exportar, caso o preço fosse unificado. O que se revela, com isso, é todo o limite de regras universais com que o discurso liberal-econômico procura se revestir e, ainda, como a natureza continua transferindo uma riqueza, no caso a água, sem a qual a produção não seria possível, haja vista o preço que seria necessário pagar caso tivesse que incorporar a água plenamente utilizada ao valor final da *commodity*.[15]

A análise da água requer, o tempo todo, que se a considere na sua geograficidade, isto é, na inscrição concreta da sociedade na sua geografia, com as suas diferentes escalas local, regional, nacional e mundial imbricadas num processo complexo de articulação ecológico e político. Só assim se explica o porquê da transferência para os países ricos em água de várias atividades altamente consumidoras, como assinalamos para as indústrias de papel e celulose e de alumínio.

A desordem ecológica global está, na verdade, associada ao processo que des-*locou* completamente a relação entre lugar de extração, de transformação e produção da matéria e o lugar de consumo com a revolução (nas relações sociais e de poder por meio da tecnologia) industrial. Com a maior eficácia energética foi possível explorar minerais em proporções ínfimas quanto à sua concentração nas diferentes jazidas existentes na geografia do planeta, assim como na sua natureza nanométrica. Os rejeitos são deixados nos locais onde as pessoas valem menos — nunca é demais lembrar o racismo subjacente ao sistema-mundo moderno-colonial — e os produtos foram e são levados limpos para os lugares e pessoas que podiam e podem gozar os proveitos, diz-se a *qualidade de vida*, desde que não se incluam os custos dos seus rejeitos nem se lembre aos bem-nascidos dessa *mosca pousando em sua sopa*, mais uma vez parodiando Raul Seixas, que é a injustiça ambiental em que se ancora seu modo de vida.

Dada a importância do tema da água, é fundamental que ouçamos a observação de Boaventura de Sousa Santos, que, rompendo com a colonialidade do saber e do poder, nos convida a que não desperdicemos as múltiplas experiências que a humanidade nos legou e que o primeiro-mundismo não nos deixa enxergar. Diferentes instituições foram criadas por diferentes povos ao longo das suas histórias e geografias estabelecen-

[15]Já havíamos assinalado isto para o petróleo, caso tivéssemos que atribuir preços à energia necessária à sua produção.

do regras as mais variadas de uso da água. Os povos árabes e arabizados detêm a esse respeito uma grande tradição. Os espanhóis são herdeiros de muitas dessas regras para lidar com *la sequía*, e suas lições podem ser aprendidas em *Yerma*, de García Lorca. Os sertanejos do Nordeste brasileiro desenvolveram toda uma sabedoria que vai da previsão do tempo, que mereceu, inclusive, a atenção da NASA pelo seu elevado índice de precisão, ao aproveitamento máximo do mínimo de água com que têm que se haver diante da irregularidade das precipitações, com suas culturas de vazante, conforme destaca o geógrafo Aziz Ab'Saber. Os chineses, os hindus, os maias e os astecas, que chegaram a ser chamados pelos historiadores de "civilizações do regadio", têm tradições que merecem ser estudadas, agora que a água parece convocar a todos a buscar novas formas de gestão e controle. Portanto, caso não se queira desperdiçar, mais uma vez, por preconceito, a diversidade de experiências que a humanidade desenvolveu, como é característico do etnocentrismo ocidental, não nos faltará inspiração para buscarmos soluções, sublinhe-se, no plural.

Tudo indica que o planeta como um todo começa a dizer, tanto ecológica como politicamente, que o local já não é isolável, tal como o foi durante o período áureo do colonialismo e do imperialismo clássicos. O desafio ambiental nos conclama à solidariedade e a pensar para além do individualismo fóbico. E, como não há instituições que não sejam instituídas, é bom prestarmos atenção aos sujeitos instituintes que estão pondo esse-mundo-que-aí-está em xeque e que apontam, com sua lutas, que um outro mundo não só é possível, como necessário.

PARTE VI Conclusões

Outros caminhos: movimentos que sinalizam para a superação do desafio ambiental contemporâneo

Nós, cientistas e militantes, que construímos o campo ambiental desde os anos 1960 e que vivemos seu momento maior ali nos fins dos anos 1980, no ápice do movimento indígena e camponês, quando se destacara a liderança de Chico Mendes, ou na Conferência do Rio de Janeiro em 1992, não podemos deixar de reconhecer o paradoxo de nunca termos visto tanto se debater a problemática ambiental e, ao mesmo tempo, ter sido tão grande a devastação do planeta desde os anos 1970. Além disso, temos que nos defrontar hoje com a hegemonia da lógica mercantil no campo ambiental, cujo domínio pudemos observar em Johannesburgo em 2002, quando grandes corporações empresariais se sentiram à vontade na condução da agenda e, com suas propostas neoliberais, esvaziaram os compromissos dos Estados e do poder público em benefício do mercado e do papel das organizações não governamentais. Uma nova geopolítica vem sendo gestada, onde o meio ambiente vem se constituindo na espinha dorsal, como vimos nos capítulos sobre mudanças climáticas globais, biodiversidade e da água, principalmente.

Como salientamos (Leff, Argüeta, Boege e Porto-Gonçalves), "a geopolítica da biodiversidade e do desenvolvimento sustentável não só prolonga e intensifica os anteriores processos de apropriação destrutiva dos recursos naturais como, ao se configurar no contexto de uma globalização econômica, leva à desnaturalização da natureza — a transgênese que invade e transmuta tecnologicamente a vida — e, com o discurso do desenvolvimento sustentável, promove uma estratégia de apropriação que busca *naturalizar* — dar carta de naturalização — a mercantilização da natureza. Nessa perversão do *natural* é que se jogam as controvérsias entre a economização da natureza e a ecologização da economia.

Assim, o discurso do ecodesenvolvimento tem sido diluído, e por meio de verdadeiras voltas à razão se tem procurado ajustar as propostas ecologistas aos desígnios de uma racionalidade econômica crematística. Da crítica à própria ideia de desenvolvimento, tal como os ambientalistas a haviam formulado nos anos 1960 e 1970, se passou ao ecodesenvolvimento e, depois, ao desenvolvimento sustentável, e, por esses tortuosos caminhos, a própria ideia do desenvolvimento foi ressuscitada e, passados 30 anos da Conferência de Estocolmo e 10 anos da Conferência do Rio de Janeiro, não só se têm intensificado os ritmos de exploração e transformação dos recursos, como têm surgido novas estratégias de intervenção na natureza, assim como novas manifestações de seus impactos e riscos ecológicos. Tanto no senso comum como na retórica oficial se manejam conceitos antes reservados aos meios científicos e acadêmicos, terminologia esta que se inscreve dentro de novas estratégias epistemológicas que alimentam uma ecologia política e políticas ambientais, onde se expressam e manifestam interpretações controversas e conflitos de interesses, assim como princípios e formas diferenciadas de reapropriação da natureza.

Os Acordos Multilaterais Ambientais[1] (AMAs) não só não geram sinergias, como vêm servindo como biombo para processos de reconversão ecológica, que sob sua proteção e legitimação se fazem em nome do *desenvolvimento sustentável*. No fundo dos debates em torno dos AMAs está a controvérsia entre a racionalidade ecológica e a ética que subjazem às normas ambientais, e os princípios e regras da racionalidade econômica.

[1]É todo um conjunto de convenções, tratados e acordos envolvendo vários países em que se destacam a Convenção do Clima, onde está o famoso Protocolo de Kyoto; a CDB — Convenção de Diversidade Biológica; Ramsar; Desertificação; Agenda XXI; Lixo Tóxico etc.

Há um *realismo político* que tem procurado, a todo custo, evitar disputas formais assim como antecipadamente prever e resolver os conflitos entre os regimes ambientais e comerciais. Nesses marcos, a incorporação das considerações ambientais na tomada de decisões dos assuntos econômicos e sociais tende a ceder, e, assim, a aplicação das normas ecológicas e dos princípios ambientais se submete aos regimes do livre comércio. Neste sentido o que se vê é uma tendência para que se elaborem e apliquem instrumentos econômicos para a gestão ambiental e, deste modo, se reduz o *valor* da natureza a *preços*, contribuindo, assim, para que se estabeleça um mercado de bens e serviços ambientais.

Estas transações econômico-ecológicas — como o intercâmbio de dívida por natureza — operam em espaços e montantes marginais, de maneira que suas estratégias compensatórias não diminuem os efeitos destrutivos do predomínio da racionalidade econômica, do qual o Banco Mundial vem sendo o principal promotor. Hoje em dia, o progresso tecnológico orientado para a reconversão ecológica está sendo capaz de diminuir os ritmos de produção de gases de efeito estufa, mas não de reverter um processo que já ultrapassou os umbrais do equilíbrio ecológico e que tem começado a desencadear severos impactos no ambiente e na humanidade, sobretudo nas comunidades mais vulneráveis, mesmo nos países mais ricos. É o que pudemos assistir recentemente com a onda de calor que atingiu o verão de 2003 no hemisfério norte, onde mais de 10.000 pessoas, sobretudo idosas, morreram na França, para não falar do apagão que atingiu o Canadá, os EUA e o Reino Unido e, ainda, em Nova Orleans com o furacão Katrina (2005).

A ineficácia dessas medidas tem levado a que propostas mais radicais se apresentem no horizonte político, como (1) a que desloca o debate da dívida externa para o da *dívida ecológica* que os países ricos têm para com os países pobres e; (2) o movimento pela *justiça ambiental*, que assinala que os rejeitos radiativos, assim como as poluições de um modo geral, acabam se localizando em lugares desvalorizados (ou fazendo com que os lugares poluídos sejam desvalorizados e, por isso, sejam lugares habitados por pobres e por pessoas que dispõem de um capital político pequeno nos marcos das instituições dadas e, por isso, enquanto movimento pela justiça ambiental, procuram reinventar outras relações sociais e com a natureza).

Embora seja praticamente impossível calcular o valor atual da dívida ecológica utilizando taxas de desconto retroativas, tanto como estabelecer um valor crematístico real aos bens e serviços ambientais como tenta a economia ecológica, a demanda pelo pagamento da dívida ecológica é um recurso ideológico e político que, ao nomear a iniquidade histórica, alimenta movimentos de resistência à globalização neoliberal nos incertos espaços e na insegura valorização dos princípios que movem as decisões e ações políticas para a sustentabilidade. Ao mesmo tempo, com a exigência de justiça ambiental, introduzem um componente ético e moral que sinaliza a necessidade de instituirmos outros valores, outras racionalidades.

A economia política constituída na relação da força de trabalho, do capital e da terra tem se deslocado nos últimos anos para uma ecologia política na qual os antagonismos das lutas sociais se definem em termos de identidades, territorialidades e processos de sustentabilidade. As relações de produção e as forças produtivas já não se estabelecem somente entre o capital e o proletariado industrial — entre capital, trabalho e tecnologia —, e se redefinem em suas relações com a natureza por meio de outros protagonistas. No novo discurso sobre a biodiversidade e o desenvolvimento sustentável, os conceitos de território, de autonomia e de cultura têm sido convertidos em conceitos políticos que questionam os direitos de cada ser e as formas de apropriação produtiva da natureza (Leff, 2001b; Porto-Gonçalves, 2001; Escobar, 1997; Leff, E., Argüeta, A., Boege, E., Porto-Gonçalves, 2003).

O ano de 1492 inaugurou um sistema-mundo moderno-colonial (Wallesrtein, Lander, Quijano, Coronil, Walsh, Mignolo, Porto-Gonçalves e tantos outros) que vem tentando impor uma mesma racionalidade econômica crematística bem expressa na ideia de dominação da natureza. Distintas racionalidades foram, até aqui, desqualificadas como sendo atrasadas, exatamente porque se caracterizam, entre outras coisas, por manter relações com a natureza não mediadas por uma racionalidade instrumental, mercantil e que separa sujeito e objeto. Afinal, desenvolver-se era, como vimos, des-envolver e, assim, sair do envolvimento, do *environment*. Ora, é da crise desse des-envolvimento que emergem outros protagonistas que sinalizam para outras racionalidades, para outras relações com o nosso entorno.

Enfim, questionar a *dominação da natureza*, o desafio ambiental em toda a sua complexidade, é (1) estar no centro da crítica do modo de organização societário que aí está e, ao mesmo tempo, (2) colocar no centro do debate todos aqueles que, assimilados à natureza, foram dominados, oprimidos e explorados na medida em que o progresso e o desenvolvimento autorizam a *dominação da natureza*! São os(as) indígenas, negros(as), as mulheres, camponeses(as), os povos africanos, os povos asiáticos, os povos latino-americanos e caribenhos, os deficientes físicos, os idosos, as crianças, os gays, os jovens, os operários, enfim, todos aqueles que, de um modo ou de outro, foram submetidos *por natureza*, seja porque eram preguiçosos, atrasados (só não se sabe, ao certo, quem tem o relógio com a hora certa do mundo), como os povos da África, da Ásia, da América Latina; seja porque eram selvagens, isto é, da selva (*natureza*), como os indígenas; seja porque teriam uma idade (*biológica*, portanto, *natureza*) já avançada (velhos), precoce (crianças) ou, ainda, inexperientes (jovens); seja porque eram de um gênero *biologicamente* (novamente a natureza) frágil (mulheres); seja porque a *própria natureza* já os fez deficientes; seja porque a raça, pseudoconceito *natural*, seria inferior, caso dos negros(as); seja porque, *por natureza*, seriam rudes e, por isso, fadados ao trabalho manual e incapacitados para as funções tidas como superiores, como os operários e os camponeses. Além, é claro, da própria natureza, que seria uma fonte inesgotável de recursos (*sic*) que existiria para o homem, como se tivesse um destino divinamente estabelecido.

O processo de integração capitalista mundial atingiu nas três últimas décadas um patamar tal que acabou por integrar de modo mais complexo as desigualdades que sustentavam a sua própria dinâmica. A busca incessante de lucros, aproveitando-se, inclusive, das diferentes taxas de exploração dos trabalhadores e da natureza, com as diferentes fertilidades das terras, dos solos e teores dos subsolos, vendo em tudo que é direito social e coletivo, construído desigualmente nos diferentes "*containers* de poder" que são os Estados Nacionais (A. Giddens), um obstáculo ao seu livre curso, não só aumentou o poder de quem já os concentrava como, contraditoriamente, unificou as diferenças e as desigualdades dos que sofreram seus efeitos. Ensejou, enfim, a possibilidade de que os "de baixo" de todo o mundo se unissem em Porto Alegre no Fórum Social Mundial, em Seattle, em Cancún, em Gênova, em Chiapas.

Essa integração mundial das lutas de classes, nas suas diferentes facetas culturais e de gênero, nos obriga a repensar com outros fundamentos (quais?) a questão nacional. Não é mais possível pensar essa questão com maniqueísmo. Ainda nos assustamos quando ouvimos alguém dizer que a água, ou a biodiversidade, deve ser tratada como patrimônio da humanidade. Logo, logo identificamos aí os interesses dos países ricos na Amazônia, por exemplo. O italiano Riccardo Petrella nos alerta que, exatamente por ser patrimônio da humanidade, a água, o ar ou o conhecimento são recursos que não podem ser privatizados, seja para as nacionais, seja para as transnacionais. Petrella, inclusive, nos chama a atenção para o fato de que muitas das elites dominantes dos países pobres invocam a soberania nacional para, no momento seguinte, privatizar os recursos, quase sempre, para grupos empresariais dos países ricos.

O professor Riccardo Petrella sugere, ainda, que busquemos um novo sujeito de direito, além do Estado e do Indivíduo, que seria a Humanidade. Com base nesse princípio, por exemplo, nós brasileiros, por habitarmos esta parte do planeta tão rica em biodiversidade, em energia solar e em água, deveríamos dispor, como parte da Humanidade que somos, das melhores condições materiais e técnicas de que a própria Humanidade dispõe para podermos gerir esses recursos, sem os quais a própria espécie, de que somos parte, não sobrevive. Afinal, a convivência com esses recursos nos proporcionou, sobretudo aos amazônidas, para nos mantermos nos limites do caso invocado, um saber próprio forjado no contato com aquele ecossistema, que deve ser incorporado e considerado enquanto um patrimônio da humanidade na sua especificidade. Enfim, valorizamos o *saber com*, e não, simplesmente, o *saber sobre*, que, sempre, se quer universal e assim se descola das especificidades do contato com a vida.

Para isso, todavia, haveremos que pensar e agir com a energia compatível à gravidade dos problemas que o capitalismo, sobretudo na sua fase neoliberal, está submetendo à humanidade e ao planeta e buscar uma total mudança nas estruturas de poder (e do saber) existentes no cenário internacional, onde, como nos ensinou Eduardo Galeano, os países que têm o poder de veto no Conselho de Segurança da ONU são, justamente, os maiores exportadores de armas do mundo e, portanto, os maiores fomentadores das guerras. Haja segurança!

Para isso, não esqueçamos do alerta de um dos maiores incentivadores do Fórum Social Mundial, o linguista americano Noam Chomsky:

> Eu me preocupo muito com essa ideia de internacionalização da Amazônia porque em termos objetivos significa colocá-la nas mãos dos interesses do tesouro americano e do Banco Mundial. Isso é o que eles chamam internacionalização. No entanto, eu acho que a preservação da riqueza humana, da vida e a questão da diversidade biológica devem ter extrema prioridade.

A ideia de Petrella, com a ressalva de Chomsky, aponta uma luz num caminho que pode ser longo mas que, com certeza, está mais perto pelo simples fato de ter sido formulado, o que nos indica que tem sentido e que esse sentido é parte desse mundo cada vez mais integrado, ainda que de maneira contraditória.

A configuração de novas territorialidades não só nos coloca diante da necessidade de repensar novas grafias na terra (geo-grafias) a partir das atuais, sobretudo os Estados nacionais, mas, também, nos concita a buscar outros limites para além dos que estamos habituados, como os limites entre o rural e o urbano, entre conhecimento científico e outros saberes, tudo isso, diga-se de passagem, em íntima relação com a questão dos direitos, dos poderes, das culturas.

A questão agrária-agrícola, por meio dos transgênicos, não sem sentido vem assumindo uma dimensão importante, até porque envolve toda a questão do conhecimento e sua democratização, enfim, do respeito à diversidade cultural. Nela está embutida a questão do modo de comer de cada cultura. Afinal, é na cozinha que o cru é transformado em cozido, a natureza em cultura. A Via Campesina vem se constituindo num movimento extremamente importante ao defender não só o direito de comer, mas de comer de acordo com cada cultura, daí o enfrentamento do McDonald's e da Monsanto no mesmo movimento crítico. Afinal, trata-se da comida nossa de cada dia, juntamente com o direito à paisagem, quem diria?, como condição de qualidade de vida. Nossos hábitos, nossos hábitats.

Assim, não podemos mais pensar o indígena ou o camponês ou uma comunidade afrodescendente nos seus *pallenques* e quilombos como o atraso a ser superado. Surpreendendo a muitos que viam nessas populações a expressão do localismo e do atavismo conservador, o que vemos nesse mundo de novas territorialidades em gestação é que, até mesmo, uma internacional camponesa se constitui, como a Via Campesina, colocando para todos que o urbano não mais se restringe à cidade. É todo o espaço que está envolvido, é todo o planeta que está implicado.

Afinal, as gerações futuras, a nossa prole, que é de onde vem etimologicamente o proletariado, dependem de uma nova relação com a natureza; só possível, sabemos, sob novas relações sociais entre os homens e, aqui com toda a força, entre os homens e mulheres entre si. A força do ambientalismo está em não se dissociar desse movimento geral.

Talvez aqui comecemos a entender por que o desafio ambiental é o único que se coloca para além das fragmentações tão em voga, na medida em que implica uma verdadeira revolução cultural. Como se vê, o desafio ambiental é mais complexo do que vem sendo posto no debate midiático e, até mesmo, científico. Requer uma profunda reflexão de caráter filosófico para entender o sentido do nosso tempo, o sentido da vida, enfim, o destino da *pólis*, que é também a *physis*. Se política é a arte de definir os limites, como acreditavam os gregos, é essencialmente político o desafio ambiental de nosso tempo — afinal, o desafio ambiental se resume à ideia de que há limites para a relação da humanidade, por meio de cada sociedade, para com o planeta.

Tudo nos concita a buscar uma outra relação da sociedade com a natureza, onde a justiça social e a sustentabilidade ecológica se façam por meio da liberdade, onde todos tenham direitos iguais para afirmarem a sua diferença. Que a diversidade biológica e a cultural, na igualdade e na diferença, sejam vistas como os maiores patrimônios da humanidade! O mundo está grávido disso, é só ficarmos atentos àqueles que lutam por uma outra globalização.

Bibliografia

Altvater, E. (1995), *O preço da riqueza*, São Paulo, Editora Unesp.

Angel Maya, A. (2000), *La aventura de los símbolos — Historia del pensamiento ambiental*, Série *Construyendo el Futuro*, nº 2, Bogotá, Ecofondo.

Arendt, H. (1989), *A condição humana*, Rio de Janeiro, Forense Universitária.

Aristóteles. (1972), *Aristóteles*, São Paulo, Abril Cultural. Coleção Os Pensadores.

Backwell, B. e Stefanoni, P. (2003), "¿Soja solidaria o apartheid alimentario?El negocio del hambre en Argentina", Buenos Aires, *Le Monde Diplomatique*, nº 44, fevereiro.

Barnet, R.J. e Müller, R. (1974), *Poder global: a força incontrolável das multinacionais*, Rio de Janeiro, Record.

Baumel, C. P., Mcvey, M. J. e Wisner, R.N. (2001), "Impact of Brazilian Soybean Competition on Lock Extensions on The Upper Mississippi River", Iowa, Iowa State University.

Ceceña, A. E. (2001), "La territorialidad de la dominación. Estados Unidos y América Latina", Revista *Chiapas*, México, UAM, nº 12.

Chomsky, N. (2002), *O lucro ou as pessoas? O neoliberalismo e ordem global*, Rio de Janeiro, Bertrand Brasil.

——, Conferência no Fórum Social Mundial, Porto Alegre.

Coica (2003), Documento da reunião do Conselho de Coordenação e do Conselho Diretivo da Coordenadoria das Organizações Indígenas da Bacia (Cuenca) Amazônica (Coica) com representantes de 400 povos indígenas. Quito/Equador, de 7 a 11 de abril.

Cordeiro, R. C. (1995), *Da riqueza das nações à ciência das riquezas*, São Paulo, Loyola.

Deak, A. (2003), "Transgênicos: As raízes do problema". Publicado originalmente no *site* www.emcrise.com.br e na *Revista Diálogos & Debates*, São Paulo, abril.

Escobar, Arturo (1997), "Cultural Politics and Biological Diversity: State, Capital and Social Movements in the Pacific Coast of Colombia", in Fox, R. e Starn, O. (eds.), *Between Resistance and Revolution: Cultural Politics and Social Protest*, Piscataway Rutgers University Press.

Espinoza, B. (1973), *Espinoza*, São Paulo, Abril Cultural, Coleção Os Pensadores.

Friends of the earth (2001), "Pela eliminação progressiva do financiamento de instituições financeiras internacionais para os projetos de mineração e combustíveis fósseis — em favor da autodeterminação das comunidades locais". Documento distribuído no Fórum Social Mundial, Porto Alegre.

Funtowicz, S. e De Marchi, B. (2000), "Ciência posnormal, compleijidad reflexiva y sustentabilidad", em Leff, E. (coord.), *La complejidad ambiental*, México, Siglo XXI/Pnuma.

Gallinkin, M. (2002), "Uso de instrumentos econômicos para defesa do bioma Cerrado". Texto para discussão no seminário Fronteiras Agrícolas/Soja. Goiânia, Coalizão Rios Vivos, Fundação Cebrac e Ifas, mimeo.

Gao (2003), "Technology Transfer. NIH-Private Sector Partnership in the Development of Taxol", www.gao.gov/new.items/d03829.pdf].

Geo 3. Perspectivas do Meio Ambiente Mundial (2002), Pnuma, Mundi-Prensa.

Kelman, J. (2003), "O desafio de levar água para todos", Rio de Janeiro, Revista *Senac e Educação Ambiental*, ano 12, nº 1, janeiro/abril, pp. 8-12.

Kennedy, P. (1988), *Ascensão e queda das grandes potências — Transformação econômica e conflito militar de 1500 a 2000*, Rio de Janeiro, Campus.

Klein, N. (2001), "*La invisible guerra de los organismos modificados*", [www.lainsignia.org/2001/agosto/ecol@001.htm].

Layargues, Phillipe Pomier, 2000. *A história não contada da reciclagem das latas de alumínio*. In Educação Ambiental, Ano 9, nº 3, set/dez 2000. Rio de Janeiro, Ed Senac.

Leff, Enrique (org.) (2000), *La complejidad ambiental*, México, Siglo XXI/Pnuma.

——. (2001), *Saber ambiental*, Petrópolis, Vozes.

Leff, Enrique, 2004. *La racionalidade ambiental — la repropriación social de la naturaleza*. México Siglo XXI.

Leff, E., Argüeta, A., Boege, E., Porto-Gonçalves, C.W. "Más allá del desarrollo sostenible: La construcción de una racionalidad ambiental para la sustentabilidad: Una visión desde América Latina", em *La transición hacia el desarrollo sustentable. Perspectivas de América Latina y el Caribe*, México, Pnuma/INE-Semarnat/UAM, pp. 479-578.

Lopes, Reinaldo José (2003), "Semente de línguas". *Folha de S. Paulo*, Caderno Mais, 4 de maio, p.16.

Mari, E. (2000), El ciclo de la Tierra. Minerales, materiales, recliclado, contaminación ambiental, Buenos Aires e México, Fondo de Cultura Económica.

Marín, Javier (2003), "Las huellas territoriales de la intervención desarrollista", Revista *TRAZA*, Colômbia, 18 de abril.

Mazoyer, M. (2001), "*Defendiendo al campesinado en un contexto de globalización*", Roma, FAO.

Müller-Plantenberg, C. (1994). "As precondições de previsão: conhecimentos da população acerca das cadeias de impacto de alumínio na Amazônia", em D'incao, M. A. e Silveira, I. M (orgs.), *A Amazônia e a crise da modernização*, Belém, Museu Paraense Emilio Goeldi.

Mumford, L. (1982), *Técnica y civilización*, Madri, Alianza Editorial.

O Globo (2003), "Campanha busca salvar a água da extinção". Caderno Ciência e Vida, 2 de junho.

Pádua, J. A. (2003), "Produção, consumo e sustentabilidade: o Brasil e o contexto planetário", *Cadernos de Debate, do Projeto Brasil Sustentável e Democrático*, Rio de Janeiro, nº 6, 2ª ed.

Paringaux, Roland-Pierre (2000), "De la complicité avec les dictatures au 'capitalisme éthique'. 'Business', pétrole et droits humains", *Le Monde Diplomatique*, dezembro, p. 4-5.

Petrella, Ricardo. (2001), Conferência pronunciada no Fórum Social Mundial. Porto Alegre.

——. (2003), Entrevista concedida a Verena Glass da Agência Carta Maior durante o I Fórum Alternativo da Água, Florença, 24 de março.

Porto-Gonçalves, Carlos Walter, 2004. *O desafio ambiental,* Rio de Janeiro, Record.

Porto-Gonçalves, C.W. (1989), *Os (des)caminhos do meio ambiente*, São Paulo, Contexto.

——. (2001), *Amazônia, Amazônias*, São Paulo, Contexto.

——. (2002), "Latifundios genéticos y existencia indígena". Revista *Chiapas*. México, UAM / Ed. Era, 14, p. 7-30.

——. (2004), "Democracia e violência no campo: o que nos dizem os dados de 2003", *Conflitos no campo — BRASIL — 2004*, Goiânia, Loyola e CPT.

Quijano, Anibal (2002), "*El nuevo imaginario anticapitalista*", [www.faces.ucv.ve/administracion/quijanoa].

Rulli, J. E. (2002), "La biotecnología y el modelo rural en los orígenes de la catástrofe argentina", *La Rebelión*, 19 de setembro.

Santamarta, José (2002), "*La crisis de la biodiversidad*", [www.nodo50.org/worldwatch/ww/htm/02-15.html].

Santos, Boaventura de S. (2002), *Democratizar a democracia — Os caminhos da democracia participativa,* Rio de Janeiro, Civilização Brasileira.

Santos, Laymert Garcia dos (1998), "Tecnologia, natureza e a 'redescoberta' do Brasil". em ARAÚJO, H. R. de, *Tecnocência e cultura — Ensaios sobre o tempo presente,* São Paulo, Estação Liberdade.

Santos, M. (1996), *A natureza do espaço,* São Paulo, Hucitec.

Shiva, V. (2001), *Biopiratária: a pilhagem da natureza e do conhecimento,* Petrópolis, Vozes.

Teitelbaum, Alejandro (2003), "Las grandes Ong y las sociedades transnacionales", [http://alainet.org/active/show@text.php3?key=4242].

Thompson, E. P. (1998), *Costumes em comum. Estudos sobre a cultura popular tradicional,* São Paulo, Companhia das Letras.

Toledo, V. M. (2000), *La paz en Chiapas: ecología, luchas indígenas y modernidad alternativa,* México, Quinto Sol.

Van Dam. (2002), "La Economía de la Certificación Forestal: ¿desarrollo sostenible para quien?", Conferência apresentada no Congreso Iberoamericano de Desarrollo y Medio Ambiente — *Desafíos locales ante la globalización*, Quito/Equador, FLACSO, mimeo.

Varese, S. (1991), "The Ethnopolitics of Indian Resistance in Latin America", *A Working Paper from the Center for International Studies*, Cambridge, Massachusetts Institute of Technology.

O texto deste livro foi composto em Sabon,
desenho tipográfico de Jan Tschichold de 1964,
baseado nos estudos de Claude Garamond e
Jacques Sabon no século XVI, em corpo 11/15.
Para títulos e destaques, foi utilizada a tipografia
Frutiger, desenhada por Adrian Frutiger em 1975.

A impressão se deu sobre papel off-white
pelo Sistema Digital Instant Duplex da Divisão
Gráfica da Distribuidora Record.